Karel Van Miert

Markt
Macht
Wettbewerb

Karel Van Miert

Markt
Macht
Wettbewerb

Meine Erfahrungen
als Kommissar in Brüssel

Aus dem Niederländischen
von Stefanie Schäfer

Deutsche Verlags-Anstalt
Stuttgart München

Die Deutsche Bibliothek – CIP Einheitsaufnahme
Ein Titeldatensatz für diese Publikation ist bei
Der Deutschen Bibliothek erhältlich

© 2000 Deutsche Verlags-Anstalt, Stuttgart / München
Alle Rechte vorbehalten
Satz: Verlagsservice Pfeifer / EDV-Fotosatz Huber, Germering
Druck und Bindearbeiten: GGP Media GmbH, Pößneck
Printed in Germany
ISBN 3-421-05384-7

INHALT

6

Tauziehen zwischen Europa und den USA 292

Kapitel 12
Balztanz der Mediengiganten 319

Kapitel 13
Das vorzeitige Ende der Kommission Santer 353

Kapitel 14
Rückblick und Blick nach vorn 387

Dank 398

Für meine Eltern:
Maria Sas und
Adriaan Van Miert †

KAPITEL 1

DIE FRÜHEN JAHRE

Der Zweite Weltkrieg war zur Hälfte vorüber, als ich geboren wurde: am 17. Januar 1942, in einem kalten Winter, dem Hungerwinter. Ich bin also ein Kriegskind, mit einigen wenigen Erinnerungen an den Krieg, manche noch relativ deutlich, andere verschwommen. Wir lebten auf dem Bauernhof meiner verwitweten Großmutter, einer kleinen zarten Frau, die von der harten Arbeit auf dem Hof schwer gezeichnet war. Ihren Mann, meinen Großvater, habe ich nicht mehr gekannt; er war schon früh an Rippenfellentzündung gestorben und hatte seine Frau Lucia mit acht Kindern allein zurückgelassen. Mit fester Hand und ungeheurer Willenskraft schaffte sie es, ihre Familie und den Bauernhof durch alle Widrigkeiten hindurchzulotsen.

Bei Kriegsende war ich ein Kleinkind und bekam noch nicht viel mit von dem, was in meiner Umgebung geschah. Fünf Jahre lang war unser Land von den Deutschen besetzt gewesen, und nun zogen sie ab. Eines Tages hörten wir ohrenbetäubendes Hämmern an der Tür, und kurz darauf stürmten deutsche Soldaten herein, mit Gewehren bewaffnet. Sie nahmen uns unsere beiden letzten Pferde und alle Fahrräder weg, denn auf ihrer Flucht vor den heranrückenden Amerikanern, Engländern und Kanadiern konfiszierten sie alles, was ihren Rückzug beschleunigen konnte.

Die Armut, die damals noch in den ländlichen Gebieten Flanderns herrschte, erscheint uns nun, wenn wir darauf zurückblicken, als malerisch. Doch für uns, auf unserem kleinen Bauernhof im Weiler Oosthoven bei Oud-Turnhout, dort auf dem Sandboden des Kempenlandes, mußten wir täglich ums Überleben kämpfen, und dafür waren ein Pferd und Fahrräder einfach unentbehrlich.

Meine Großmutter, die schreiend und weinend hinter den Deutschen her rennt; mein Vater, der versucht, sie zurückzuhalten: Dies sind Bilder und Laute, die sich unauslöschlich in meine Erinnerung gegraben haben, obwohl ich damals noch ein kleines Kind war.

Andere Erinnerungen sind undeutlicher, überliefert, weitererzählt an sonntäglichen Kaffeetischen und vielleicht durch das endlose Nacherzählen etwas ausgeschmückt, und so fällt es mir heute schwer, zwischen dem, was ich wirklich erlebt habe, und dem, was mir von den Geschichten meines Vaters und meiner Onkel im Gedächtnis geblieben ist, zu unterscheiden.

Eines Tages kamen deutsche Polizisten auf den Hof, auf der Suche nach abgeschossenen englischen Piloten, die von der örtlichen Bevölkerung versteckt wurden. Die Deutschen redeten auf mich ein, einen kleinen Dreikäsehoch von drei Jahren, und versuchten aus mir herauszubekommen, ob ich auf dem Bauernhof einen fremden Mann gesehen hatte. Doch vor lauter Angst fing ich an zu weinen. Später erzählte mir mein Vater, daß einer seiner Brüder zum Widerstand gehörte und tatsächlich damals englische Piloten auf dem Bauernhof untergebracht hatte. Nach dem Zwischenfall mit den Deutschen suchte man andere Verstecke für sie.

Weitere Bilder und Geräusche, die mir im Gedächtnis geblieben sind: Hunderte englischer Flugzeuge, die über uns hinwegflogen, unterwegs nach Deutschland, um dort Städte zu bombardieren. Der Keller, der bei Bombenalarm als Schutzraum diente. Für mich als dreijähriges Kind waren dies nicht mehr als unzusammenhängende Eindrücke, doch später, in meinen Jugendjahren, nahmen sie allmählich Form an. »Nie wieder Krieg!«, war die Überzeugung, die mir daraus erwuchs, ein Grundsatz, der bereits seit Ende des Ersten Weltkriegs die Flämische Bewegung prägte. Der Ursprung meiner späteren europäischen Gesinnung liegt sicherlich nicht zuletzt in den

Erfahrungen meiner frühen Kindheit, in den Kriegsjahren auf dem Bauernhof meiner Großmutter.

Bis zu seinem dreiunddreißigsten Lebensjahr half mein Vater meiner Großmutter pflichtbewußt auf dem elterlichen Hof. Danach machte er sich mit einem eigenen landwirtschaftlichen Betrieb selbständig, auf einer Fläche von weniger als zehn Hektar sandigen Bodens, mit zehn Kühen, einem Pferd, Schweinen und ein paar Dutzend Hühnern – kurz, ein »keuterboer«, wie man einen Kleinbauern bei uns nannte. Nach mir kamen noch acht weitere Kinder zur Welt, sechs Jungen und zwei Mädchen. Ebenso wie meine Großmutter schuftete auch meine Mutter auf dem Land und im Haushalt. Wir lebten nicht im Überfluß, litten andererseits aber auch keinen Mangel. In den Nachkriegsjahren ging man noch mit hölzernen Klompen an den Füßen zur Schule, und Mode kannten wir nicht. Als Spielzeug besaßen wir Murmeln und selbstgemachte Flitzebogen.

Als Ältester mußte ich schon bald tüchtig mithelfen, zum Beispiel auf die jüngeren Geschwister aufpassen, während meine Mutter die Kühe molk oder meinem Vater auf dem Feld half. So mußte ich oft sehr früh aus den Federn. Zu meinen liebsten Pflichten gehörte es aber, meinem Vater zur Hand zu gehen, und ich war stolz wie Oskar, als ich mit neun Jahren auch die Kühe melken durfte – mit der Hand, denn eine Melkmaschine besaßen wir nicht. Manchmal war dieses Leben schwer, aber andererseits vermittelte es einem ein gesundes Selbstwertgefühl. Schon von Kind an lernte ich, zu arbeiten und Verantwortung zu tragen, und auf dem Hof bei meinen Eltern fühlte ich mich glücklich und geborgen. Mit sechs Jahren bekam ich von meiner Mutter ein eigenes Gärtchen, in dem ich für Blumen und Gemüse alleine verantwortlich war. So lernte ich, die Natur zu lieben, und entwickelte eine Leidenschaft für die Gartenarbeit. Wie viel habe ich meinen Eltern zu verdanken!

Glückliche Jahre auf dem Bauernhof

Die Politik wurde mir keineswegs in die Wiege gelegt – eher im Gegenteil. Mein Vater vertrat die Meinung, man solle besser die Finger davon lassen. Weniger aus einer Art poujadistischer Haltung heraus, nach der Politik grundsätzlich etwas Schmutziges ist, als aus der Überzeugung, daß sie einfach nicht seine Sache war. Er verfolgte zwar das allgemeine Geschehen, aber aus einem gewissen Abstand heraus. Wie fast alle Bewohner der kleinen Dörfer im Kempenland waren wir in unserer Familie praktizierende Katholiken. Meine Eltern wählten natürlich die CVP, die Christliche Volkspartei, die dominante Partei Flanderns. Aber darüber, welche Partei man wählte, wurde zu Hause nicht gesprochen. Tue dein Bestes und versuche, ein rechtschaffener Mann zu sein: Das waren die Prinzipien, nach denen mein Vater handelte.

Es gab daher bei uns zu Hause keine großartigen Debatten über Politik, und ich kann deshalb auch nicht behaupten, in meinen jungen Jahren besonders politikbegeistert gewesen zu sein. Allerdings kann ich mich daran erinnern, daß ich eines Tages meinen Vater zu einer Versammlung des Boerenbond – des Bauernverbands –, der wichtigsten landwirtschaftlichen Organisation Belgiens, begleitete. Dort wurde äußerst besorgt über einen Vertrag debattiert, der in Rom abgeschlossen worden war und in dem es – schon damals – um die Vergrößerung der landwirtschaftlichen Betriebe pro Hof ging, was die Angst schürte, daß zahlreiche Kleinbauern aufgeben müßten. Damals begriff ich noch nicht viel davon, obwohl meine Interessen sonst bereits sehr breit gefächert waren, wie sich in der Schule zeigte.

Meine ersten Schuljahre verbrachte ich auf der kleinen Dorfschule in Oosthoven, dem Weiler in der Nähe von Oud-Turnhout, in dem wir wohnten. Eine Dorfschule, wie es sie damals überall in Flandern gab: Je zwei Klassen teilten sich einen Raum, und wir besaßen eine kleine Bibliothek. Wenn man durchs Fenster schaute, sah man draußen die Heuwagen vorbeifahren. Ich war lernbegierig und las sehr viel. Doch das Wissen, das man auf einer solchen Dorfschule erwarb, war beschränkt; es gab beispielsweise keinen Fremdsprachenunterricht. Auch redeten wir hauptsächlich Dialekt. Mit zwölf Jahren schickte mich mein Vater daher nach St. Victor, eine katholische höhere Schule in Oud-Turnhout. Dort mußte ich eine Klasse niedriger beginnen, weil ich noch kein Wort Französisch sprach.

Ich hatte jedoch ganz andere Pläne, als den höheren Bildungsweg weiter zu verfolgen. Schon als Kind träumte ich davon, Bauer zu werden. Mein Vater war mir ein leuchtendes Vorbild, und genau wie er arbeitete ich gern auf dem Land, obwohl es harte Schufterei war. Wir besaßen keine Landmaschinen; zu der Zeit hatten wir noch nicht einmal einen Traktor. Gepflügt wurde mit dem Pferd. Für mich war es das Größte, mit meinem Vater auf dem Feld zu arbeiten.

Als ich vierzehn war, erklärte ich meinen Eltern, ich wolle mit der Schule aufhören. Sie standen meiner Entscheidung mit gemischten Gefühlen gegenüber. Mein Vater versuchte mir vorsichtig klarzumachen, daß er meine Zukunft nicht auf dem Bauernhof sähe. Die paar Hektar, die ich später noch mit meinen anderen Geschwistern teilen müßte, würden niemals genug zum Leben einbringen.

Andererseits war eine zusätzliche Hilfe mehr als willkommen angesichts der großen Kinderschar, für die meine Mutter zu sorgen hatte. Ich setzte also meinen Willen durch – etwas, was später noch häufiger geschehen sollte –, und mein Vater machte kein großes Drama daraus. »Vielleicht wirst du es dir ja später noch einmal anders überlegen«, war sein einziger Kommentar. Mein Vater war ein kluger Mann. Als guter Bauer wußte er, daß Früchte Zeit brauchen, um zu reifen.

Inzwischen genoß ich als Junge in vollen Zügen, was die Freiheit und die Natur mir zu bieten hatten. Neben der Arbeit auf dem Hof war ich in der ländlichen Jugendbewegung aktiv. Wir betrieben Pferdesport, sangen aber auch und spielten Theater. Außerdem begeisterte ich mich für Wettkampfsportarten wie Radrennen fahren, Fußball und Leichtathletik, wobei mich vor allem letzteres faszinierte. Emil Zatopek war mein Idol, und tatsächlich machte ich bei Mittelstrecken- und Langstreckenläufen gar keine schlechte Figur.

Den ersten Querfeldeinlauf, an dem ich teilnahm, gewann ich - zur allgemeinen Verwunderung, nicht zuletzt meiner eigenen, da ich mir Spikes hatte leihen müssen, die mindestens zwei Zentimeter zu groß waren. Ich hatte sie mir einfach um die Füße gebunden, und die Blasen spürte ich erst im nachhinein.

An diesem Tag kam ich zu spät nach Hause, um noch beim Melken helfen zu können, und mußte meinen Eltern nun beichten, was ich ihnen bisher verschwiegen hatte: Das Leichtathletikvirus hatte mich gepackt, und ich hatte vor, den Sport mit der Arbeit auf dem Hof zu kombinieren. Mein Vater schaute mich mit einer Mischung aus Heiterkeit und Besorgnis an, doch meine Mutter schüttelte entgeistert den Kopf und meinte:»Was wir mit dir wohl noch alles erleben werden!«

Während der Wintermonate gab es auf unserem kleinen Hof nicht viel zu tun. In dieser Zeit erledigte ich Arbeiten im Dorf: Ich verlegte Stromleitungen, montierte Fernsehantennen, beschnitt Obstbäume, fällte Bäume oder ging dem Schmied zur Hand.

Ich besuchte im Winter jedoch auch die Abendschule und erwarb ein Diplom in Gartenbau. Allmählich wurde mir klar, daß mein Vater recht hatte. Das Landleben, das ich so sorglos betrachtet, zu sehr idealisiert und in vollen Zügen genossen hatte, war immer schwerer mit der harten wirtschaftlichen

Realität zu vereinbaren. Ich konnte der Frage nicht länger aus-
weichen, ob es für mich wirklich eine Zukunft in der Landwirtschaft geben würde.

Mit siebzehn bekam ich eine Blinddarmentzündung und
mußte operiert werden. Im Krankenhaus hatte ich reichlich
Zeit nachzudenken, und schließlich faßte ich einen Entschluß:
Nach drei Jahren Pause wollte ich wieder zur Schule gehen.
Wenn ich schon in der Landwirtschaft keine Zukunft hatte,
wollte ich später jedenfalls auch nicht in der Fabrik arbeiten
müssen.

Ich bat meine Mutter, die mich jeden Tag besuchte und meinen Lieblingspudding einschmuggelte, mir ein paar meiner alten Schulbücher mitzubringen. Sie fragte mich ein wenig besorgt, ob ich denn wirklich zurück in die Schule wolle. Am
nächsten Tag berichtete sie mir erleichtert, daß mein Vater
der Meinung war, um mich bräuchten sie sich wohl keine Sorgen mehr zu machen, ich würde schon meinen Weg gehen. Ich
schwor mir, das Vertrauen, das mein Vater in mich setzte, nie
zu enttäuschen.

Wieder zur Schule gehen: Das war einfacher gesagt als getan. Ich war siebzehn und hatte noch nicht einmal einen Real-
schulabschluß. Der einzige Weg, den Faden meiner Ausbildung
wieder aufzunehmen, war ein erfolgreiches Examen bei der
sogenannten Zentralen Jury der Schulbehörde. Ich hatte ein
paar Monate Zeit, mich darauf vorzubereiten. Mit der kosten-
losen Hilfe einiger ehemaliger Lehrer – so etwas gab es damals
noch – stürzte ich mich wieder auf Mathematik, Physik,
Geschichte, Fremdsprachen. Voller Wehmut sah ich meinen
Vater aufs Feld gehen. Er pflügte, ich paukte fleißig weiter.
Manchmal wurde ich ganz plötzlich von Angst ergriffen. Was
wäre, wenn ich es nicht schaffen würde? In einer mir unbekannten und ungewohnten Umgebung, dem Athenäum in Antwerpen, mußte ich den Beweis liefern, daß ich genügend

Kenntnisse besaß, um zur höheren Schule zugelassen zu werden. Bis auf ein Fach – Französisch – verlief alles nach Wunsch. Meine Französischnote war jedoch so schlecht, daß über mein weiteres Schicksal erst noch beratschlagt werden mußte. Später erfuhr ich, daß der Lehrer, der mich in Französisch geprüft hatte, zu einem Kollegen gesagt hatte, meine Leistung sei ja eigentlich ungenügend, aber angesichts der guten Resultate in allen anderen Fächern bringe er es nicht übers Herz, mir Steine in den Weg zu legen. »Außerdem«, fügte er hinzu, »kenne ich den Jungen aus der Leichtathletik; er ist ein echter Kämpfer. Der spricht eines Tages noch besser Französisch als wir.«

Und so bekam ich mit Ach und Krach wieder Anschluß an den normalen Schulbetrieb. Meine alte Schule, das St.-Victor-Institut, nahm mich gerne wieder auf. Der Unterricht dort war gut, und die Lehrer waren sehr engagiert. Ich interessierte mich einfach für alles, ob Literatur oder Physik, Sprachen oder Geschichte, und in diesem Zusammenhang geschah eines Tages wieder etwas, das mein Leben entscheidend prägen sollte. Mein Niederländisch-Lehrer war ein leidenschaftlicher Anhänger des europäischen Föderalismus, und in einer seiner Unterrichtsstunden versuchte er, uns etwas über die Europäische Gemeinschaft für Kohle und Stahl (EGKS) und die Europäische Wirtschaftsgemeinschaft (EWG) beizubringen.

Er sprach über europäische Institutionen und zeichnete Schaubilder an die Tafel, nur um festzustellen, daß sich keiner seiner Schüler auch nur im mindesten dafür interessierte. Er wischte mit dem Schwamm alles wieder weg und begann, fieberhaft Linien zu ziehen. Keiner begriff, was er da machte; wir sahen nur ein abstraktes Wirrwarr.

Dann fragte er, ob sich irgend jemand vorstellen könne, was das sei. Stille. »Nun«, sagte er, »das ist Europa, durchzogen von Grenzen. Sie wurden durch Kriege festgelegt. Verschoben durch Kriege. Ausradiert von Kriegen. Mehrheiten unterdrückten Minderheiten oder vertrieben sie. Und am Ende eines jeden Krieges wurde die Saat für den nächsten Krieg gesät, weil die unterdrückten oder erniedrigten Völker auf Vergeltung sannen.« Und so sei es in Europa immer weitergegangen, jahrhundertelang. Immer wieder hätten junge Leute in unserem Alter auf Schlachtfeldern irgendwo in Europa ihr Leben lassen müssen. Ob wir die Schlachtfelder an der Ijzer je besucht hätten? Und dann fragte er uns auf sehr eindringliche Weise, ob wir dem denn nicht endlich ein Ende machen wollten.

Das sei möglich, indem man Europa vereinige, und genau damit habe man nun durch die Gründung der EGKS und der EWG begonnen.

Sein Vortrag zeigte Wirkung. Die Klasse wurde still und nachdenklich. Die Bilder mit meiner Großmutter und den Deutschen auf dem Rückzug kamen mir wieder in den Sinn. Ich fühlte mich direkt angesprochen und wollte mehr über dieses Thema wissen. Mein Entschluß stand fest: Daran wollte ich mitarbeiten.

Abschied vom Kempenland

Nach meinem Schulabschluß beschloß ich, an der Universität zu studieren. Glücklicherweise konnte ich ein bescheidenes Stipendium ergattern, so daß ich meinen Eltern nicht auf der Tasche liegen mußte. Ich war lange unschlüssig, welche Richtung ich einschlagen sollte: Sollte ich einen technischen Studiengang wählen und Diplom-Bauingenieur werden, oder sollte ich Diplomatische Wissenschaften studieren? Wenn ich heute daran zurückdenke, wundere ich mich darüber, daß ich mit zwei so völlig verschiedenen Perspektiven spielte. Schließlich entschied ich mich für die zweite Möglichkeit, obwohl ich wirklich unschlüssig war. Außerdem wählte ich als Alma Mater die staatliche Universität von Gent, was recht ungewöhnlich war, wenn man wie ich von einer katholischen Oberschule kam. Normalerweise gingen Jugendliche aus einem katholischen Umfeld nach Löwen. Doch in Gent boten sich mir neue Perspektiven: Die Stadt war ein Schmelztiegel verschiedenster Ideen und Lebensanschauungen und für mich als Jungen aus dem katholischen Kempenland daher eine wahre Offenbarung. Ich nahm ein Studentenzimmer für 500 belgische Franken, das ich mit einem kleinen Kohlenofen heizte. Ich war von dem festen Willen erfüllt, Erfolg zu haben.

In den ersten Jahren konzentrierte ich mich denn auch fast ausschließlich auf mein Studium. Politische und studentische Aktivitäten verfolgte ich mit einer gewissen Distanz, außer am Wochenende in meiner Heimat, wo ich bei verschiedenen Studentenaktivitäten in der ersten Reihe dabei war.

Soweit ich überhaupt im Genter Studentenleben aktiv wurde, war es in Bewegungen wie der der Europäischen Föderalisten. Mit ihnen besuchte ich auch das Europäische Parlament in Straßburg, wo ich 1965 zum ersten Mal eine Rede von François Mitterrand hörte. Er war damals seit kurzem Mitglied des Europäischen Parlaments, und er befand sich gerade als Präsidentschaftskandidat im Wahlkampf gegen Charles de Gaulle. In seiner Rede in Straßburg äußerte sich Mitterrand äußerst skeptisch gegenüber Europa, wodurch er mich sehr enttäuschte. Doch diese Haltung war damals wohl Voraussetzung für eine reelle Chance auf das französische Präsidentenamt, und Mitterrand fuhr damit nicht schlecht, denn immerhin konnte er rund 45 Prozent der Stimmen für sich gewinnen.

In Gent hatte ich das Glück, bei einigen ausgezeichneten Professoren zu studieren. Einer von ihnen, Professor Van Tichelen, war ein ehemaliger Spitzenbeamter des belgischen

Wirtschaftsministeriums und hatte die Verhandlungen zu den EGKS- und EWG-Verträgen aus nächster Nähe miterlebt. Er berichtete uns ausführlich darüber, wie die Vertragstexte zustande gekommen waren und was dahinter steckte. So erweckte er die trockenen Texte für uns zum Leben, und zwar besonders das Kapitel über Wettbewerb im Vertrag von Rom. Zu einer Zeit, in der praktisch noch an keiner anderen europäischen Universität Wettbewerbsrecht unterrichtet wurde, erhielten wir bereits Wesentliches darüber fachkundig vermittelt. Wir diskutierten anhand von Beispielen über Kartelle und unerlaubtes Verhalten von Unternehmen sowie über die Rolle der EWG-Kommission, die Detektiv, Schiedsrichter und Strafbehörde zugleich zu sein hatte. Seit dieser Zeit ist die berühmte Verordnung Nr. 17, die der Kommission auf Betreiben des ersten Wettbewerbskommissars Hans von der Groeben wichtige Handlungsbefugnisse gab – etwa das Recht auf Haussuchung und die Verhängung schwerer Strafen –, mir zu einem festen Begriff geworden. Aber ich hätte damals im Traum nicht daran gedacht, daß eines Tages, fast vierzig Jahre später, ich derjenige sein sollte, der eine gründliche Modernisierung dieser – übrigens sehr erfolgreichen – Verordnung vorschlagen sollte.

Meine Abschlußarbeit für den akademischen Grad »Licentiaat in de Diplomatieke Wetenschappen« schrieb ich bei Professor Elie Van Bogaert. Dem etwas ausgelaugten, aber klugen Mann war aufgefallen, daß ich ein besonderes Interesse für diese seltsame Institution zeigte, als die man die EWG-Kommission damals betrachtete, und er regte mich an, sie gründlich zu analysieren. Meine Abschlußarbeit trug daher den Titel: »Der supranationale Charakter der EWG-Kommission«. Das Thema fesselte mich derart, daß ich ihm meine gesamten Semesterferien widmete. Ein besonderes Kapitel handelte von der überstaatlichen Rolle und der Macht, die der Kommission durch die Wettbewerbsregeln im Vertrag von Rom und der Verordnung Nr. 17 in die Hand gegeben wurde.

Die Prüfungskommission machte mein Glück komplett: Ich erhielt die höchste Auszeichnung.

Nach meinem Abschluß wollte ich Grenzen überschreiten, jedenfalls die Grenzen meines eigenen Landes. Ich mußte auch meine Sprachkenntnisse vervollkommnen. Ich empfand es als selbstverständlich, ja sogar unbedingt notwendig, mehrere Sprachen gut zu beherrschen, wenn ich auf Europa-Ebene arbeiten wollte, und da mein Französisch immer noch zu wünschen übrigließ, beschloß ich, ein Jahr lang einen Postgraduierten-Studiengang in Frankreich zu absolvieren.

Mit einem Stipendium der französischen Regierung ging ich ans Centre Européen Universitaire nach Nancy. Ungefähr achtzig Studenten aus fast ganz Europa, Ost wie West, bildeten den idealen Rahmen, um meinen eigenen Horizont zu erweitern und mit anderen Kulturen, Sprachen und Mentalitäten in Berührung zu kommen.

Es war eine äußerst bereichernde und lehrreiche Erfahrung, manchmal allerdings auch schmerzlich und erschreckend. Damals erfuhr ich etwa von den Gegensätzen zwischen den verschiedenen jugoslawischen Studenten und ihrem gegenseitigen Mißtrauen. Jeder verdächtigte den anderen, für den jugoslawischen Sicherheitsdienst zu spionieren. Bei meinen Studien konzentrierte ich mich vor allem auf ökonomische Fragen, mischte aber diesmal auch kräftig im Studentenleben mit. Hier fand ich Freunde fürs Leben. Während der Invasion der Truppen des Warschauer Pakts in der Tschechoslowakei im August 1968 war ich gerade zu Besuch bei Freunden in Prag, mit denen ich in Nancy studiert hatte. Sie wohnten in unmittelbarer Nähe des Wenzelsplatzes. Mitten in der Nacht wurden wir vom Lärm der Panzer und Flugzeuge brutal aus dem Schlaf gerissen. Gerade erst waren wir von einem wunderbaren

»Prager Frühlings«-Abend zurückgekehrt. Mit meinen Freunden zusammen gehörte ich zu den ersten Demonstranten. Binnen kürzester Zeit war der Wenzelsplatz schwarz vor Menschen. Mutige Demonstranten kletterten auf die Panzer. Doch plötzlich fielen Schüsse, immer mehr Schüsse... Der Prager Frühling war vorbei. Meine Freunde waren untröstlich. Beide arbeiteten damals an der Prager Universität, und beide sollten ihre Arbeitsplätze verlieren. Würde Europa denn für immer in Ost und West geteilt bleiben? Ich fühlte mich klein, unbedeutend, niedergeschlagen und hilflos. Doch die Flamme brannte weiter, die Entspannungspolitik Willy Brandts fachte sie an, und mit dem Fall der Berliner Mauer wurde die Hoffnung auf ein ungeteiltes Europa Wirklichkeit.

Nur noch ein paar Jahre, und wir werden irgendwo draußen auf der Terrasse einer netten Gastwirtschaft im bezaubernden Prag auf unsere gemeinsame europäische Staatsbürgerschaft anstoßen können.

KAPITEL 2

AUF DEM WEG IN DIE EUROPAPOLITIK

In Nancy genossen wir das Privileg, von einigen bekannten und einflußreichen Personen in Seminaren unterrichtet zu werden. Der später auch auf europäischer Ebene bekanntgewordene französische Kultusminister Jack Lang weihte uns ins Völkerrecht ein, und Émile Noël, der schon damals legendäre Generalsekretär der EG-Kommission, unterrichtete uns über die Feinheiten des institutionellen Räderwerks. Von ihm erhielt ich das Angebot, bei der Kommission ein Praktikum zu absolvieren, was ich dankend annahm.

Der Hauptsitz der EWG-Kommission, wo bis dahin nur wenige Tausend Beamte arbeiteten, befand sich damals noch in der Brüsseler Blijde Inkomstlaan. Die Atmosphäre dort war gemütlich; man konnte als Praktikant einem Kommissar auf dem Flur begegnen und ohne weiteres ein Gespräch mit ihm anknüpfen. Von der unübersichtlichen und schwer kontrollierbaren Verwaltung, wie wir sie heute kennen, war man noch weit entfernt. Auch als Praktikant wurde man in die tägliche Arbeit mit einbezogen. So hatte ich gelegentlich die Möglichkeit, an den Sitzungen der Ständigen Vertreter der Mitgliedstaaten (COREPER) teilzunehmen.

Das kleine Klübchen der Praktikanten – wir waren ungefähr achtzig – verband das Nützliche mit dem Angenehmen, und in jener Zeit blieben viele in Brüssel hängen; schließlich warb die Kommission ständig Beamte an. Zu meinen Praktikantenkollegen gehörte unter anderen auch Alex Schaub, der später in der Wettbewerbsbehörde mein Generaldirektor werden sollte.

Indirekt war ich durch die Europäische Kommission politisch aktiv geworden. In Brüssel schloß ich mich den europäisch orientierten flämischen Sozialisten an. Damals war Hendrik Fayat Staatssekretär für Europäische Angelegenheiten und Piet Vermeylen Mitglied des Europäischen Parlaments. In diesem Umfeld fühlte ich mich zu Hause. Als Praktikant lernte ich auch den niederländischen Kommissar Sicco Mansholt kennen, den Vater der europäischen Landwirtschaftspolitik. Er war ein beeindruckender, äußerst direkter Mann, der seine Überzeugungen standhaft vertrat und einen unerschütterlichen Glauben an Europa besaß. Mansholt trug sich mit dem Plan, eine progressive europäische Partei zu gründen. Es handelte sich um eine hauptsächlich niederländische Initiative, an der sich später auch EU-Kommissar Henk Vredeling sowie eine Gruppe von Leuten beteiligten, die man damals die »Neue Linke« nannte. Gegner dieses Gedankens waren vor allem die deutschen Sozialdemokraten. Herbert Wehner, SPD-Spitzenpolitiker und Fraktionsführer im deutschen Bundestag, war überhaupt nicht mit einer Europäischen Progressiven Partei einverstanden und untersagte den deutschen SPD-Politikern, sich an der Initiative zu beteiligen.

Trotzdem fuhren wir mit unseren Aktivitäten fort. Der Urheber der Initiative, Sicco Mansholt, schlug mich als Parteisekretär vor, weil ich mehrere Sprachen beherrschte. Auf diese Weise lernten wir uns näher kennen, und schließlich berief er mich in sein Kabinett. Dies war keineswegs eine Selbstverständlichkeit. Ein Kommissar, der einen Mitarbeiter mit einer anderen Nationalität in sein Kabinett aufnahm, tat damals etwas äußerst Ungewöhnliches, und seine Entscheidung wurde ihm in den Niederlanden durchaus übelgenommen. Doch Mansholt war nicht der Mensch, der sich viel daraus machte. Übrigens unterbreitete er mir sein Angebot in einem Brief, nachdem er kurz zuvor beim Schlittschuhlaufen gestürzt war. Darin schrieb er, er bitte mich keineswegs deshalb um meine Mitarbeit, weil er auf den Kopf gefallen sei.

Als Mansholt 1968 seinen berühmten, nach ihm benannten Plan zur Reform der europäischen Landwirtschaftspolitik lan-

cierte, wurde ich zu einem seiner überzeugtesten Vertreter.
Mansholt sah, wie Zehntausende von Kleinbauern in wirtschaftliche Not gerieten und Bauernhöfe, die ohnehin schon zu
klein waren, noch weiter aufgeteilt wurden, obwohl statt dessen eine Vergrößerung der landwirtschaftlichen Betriebsfläche
pro Hof unbedingt notwendig war. Mit dieser Problematik war
ich nur allzu gut vertraut. Anstatt den Kopf vor dieser zwangs-
läufigen Entwicklung in den Sand zu stecken, plädierte Mansholt für eine offene und zukunftsorientierte Politik. Sein Plan
sah die Umgruppierung von Bauernhöfen zu wirtschaftlich
überlebensfähigen Einheiten vor und enthielt ein tragfähiges
Sozialprogramm, das es älteren Bauern ermöglichen sollte, auf
menschenwürdige Weise in den Ruhestand zu treten. Dieser
Plan stieß auf enormen Widerstand, und ich nahm den Kampf
zu seiner Verteidigung auf. Die Zusammenkünfte mit den Bauern verliefen häufig sehr emotional, manchmal sogar recht un-
sanft. Oft genug wurde ich als Verräter beschimpft. Obwohl ich
die Gefühle der Leute sehr gut verstehen konnte, versuchte
ich, sie mit harten Fakten zu überzeugen und ihnen vor Augen
zu führen, daß sie sich etwas vormachten. Doch es war, bis auf
wenige Ausnahmen, vergebene Liebesmüh. Ich lernte, was
politischer Mut bedeutet. Ich lernte, wie man sich so gut wie
möglich – wenn überhaupt möglich – gegen ein feindlich ge-
sinntes Publikum behauptet. Es war eine harte Schule, und ich
fragte mich, ob ich dem überhaupt gewachsen war. Zu jener
Zeit fand in Brüssel auch eine große Bauerndemonstration gegen Mansholt statt. Sie verlief äußerst gewalttätig, und die
Straßen glichen einem Schlachtfeld. Mein Vater, der Gewalt
verabscheute, nahm friedlich an der Demonstration teil. Er sagte mir, ihm sei zwar klar, daß Mansholt gute Absichten hege,
aber er wolle einfach zuviel in zu kurzer Zeit erreichen. Und im
übrigen sei er mit den anderen Bauern solidarisch. Was konnte
ich gegen diese Weisheit schon einwenden?

Mein politisches Engagement für die Europäische Progressive Partei wurde in den Reihen der belgischen Sozialisten auch nicht gerade gutgeheißen. Die Parteiführung beäugte »diese radikalen Niederländer« mit einer gehörigen Portion Argwohn. Unterdessen machte ich nicht nur in der Politik, sondern auch als Akademiker meine ersten Schritte. An der Freien Universität Brüssel wurde ich Assistent für Internationales Recht. Doch ich blieb auch bei den Jungsozialisten aktiv. Aus dieser Zeit datieren meine Kontakte zur damaligen deutschen Juso-Generation, zu Oskar Lafontaine, Gerhard Schröder, Heidemarie Wieczoreck-Zeul, Karsten Voigt, Manfred Dammeyer und Wolfgang Roth.

Mit Engagement in die belgische Politik

Bei den Jungsozialisten war ich nationaler Parteisekretär, wodurch ich automatisch Teil der Führung der damals noch unitären, flämisch-wallonischen Belgischen Sozialistischen Partei war. Alle sprachen Französisch – außer mir. Ich tat es aus Prinzip nicht. Mein Französisch war zwar mittlerweile mehr als ordentlich, doch ich war der Meinung, daß Niederländisch, die Sprache der Bevölkerungsmehrheit, respektiert werden müsse. Mein Dolmetscher war ein Monument der Sozialistischen Partei, Jos Van Eynde. Er pflegte meine teilweise ausführlichen niederländischsprachigen Interventionen auf Französisch in wenigen Sätzen zusammenzufassen.

1973 wurde Henri Simonet, Brüsseler Sozialist und zu diesem Zeitpunkt belgischer Wirtschaftsminister, zum Mitglied der Europäischen Kommission ernannt, und ich wurde gefragt, ob ich Mitglied seines Kabinetts werden wolle.

Obwohl ich gelegentlich politische Meinungsverschiedenheiten mit ihm gehabt hatte – er plädierte zum Beispiel für

Privatisierungen, was damals noch als Ketzerei empfunden wurde -, nahm ich seinen Vorschlag gerne an. Ich erhielt so die Möglichkeit, gründliche Behördenerfahrung zu sammeln. Simonet war ein brillanter Geist, schnell, mit scharfen Analysen und tiefem Einblick. Obwohl von bescheidener Herkunft, fühlte er sich in höheren Kreisen am wohlsten. Wie die meisten hochintelligenten Menschen konnte er seine Überlegenheit nur schwer verbergen. Seine Bonmots wurden bewundert, aber noch mehr gefürchtet, und gelegentlich konnten seine Kommentare verletzend sein. Kein Wunder, daß er eine Reihe von Feinden hatte. Harte Arbeit konnte er auf den Tod nicht leiden, doch er verschlang Bücher. Schriftstücke las er nur widerwillig, und der Besuch von Versammlungen gehörte auch nicht zu seinen Lieblingsbeschäftigungen. Da er nebenbei Bürgermeister der Brüsseler Gemeinde Anderlecht blieb - dies war damals noch möglich -, durfte ich ihn häufiger bei den Kommissionssitzungen vertreten und hatte so die Gelegenheit, auf höchster Ebene diejenige Institution aus der Nähe kennenzulernen, die mich am meisten faszinierte. Mehr als einmal war ich enttäuscht darüber, wie sie funktionierte. Altiero Spinelle, der italienische Ex-Kommunist und Radikale, der eines Tages beim Europäischen Parlament einen Vertragsentwurf zur Europäischen Politischen Union einreichte, lange bevor von Maastricht die Rede war, war damals Europäischer Kommissar für Industriepolitik. Er stand oft allein da und wurde von seinen Kollegen offensichtlich als etwas weltfremder Idealist betrachtet. Andererseits genoß ich die intellektuell brillanten Debatten zwischen Xavier Ortoli, Wilhelm Haferkamp und Christopher Soames, dem Schwiegersohn Winston Churchills.

Zu meinen Aufgaben im Kabinett gehörten hauptsächlich Steuerangleichung und Wettbewerb. Daher nahm ich zu Beginn der 1970er Jahre an der ersten Konferenz auf Kabinettsniveau teil, die sich mit der Frage beschäftigte, ob eine europäische Fusionskontrollverordnung wünschenswert sei. Eine derartige Verordnung trat erst 1989 in Kraft. Damals konnte ich natürlich noch nicht ahnen, daß ich einmal auf der Basis einer solchen Verordnung Fälle wie die Boeing- und die Kirch-Bertelsmann-Sache bearbeiten sollte.

Die drei Jahre mit Simonet waren überaus fruchtbar. Ich lernte, schnell zu arbeiten, korrekte Analysen durchzuführen, kurze Noten zu verfassen, Reden zu schreiben und, nicht zuletzt, den Chef zu vertreten.

Es war die Zeit des griechischen Militärregimes, und wir organisierten Solidaritätsveranstaltungen mit Melina Mercouri. Zudem gab es innerhalb der Kommission eine starke Tendenz, die demokratischen Kräfte in Spanien und Portugal zu unterstützen.

Simonet wünschte, einen bei uns noch völlig unbekannten jungen Mann kennenzulernen, von dem es hieß, in Spanien liege eine große Zukunft vor ihm: Felipe González. Franco war noch an der Macht, weshalb das Treffen im geheimen stattfinden mußte – eine zufällige Begegnung auf dem Flughafen von Madrid. Nach der Nelkenrevolution versuchten wir, in Portugal so weit wie möglich Mario Soares sowie andere Demokraten zu unterstützen. Soares dachte bereits damals über einen Beitritt Portugals zur Europäischen Gemeinschaft nach. Er bat darum, daß einige seiner jungen Mitarbeiter in Brüssel in die Europapolitik eingeweiht würden. Der erste, der aus Portugal eintraf und dessen ich mich annehmen sollte, war António Guterres, der heutige portugiesische Premierminister. Eines Tages bekam ich auch Besuch von einem jungen spanischen Studenten, der gerade sein Studium am Europakolleg in Brügge abgeschlossen hatte und bei der Kommission ein Praktikum absolvieren wollte. Dies war bei seinen Qualifikationen kein Problem. Sein Name war Manuel oder, mit Spitznamen, »Ma-

nolo« Marín. Gut zehn Jahre später sollte er der erste spanische EU-Kommissar werden.

Damals sah es ganz danach aus, als läge die Laufbahn eines
Europabeamten vor mir. Doch das Schicksal wollte es anders.
Die Belgische Sozialistische Partei (BSP) war in den siebziger
Jahren noch unitär – während Christdemokraten und Liberale
bereits in französischsprachige und niederländischsprachige
Parteien auseinandergefallen waren –, wurde jedoch von zwei
Vorsitzenden geführt: André Cools und Willy Claes.

Sie waren sich bewußt, daß ihre Partei, die bereits 1885 im
bekannten Brüsseler Restaurant »De Zwaan«, beziehungsweise »Le Cygne«, gegründet worden war, dringend eine Verjün-
gungskur brauchte. Man fragte mich, ob ich daran mitarbeiten
wolle. Die Herausforderung war verlockend für mich, und nach
einer Weile stimmte ich zu, jedoch unter der Voraussetzung,
daß ich mich gleichzeitig weiterhin mit europäischen und
internationalen Angelegenheiten beschäftigen konnte.

Ich wurde stellvertretender Landessekretär und war zugleich für internationale Kontakte verantwortlich, so daß ich
auf internationaler Ebene aktiv bleiben konnte. Einer der Aufträge, die ich sofort in Angriff nahm, war die Unterstützung
der Kandidatur Willy Brandts für den Vorsitz der Sozialistischen Internationale. Willy Brandt war in der Tat der richtige
Mann, um der dahinwelkenden Sozialistischen Internationale
wieder neues Leben einzuhauchen. Er wurde von verschiedenen sozialistischen Partei- und Staatsführern unterstützt,
etwa Bruno Kreisky aus Österreich, Anker Jörgensen aus
Dänemark und Olof Palme aus Schweden. Von britischer Seite
gab es heftigen Widerstand: Die Labour Party, die sich in jener
Zeit in extrem linkes Fahrwasser begeben hatte, war mit der
Kandidatur Willy Brandts alles andere als einverstanden. Im
Verlauf einer Sitzung in Genf trieben es die Briten unter der
Leitung von Ian Mikardo so bunt, daß Brandt den Saal verließ.

Ich lief hinter Willy Brandt her und bat ihn, wieder zurückzu-
kommen, während Willy Claes und André Cools unterdessen
den britischen Labour-Delegierten klarmachten, daß sie nun
besser gingen, was sie glücklicherweise auch taten. Mit der
Unterstützung der Skandinavier, der SPD, der SPÖ sowie der
meisten anderen sozialistischen Parteien wurde Willy Brandt
zum Vorsitzenden der Sozialistischen Internationale gewählt.
Er sollte es jahrelang bleiben, und unter seinem Vorsitz gewann die Vereinigung beträchtlich an Bedeutung. Danach ging
es wieder bergab.

François Mitterrand traf ich zum ersten Mal im Rahmen eines sozialistischen Gipfeltreffens im dänischen Helsingör, im
Januar 1976. Es war das erste Treffen, an dem ich als internationaler Sekretär der BSP teilnahm. Mitterrand hatte gerade
das *programme commun* ausgehandelt, ein gemeinsames
Programm der französischen kommunistischen Partei und der
sozialistischen Partei. Die französische KP erreichte zu dieser
Zeit noch über 20 Prozent der Stimmen, während die sozialistische Partei im Vergleich dazu klein und unbedeutend war.

In Helsingör mußte sich Mitterrand von allen Seiten, vor al-
lem jedoch von wichtigen Köpfen wie Helmut Schmidt und
Harold Wilson, wegen seiner Zusammenarbeit mit den
Kommunisten schwere Vorwürfe gefallen lassen. Willy Brandt,
Olof Palme und auch der belgische Mitvorsitzende André
Cools hingegen verteidigten Mitterrand, der auf dem Treffen
ziemlich überheblich und empfindlich auf die Kritik reagierte.

In seinen Ausführungen ließ er durchblicken, daß niemand
besser als er dafür geeignet sei, zu bestimmen, was für die
französische Linke richtig oder falsch sei. »Im übrigen«, so
sagte er absichtlich provozierend, »werden nicht die Kommunisten uns, sondern wir die Kommunisten marginalisieren.«
Mit dieser Aussage erntete er nur Hohngelächter und allseitiges Kopfschütteln. Während der Kaffeepause stand ich zufällig

in der Nähe von Helmut Schmidt und Harold Wilson.»Wirklich schlimm, was Mitterrand da so alles von sich gegeben hat«, meinte Schmidt.»Und das Schlimmste ist«, fügte Wilson hinzu,»daß er es anscheinend auch noch selbst glaubt.« In dieser Zeit knüpfte ich zahlreiche Kontakte und gute persönliche Beziehungen. Ich lernte Lionel Jospin kennen, damals noch Assistent Mitterrands und später selbst internationaler Sekretär, bevor er Chef der französischen sozialistischen Partei PS wurde. Mit Paavo Lipponen, dem heutigen finnischen Premierminister, verbindet mich seitdem eine dauerhafte freundschaftliche Beziehung.

Vorsitzender der belgischen Sozialisten

Nach den Wahlen 1977 hatte die Zeit in der Opposition ein Ende, und die belgischen Sozialisten waren wieder an der Regierung beteiligt. In Belgien ist es üblich, daß ein Parteichef, der in die Regierung eintritt, sein Parteimandat aufgibt. Dies galt auch für Willy Claes, und so wurde die Stelle des flämischen Co-Vorsitzenden frei.

An erster Stelle kam für den Posten Frank Van Acker in Frage, Bürgermeister von Brügge und Sohn des früheren Premierministers Achille Van Acker. Aber Van Acker hatte kein Interesse. Es gab jedoch noch andere Anwärter: Louis Tobback, der fünfzehn Jahre später Vorsitzender werden sollte, sowie Willy Calewaert, ein bekannter belgischer Strafverteidiger und Minister. Doch es kam zu keiner Einigung, und um den Engpaß zu überbrücken, mußte ich in aller Diskretion ein Treffen der Spitzenparteimitglieder anberaumen, um, ähnlich wie bei einer Konklave, den neuen»Papst« zu wählen. Ich persönlich gehörte nicht zu diesem illustren Personenkreis. Nach Ablauf der Sitzung rief mich Willy Claes zu Hause an und fragte, ob ich am nächsten Tag, einem Sonntag, kurz vorbeikommen könne. Da roch ich bereits den Braten. Claes erklärte mir dann, es gäbe nur eine Person, die für den Vorsitz in Frage käme und über die sich alle einig waren – und zwar mich. Ich antwortete, daß ich zumindest erst mit meiner Frau darüber sprechen wolle.»Ja, aber nicht zu lange«, lautete die Antwort. Auf diese Weise begann mein »öffentliches Leben« als Co-Vorsitzender der BSP, und schon bald danach als Vorsitzender der SP, der flämischen Sozialisten, die sich aus dem Korsett der unitären belgischen sozialistischen Partei BSP befreit hatten. Ich hatte eine solche Entwicklung nicht im entferntesten erwartet, aber als es dann soweit war, war ich bereit, mich mit Leib und Seele der neuen Herausforderung zu stellen.

Eine überaus hektische Zeit kam nun auf mich zu. Belgien ist ein unglaublich kompliziertes Land. Die Partei verjüngen, erneuern, frauenfreundlicher machen und die alten ideologischen Gewänder ablegen: Es war ein Kampf an allen Fronten.

Langsam kamen aber auch die ersten Erfolge. Während der ersten direkten Wahlen für das Europäische Parlament im Juni 1979 war ich Spitzenkandidat der SP. Wir führten eine durch und durch europäische Kampagne: Willy Brandt und Joop den Uyl posierten gemeinsam auf den Wahlplakaten. Das Ergebnis konnte sich sehen lassen, doch der eigentliche Durchbruch gelang 1984, als wir die Anzahl unserer gewählten Mitglieder für das Europäische Parlament verdoppeln konnten. Als Spitzenkandidat gelang es mir, für unsere Partei eine halbe Million »voorkeurstemmen« (Wählerstimmen, die nicht dem Spitzenkandidaten gegeben werden) zu gewinnen. Darüber freute ich mich um so mehr, da unsere Kampagne entschieden europäisch geprägt gewesen war.

Währenddessen versuchte ich zusammen mit einigen Kollegen, insbesondere Joop den Uyl, der Organisation der europäischen Sozialisten, die, ebenso wie die Sozialistische Internationale, ein paar Jahre vorher noch vor sich hin gekränkelt hatte, neues Leben einzuhauchen. Damit hatte ich mich schon beschäftigt, als ich noch bei den Jungsozialisten gewesen war. Die Organisation der Europäischen Sozialistischen Parteien bestand neben Parteien aus den EG-Mitgliedstaaten auch aus Schwesterparteien aus den Nachbarländern. Auch einige sozialistische Parteien im Exil waren repräsentiert, etwa die von Mario Soares. Es war noch die Zeit vor der portugiesischen Nelkenrevolution, und Soares lebte im Exil in Paris.

Eines Tages mußten wir uns auf einem Kongreß der Europäischen Sozialistischen Parteien mit dem Beitrittsgesuch Spaniens zur Europäischen Gemeinschaft – wie sie damals noch hieß – beschäftigen.

Die Gefühle schlugen hohe Wellen. Die SPD-Delegation unter der Leitung Herbert Wehners stand dem Gedanken nicht völlig ablehnend gegenüber. Doch dieser Standpunkt wurde unter anderem von Mario Soares heftig angegriffen, der – in einem auffallenden, grellbunten Hemd, das sich deutlich von den konservativen Anzügen der meisten Kongreßteilnehmer unterschied – die Meinung vertrat, sozialdemokratische Parteien könnten sich unmöglich hinter das Gesuch der diktatorischen Regierung Francos stellen. Als schließlich abgestimmt wurde, wurde der Beitrittsantrag Spaniens mit nur einer Stimme Mehrheit abgelehnt. Auch ich hatte dagegen gestimmt. Hinterher stellte sich heraus, daß ich als zusätzliches Mitglied der belgischen sozialistischen Delegation eigentlich nur eine beratende und keine entscheidende Stimme besaß. Später erzählte ich Mario Soares dieses so wichtige kleine Geheimnis, und daraus entstand eine feste, dauerhafte Freundschaft.

Die Beziehungen zu Mitterrand waren weniger herzlich. Seine Distanziertheit war geradezu sprichwörtlich. Willy Brandt erzählte mir, er habe eines Tages Mitterrand vorgeschlagen, sich zu duzen, wie es üblich ist, wenn man sich häufiger begegnet. »Si vous voulez« - »Wenn Sie wollen« -, war seine lakonische Antwort.

Als Willy Brandt und Bruno Kreisky sich damals mit Jassir Arafat in Wien trafen, um über mögliche Friedensinitiativen im Nahen Osten zu diskutieren, sorgte dies bei der Sozialistischen Internationale für hellen Aufruhr.

Die Israelische Arbeiterpartei war zutiefst schockiert. Mitterrand, ebenso wie viele andere, fand dieses Treffen zumindest unpassend und reagierte äußerst kritisch. Im wunderschönen Ferienort der schwedischen Sozialdemokraten wurde eine Krisensitzung einberufen, in deren Verlauf sowohl Bruno Kreisky als auch Willy Brandt hart angegriffen wurden. Vor allem Mitterrand zeigte meiner Meinung nach gegenüber Kreisky und Brandt unangebrachte Härte. Ich bat um das Wort und wies darauf hin, daß die französischen Sozialisten im algerischen Bürgerkrieg schon allzu lange einen kriegstreiberischen Standpunkt einnahmen, statt zu versuchen, den Konflikt auf friedliche Weise zu lösen. Wenn man sich an entscheidenden Punkten in der Geschichte nicht gesprächsbereit zeige, führe dies nur zu weiterem Blutvergießen, sagte ich zu Mitterrand, der über meine Intervention nicht gerade erfreut war.

Ganz anders Willy Brandt und Bruno Kreisky, und seitdem erhielt ich von Kreisky gelegentlich einen väterlichen Brief. Er interessierte sich für das problematische Verhältnis zwischen Wallonen und Flamen in Belgien, doch er meinte auch, diese Schwierigkeiten seien nichts im Verhältnis zu dem Problem der Minderheiten und historischen Gegensätze auf dem Balkan. Irgendwann würden wir in Europa noch einmal damit konfrontiert werden ...

KAPITEL 3

IN DER EUROPÄISCHEN KOMMISSION

Am 13. Dezember 1987 fanden in Belgien Parlamentswahlen statt. Die Sozialisten waren zu diesem Zeitpunkt schon seit etwa sechs Jahren in der Opposition, während die Mehrheit von Christdemokraten und Liberalen gebildet wurde, mit Wilfried Martens an der Spitze. Die Regierung war, wie wir es in Belgien schon öfter erlebt hatten, an einer flämisch-wallonischen Streitfrage gescheitert, obwohl im Grunde die wirtschaftliche Gesundung volle Aufmerksamkeit verlangt hätte.

Anfangs hatte es den Anschein, als solle die Koalition aus Christdemokraten und Liberalen weiter fortgesetzt werden. Doch das Wahlergebnis machte dies problematisch: Die Christdemokraten verloren zahlreiche Stimmen, während die Liberalen Prozente dazu gewannen. Insgesamt gesehen mußte jedoch die Koalition Parlamentssitze abgeben. Der spätere belgische Premierminister Jean-Luc Dehaene erhielt vom König den Auftrag, wenn möglich mit Christdemokraten und Sozialisten eine neue Regierung zu bilden. Dies war keine leichte Aufgabe, da Dehaenes Parteigenosse, Premierminister Wilfried Martens, wiederholt betont hatte, die Koalition mit den Liberalen fortsetzen zu wollen. Es kostete große Anstrengung, und es sollte einige Monate dauern, bis Jean-Luc Dehaene eine neue Koalition zustande gebracht hatte.

Als Parteivorsitzender der flämischen Sozialisten war ich direkt an den Regierungsverhandlungen beteiligt. Um aus der Sackgasse mit Martens herauszukommen, schlug ich Jean-Luc Dehaene in einem persönlichen Gespräch vor, die Kandidatur von Wilfried Martens als belgisches Mitglied der Europäischen Kommission zu unterstützen, wenn dies die Angelegenheit vereinfache. Die erste Amtsperiode der Kommission Delors neigte sich ihrem Ende zu: Zum 1. Januar 1989 sollte eine neue

Kommission gebildet werden. Damals war Willy De Clerq belgischer EU-Kommissar. Er wäre gerne im Amt geblieben, aber durch eine Koalition mit den Sozialisten wäre seine Partei, die flämischen Liberalen, aus dem Rennen gewesen. Mein Interesse für Europa stand außer Frage, und die Funktion eines EU-Kommissars sprach mich mehr an als ein Ministermandat, doch um die Koalitionsverhandlungen voranzubringen, wollte ich gerne zurückstehen.

Wilfried Martens hatte nämlich inzwischen Europa für sich entdeckt. Die zweite Hälfte der achtziger Jahre stellte eine besonders spannende Periode in Europa dar, in der der große europäische Binnenmarkt sowie der erste Schritt zur Wirtschafts- und Währungsunion in Angriff genommen wurden. Als Mitglied des Europäischen Rates hatte Wilfried Martens – bei Begegnungen mit Margaret Thatcher, François Mitterrand, Helmut Kohl und anderen – festgestellt, daß auch auf europäischer Ebene interessante Politik betrieben wurde.

Ich sprach Martens zweimal auf das Mandat bei der Europäischen Kommission an, doch er schwieg wie ein Buddha und sagte weder ja noch nein. Vielleicht erschien ihm das Amt des Premierministers doch verlockender. Inzwischen gab es außerdem weitere Bewerber für das Amt des EU-Kommissars. So teilte mir der Vorsitzende der wallonischen Sozialisten, Guy Spitaels, mit, es sei nun wirklich an der Zeit, daß ein Wallone Kommissionsmitglied würde. Doch die Partei Spitaels' geriet während der Regierungsverhandlungen in große Schwierigkeiten, und er mußte erst einmal die Scherben wieder kitten.

Als die Regierungsvereinbarung endlich unter Dach und Fach war und es um die Verteilung der Ministerressorts ging, brachte ich das Kommissionsmandat zur Sprache. Die Verhandlungsteilnehmer der CVP, die christdemokratischen Koalitionspartner, schlugen vor, die Sozialisten sollten den Außenminister stellen. Dieses Amt hatte zuvor Leo Tindemans innegehabt. Doch offenbar waren nicht alle in der CVP mit dessen Politik einverstanden, und auch der designierte Nachfolger von Tindemans, der frühere Premierminister Mark Eyskens, war innerhalb seiner Partei ein wenig umstritten. So bot man schließlich mir das Amt des Außenministers an, ja, man drängte es mir förmlich auf. Aber meine Ambitionen lagen viel eher bei der Europäischen Kommission, und daher fragte ich, ob die Koalitionspartner eventuell damit einverstanden seien, daß ich neuer belgischer EU-Kommissar würde.

Die Sache war jedoch gar nicht so einfach. Der belgische EU-Kommissar für außenpolitische Beziehungen, Willy De Clerq, wollte sein Amt unter keinen Umständen aufgeben und trommelte jede Hilfe zusammen, die er bekommen konnte, um sich in der Kommission zu halten. Dabei hatte er nicht zuletzt die volle Unterstützung Jacques Delors', der damals sein erstes Mandat als Präsident ausübte. De Clerq gelang es, Delors dazu zu bewegen, diverse hochrangige Mitglieder des belgischen Establishments zu kontaktieren, bis hinauf in den königlichen Palast. Bei De Clerq wußte Delors genau, mit wem er es zu tun hatte, doch wie es mit dem »petit Belge« – dem »kleinen Belgier«, wie er mich später nannte – klappen würde, war für ihn völlig ungewiß. Auch die Presse wurde mobilisiert: Es erschienen ein paar kleine gemeine Artikel über mich, sowohl in der niederländischsprachigen als auch in der französischsprachigen Presse Belgiens, mit dem Tenor, was ich denn in der Kommission eigentlich wolle. In der renommierten flämischen Zeitung »De Standaard« war sogar zu lesen, ich sei kaum gut genug, um stellvertretender Kabinettschef zu werden. Auch der Liberale Guy Verhofstadt, heutiger belgischer Premierminister, rief mich an, um zu fragen, ob ich nicht lieber hinter De Clerq zurücktreten wolle. Doch schließlich hatten die Liberalen, als sie noch mit an der Regierung waren, auch nie besonders durch Großzügigkeit geglänzt, und ich ließ mich daher nicht von meinem Ziel abbringen: Ich wußte, daß ich wie geschaffen war für die Europäische Kommission, und zu guter Letzt wurde in der Koalition auch dementsprechend entschieden.

Erste Kontakte mit Delors

Jacques Delors war anfangs nicht gerade begeistert über mein Kommen und hielt mit seiner Meinung keineswegs hinter dem Berg. Ich kannte ihn nicht besonders gut, obwohl wir uns natürlich ein paarmal begegnet waren. Eine Zeitlang hatten wir sogar zusammen im Europäischen Parlament gesessen, in der sozialistischen Fraktion. Doch die französischen Sozialisten hatten für unsere damaligen Aktionen gegen Kernwaffen nur wenig Verständnis aufgebracht. Die flämischen Sozialisten hatten in den achtziger Jahren Aktionen gegen die Stationierung amerikanischer Mittelstreckenraketen auf belgischem Boden ins Leben gerufen, während sich der französische Staatspräsident Mitterrand in Brüssel – ebenso wie in Bonn – unmißverständlich für die Aufstellung der Atomraketen einsetzte. Zwischen französischen und flämischen Sozialisten herrschten große Meinungsverschiedenheiten über die atomare Aufrüstung. Die französischen Sozialisten vertraten einen schlichten Standpunkt: In Frankreich wollen wir keine amerikanischen Atomraketen, aber gerne bei den Nachbarn.

Dasselbe galt übrigens für die friedliche Nutzung der Kernenergie. Ich bin kein prinzipieller Kernkraftgegner, doch ich setzte mich damals gegen den Bau eines neuen Atomreaktors in Doel bei Antwerpen ein, weil ich es schlichtweg unsinnig fand, daß in der Nähe einer großen Stadt ein bestehendes Atomkraftwerk noch zusätzlich erweitert werden sollte. In der Regierung blockierte ich entsprechende Pläne und sorgte da-

durch für viel Unmut bei der französischen Industrie, die gehofft hatte, den Auftrag für den Bau des Kraftwerks einheim-
sen zu können. Dies sollte Folgen für mein erstes Bewerbungs-
gespräch beim Kommissionspräsidenten Delors haben.

Nicht Umwelt-, sondern Verkehrskommissar

Dieses erste Gespräch fand Anfang November 1988 in Berlin
statt, während eines Kongresses der europäischen sozialistischen Parteien. Um wegen des Ressorts vorzufühlen, das ich
in der Kommission übernehmen sollte, hatte ich Delors um
eine Unterredung gebeten. Sie verlief recht knapp und unter-
kühlt.

Ich hätte in der neuen Kommission gern das Umweltressort
übernommen, denn für dieses Gebiet hegte ich schon seit Jahren Interesse. Im bald kommenden Binnenmarkt würde das
Thema Umwelt ohne jeden Zweifel eine wichtige Rolle spielen,
und in der Europäischen Einheitsakte, die den juristischen
Rahmen für den Ausbau des Binnenmarktes bildete, war die
Basis gelegt worden, um der europäischen Umweltpolitik
zunehmend Form zu verleihen.

»Ausgeschlossen«, teilte mir Delors unumwunden mit. Für
die Regierung in Paris sei dies vollkommen inakzeptabel, da
ich schließlich ein erklärter Gegner der Atomenergie sei. Ich
hätte auf jeden Fall bei Atomangelegenheiten ein Wörtchen
mitzureden, und das konnten die Franzosen nicht hinnehmen.
Wahrscheinlich fürchtete Delors auch meinen Umweltaktivis-
mus. Also mußte ich das Ganze aufs neue angehen.

Einige Wochen später führte ich ein weiteres Gespräch mit
Delors, bei dem er eine andere Erklärung vorbrachte, um mir
das Umweltressort zu verweigern. Er behauptete, es bereits
Carlo Ripa di Meana versprochen zu haben, der gerne Umwelt-

kommissar werden würde und bereits ein höheres Dienstalter besäße.

Zufällig kannte ich Carlo, damals noch ein italienischer Sozialist, gut, weil wir im Europäischen Parlament eng zusammengearbeitet hatten. In der ersten Kommission Delors war er für Kultur und Medien zuständig gewesen, und er teilte mir mit, er habe sich gar nicht um das Umweltressort beworben und würde sich am liebsten weiterhin mit Kultur und Medien beschäftigen. In diesem Ressort fühlte er sich so wohl wie ein Fisch im Wasser: Er tat nichts lieber, als Filmpremieren und Ausstellungseröffnungen mit den dazugehörigen Empfängen zu besuchen.

Ich begriff jedenfalls, daß Delors meine Anfrage schwer im Magen lag, und ich mußte einsehen, daß ich mir das Umweltressort aus dem Kopf schlagen konnte.

Für Dezember hatte Delors an einem abgelegenen Ort in Wallonien eine erste Sitzung der neuen Kommission anberaumt. Die Ressortverteilung sollte möglichst vor dieser Sitzung abgeschlossen sein, weil er, und zwar zu Recht, größere Streitigkeiten vermeiden wollte. Eine Woche vor der Sitzung rief mich Pascal Lamy an, der damalige Kabinettschef von Delors. Er schlug mir vor, die Kompetenzen für Personal und Verwaltung zu übernehmen, und dazu noch den Bereich Energie, natürlich ohne die Kernenergie. Diesen Vorschlag fand ich so schäbig, daß ich ihn auf der Stelle zurückwies. Kurze Zeit später wollte Lamy mir noch die KMU-Politik (KMU = kleine und mittlere Unternehmen) dazugeben, die jedoch, ebenso wie der Energiebereich, vergleichsweise unbedeutend war. Jetzt reichte es mir. Ich antwortete, wenn Delors nicht mit etwas Vernünftigerem käme, würde ich eine offene Diskussion über die Ressortverteilung vorschlagen.

Erneuter Anruf von Lamy: Was ich von Verkehr, Verbraucherpolitik sowie Kredit und Investitionen halte? Dieses Angebot erschien mir schon akzeptabler. Durch den Einheitsmarkt war der Bereich Verkehr in Bewegung geraten, und diese Tendenz würde sich in den kommenden Jahren sicherlich noch verstärken. Es handelte sich um ein Ressort mit vielen Möglichkeiten. Als die Angelegenheit unter Dach und Fach war, wurde ich nochmals zu Delors gerufen. Vor ihm lag eine Landkarte von Europa, auf der er mit einem Filzstift die großen Verkehrsadern nachgezogen hatte – große Infrastrukturmaßnahmen, die nötig sein würden, um beispielsweise den Hochgeschwindigkeitszug möglich zu machen. Ich wies ihn darauf hin, daß solche Projekte nicht in die Zuständigkeit der Europäischen Kommission fielen. Der Verkehr in der Luft, auf der Straße, auf der Schiene und auf dem Wasser falle unter unsere Befugnisse, die Infrastrukturpolitik hingegen liege noch fest in Händen der einzelnen Mitgliedstaaten. Das sei völlig egal, erwiderte Delors, ich solle versuchen, herauszufinden, was die Kommission tun könne, um auf diesem Gebiet die Netzwerke besser zu integrieren. Das ließ ich mir nicht zweimal sagen.

Zu meiner nicht ganz geringen Freude machte übrigens Carlo Ripa di Meana im Umweltressort, das er schließlich doch übernahm, aus der Not eine Tugend. Er entpuppte sich als wahrer Aktivist und landete mit den Initiativen, die seine Behörde unter der kompetenten Leitung von Laurens-Jan Brinkhorst, dem heutigen Landwirtschaftsminister der Niederlande, eifrig für ihn erarbeitete, sehr oft in den Nachrichten. Zum Leidwesen von Delors, der gehofft hatte, daß das Umweltressort Ripa nicht gerade zu zügellosem Tatendrang anstacheln würde. Carlo Ripa di Meana eröffnete ständig neue Vertragsverletzungsverfahren gegen Mitgliedstaaten, die sich nicht an die europäischen Umweltnormen hielten. Ein beredtes Beispiel dafür ist die Überwachung der bakteriologischen Reinheit des Meerwassers in den europäischen Badeorten. Ver-

schiedenen Mitgliedstaaten wurde deswegen auf die Finger ge-
klopft, unter anderem Großbritannien, zum großen Ärger von
Premierminister John Major, der fand, daß es sich hierbei um
eine zu weit gehende Einmischung in nationale Angelegenheiten handele, und sich bei Jacques Delors beschwerte. Als Ripa
nach einer gewissen Zeit von der europäischen in die nationale
Politik wechselte und man nicht sofort einen italienischen
Nachfolger fand, blieb das Umweltressort zunächst verwaist
zurück. Daraufhin – welche Ironie! – fragte Delors mich, ob ich
es nicht noch zusätzlich übernehmen könne.

Als mich Delors mit der Zeit besser kennenlernte, fiel ihm
auf, daß ich stets um umfassende Aktenkenntnis bemüht war
und nicht nur meine eigenen Fälle studierte, sondern auch die
anderer Kommissare. Außerdem – wichtiger noch – wußte er,
daß er stets auf mich zählen konnte. Was die Haltung zu Europa betraf, stand ich Delors schließlich sehr nahe und ging für
ihn durchs Feuer. Seine anfängliche Zurückhaltung hatte er
daher bald vollständig überwunden, und gelegentlich zeigte er
auch offen seine Wertschätzung.

Subsidiarität: ein heikles Thema

Die Einmischung der Kommission, etwa beim verschmutzten
Meerwasser oder der Qualität des Trinkwassers, ging allmählich nicht nur den britischen, sondern auch anderen Regierungen auf die Nerven – ein Zeichen der wachsenden Gereiztheit
einer Reihe von Regierungen und Mitgliedstaaten über die
angebliche »Einmischungssucht« und den »Regelungsüberei-
fer« der Kommission. Diese Situation führte dazu, daß der Begriff »Subsidiarität« immer mehr Anklang fand. Man befand
sich am Beginn der neunziger Jahre, und Europa war im Auf-
wind: Maastricht und die Währungsunion standen bevor, und

das Ansehen der Kommission mit Delors an ihrer Spitze hatte einen Höhepunkt erreicht. Dieser Enthusiasmus mißfiel einer Reihe von Mitgliedstaaten, allen voran Großbritannien, und sie fanden, daß er ein wenig gedämpft werden müsse.

Das Subsidiaritätsprinzip besagt, daß die Entscheidungen auf einer möglichst bürgernahen Ebene zu treffen sind, wobei stets zu prüfen ist, ob ein gemeinschaftliches Vorgehen angesichts der nationalen, regionalen oder lokalen Handlungsmöglichkeiten wirklich gerechtfertigt ist. Auf einem Sondergipfel in Birmingham, bei dem die Subsidiarität zentrales Thema war, versprach die Kommission, einige Initiativen, die als übertriebene Einmischung und Bevormundung angesehen wurden, zu beschneiden. »Weniger ist besser« wurde das Motto. Delors wählte das Ressort Umwelt aus, weil es besonders bei Umweltangelegenheiten einigen Unmut gab. Seiner Meinung nach hatte die Kommission tatsächlich in manchen Fällen übertriebenen Eifer gezeigt. Für Delors hatte die Wirtschafts- und Währungsunion absolute Priorität; sie sollte um jeden Preis sichergestellt werden, und andere Gebiete mußten eben notfalls zurückstecken.

Ich dagegen hielt es für äußerst problematisch, sich gerade bei umweltpolitischen Fragen zurückzunehmen, da besonders in diesem Bereich die umweltbewußten Bürger feststellen konnten, wie notwendig und nützlich das europäische Handeln war. Daher widersetzte ich mich dieser Interpretation des Begriffs Subsidiarität, die zu einer Einschränkung in der Anwendung der Umweltrichtlinien geführt hätte.

Darüber kam es in der Kommission zu einer äußerst unangenehmen Konfrontation mit Delors. Die Mehrheit der Kollegen stand eher hinter mir, wodurch die Liste der zu streichenden Aktivitäten ziemlich kurz geriet. Nach der Sitzung erhielt ich umgehend einen Anruf von Pascal Lamy, der mir im Kasernenhofton verkündete: »Du hast ein Problem!« – »Nicht ich, sondern der Präsident hat ein Problem«, erwiderte ich. »Auf Umweltebene klein beizugeben wird ihm höchstens freundliches Schulterklopfen von ein paar Premierministern einbringen, aber es wird weder der Kommission noch Europa guttun.« Und dabei ist es dann geblieben.

Verbraucherschutz im Vertrag von Maastricht

Zu meinem Ressort gehörte unter anderem der Verbraucherschutz, doch dieser stellte damals nur eine recht unbedeutende Angelegenheit dar. Alles, was mit Nahrungsmitteln zu tun hatte, fiel unter die Landwirtschaftspolitik, bei der in erster Linie an die Produzenten gedacht wurde. Eine Handvoll Beamter – etwa zwanzig – hatte ohne besonderen Erfolg versucht, einige Initiativen auf die Beine zu stellen. Mit der Verwirklichung des Binnenmarktes und der dazugehörigen grenzüberschreitenden Konkurrenz entstand jedoch allmählich ein neues Bedürfnis, nämlich das des grenzüberschreitenden Verbraucherschutzes. In Großbritannien und den nördlichen Mitgliedstaaten der Europäischen Union beispielsweise wurde Verbraucherschutz überaus ernst genommen.

Der Süden dagegen war bisher brachliegendes Terrain, doch auch dort begann sich eine gewisse Dynamik zu entwickeln. Dies führte unter anderem zu grenzüberschreitenden Schutzmaßnahmen in Sachen Produktsicherheit, Pauschalreisen, Time-Sharing bei Ferienwohnungen. Was letzteren Punkt betraf, hatte Margaret Thatcher persönlich bei der Kommission darauf gedrängt, eine europäische Initiative auf die Beine zu stellen, obwohl wir uns noch mitten in der Debatte über die Subsidiarität befanden. Doch angesichts der Tatsache, daß zahlreiche Briten das Opfer unlauterer Time-Sharing-Praktiken in Südeuropa geworden waren, vor allem in Spanien, kam man nun doch wieder auf die Europäische Kommission zurück. Unsere Arbeit war äußerst schwierig, weil in den Europäischen Verträgen in dieser Hinsicht keine bestimmten Kompetenzen festgelegt worden waren.

Ende 1990 wurde in Rom das Startsignal für die Internationale Regierungskonferenz gegeben, die zu einem neuen Vertrag führen sollte, und zwar dem Vertrag zur Europäischen Union, der ein Jahr später, im Februar 1992, in Maastricht unterzeichnet wurde. Den wichtigsten Punkt dieses Vertrags stellte natürlich die Wirtschafts- und Währungsunion dar. Doch ich war der Meinung, daß auch andere Bereiche darin verankert werden müßten, die die Bürger direkt angehen, wie etwa der Verbraucherschutz.

Ich stattete befreundeten Ministern Besuche ab, um sie für diese Idee zu gewinnen. Wir hatten im Hinblick auf die Maastricht-Verhandlungen bereits einen Vertragsentwurf zum Verbraucherschutz vorbereitet. Dieser wurde später in den allgemeinen Entwurf aufgenommen und von verschiedenen Delegationen explizit unterstützt. Doch wieder machte Delors Schwierigkeiten. Seiner Meinung nach war das Ganze ein unnötiges Extra, das lediglich die Aufmerksamkeit von den Hauptthemen, nämlich der Wirtschafts- und Währungsunion, ablenke.

Dazu muß man sagen, daß Delors die Maastricht-Verhandlungen ein wenig als sein persönliches Anliegen betrachtete und wir nur relativ wenig über den Stand der Dinge unterrichtet wurden. Mir erschien aber im Rahmen eines bürgernahen Europas überaus wichtig, daß die Verbraucherpolitik im Europäischen Binnenmarkt zukünftig auch eine grenzüberschreitende Dimension besitzen müsse. Wir erhielten dann allerdings Unterstützung von unerwarteter Seite, nämlich von François Mitterrand, der von der französischen Staatssekretärin für Verbraucherangelegenheiten, Veronique Neiertz, gut auf das Thema vorbereitet worden war. Daher kam in Maastricht schließlich doch ein Vertragsartikel über Verbraucherschutz zustande.

Zu Lande, zu Wasser und in der Luft

Obwohl es ursprünglich nicht mein Wunschressort gewesen war, machte ich mich in der Verkehrspolitik sofort mit Elan an die Arbeit. Ich hatte schnell erfaßt, daß die Europäische Gemeinschaft endlich auch auf diesem Gebiet wichtige Fortschritte würde erzielen können. Endlich, denn allzu lange war der Ministerrat anscheinend unfähig gewesen, sich von nationalen festgerosteten Zuständen zu lösen, insbesondere auf dem Gebiet des Luft- und Schienentransports.

Zudem ging es meist um öffentliche Unternehmen, die sich wie ein Staat im Staate aufführten, stark verbunden waren mit den politischen Vorgängen im Land, sich fest im Griff von Gewerkschaften befanden, meistens Verluste einfuhren und deren Dienstleistungen für die Verbraucher bedenkliche Qualitätsmängel aufwiesen. Aufgrund seiner Inaktivität war der Ministerrat übrigens vom Europäischen Gerichtshof auf eine Klage des Europäischen Parlaments hin verurteilt worden. Dies war möglich, weil im EWG-Vertrag vorgesehen war, daß in Sachen Verkehr, ebenso wie in der Landwirtschaft, eine gemeinsame Politik betrieben werden mußte.

Als Folge dieses Urteils, aber mehr noch durch die Binnenmarktdynamik, entstand genügend Freiraum, um die Verkehrsfälle etwas stärker grenzüberschreitend anzugehen. Nicht, daß vorher gar nichts getan worden wäre: Auf dem Gebiet des Transports auf der Straße war beispielsweise eine Reihe von Gesetzen hinsichtlich Fahrt- und Ruhezeiten, Abmessungen und Gewichten von Lkw und so weiter erarbeitet worden.

Auf dem Gebiet des Luftverkehrs war 1988 ein erster wichtiger Schritt erfolgt, und auf dieser Grundlage sollte später eine wirklich gemeinsame Luftverkehrspolitik aufgebaut werden. Der Zeitpunkt war gerade günstig, und überdies hatte ich das Glück, während meiner Zeit als Verkehrskommissar mit einer Reihe von kompetenten und europäisch denkenden Verkehrsministern zusammenzuarbeiten, unter anderen etwa den niederländischen Ministerinnen Neelie Peper-Kroes und Hanja Maij-Weggen, den Franzosen Michel Delebarre und Jean-Louis Bianco, dem Spanier Barrionuevo, dem späteren belgischen Premierminister Jean-Luc Dehaene sowie den Deutschen Jürgen Warnke und Günther Krause.

Leider blieben diese Minister häufig nicht lange im Amt. Während meines vierjährigen Mandats hatte ich in Frankreich und in Großbritannien mit vier verschiedenen Verkehrsministern zu tun, in Deutschland mit dreien, und in Griechenland waren es so viele, daß man beinahe die Übersicht verlor.

An dieser Stelle muß ich anmerken, daß ich von der äußerst positiven Mitarbeit der vier aufeinanderfolgenden britischen Verkehrsminister – unter ihnen der spätere Außenminister Malcolm Rifkind und der frühere Vorsitzende der Konservativen Cecil Parkinson – angenehm überrascht war. Während Margaret Thatcher scharf auf Brüssel schoß, gehörten sie zu den Vorreitern in der Entwicklung einer gemeinsamen Verkehrspolitik, insbesondere im Hinblick auf den Luftverkehr.

Die Verkehrspolitik, für die das damalige Generaldirektorat VII zuständig war, befand sich in einem nicht allzu guten Zustand. Jahre der Unbeweglichkeit hatten ihren Tribut gefordert. Als dann doch etwas Bewegung hineinkam, gelang es dem spanischen Generaldirektor, Peña Abizanda, seine Behörden zusätzlich zu motivieren und rasch auf ein hohes Niveau zu bringen. Obwohl Abizanda ein hochrangiger Diplomat aus dem Franco-Regime war, lernte ich ihn als äußerst loyal und kooperativ kennen. Mehrmals bemerkte er, er habe sich nie träumen lassen, einmal unter einem belgischen Sozialisten zu arbeiten. »Und zwar mit Vergnügen«, fügte er dann hinzu, und das war nicht geheuchelt. Sowohl er als auch ich betrachteten unsere Zusammenarbeit als eine der äußerst positiven Folgen der Europäischen Union: ein neues Europa, in dem Menschen über ihre nationalen, historischen und parteipolitischen Grenzen hinweg mit gegenseitigem Respekt und mit Blick auf die Zukunft zusammenarbeiten konnten. Gegen Ende meiner Amtszeit wurde der Brite Robert Coleman Abizandas Nachfolger. Ohne jeglichen Druck aus London oder von seiten meiner britischen Kollegen hatte ich meine eigene Wahl treffen können, und damit waren diesmal Eignung und Einsatzbereitschaft die wichtigsten Gründe für die Einstellung eines Kandidaten gewesen.

Mein Kabinett wurde von Michel Vanden Abeele geleitet. Wir hatten uns 1973 als Mitglieder des Kabinetts von Henri Simonet kennengelernt. Damals war Vanden Abeele bereits stellvertretender Kabinettschef gewesen. Seine reiche Kabinettserfahrung – unter anderem bei den Kommissionspräsidenten Gaston Thorn und Roy Jenkins – sowie seine außergewöhnlich breitgefächerte Aktenkenntnis machten ihn zu einem ausgezeichneten Chef meiner kleinen Truppe persönlicher Mitarbeiter. Ich ließ meinen Mitarbeitern viel Freiheit, verlangte aber im Gegenzug Loyalität, Einsatz und gutes Einvernehmen untereinander. Es war ihnen allerdings untersagt, sich zwischen mich und die Verwaltung zu stellen oder sich mit Personalangelegenheiten innerhalb des Departements zu beschäftigen, die allein unter die Verantwortlichkeit des Generaldirektors fielen. Im übrigen war es mir am liebsten, direkt mit den Beamten zusammenzuarbeiten, die die jeweiligen Fälle behandelten.

Ich denke immer noch sehr gerne an meine Zeit als Verkehrskommissar zurück. Angesichts meiner anfangs geringen Kenntnis dieses Bereichs mußte ich sehr viel lernen und mich gründlich einarbeiten. Glücklicherweise hatte ich Claude Chêne als Ratgeber an meiner Seite, der bereits unter meinem Vorgänger gearbeitet hatte. Mit seiner Sicherheit und Vielseitigkeit war er von großem Wert für mich und unsere Arbeit. Später forderte ich ihn als meinen Kabinettschef an. Während meiner fast elf Jahre als EU-Kommissar hatte ich nur zwei Kabinettschefs, und was mir persönlich an Erfolgen angerechnet wird, ist in hohem Maße ihnen zu verdanken.

Zu unseren Prioritäten gehörte die Verwirklichung einer gemeinschaftlichen Luftverkehrspolitik. Insgeheim hegten wir die Hoffnung, dies – jedenfalls auf dem Gebiet der politischen Maßnahmen – während meines ersten Mandats, also gegen Ende 1992, in die Tat umzusetzen.

Dazu mußten wir große Widerstände überwinden. Die meisten europäischen Fluggesellschaften waren schließlich traditionelle staatliche Unternehmen: träge, nicht auf Rentabilität oder Gewinn ausgerichtet sowie unter starkem Einfluß von Politik und Gewerkschaften. Als sogenannte *flagcarriers* genossen sie allerlei Vorrechte hinsichtlich der Luftverkehrsrechte und der Flughafeninfrastruktur. Das gesamte System beruhte auf einem Netz bilateraler zwischenstaatlicher Verträge, das alles andere als kunden- oder marktorientiert war. Daraus erklärten sich die sehr hohen Tarife und die häufig mangelhafte Qualität der Dienstleistungen, und aufgrund dessen konnten es sich in Europa im Vergleich zu den USA, wo der Luftverkehr inzwischen liberalisiert worden war, wesentlich weniger Menschen erlauben, mit dem Flugzeug zu reisen. Uns war natürlich klar, daß es uns nie gelingen würde, eine Situation nach amerikanischem Beispiel in einem Zug zu verwirklichen. Eine realistische, schrittweise Annäherung lag nahe.

Angesichts der Tatsache, daß 1988 ein erstes Paket von Maßnahmen vorsichtig den Weg zu einer Liberalisierung eingeleitet hatte, versuchten wir, in zwei aufeinanderfolgenden Pake-
ten die Operation abzurunden. Doch nicht alle wollten in so
kurzer Zeit so weit gehen. Auch innerhalb der Kommission gab
es einige Zurückhaltung. Delors zum Beispiel fand das letzte
Paket zu ehrgeizig. Er informierte mich darüber, daß er nicht
meiner Meinung sei, ließ mich aber gewähren.
Schließlich konnten wir vor Ende 1992 unsere Maßnahmen
durch den Ministerrat bringen. Einige von ihnen sollten jedoch
erst Jahre später in Kraft treten, wie die »Cabotage«, die es
etwa der Lufthansa erlaubt, zwischen Paris und Nizza oder
London und Edinburgh zu verkehren, also innerhalb eines
anderen Mitgliedstaats. Trotzdem war damit die Basis für eine
integrierte europäische Luftverkehrspolitik gelegt worden.
Innerhalb des europäischen Marktes können europäische
Fluggesellschaften sich heutzutage grenzüberschreitend entwickeln. Neue Unternehmen erhielten Zugang zum Markt, und
für zahlreiche Reiseziele sanken in der Folge die Preise.
Dennoch bin ich mit dem Erreichten nur halb zufrieden.
Durch verschiedene Übereinkünfte zwischen Fluggesellschaften, unter anderem die codeshare agreements, wird die
Konkurrenz häufig beschränkt oder ausgeschaltet, und der
Zugang zum Markt bleibt problematisch. Die etablierten
Gesellschaften dominieren, nicht zuletzt über die slots, die
wichtigsten Flughäfen, und wenn die sogenannten low cost
carriers zu bedrohlich werden, lassen sich die Großen etwas
einfallen. Hinzu kommt, daß die Europäische Kommission
bezüglich des Luftverkehrs keine externe Kompetenz erhielt.
Daher konnten zwischen den USA und den meisten Mitgliedstaaten bilaterale Open-Sky-Übereinkünfte getroffen werden, durch die auf dem europäischen Markt wiederum Diskriminierungen entstanden – ein ganz und gar unannehmbarer

Zustand. Wir haben die Sache seinerzeit vor das Gericht in Luxemburg gebracht. Hoffentlich kommt es bald zu einem Urteil, denn es sieht ganz danach aus, als würden die Richter der Kommission recht geben.

Jedenfalls blieb im Falle des Luftverkehrs die auf dem Papier erwirkte Liberalisierung bei der Umsetzung in die Praxis irgendwo auf halbem Wege stecken. Obwohl inzwischen die meisten Fluggesellschaften ganz oder teilweise privatisiert wurden, bleibt immer noch ein starkes Band zum Staat bestehen – KLM und British Airways sind nur zwei Beispiele dafür.

Die Bahn: bis heute eine nationale Bastion

Mit demselben Ehrgeiz wie den Luftverkehr wollten wir auch die Bahn reformieren. »Renaissance des Schienenverkehrs« lautete unser Motto.

Aufgrund des immer größeren Verkehrschaos auf den Straßen sowie der wachsenden Umwelt- und Verkehrssicherheitsprobleme wollten wir die Bahn attraktiver gestalten. Als interessante Neuerung kam uns dabei die Entwicklung der Hochgeschwindigkeitszüge zu Hilfe. Einerseits war es unser Ziel, den Straßenverkehr zu zwingen, für die allgemein entstehenden Kosten aufzukommen, also auch die Kosten für Umwelt und Sicherheit, und andererseits wollten wir verschiedene Hindernisse für die Entwicklung einer integrierten Bahnpolitik beiseite räumen. Auf diese Weise hofften wir, eine Kursänderung beim Niedergang der Bahn zustande zu bringen. Doch leider verhielten sich die Bahngesellschaften in noch stärkerem Maße als andere staatliche Unternehmen wie ein Staat im Staate – hinsichtlich ihres Betriebs, ihrer Infrastruktur, ihrer Technologie und ihres Personals. Ihre Mentalität war (und ist) oft lächerlich rückständig, und ihre Einstellung durch und durch nationalistisch. Trotzdem konnten wir im Ministerrat einige Richtlinien durchsetzen, durch die unter anderem das Recht geschaffen wurde, unter bestimmten Umständen die Gleisinfrastruktur in anderen Mitgliedstaaten zu benutzen.

Diese Richtlinien, die übrigens noch lange Zeit nur auf dem Papier wirksam sein sollten, führten allerdings zu einem grenzüberschreitenden Streik. Ich genieße also die zweifelhafte Ehre, den ersten paneuropäischen Streik ausgelöst zu haben. Was für ein Mißverständnis! Schließlich wollten wir lediglich für einen für den Güterverkehr und die Reisenden attraktiven Schienenverkehr sorgen.

Später nahmen andere Kollegen, zum Beispiel Neil Kinnock, den Faden dieser Politik wieder auf – leider nur mit äußerst mäßigem Erfolg.

Als Delors mir den Auftrag erteilte, den grenzüberschreitenden Verkehrsnetzen größere Aufmerksamkeit zu schenken, brauchte er das nicht ein zweites Mal zu sagen. Gemeinsam mit den entsprechenden nationalen Behörden setzten wir uns an den Tisch, um die nationalen Pläne besser aufeinander abzustimmen. Dabei entstand die Idee der europäischen Verkehrsnetzwerke. Das Europäische Parlament stellte sogar ein gewisses Budget zur Verfügung, um hier und dort, zum Beispiel in Sachen Hochgeschwindigkeitsstreckennetz, bei grenzüberschreitenden Projekten Unterstützung zu gewähren. Der Gedanke der europäischen Netzwerke wurde später auch in den Vertrag von Maastricht aufgenommen; Delors hatte sich mit großem Engagement dafür eingesetzt.

Auch in puncto Seefahrt sowie für die Küsten- und Binnenschiffahrt ergriffen wir zahlreiche Initiativen – mit sehr unterschiedlichem Erfolg. Und auch der Transport auf der Straße, der Personentransport mit Bussen und die Verkehrssicherheit wurden nicht vergessen. So entstanden nach und nach Elemente einer integrierten europäischen Verkehrspolitik mit besonderem Schwerpunkt auf Umwelt und Sicherheit, und es gelang uns, einige internationale Verträge abzuschließen. Vor allem drei sogenannte Transitabkommen waren hierbei sehr wichtig, wobei das Abkommen mit Österreich die späteren Beitrittsverhandlungen stark vereinfachen sollte. Der Vertrag mit der Schweiz wurde nach dem negativen Referendum über den Europäischen Wirtschaftsraum ungültig, und der mit Jugoslawien wurde einen Tag vor dem Auseinanderbrechen der alten Föderation und dem Beginn des Blutvergießens unterzeichnet ...

Wie dem auch sei: Da wir breite Unterstützung fanden, konnte während meines Mandats doch etwas erreicht werden. Zum ersten Mal seit dem Bestehen der Kommission kam die Verkehrspolitik ernsthaft in Gang und wurde auch nach außen hin deutlich wahrgenommen. Trotz einiger Meinungsverschiedenheiten wußte Kommissionspräsident Delors dies zu schätzen. Als sich 1993 abzeichnete, daß ich eine zweite Amtsperiode in der Kommission erhalten sollte, war ich denn auch bereit, meine Aufgabe in der Verkehrspolitik fortzusetzen.

Doch Jacques Delors hatte andere Pläne mit mir.

KAPITEL 4

WETTBEWERBSPOLITIK ALS NEUE HERAUSFORDERUNG

Die Kommission, die am 1. Januar 1993 antrat, war von besonderer Art: Es handelte sich um eine Übergangskommission, die nur zwei Jahre im Amt bleiben sollte. In den Vertrag von Maastricht waren eine Reihe von Bestimmungen aufgenommen worden, die dazu dienten, den europäischen Institutionen einen demokratischeren Charakter zu verleihen. Unter anderem war beschlossen worden, die Amtszeit des Parlaments und der Kommission gleichermaßen auf je fünf Jahre festzusetzen. Nach der alten Regelung hatten beide Institutionen eine unterschiedlich lange Amtsperiode, die Kommission vier, das direkt gewählte Parlament dagegen fünf Jahre.

Der Vertrag von Maastricht machte die Kommission zu einer Art Legislaturregierung mit der gleichen Amtszeit wie das Parlament, in der Erwartung, daß sich dadurch Kommission und Parlament besser aufeinander einspielen könnten. Auf diese Weise sollte das berüchtigte »Demokratiedefizit« der europäischen Institutionen – der Mangel an demokratischer Kontrolle – ein wenig abgemildert werden.

Da die Amtszeit der zweiten Kommission Delors Ende 1992 ablief, die Europawahlen jedoch erst im Juni 1994 stattfanden, entstand eine Differenz zwischen den Amtszeiten von Kommission und Parlament. Um diese Phase zu überbrücken, beschlossen die Staats- und Regierungschefs, Jacques Delors ein drittes Mal zum Kommissionspräsidenten zu ernennen, jedoch nur für die Zeit bis Ende 1994. Im Januar 1995 sollte dann eine neue Kommission für eine Amtsperiode von fünf Jahren antreten, synchron mit dem Mandat des neuen Europäischen Parlaments.

Ende 1992 stand daher erneut eine Ressortverteilung auf dem Programm. Innerhalb der belgischen Regierung war vereinbart worden, daß ich mein Mandat behalten sollte. Auch einige andere Mitglieder der scheidenden Kommission blieben in Brüssel, darunter Leon Brittan. Dieser hatte ein Auge auf das gesamte Paket der Außenbeziehungen geworfen, ein Ressort, das in der bisherigen Kommission Frans Andriessen innegehabt hatte. Doch Delors' Wunsch war es, die Außenbeziehungen aufzuteilen: Brittan sollte die Gemeinsame Handelspolitik übernehmen und Hans van den Broeck, der bisherige Außenminister der Niederlande, die Gemeinsame Außen- und Sicherheitspolitik. Durch die Ausweitung der Befugnisse der Europäischen Union würden die Außenbeziehungen in Zukunft eine besonders schwierige Aufgabe für eine Einzelperson darstellen, aber vielleicht wollte Delors auch vermeiden, daß eine Art »Superkommissar« – noch dazu ein britischer Konservativer – die gesamten Kompetenzen auf dem Gebiet der Außenbeziehungen in den Händen hielte. Brittan wehrte sich eine ganze Weile gegen Delors' Entscheidung und fand sich erst ganz zum Schluß mit der ihm zugewiesenen Aufgabe der Gemeinsamen Handelspolitik ab. Dazu war er für die Beziehungen zu Nordamerika, Australien, Neuseeland, Japan, China, Korea, Hongkong, Macau und Taiwan verantwortlich, während Hans van den Broeck die Beziehungen zu Mittel- und Osteuropa, zu den Nachfolgestaaten der ehemaligen Sowjetunion sowie der Mongolei, der Türkei, Zypern, Malta und den anderen europäischen Ländern übernahm. Nachdem dieses Problem gelöst war, rief Delors mich an, um mir mitzuteilen, daß ich zukünftig die Wettbewerbspolitik übernehmen solle. Das war keine große Überraschung für mich, da ich aus vorangegangenen Gesprächen mit ihm bereits wußte, daß er mir entweder den Außenhandel oder die Wettbewerbspolitik zugedacht hatte. Delors hatte unter anderem gegenüber dem belgischen Außenminister Willy Claes bemerkt: »Der Van Miert verdient eine Beförderung.« Um eine »Beförderung« handelte es sich insofern, als die Wettbewerbspolitik zu den wichtigeren und überdies heikleren Ressorts gehört. Leon Brittan hatte ihr eine ausgesprochen ideologische Prägung verliehen, und zwar sowohl nach außen hin als auch innerhalb der Kommission selbst. Dies hatte ihm schließlich in der Kommission einige Schwierigkeiten eingebracht. Delors wollte diese Situation ändern. Er erwarte von mir, daß ich die Glaubwürdigkeit der Wettbewerbspolitik wiederherstelle, sagte er mir und erteilte mir damit den klaren Auftrag, meine Aufgabe so objektiv und pragmatisch wie möglich anzugehen. Das war im übrigen auch ganz meine Absicht. Ich hatte die Wettbewerbsfälle in der vorherigen Kommission aufmerksam verfolgt und trat daher mein neues Amt nicht ganz unvorbereitet an.

Skeptische Blicke zum Einstand

Im Januar trat ich mein neues Amt als Kommissar für Wettbewerbspolitik an. Die Tatsache, daß statt eines britischen Konservativen nun ein belgischer Sozialdemokrat an der Spitze der Wettbewerbspolitik stand, sorgte anfangs für spöttische Reaktionen und blieb vor allem in der britischen Presse nicht unkommentiert. Eine englische Zeitung bezeichnete mich damals als einen »Sozialisten alter Schule«, womit vielleicht darauf angespielt werden sollte, daß ein Sozialist sicher eher einmal in puncto staatliche Beihilfen und Monopole ein Auge zudrücken würde. Meine beiden Vorgänger Leon Brittan und der Ire Peter Sutherland hatten das europäische Binnenmarktprojekt mit einem tragfähigen Wettbewerbsstandbein ausgestattet. Sie hatten sich konsequent gegen alles gewandt, was den freien Wettbewerb hätte einschränken können. Als ich meine Aufgabe übernahm, herrschte allgemein die Überzeugung, die bestehenden Pläne, den Energiesektor und die Telekommuni-

kation zu liberalisieren sowie das Postwesen für den freien
Wettbewerb zu öffnen, würden nun abgebremst werden oder
ganz in der Schublade verschwinden. Da und dort wurden sogar Stimmen laut, die behaupteten, Delors habe aus Paris ein
deutliches Signal erhalten, den harten *free marketeer* Sir
Leon von der Wettbewerbspolitik abzuziehen, damit die großen französischen Monopolisten France Telecom, Air France
und Électricité de France weiterhin ungestört schalten und
walten könnten. Damit hatte man allerdings die Rechnung
ohne den Wirt gemacht, wie aufmerksame Beobachter des
Brüsseler Geschehens wußten. Im Januar 1993 wies auch die
»Financial Times« auf die Liberalisierung im Luftverkehr hin,
die ich als Verkehrskommissar durchgesetzt hatte, und zwar
gegen etablierte nationale Interessen. Ich sei weniger dogma-
tisch, dafür stärker pragmatisch orientiert als mein Vorgänger,
jedoch mit denselben Resultaten, lautete die Meinung des britischen Wirtschaftsblattes. Allerdings wurde auch auf das veränderte Klima hingewiesen: Im freien Europäischen Binnenmarkt stünden die Betriebe schon von ganz allein unter stärkerem Konkurrenzdruck, und deswegen solle Brüssel nicht
auch noch extra streng auftreten. Außerdem befände sich die
europäische Wirtschaft in einer Phase der Rezession, so daß
Betriebe auch von dieser Seite in Bedrängnis gerieten. »Das
Dilemma eines Sozialisten«, war das Fazit der »Financial Times«, die meinen Antritt als Wettbewerbskommissar mit mehr
als dem gewöhnlichen Interesse verfolgte.

Mittlerweile spielt die Wettbewerbspolitik in der Europäischen Union eine zentrale Rolle. Sie besitzt einen fast institutionellen Charakter, und die Grundregeln wurden in den Grün-
dungsverträgen festgeschrieben. Die betreffenden Artikel 81
und 82 (früher 85 und 86) zu Kartellen und zum Mißbrauch
von Machtpositionen ebenso wie die Artikel über Monopole
(jetzt Artikel 86, früher Artikel 90) und staatliche Beihilfen

(jetzt Artikel 87 und 88, früher 92 und 93) gelten bereits seit 1958. Dies ist um so bemerkenswerter, als damals nur ein einziger Mitgliedstaat, nämlich die Bundesrepublik Deutschland, über eine Wettbewerbspolitik verfügte. Sie war unter amerikanischem Einfluß eingeführt worden, um in Zukunft allzu große wirtschaftliche Machtkonzentrationen zu verhindern, die in der Nazizeit eine so fatale Rolle gespielt hatten. In den USA geht die Wettbewerbspolitik auf den berühmten Sherman-Antitrust-Act aus dem Jahr 1890 zurück. Dieses Gesetz war eine Folge der ungezügelten industriellen Revolution. Die damals entstandenen gigantischen Trusts mißbrauchten ihre Macht, um Konkurrenten auszuschalten und ihre Lieferanten und Kunden auszubeuten. Aus dieser Zeit stammt auch der Begriff »antitrust«. Eine weitere Ursache der Antitrust-Gesetzgebung bildeten demokratische Erwägungen. Durch ihre allzu große wirtschaftliche Macht drohten einige Trusts auch das politische Leben zu stark zu beeinflussen, ja sogar zu dominieren.

Den seit 1958 bestehenden Grundregeln wurde 1989 noch ein höchst wichtiges Instrument in bezug auf den Zusammenschluß von Unternehmen hinzugefügt, und zwar mit Hilfe einer Verordnung, man könnte auch sagen, eines europäischen Gesetzes, welches vorschreibt, daß wichtige Zusammenschlüsse von Unternehmen einer vorherigen Prüfung durch die Kommission unterzogen werden müssen. Von grundlegender Bedeutung ist dabei, daß die Kommission vertragsrechtlich die Kompetenz und die Macht erhielt, die Europäischen Wettbewerbsregeln anzuwenden.

In der Tat geht es dabei um *law enforcement*, also die konsequente Anwendung eines Gesetzes, und um diese Aufgabe so objektiv und kohärent wie möglich durchführen zu können, braucht man eine wirklich unabhängige europäische Institution, die die gemeinschaftlichen Interessen anstatt der Belange einzelner Länder oder Unternehmen wahrnimmt. Der Europäische Rat als Vertretung nationaler Interessen ist dazu per definitionem ungeeignet. Daher verfügt die Kommission über umfangreiche Kompetenzen, die sie, bis auf wenige Ausnahmen, direkt ausüben kann und muß, sowohl im Hinblick auf Unternehmen als auch auf nationale oder regionale Autoritäten. Dies verleiht ihr große Macht, doch auch eine ganz besondere Verantwortung. Selbstverständlich können alle diesbezüglichen Beschlüsse der Kommission vor den Europäischen Richtern in Luxemburg angefochten werden.

Um die Wettbewerbsregeln effizient anwenden zu können, wurden nach und nach die notwendigen Instrumente geschaffen, die es etwa erlauben, Betriebsdurchsuchungen durchzuführen oder hohe Bußgelder aufzuerlegen. Durch die zunehmende Anzahl von Fällen – inzwischen mehr als tausend pro Jahr – und die vielen auszuführenden Maßnahmen erhielt der Wettbewerbskommissar schrittweise immer weitergehende Kompetenzen. Der Bereich Wettbewerb entwickelte sich so innerhalb von zwanzig Jahren von einem kleineren Ressort zu einem der wichtigsten, weshalb die Funktion des Wettbewerbskommissars zu der vielleicht bedeutendsten nach der des Präsidenten wurde. Der befugte Kommissar weiß sich von einer renommierten Behörde unterstützt: dem Generaldirektorat IV (heute, nach der »Prodi-Revolution«, »DG Comp.« genannt).

Bei der Wettbewerbsbehörde handelt es sich zweifellos um eines der besten Generaldirektorate der gesamten Kommission. Traditionsgemäß wird es von einem Generaldirektor deutscher Nationalität geleitet. Ich hatte das Glück, mit zwei ausgezeichneten Generaldirektoren zusammenzuarbeiten: Klaus Ehlermann und Alex Schaub, wobei letzterer diese Funktion unter meinem Nachfolger Mario Monti weiterhin innehat. Sowohl Ehlermann als auch Schaub sind hervorragende Spitzenbeamte: inhaltlich stark, mit enormem Einsatz und großem Verantwortungsbewußtsein, und zudem waren sie äußerst loyal, trotz des starken Drucks, der auf sie ausgeübt wurde. Die Zusammenarbeit mit ihnen war ein Vergnügen, und sie machten der Europäischen Behörde alle Ehre, indem sie stets Professionalismus und Gemeinschaftsbelange über alle anderen Interessen stellten. Eines Tages suchte mich zum Beispiel der diplomatische Berater Helmut Kohls auf, Joachim Bitterlich, um sich über Schaub zu beschweren. Er scheine wohl vergessen zu haben, welchen Paß er besitze, so die bittere Klage Bitterlichs. Für mich war dies das schönste Kompliment, das man einem europäischen Beamten machen kann, nämlich ein Beweis seiner Unabhängigkeit.

Schwerpunkte der Wettbewerbspolitik

Im Rückblick auf die fast sieben Jahre als Wettbewerbskommissar fällt es mir nicht leicht, besondere Prioritäten zu nennen oder bestimmte Resultate in den Vordergrund zu stellen. In dieser Zeit wurde schließlich eine große Anzahl von Fällen behandelt, von denen einige in diesem Buch beschrieben werden. Dennoch können sechs verschiedene Gebiete als Schwerpunkte betrachtet werden:

- Liberalisierung monopolgeprägter Wirtschaftszweige, insbesondere der Telekommunikation;
- die Verteidigung des Binnenmarktes gegen Kartelle und Versuche der Marktaufteilung;
- die erfolgreiche Anwendung der sogenannten Fusionskontrollverordnung;
- der Kampf gegen unerlaubte staatliche Beihilfen;
- die Modernisierung und Aktualisierung der Wettbewerbspolitik, sowohl inhaltlich als auch das Verfahren betreffend;
- und, *last but not least*, die Anpassung der Wettbewerbspolitik an die Globalisierung.

Liberalisierung

Bei der Liberalisierung der Netzwerkindustrien, die früher von
staatlichen Monopolen beherrscht wurden, spielt die Wettbewerbspolitik zweifellos eine Schlüsselrolle. Die Öffnung von
Märkten im Bereich der Informationsgesellschaft, des Verkehrs
oder der Energieproduktion und -lieferung ist für die Wettbe-
werbsposition der europäischen Industrie und für die Dynamik
des europäischen Marktes von essentieller Bedeutung, da auf
diese Weise technologische Innovationen gefördert werden.

Die große Bedeutung des Telekommunikationssektors wird
inzwischen allgemein anerkannt. Die Kommission hat nichts
unversucht gelassen, um die Entwicklung der Informationsgesellschaft zu beschleunigen und die Wettbewerbsfähigkeit der
europäischen Betriebe sowie die Arbeitsplätze in diesem
Unternehmensbereich zu fördern. Das Resultat der Liberalisierung zeigt sich in der atemberaubenden Entwicklung der
Mobilfunk-Telekommunikation und des Internets.

Was heute als Erfolgsgeschichte betrachtet wird, war lange
Zeit nichts als ein mühseliger Kampf, mit dem bereits Ende der
achtziger Jahre, in der ersten Kommission Delors, Schritt für
Schritt und gegen starke Widerstände begonnen wurde. In den
meisten Mitgliedstaaten bildeten die öffentlichen Telekommu-
nikationsbetriebe quasi einen Staat im Staate. Am auffällig-
sten war dies in Italien, wo es bis 1997 keiner einzigen Regierung gelang, Telecom Italia richtig auf Trab zu bringen. Auch in
Belgien war die Situation nicht wesentlich besser. Als ich 1993
das Amt des Wettbewerbskommissars antrat, wollte es der Zufall, daß Martin Bangemann neben der Industriepolitik zusätzlich die Telekommunikation übernahm. Unsere Vorgänger hatten mit großem Einsatz hier und dort einige Schritte in die
richtige Richtung unternommen, doch das Wichtigste, nämlich
die eigentliche Liberalisierung der Telekommunikationsunter-

nehmen, lag noch vor uns. Sowohl Martin Bangemann als auch ich waren hochmotiviert, diese Aufgabe während unseres Mandats zu lösen: Er sollte die notwendigen gesetzgebenden Initiativen auf die Beine stellen, und ich wollte erstmals systematisch den Artikel 90 (heute Artikel 86) anwenden, um den Monopolen im Bereich der Telekommunikation und der Kabelinfrastrukturen ein Ende zu bereiten. Die Möglichkeiten dazu besaß die Kommission durchaus, doch bei der Anwendung des Artikels mußte mit viel Umsicht vorgegangen werden. Daher war die Aktion Martin Bangemanns von besonderer Wichtigkeit, um die richtigen Voraussetzungen zu schaffen. Er ging seine Aufgabe mit großem Engagement an, und während einer denkwürdigen Sitzung des Ministerrats in Luxemburg gelang es ihm tatsächlich, die meisten Mitgliedstaaten dazu zu bewegen, ab 1. Januar 1998 eine vollständige Liberalisierung der Telekommunikation zu akzeptieren. Fünf Mitgliedstaaten – Spanien, Portugal, Irland, Griechenland und Luxemburg – sollten mehr Zeit erhalten; die vier erstgenannten sogar bis 2003. Als ich Martin Bangemann gegenüber bemerkte, das sei aber recht lang, antwortete er, daß wir beide schon dafür sorgen würden, daß vor Ende 2000 alle an Bord wären.

Die Liberalisierung des Telekommunikationssektors wurde von Außenstehenden häufig als mein größtes Verdienst bezeichnet. Doch dieses Lob gebührt eigentlich Martin Bangemann, selbst wenn er gelegentlich das Argument gebrauchte: »Arrangieren Sie sich lieber mit mir, sonst kriegen Sie es mit diesem lästigen Van Miert zu tun.«

Delors sagte über Bangemann, er sei der Intelligenteste von uns allen – wenn er doch nur auch arbeiten wolle. Doch als faul konnte man Bangemann eigentlich nicht bezeichnen, obwohl er ein Bonvivant war, sogar in hohem Maße. Meistens war er gutmütig und humorvoll, aber er konnte auch sehr schroff werden. Er verschlang Bücher und war entsprechend belesen. Akten

dagegen haßte er. Außer, wenn es um Dinge ging, die ihn fessel-
ten, wie die Informationsgesellschaft oder die Liberalisierung
der Telekommunikation, studierte er seine Unterlagen nur halbherzig - zur großen Enttäuschung, ja zum Ärger seiner Beamten. Die Kontakte zu seiner Verwaltung blieben äußerst beschränkt und verliefen meistens über sein Kabinett. Bei Angelegenheiten, die wir gemeinschaftlich behandeln mußten, wie
beispielsweise die Stahlproblematik, erhielt ich gelegentlich
eine Kopie der Akten, die von seinen Behörden vorbereitet worden waren, mit dem Kommentar, so seien sie zumindest sicher,
daß sie wenigstens von einem Kommissar gelesen würden.

Martin Bangemann konnte sehr geistreich sein und war selten um ein Bonmot verlegen. Als unsere frischgebackene und
keineswegs reizlose dänische Kollegin Ritt Bjärregaard sehr
frühzeitig begann, ihre Memoiren herauszugeben und sich
über die häufige Abwesenheit Bangemanns beklagte, parierte
er mit der witzigen Bemerkung:»Sie liebt mich so sehr, daß sie
mich unendlich vermißt, wenn ich nicht da bin.«

Sein Verhältnis zu den Medien war, gelinde gesagt, problematisch, und er unternahm nicht die geringste Anstrengung,
es zu verbessern.

Wenn er anwesend war, kostete es Bangemann immer Mühe,
in einer Versammlung bis zum Ende auszuharren. Er besaß einen Fehler, der für die meisten hochintelligenten Menschen
bezeichnend ist: wenig Geduld und nur eine begrenzte Bereitschaft, anderen zuzuhören. Zugegeben, manchmal zogen sich
die Diskussionen wirklich unnötige lange hin, und oft knurrte
uns schon der Magen.

Trotz allem spielte Martin Bangemann eine wichtigere Rolle
in der Kommission als gemeinhin angenommen. Seine Diskus-
sionsbeiträge waren niemals banal und wirkten sich regelmäßig auf die Entscheidungsbildung aus, und wenn die Diskussion einmal ein wenig zu heftig wurde, gelang es ihm meistens,

die Situation mit einer humorvollen Bemerkung oder einem befreienden Wort wieder aufzulockern.

Bis auf wenige Ausnahmen ließ er sich seine Standpunkte und sein Stimmverhalten nicht von Bonn vorschreiben. Ein beredtes Beispiel hierfür stellt die Unterstützung dar, die er mir in puncto Buchpreisbindung gewährte. Allerdings neigte er dazu, sich relativ nah an die Wünsche großer Unternehmen anzulehnen, übrigens nicht nur bei Firmen deutscher Herkunft. War dies möglicherweise ein Zeichen dafür, daß er unerlaubte Einzelinteressen vertrat? Dieser Meinung bin ich nicht. Allerdings hatte er eine starke Affinität zu den Industriemagnaten und ihren Firmen. Die Bremer Vulkan und ihr Chef Friedrich Hennemann waren ein typisches Beispiel, und auch die Verteidigung eines Monopols wie in der Sache Kirch-Bertelsmann brachte er ohne weiteres über sein liberales Herz. Im großen und ganzen waren unsere Beziehungen gut, ja sogar herzlich. Er vertrat zweifellos die Meinung, ich trete nicht flexibel und pragmatisch genug auf. Aber trotzdem konnte ich praktisch immer auf seine Unterstützung zählen, und die Art und Weise, wie wir als Team die Liberalisierung in der Telekommunikation vorantrieben und Sünder bestraften, konnte man als beispielhaft für eine ausgezeichnete kollegiale Zusammenarbeit betrachten.

Als Martin Bangemann in der Kommission Santer erneut zum Kommissar ernannt wurde, geschah dies zu seiner eigenen Überraschung. Er hatte nicht mit einer Wiederernennung gerechnet und deshalb sogar bereits eine Stelle in einer Rechtsanwaltskanzlei angenommen. Mental hatte er sich also schon verabschiedet.

Gegen Ende der Kommission Santer, aber noch vor den Ereignissen, die zu deren Rücktritt führten, wurde immer deutlicher, daß Bangemann abschaltete. Debatten interessierten ihn kaum noch. Ein schönes Beispiel dafür ist mir im Gedächtnis geblie-

ben. Während einer Sitzung, in der er sich offensichtlich lang-
weilte, schob er mir zu einem bestimmten Zeitpunkt die Zeichnung eines Segelbootes hinüber – Bangemann war passionier-
ter Segler –, auf der die Worte standen:»Für Karel Van Miert:
Diese Zeichnung ist bis jetzt das einzige konkrete Resultat dieser Versammmlung«, gezeichnet: Martin Bangemann.

Schließlich kam der Fall Bangemann. Er hatte von der spanischen Telekommunikationsgesellschaft Telefónica das Angebot erhalten, bei ihr eine wichtige Funktion zu übernehmen.
Bangemann hatte zugesagt, sich dabei allerdings nicht gefragt, ob dies überhaupt ohne weiteres möglich war. Santer
war außer sich, als er davon hörte. So etwas konnte er genau
so gut gebrauchen wie Zahnschmerzen, nach allem, was sich
im Zusammenhang mit der Kommission bereits abspielte. Santer forderte Bangemann auf, sich gegenüber der Kommission
zu rechtfertigen. Vor der Versammlung suchte mich Martin
auf und fragte, ob ich die anderen Kollegen eventuell darüber
informieren könne, daß er sich nie unangemessen in Wettbewerbsangelegenheiten eingemischt habe, die mit Telekommu-
nikationsbetrieben zu tun hatten. Da das stimmte, sah ich kein
Problem darin, diese Information sowohl intern als auch nach
außen hin zu bestätigen. In diesem Punkt hatte Martin Bangemann untadeliges Verhalten gezeigt. Ich habe allerdings versucht, ihn von seinem Vorhaben abzubringen, den Wechsel zu
Telefónica ausgerechnet zu diesem Zeitpunkt zu vollziehen.
Doch es war vergebene Liebesmüh. Villalonga, der oberste
Chef der Telefónica, wollte sofort mit großer werbewirksamer
Publizität den Wechsel von Bangemann ankündigen.

Sein sprichwörtlicher Spürsinn ließ ihn hier eindeutig im
Stich. Er brachte schließlich zu seiner Verteidigung vor, solche
Dinge seien auch in der Vergangenheit schon vorgekommen.
Das stimmte zwar, aber die Kommission hatte damals noch
nicht das Profil, das sie inzwischen besaß. Die politische Kon-

trolle steckte noch in den Kinderschuhen, und das Interesse der Presse war beschränkt. Und da jetzt überdies die Kommission Santer in heftigen Turbulenzen steckte, konnte man sich an zehn Fingern ausrechnen, daß Bangemanns Schritt ein großes Trara verursachen würde.

Nicht nur in der Telekommunikation, auch auf dem Energiesektor wurden wichtige Fortschritte erzielt. Die in der Zeit von Ende 1996 bis Mai 1998 festgelegten Richtlinien für Strom und Gas waren Gegenstand langwieriger Verhandlungen, in denen nationale Interessen und Widerstände, beispielsweise von seiten der Électricité de France und Gaz de France, eine zentrale Rolle spielten. Während sich die Liberalisierung des Gasmarktes nach den genannten Richtlinien heute erst allmählich abzeichnet, konnte der Binnenmarkt im Bereich des Stromhandels inzwischen verwirklicht werden. Die Abschaffung der gesetzlichen Hemmnisse genügt jedoch nicht, um einen vollständig freien Wettbewerb zu schaffen. Die natürlichen Monopole auf dem Gebiet der Stromleitungsnetze stellen eine gewaltige Beschränkung für einen wirklichen Wettbewerb auf den damit zusammenhängenden Märkten der Stromproduktion und des Stromverkaufs dar. In der Frage des Zugangs zum Stromnetz sowie des Zugangspreises muß eine Lösung gefunden werden. Die Tatsache, daß Netzeigentum sowie Stromproduktion und -verkauf üblicherweise in einer Hand liegen, bildet ein zusätzliches, schwer zu überwindendes Hindernis.

Zu wenige Mitgliedstaaten haben beschlossen, die Stromleitung völlig von der Stromversorgung abzukoppeln. Dort, wo dies geschehen ist, zeigt sich bereits jetzt, daß die Liberalisierung zu niedrigeren Preisen, einer differenzierten Bevorratung und verbesserten Dienstleistungen geführt hat.

Ist die Liberalisierung damit beendet? Keineswegs. Auch im Postwesen muß sie noch eingeführt werden. Zudem erscheint es mir notwendig, die Selbstverständlichkeit sogenannter natürlicher Monopole, etwa bei der Wasserversorgung, einer kritischen Prüfung zu unterziehen.

Ferner müssen die Wettbewerbsbehörden in Zukunft ihre volle Aufmerksamkeit auf die mächtigen Ex-Monopolisten richten, die für eine Reihe von Branchen weiterhin bestimmend bleiben. Es ist ganz klar, daß die Beendigung des gesetzlichen Monopols nicht zugleich auch das Ende der beherrschenden Position dieser Unternehmen bedeutet. Die überwältigende Marktmacht, die sie während ihrer Monopolstellung aufgebaut haben, wird die Wettbewerbsbehörden in Zukunft noch mit zahlreichen Fällen von tatsächlichem oder vermeintlichem Mißbrauch ihrer Machtposition im Sinne von Artikel 82 des EG-Vertrages konfrontieren.

Frankreich verteidigt den öffentlichen Sektor

Die Kritik an der Liberalisierungspolitik ließ nicht lange auf sich warten. Paris befürchtete, daß durch die Liberalisierung bestimmter Sektoren die öffentlichen Dienstleistungen in Gefahr gebracht würden. Die Debatte wurde um so heftiger, je konkreter die Pläne zur Liberalisierung des Telekommunikations- und Strommarktes wurden.

Bereits mein Vorgänger Leon Brittan war ins Schußfeld der Franzosen geraten, mehr aus ideologischen Gründen allerdings. Brittan war unter Margaret Thatcher Minister gewesen, was der Regierung in Paris einen zusätzlichen Grund lieferte, auf seiner Wettbewerbspolitik herumzuhacken. Außer von Frankreich kam jedoch auch Kritik aus Belgien, besonders aus den Reihen meiner eigenen Sozialistischen Partei, sowie aus Italien und Spanien. Aus Deutschland hörte man dagegen kaum etwas Negatives, ebensowenig wie aus den Niederlanden und den skandinavischen Ländern.

Es handelte sich also eher um einen Nord-Süd-Gegensatz als um eine Kluft zwischen links und rechts. Auffällig war jedenfalls, daß die Kritik in Frankreich sowohl von links als auch von rechts kam. Dies hat historische Gründe. Staatsunternehmen haben in Frankreich seit jeher eine äußerst wichtige Rolle gespielt und waren immer eng mit der Politik – sowohl der rechten wie der linken – verwoben. Wenn sie privatisiert wurden, geschah dies häufig unter Kontrolle des Staates, der staatlichen Banken oder staatlicher Institutionen. Hinzu kommt, daß in Frankreich die Gewerkschaften in solchen Betrieben eine überaus bedeutende Rolle spielen, egal ob bei France Telecom, Électricité de France, Gaz de France oder Air France.

In den Ländern mit derartigen Traditionen entstanden um die Liberalisierungspolitik der Kommission häufig hitzige Debatten. Ich habe oft persönlich an solchen Diskussionen teilgenommen, und ich fand, daß sie stets zu einseitig geführt wurden und dazu noch häufig mit überholten Argumenten. Innerhalb der politischen Parteien Frankreichs, der rechten wie der linken, herrschte immer noch die Überzeugung vor, öffentlicher Dienst sei gleichzusetzen mit Staatsbetrieben, die ihrerseits wiederum synonym für Monopole standen. Diese Haltung war fast schon eine Art Axiom, ein politischer Ausgangspunkt, von dem man sich nur schwer lösen konnte. Dabei zeigten die Beispiele in anderen Ländern, daß auch bei herrschendem Wettbewerb, etwa auf dem Telekommunikationssektor, jeder bedient werden konnte, die Preise günstiger waren und der Service häufig verbessert wurde. So verhielt es sich beispielsweise in Skandinavien. Die dortigen Länder besitzen eine tief verwurzelte sozialdemokratische Tradition, und trotzdem waren sie die ersten, die den Telekommunikationssektor liberalisierten und ganz oder teilweise privatisierten. Kein Wunder, daß diese Länder heutzutage in der Verbreitung von Mobilfunk- und Internet vorne liegen. Allmählich mußten die Franzosen einsehen, daß das, was die Kommission als »Universaldienst« bezeichnete, eine wertvolle Alternative zum »service publique à la française« darstellte, ein Ausdruck, den sie immer häufiger gebrauchten – wobei *à la française* nichts anderes als die Aufrechterhaltung staatlicher Unternehmen und Monopole bedeutete.

Gerechterweise muß man anerkennen, daß die meisten französischen Staatsbetriebe in puncto Qualität und Dienstleistungen im Vergleich zu den staatlichen Betrieben in den meisten anderen Mitgliedstaaten gut abschnitten. Doch auch in Frankreich gab es bizarre Zustände, zum Beispiel in der Gasindustrie. Gaz de France besaß zwar ein Monopol, deckte aber nicht das ganze Gebiet Frankreichs ab. An abgelegeneren Orten waren nach dem Krieg kleine, meist gemeindegebundene Unternehmen übriggeblieben, die für die lokale Gaszuleitung sorgten. Wenn diese Betriebe sich jedoch auf benachbarte Gemeinden ausdehnen wollten, wehrte sich Gaz de France als gesetzlicher Monopolist dagegen. Daraufhin beschwerten sich die kleinen Versorgungsunternehmen bei der Kommission, und wir gaben ihnen – wenn auch in einem viel zu langen Verfahren – recht. An diesem Beispiel sieht man, daß der vielgepriesene *service publique* eben auch seine Mängel hatte und gelegentlich sogar den Anschluß mancher Bürger an elementare Versorgungsmaßnahmen verhinderte.

Wie dem auch sei: Im allgemeinen waren die Dienstleistungen in der Zeit der Monopole mangelhaft. Öffentliche Telefongesellschaften, ebenso wie die meisten anderen öffentlichen Unternehmen, besaßen die Neigung, mehr um ihrer selbst willen als für den Bürger zu funktionieren. Ihre eigenen Interessen gingen vor. Einen Telefonanschluß zu bekommen war in Belgien zu der Zeit, als das RTT-Monopol – die damalige belgische staatliche Telefongesellschaft – noch existierte, eine Art

Gunst. Man wurde auf eine Liste gesetzt und mußte anschlie-
ßend monatelang warten – es sei denn, man verfügte über
»Vitamin B«. Kannte man in der Politik oder bei den Gewerkschaften jemanden, der bei der RTT an der richtigen Stelle ein
gutes Wort einlegte, konnte man seinen Anschluß in wesentlich kürzerer Zeit bekommen. Ein weiteres Beispiel ist die
Eisenbahn: Es sind doch immer die Reisenden, die bei einem
Streik in der Kälte stehen. Vielleicht haben meine persönlichen Erfahrungen in Belgien meine spätere Politik beeinflußt.
Die Sozialistische Partei, aus der ich kam, setzte sich zwar
stets für die staatlichen Betriebe ein, und die Menschen, die
dort arbeiteten, gehörten zum klassischen Wählerstamm der
SP. Doch mit der Zeit wurde mir klar, daß die Art, in der die
Betriebe geführt wurden, eher mit Gewerkschafts- oder Par-
teipolitik – manche mögen es auch Filzokratie nennen – zu tun
hatte als damit, wirtschaftliche und gesellschaftliche Verantwortung zu übernehmen. Die Verluste – Gewinne wurden
meist nicht erzielt – reichte man munter an den Steuerzahler
weiter.

Diese Mentalität war noch bis vor etwa zehn Jahren in Belgi-
en lebendig, aber durchaus auch an anderen Orten. Nachdem
ich den Schritt von der belgischen Politik in die Europäische
Kommission getan hatte, erhielt ich Gelegenheit, daran etwas
zu ändern. Dabei hat die Kommission natürlich stets darüber
gewacht, daß Liberalisierung nicht zum »Rosinen Heraus-
picken« ausartete, sondern der gesamten Bevölkerung zugute
kam. Dem Begriff »öffentlicher Dienst« stellten wir den
Gedanken des Universaldienstes gegenüber. Damit meinten
wir ganz einfach, daß innerhalb eines bestimmten geographi-
schen Gebietes jeder Bürger Anspruch auf Dienstleistungen
von guter Qualität und zu einem akzeptablen Preis geltend
machen kann. Dabei stehen die Dienstleistungen und die Bürger im Mittelpunkt und nicht ein bestimmtes Unternehmen.

Wenn dies durch die normale Marktwirkung erreicht werden
kann, also durch freien Wettbewerb, um so besser. Wenn nicht,
muß der Gesetzgeber dafür sorgen, daß die Dienstleistungen
auf die ein oder andere Weise universell, also jedem, angeboten werden. Niemand kann behaupten, daß die von der Kommission ausgeübte Liberalisierungspolitik diese gesellschaftlichen Garantien nicht respektiert habe. Doch obwohl dies offiziell in einer Kommissionsmitteilung über die »Dienste von
allgemeinem wirtschaftlichen Interesse in Europa« festgehalten wurde, drängten Frankreich und andere Mitgliedstaaten –
darunter Belgien – darauf, in den Vertrag von Amsterdam eine
spezifische Schutzklausel für die öffentlichen Dienste im französischen Sinne aufzunehmen. Genauer gesagt wollte die
französische Regierung die Macht der Kommission einschränken, den Artikel 90 (heute 86) anzuwenden. Doch soweit kam
es nicht. Die Diskussion endete mit der Aufnahme des neuen
Artikels 7d über die Dienste von allgemeinem wirtschaftli-
chem Interesse, und damit wurde faktisch anerkannt, daß die
Kommission in dieser Hinsicht eine ausgewogene Politik betrieb.

Wettbewerbspolitik für die Bürger

Auch in manch anderer Hinsicht muß die Wettbewerbspolitik
die Interessen der Verbraucher im Auge behalten, ein Beispiel
bietet die Automobilbranche.
   Bis heute ist der europäische Markt in fünfzehn nationale
Märkte aufgeteilt. Auf diesen verschiedenen Teilmärkten
bestehen oft erhebliche Preisunterschiede. Natürlich ist da die
Versuchung groß, beim Autokauf einmal hinüber zum Nachbarn zu schauen – was ja ein ausdrückliches Recht der EU-Bür-
ger ist. Der Binnenmarkt ist schließlich auch für sie da.

Traditionell ernennen Autohersteller einen nationalen Importeur pro Land und weisen einem Netzwerk von Händlern ein bestimmtes Gebiet zu, in dem sie das alleinige Recht zum Verkauf einer bestimmten Automarke besitzen. Alle Autoproduzenten in der gesamten Europäischen Union arbeiten nach diesem Muster, und aufgrund einer sogenannten Gruppenfreistellungsverordnung wurde dies lange von den Europäischen Wettbewerbsbehörden toleriert.

1995 gab es jedoch eine grundlegende Änderung, um Händler und Verbraucher besser vor Machtmißbrauch seitens der Produzenten zu schützen. So dürfen Händler seither Teile außerhalb des offiziellen Netzwerks des Autoherstellers beziehen. Außerdem müssen die Hersteller auch den Automonteuren, die nicht zu ihrem Netzwerk gehören, alle Informationen zukommen lassen, die notwendig sind, um Fahrzeuge ihrer Marke zu reparieren und zu warten. Zudem – und das ist vielleicht die wichtigste Bestimmung von allen – erhielten die Verbraucher das Recht, einen Wagen in jedem beliebigen Mitgliedstaat der Europäischen Union zu erwerben, entweder durch eine Mittelsperson oder direkt. Diese Verordnung ist seit Oktober 1996 in Kraft. Der Deutlichkeit halber wurde noch eine sogenannte »Schwarze Liste« von Praktiken hinzugefügt, die absolut verboten sind. So darf sich ein Händler nicht weigern, einem Angehörigen eines anderen Mitgliedstaates ein Auto zu verkaufen, er darf einer Person von außerhalb keine höheren Preise berechnen und muß dem Verbraucher aus einem anderen Mitgliedstaat dieselben Vorteile gewähren wie Einheimischen, beispielsweise Rabatte oder Gratiswartungsarbeiten. Zudem darf ein Händler, der Fahrzeuge an Interessenten mit Wohnsitz in einem anderen Mitgliedstaat verkauft, nicht dafür bestraft werden.

Da die Verbraucher immer preisbewußter wurden und die Preisunterschiede in der Autobranche weiterhin erheblich blieben, gewann der Verkauf an Bürger anderer EU-Staaten immer mehr an Bedeutung. In den letzten Jahren wurden noch Preisunterschiede – ohne Mehrwertsteuer – von 30 bis zu 50 Prozent notiert! Die zweimal jährlich erfolgende Veröffentlichung der Autopreise innerhalb der Europäischen Union durch die Europäische Kommission hat gewiß in hohem Maße zum Bewußtsein der Verbraucher auf dem Gebiet der Fahrzeugpreise beigetragen.

Autokäufer beklagen sich

Mitte der 1990er Jahre hagelte es bei der Kommission auf einmal Beschwerden von Verbrauchern, vor allem aus Deutschland, Österreich und Frankreich, die ein Fahrzeug im Ausland erwerben wollten, jedoch daran gehindert wurden. In den vorangegangenen Jahren waren die italienische und die spanische Währung abgewertet worden – und vom Euro war man noch weit entfernt. Dadurch waren die Verbraucherpreise, also auch die Fahrzeugpreise, in den genannten Ländern erheblich gesunken. Das war aufmerksamen Verbrauchern nicht entgangen. Besonders Volkswagen- und Audi-Modelle waren nun für Deutsche und Österreicher in Italien sehr viel billiger. Beide Fahrzeughersteller verboten jedoch ihren Händlern in Italien, Fahrzeuge an Interessenten aus anderen Mitgliedstaaten zu verkaufen.

Aufgrund der zahlreichen Beschwerden führten meine Mitarbeiter Haussuchungen bei Volkswagen in Wolfsburg, bei Audi in Ingolstadt und Autogerma – dem italienischen Hauptimporteur von Volkswagen und Audi – in Verona durch. Sie fanden Beweisstücke dafür, daß beide Autohersteller tatsächlich rechtswidrige Maßnahmen getroffen hatten, um den Markt künstlich aufzuteilen.

Die Lieferung von Fahrzeugen an italienische Händler wurde vermindert, und die Importfirma Autogerma äußerte Drohungen gegenüber Händlern, die die Vorgabe ignorierten, nicht an ausländische Kunden zu verkaufen. Die Gewinnprämien wurden geschmälert, und in einigen Fällen sogar Händler aus dem Vertriebsnetz geworfen.

Außerdem wiesen Volkswagen und Audi die italienischen Vertragshändler an, den Kaufinteressenten von außerhalb die wirklichen Gründe für die Weigerung, an sie zu verkaufen, zu verschweigen. Sie mußten Ausreden erfinden wie etwa Besonderheiten in der technischen Ausrüstung der Fahrzeuge, die allein für den italienischen Markt bestimmt waren, oder eventuelle Schwierigkeiten der Kunden bei Garantieansprüchen.

Aus den gefundenen Unterlagen ging eindeutig hervor, daß sich Volkswagen und Audi sehr wohl bewußt waren, daß die Vorschriften, die sie den italienischen Händlern auferlegten, ungesetzlich waren. 1995 schrieb Audi selbst in einer Notiz, es sei »ein wenig riskant«. Mit diesen Maßnahmen versuche man, den grenzüberschreitenden Handel zu entmutigen, ist in einem beschlagnahmten Dokument von Volkswagen zu lesen, während die Kommission ja gerade versuche, diese Art von Auslandshandel zu fördern. Daher könnten die genannten Maßnahmen Bußgelder nach sich ziehen.

Trotzdem ging Audi sogar so weit, sich bei den zuständigen Behörden in Deutschland nach den Anmeldungen von Fahrzeugen zu erkundigen, um nachzuvollziehen, von welchen ausländischen Händlern die Fahrzeuge stammten. Volkswagen und Audi gaben die Fahrzeugnummern der angemeldeten Autos an ihren offiziellen Importeur Autogerma in Italien weiter, damit man dort nachprüfen konnte, bei welchen Händlern Fahrzeuge erworben worden waren.

Diese Fakten veranlaßten die Kommission, Volkswagen das äußerst hohe Bußgeld von 102 Millionen Euro aufzuerlegen –

das höchste, das sie je gegen ein Einzelunternehmen verhängt hat. Mittlerweile bestätigte das Europäische Gericht Erster Instanz die Entscheidung der Kommission, reduzierte den Betrag des Bußgeldes jedoch auf 90 Millionen Euro.

Es gibt inzwischen von einem weiteren Volkswagen-Fall zu berichten. Diesmal geht es um den Verkauf des Passat-Modells in Deutschland, wo der Autohersteller den Händlern verbieten wollte, auf den beliebten Familienwagen Rabatte zu gewähren. Allerdings ist Volkswagen wohl nicht der einzige Hersteller, der sich solcher und ähnlicher Praktiken bedient: Auch gegen DaimlerChrysler und Opel Nederland hat die Kommission Verfahren eröffnet, gegen Peugeot/Citroën und Renault wird noch ermittelt.

Die Entwicklung hin zu einem freieren Markt in der Automobilbranche ist nicht mehr aufzuhalten. Die Preise sind seit der Einführung des Euro wesentlich transparenter geworden, wodurch die Neigung, auf der anderen Seite der Grenze zu kaufen, weiter zunehmen wird.

Da die jetzige Gruppenfreistellungsverordnung 2002 abläuft, muß die Kommission noch vor diesem Zeitpunkt eine Evaluation ihrer Wirkung erarbeiten. Es stellt sich die Frage, ob dann der freie Markt nicht vollständig und ohne spezielle Arrangements verwirklicht werden sollte. Ich persönlich bin davon überzeugt, daß das jetzige System unhaltbar ist, weil zu viele Produzenten sich sowieso nicht einen Deut darum scheren. Außerdem steht es in einem zu krassen Gegensatz zum normalen Funktionieren des Binnenmarktes. Natürlich muß man andererseits auch neue Entwicklungen wie den Verkauf von Autos über das Internet in Betracht ziehen. Da sich daraus Probleme für Markenhändler ergeben, die hohe Summen in ihre Verkaufsräume investieren, könnte man unter Umständen eine kurze Übergangsregelung ins Auge fassen.

Vergleichbare Vorkommnisse gibt es in zahlreichen anderen Branchen. Die Beschwerden von Verbrauchern oder Betrieben über Verstöße gegen die Wettbewerbsregeln häufen sich. Je deutlicher Europa Form annimmt und je mündiger die Bürger werden, desto mehr finden diese den Weg zur Europäischen Kommission. In den letzten Jahren kam es zu einem Rückstand von dreitausend bis viertausend zu bearbeitenden Fällen. Dieser wurde schließlich auf tausend reduziert, die normale Anzahl von Fällen, die jährlich eingehen. Auch die Kommission selbst leitet immer mehr Untersuchungen über Wettbewerbsverstöße ein. In den vergangenen Jahren ist wirklich einiges getan worden, um Praktiken einzudämmen, die sich gegen die Interessen der Bürger richten.

Marktmacht statt Marktwirtschaft?

Zu dem Zeitpunkt, zu dem dieses Buch fertiggestellt wird, wird die Fusionskontrollverordnung genau ein Jahrzehnt lang in Kraft sein. Mit Fug und Recht kann man von einer Erfolgsgeschichte sprechen. Was zuallererst ins Auge fällt, ist der unglaubliche Aufschwung, den dieser Bereich der Wettbewerbspolitik genommen hat und der die immer stärker zunehmende Anzahl nationaler und transnationaler Fusionen und Zusammenschlüsse, sowohl innerhalb des Gemeinsamen Marktes als auch weltweit, widerspiegelt.

Von anfänglich etwa fünfzig Fällen pro Jahr stieg die Zahl der von der Kommission zu prüfenden Zusammenschlüsse 1999 auf fast dreihundert an. 1999 gab es zum ersten Mal mehr Zusammenschlüsse in der Europäischen Union als in den Vereinigten Staaten.

Die Kommission wird immer häufiger mit weltweiten Operationen konfrontiert. Das wirft die Frage auf, wie wirksam die staatlichen Kontrollen im Hinblick auf Unternehmen und Märkte sein können, die sich global entwickeln und von daher das Gebiet, innerhalb dessen eine Wettbewerbsautorität Befugnisse besitzt, überschreiten. Die Frage ist um so zwingender, da die genannten Transaktionen meist zu einschneidenden Veränderungen in der Wettbewerbsstruktur ganzer Wirtschaftszweige führen. Übrigens ist die Konsolidierung mancher Branchen bereits so weit fortgeschritten, daß die Grenzen dessen, was auf Weltniveau annehmbar ist, erreicht sind. Ich denke dabei selbstverständlich an den Boeing-Fall, aber auch an die Wirtschaftsprüfungs- und Beratungsfirmen oder – um ein Beispiel aus dem Gebiet der traditionellen Kartellfälle aufzugreifen – an die strategischen Kooperationsverbände auf dem Gebiet der Flugzeugtriebwerke. In dieser Hinsicht sind die Erfahrungen, die die Kommission mit dem Abkommen über die Zusammenarbeit zwischen den europäischen und amerikanischen Wettbewerbsbehörden gemacht hat, besonders positiv gewesen. Nur in einem einzigen Fall mußten wir wichtige Beurteilungsunterschiede feststellen, und zwar in der Boeing-McDonnell-Douglas-Sache, der wir ein eigenes Kapitel gewidmet haben.

Auf der anderen Seite muß sich die Kommission mit einer zunehmenden Anzahl europäischer Zusammenschlüssen beschäftigen, die eine Folge der Entwicklung des Binnenmarktes sind. Wenn man die Zahl der Fusionen und Übernahmen rein quantitativ betrachtet, zeigt sich, wie stark die transnationalen Konzentrationsbewegungen in Europa im Vergleich zur allgemeinen Zunahme der Fusionen auf der ganzen Welt sind. Bei der Behandlung dieser hauptsächlich innereuropäischen Angelegenheiten versuchte die Kommission zu verhindern, daß bestimmte Zusammenschlüsse zur Entstehung oder Zementierung von Machtpositionen auf bestehenden oder neuen Märkten führten. Ebenso wehrten wir uns gegen Transaktionen, die dazu hätten führen können, daß buchstäblich jeglicher Wettbewerb in bezug auf die jeweiligen Produkte auf dem gesamten gemeinschaftlichen Markt verschwunden wäre. Was die inhaltliche Prüfung von Fusionsfällen betrifft, hat dieser noch junge Zweig der Wettbewerbsaufsicht in den vergangenen sieben Jahren eine entscheidende Entwicklung durchgemacht. Darüber gibt es viel zu sagen, doch an dieser Stelle soll es genügen, auf die Entwicklung der Politik hinsichtlich duopolistischer oder oligopolistischer Machtpositionen zu verweisen.

Während meiner Amtszeit wurden mehr als eintausend Fusionsfälle geprüft. Die betroffenen Unternehmen müssen auf jeden Fall die Zustimmung der Kommission abwarten, bevor sie den Zusammenschluß durchführen können. In 90 Prozent der Fälle gab es keine ernsthaften Wettbewerbsprobleme, so daß wir innerhalb eines Monats unsere Genehmigung erteilen konnten. Die Unternehmen erhalten damit vollständige juristische Sicherheit innerhalb des gesamten Europäischen Marktes, da die Kommission die einzige Institution ist, mit der sie zu tun haben (one stop shop procedure).

In komplizierteren und für den Wettbewerb problematischen Fällen kann sich das Verfahren insgesamt über fünf Monate hinziehen. In zehn Fällen, darunter in der unten ausführlich behandelten Bertelsmann-Kirch-Sache, mußten wir den Zusammenschluß verbleten. In mindestens ebenso vielen Fällen wurden Fusionen abgeblasen, weil die Genehmigung der Kommission sehr zweifelhaft oder unmöglich zu erteilen war. In dreißig Fällen wurden teilweise strenge Bedingungen auferlegt, bevor – wie in der Boeing-Sache – eine Genehmigung erteilt werden konnte.

Es sieht ganz danach aus, als würde die Fusionswelle noch eine Weile anhalten. Im Hinblick auf den Binnenmarkt, die Währungsunion sowie die Globalisierung und den technischen Fortschritt ist dies auch logisch. Trotzdem wird die Kommis-

sion im Lauf der Zeit mehr Zusammenschlüsse verbieten oder
vorher strenge Bedingungen auferlegen müssen. Wettbewerbspolitik dient unter anderem auch dazu, die Marktwirtschaft zu schützen und sie nicht zu einer »Machtwirtschaft«
ausarten zu lassen.

Staatliche Beihilfen: eine europäische Krankheit

Bei der Kontrolle der Kommission über die Vergabe staatlicher
Beihilfen handelt es sich zweifellos um eine Aufgabe, die, politisch gesehen, äußerst heikel ist. Denn dies bedeutet, daß die
Kommission in höchst wichtige Entscheidungen eingreift, die
von nationalem oder regionalem Interesse sind, um die Industrie oder die Infrastruktur zu unterstützen. Bestimmte Autoritäten, vor allem auf höherer Ebene, haben seit jeher Probleme, den Gedanken einer effektiven Einmischung der Kommission auf diesem Gebiet zu akzeptieren.

Die Situation ist überdies um einiges komplizierter geworden, da die Subventionsvergabe in immer stärkerem Maße zu
einer regionalen Angelegenheit wird, vor allem in Staaten mit
einer föderalen Struktur: Beihilfen werden nicht nur von den
Mitgliedstaaten, sondern auch von den einzelnen Regionen
innerhalb der Union vergeben. So mußte sich die Kommission
häufig mit öffentlichen Beihilfen in den deutschen Bundesländern und den belgischen Regionen oder auch mit steuerlichen
Hilfsmaßnahmen in der autonomen Region Baskenland befassen. Es ist zu erwarten, daß diese Verschiebung der Kompetenzen auf dem Gebiet staatlicher Beihilfen in Richtung einzelner Regionen sich in den kommenden Jahren noch weiter fortsetzen wird. Um diese schwierige Aufgabe so gut wie möglich
zu bewältigen, gab es leider viel zu wenige Mitarbeiter. Trotzdem gelang es dem zuständigen stellvertretenden Generaldi-

rektor Asger Petersen mit seiner kleinen Truppe immer wieder das fast Unmögliche, und Mark Van Hoof, mein stellvertretender Kabinettschef, betreute all die Jahre mit Brio diesen sensiblen Bereich. Ich habe ihm sehr viel zu verdanken. Kein Wunder, daß Mario Monti ihn als seinen Kabinettschef bestellte.

Das Niveau staatlicher Beihilfen in der EU ist nach wie vor viel zu hoch. In der Zeit zwischen 1995 und 1997 belief sich das Gesamtvolumen der vergebenen staatlichen Beihilfen in der Gemeinschaft auf circa 95 Milliarden Euro. Dieser Betrag wurde seitdem nur in winzigen Schritten verringert. Die Kommission muß weiterhin Druck ausüben, um das Niveau zu senken, da Förderungen in dieser Höhe eine wichtige Ursache für Wettbewerbsverzerrung sind. Die Mitgliedstaaten selbst müssen übrigens seit der Einführung der Einheitswährung, die von allen eine strenge Etatdisziplin verlangt, ein objektives Interesse daran haben, auf eine Verringerung der Beihilfen hinzuarbeiten.

Die Kommission tritt seit einigen Jahren viel strenger gegen staatliche Beihilfen auf als früher. So haben zum Beispiel die neuen Richtlinien bezüglich regionaler Beihilfen nicht nur eine Reduzierung der Bereiche zum Ziel, die für staatliche Beihilfen mit regionalem Charakter in Frage kommen, sondern auch eine stärkere Beschränkung der maximal zulässigen Höhe solcher Förderungen.

Um das Gesamtvolumen regionaler Beihilfen zu verringern, hat die Kommission ihre Genehmigung an eine »multisektorale« Rahmenregelung geknüpft, die eine bessere Kontrolle der Investitionsprojekte ermöglicht, die in einer für Beihilfen in Frage kommenden Region am ehesten zu einer Wettbewerbsverzerrung führen können.

Außerdem gaben wir eine neue Rahmenregelung für Umstrukturierungsbeihilfen an in Schwierigkeiten geratene Unternehmen heraus. Die Genehmigung solcher Beihilfen wurde an strengere Bedingungen geknüpft. Das striktere Vorgehen der Kommission bei der Prüfung der Vereinbarkeit von Förderungsmaßnahmen führte übrigens in der Praxis zu konkreten Resultaten. 1998 etwa wurden einunddreißig ablehnende Verfügungen getroffen, während es vorher nur ungefähr zehn pro Jahr waren.

In den letzten Jahren wurde die Kontrollbefugnis der Kommission auf dem Gebiet staatlicher Beihilfen stark erweitert. Bis dahin hatte sich die Kommission hauptsächlich auf die Subventionierung der verarbeitenden Industrie konzentriert. Seitdem hat sie ihre Aktivitäten auch auf die Dienstleistungsbranchen ausgedehnt, insbesondere das Bankwesen und den audiovisuellen Sektor. Im Kapitel über den Bankensektor wird ausführlicher auf die Subventionierung der französischen Bank Crédit Lyonnais eingegangen. Auf dem audiovisuellen Sektor stellt sich die äußerst heikle Frage nach den Beihilfen für öffentliche Fernsehanstalten. Auch darauf werden wir an anderer Stelle näher eingehen.

Nicht zuletzt unterzog die Kommission auch »raffinierte« Formen staatlicher Förderung, etwa Bürgschaften oder steuerliche Entlastungen, genauen Untersuchungen. In bezug auf Bürgschaften stellt das Abkommen, das ich im Juli 1993 mit dem damaligen italienischen Außenminister Andreatta schloß, ein typisches Beispiel für die neuen, wesentlich strengeren Verhaltensregeln dar. In dieser Übereinkunft verpflichtete sich der italienische Staat, eine unbeschränkte Staatsbürgschaft, die das italienische bürgerliche Gesetzbuch (Artikel 2362) zugunsten der Staatsholding IRI und all ihren Unternehmen vorschrieb, außer Kraft zu setzen. Hinsichtlich steuerlicher Förderungsmaßnahmen verfolgt die Kommission heutzutage eine konsequente Vorgehensweise auf der Basis einer Verordnung über derartige Beihilfen, die am 11. November 1998 genehmigt wurde. Sie ist entschlossen, in Dutzenden Fällen

von mißbräuchlichen steuerlichen Hilfsmaßnahmen, die derzeit in der EU gewährt werden, Verfahren einzuleiten.

Die striktere Vorgehensweise auf dem Gebiet der Beihilfemaßnahmen und die Erweiterung der Kontrollbefugnisse der
Kommission gingen einher mit größerer Transparenz und juri-
stischer Sicherheit. Zu allererst bemühte sich die Kommission,
den Regeln für staatliche Beihilfen zu einem gesetzlichen Rahmen zu verhelfen. Zu diesem Zweck wurde eine ganze Reihe
von Rahmenregelungen, Richtlinien und Mitteilungen genehmigt. Auch das Fehlen einer allgemeinen Verfahrensverord-
nung war die Ursache dafür, daß jahrelang Unsicherheit
herrschte. Auf einen Vorschlag der Kommission hin genehmigte der Europäische Rat am 22. März 1998 eine Verfahrensver-
ordnung. Sie legt fest, aus welchen Phasen sich das Kontroll-
verfahren zusammensetzt und welche Rechte und Pflichten
die Betroffenen in jeder dieser Phasen haben. Die Verordnung
behandelt nacheinander die angemeldeten Fördermaßnah-
men, unrechtmäßige Beihilfen, Fälle von Subventionsmiß-
brauch, bestehende Beihilferegelungen und die Kontrolle. Diese Verordnung wird unter anderem den Effekt haben, daß die
Kommission die Betroffenen zur Einhaltung strikterer Termine
verpflichten wird, was eine strengere Kontrolle ermöglicht.
Weiterhin versetzt die Verordnung die Kommission in die Lage,
die Befolgung ihrer Bestimmungen genauestens zu überprüfen, vor allem dank der Möglichkeit, vor Ort Kontrollen durchzuführen.

So wichtig wie Luther ...

Auch andere Teile der Wettbewerbspolitik wurden moderni-
siert. So entstand eine ganz neue Regelung für sogenannte
vertikale Übereinkünfte zwischen Herstellern und Händlern.

Ohne den Kampf gegen mißbräuchliche Wettbewerbsprakti-
ken abzuschwächen, konnte damit ein erheblicher Packen
Bürokratie beseitigt werden. Die Kommission kann sich nun in
erster Linie auf Unternehmen mit wirklicher Marktmacht kon-
zentrieren.

Zu guter Letzt kam das Weißbuch heraus, das eine gründliche Änderung der berühmten Verordnung Nr. 17 von 1962 darstellt. Die Kommission soll in Zukunft selbst aktiv auf wichtige
Wettbewerbsfälle eingehen dürfen, anstatt Anzeigen abwarten zu müssen. Dieser Ansatz paßt besser zur heutigen,
wesentlich stärker vom Markt bestimmten wirtschaftlichen
Entwicklung. Dadurch drängt sich auch eine systematischere
Zusammenarbeit mit den nationalen Wettbewerbsbehörden
auf. Kurzum, es wurden grundlegende Änderungen vorgenommen. Diese besondere Leistung der Kommission, sich auf krea-
tive Weise und aus eigenem Antrieb den veränderten Umständen anzupassen, wurde im allgemeinen positiv aufgenommen.

Professor Barry Hawk, einer der renommiertesten amerikanischen Antitrust-Rechtsanwälte, zog in diesem Zusammenhang sogar eine recht gewagte historische Parallele heran:
Das Weißbuch der Kommission, so Hawk, »hallte im ganzen
Land wider wie die Thesen, die Martin Luther 1519 in Witten-
berg an die Kirchentür nagelte. Im Gegensatz zur Reformation
des 16. Jahrhunderts wurde diese Reformation jedoch vom
klerikalen Establishment ins Leben gerufen, ganz so, als hätten die Renaissancepäpste höchstselbst den Ruf zu einer Reform angestimmt.« Ein fast lyrisches Lob ...

Doch nicht überall ernteten wir denselben Enthusiasmus.
Vor allem in Deutschland wollte man am liebsten alles beim al-
ten lassen. Zu Unrecht wird das Weißbuch der Kommission als
Schwächung der europäischen Wettbewerbspolitik betrachtet.
Diese Reaktion erinnert mich an den vehementen Widerstand
Deutschlands gegen die europäische Fusionskontrollverord-

nung. Auch damals hatten das Bundeskartellamt sowie deutsche Akademikerkreise behauptet, die Europäische Kommission wäre niemals in der Lage, in dieser Hinsicht eine ernsthafte Politik zu betreiben. Eine seltsame Einstellung.

Im übrigen hätte ich nie meinen Namen für eine Schwächung der europäischen Wettbewerbspolitik hergegeben. Womit ich nicht sagen will, daß es nicht einige Punkte gibt, die für eine Verbesserung in Frage kämen.

Ich bin jedoch überzeugt, daß die Modernisierung der Wettbewerbspolitik nicht nur notwendig ist – auch im Hinblick auf die anstehende Erweiterung der Europäischen Union –, sondern vor allem, daß sie in den kommenden Jahrzehnten eine erfolgreiche, aktive europäische Wettbewerbspolitik garantieren kann.

Die Europäische Kommission ergreift die Initiative

Die fortschreitende Integration der Weltwirtschaft führt zu einer beispiellosen gegenseitigen Abhängigkeit der Nationen. Die Beendigung der Uruguay-Runde 1994 sowie die Einführung der Welthandelsorganisation (WTO) hat zu einem beschleunigten Abbau von Handelsbarrieren geführt, durch den der Handelsverkehr enorm stark angestiegen ist. In zahlreichen Branchen haben die Betriebe inzwischen multinationalen Charakter, was sich in der Welle von Megafusionen der letzten Jahre sowie in der zunehmenden Anzahl internationaler strategischer Allianzen äußert. Unter diesen Umständen erhalten auch die Wettbewerbsprobleme eine weltweite Dimension. Zusammenarbeit ist daher unentbehrlich. Die Vorteile hiervon würden übrigens nicht nur den Industrieländern, sondern in hohem Maße auch den Entwicklungsländern zugute kommen.

1994 riefen wir eine Gruppe von drei unabhängigen Experten zusammen, um diese Fragen zu untersuchen. Sie empfahlen uns, unser Augenmerk in Zukunft auf zwei Fronten zu richten: erstens auf den Ausbau der bilateralen Zusammenarbeit der Kommission mit Drittländern, und zweitens auf die Einführung eines multilateralen Rahmens, der die Befolgung bestimmter fundamentaler Wettbewerbsvorschriften durch alle betroffenen Länder garantiere.

In den letzten Jahren hat die EU die bilaterale Zusammenarbeit im Bereich der Wettbewerbspolitik mit ihren wichtigsten Handelspartnern erfolgreich umgesetzt. Das beste Beispiel für diese Zusammenarbeit sind die Abkommen mit den USA, wovon das erste 1991 unterzeichnet wurde und 1995 in Kraft trat. Die Europäische Union und die Vereinigten Staaten verpflichten sich dazu, bei der Anwendung des Wettbewerbsrechts zusammenzuarbeiten und nicht einseitig und außerhalb ihres Rechtsgebietes aufzutreten, solange die Mittel internationaler Diplomatie nicht erschöpft sind. Auch mit Kanada wurde ein bilaterales Abkommen geschlossen, das sich eng an die Übereinkunft zwischen der Europäischen Union und den Vereinigten Staaten von 1991 anschließt.

Bei einer bilateralen Zusammenarbeit kann jedoch nur den Interessen der betreffenden Länder Rechnung getragen werden, was die Gefahr birgt, daß die Interessen von Drittländern vernachlässigt werden. Ich bin daher überzeugt, daß ein multinationaler Rahmen, der die Anwendung einer Reihe gemeinschaftlicher, grundlegender Wettbewerbsregeln auf globaler Ebene mit sich bringt, als notwendige Ergänzung zur Liberalisierung des Handelsverkehrs geschaffen werden muß. 1996 schlug die Kommission dem Europäischen Rat vor, die WTO solle eine Arbeitsgruppe einrichten, um Möglichkeiten hierfür zu sondieren. Dieser Vorschlag war hauptsächlich der Anlaß dafür, im Dezember 1996 in Singapur tatsächlich eine

WTO-Arbeitsgruppe zur Untersuchung der Interaktion zwischen Handel und Wettbewerbspolitik ins Leben zu rufen, die sich auch auf der Konferenz von Seattle beriet. Etwaige Resultate werden noch viele Jahre auf sich warten lassen, aber die Notwendigkeit internationaler Regeln wächst. Hier hat die Europäische Kommission eine wirklich wichtige Initiative ergriffen, die so manchen Stein ins Rollen bringen wird.

KAPITEL 5

DER SCHWIERIGE START
DER KOMMISSION SANTER

Anfang Februar 1994 erhielt ich einen Anruf aus dem Kabinett des belgischen Premierministers Jean-Luc Dehaene. Ob ich mich für ein Mittagessen mit dem Premier freimachen könne? Solche Einladungen sprach Dehaene nie ohne Grund aus: Wenn er zum Essen bat, standen wichtige Ereignisse bevor.

In etwa zehn Monaten sollte eine neue Kommission ihre Arbeit aufnehmen, und das Tauziehen um die Ernennung beziehungsweise Wiederernennung von Kommissaren war bereits in allen europäischen Regierungssitzen in vollem Gange. Man suchte vor allem nach einem Nachfolger für Jacques Delors. Der Franzose hatte seit Mitte der achtziger Jahre die Politik der Kommission bestimmt und die Entwicklung der Europäischen Gemeinschaft beziehungsweise der Europäischen Union tief geprägt. Die Suche galt nun einem würdigen Nachfolger, bei dem es sich ebenfalls um eine Person mit politischem Gewicht handeln mußte.

Ich persönlich ging davon aus, wiederernannt zu werden. Innerhalb der belgischen Koalition von Christdemokraten und Sozialisten war vereinbart worden, daß ich erneut für ein Mandat vorgeschlagen werden sollte. Hier und da tauchten Gerüchte auf, daß Wilfried Martens, der Vorgänger Dehaenes im Amt des Premierministers, möglicherweise eine Chance auf die Präsidentschaft der Kommission habe. Während unseres Essens ließ Dehaene die Katze aus dem Sack. Ich sei natürlich, wie abgesprochen, Kandidat für die Kommission. Doch was sollten wir tun, falls Belgien mit Wilfried Martens die Präsidentschaft zufallen sollte?

Ich wies Dehaene auf die getroffenen Absprachen hin und darauf, daß ich gute Chancen hatte, mein Amt als Kommissar für Wettbewerbspolitik zu behalten – immerhin ein äußerst wichtiges Ressort. Zudem habe meiner Meinung nach Wilfried Martens nur geringe Chancen auf das Amt des Präsidenten. Sollte sich jedoch das Gegenteil erweisen, sei ich zu weiteren Gesprächen bereit.

Nach diesem Essen mit Dehaene hegte ich bereits gewisse Vorahnungen. Irgend etwas stimmte nicht. Zu diesem Zeitpunkt war mir allerdings noch nicht klar, daß Dehaene eigene Interessen verfolgte. Dies zeigte sich erst, als Anfang März 1994 der Brüsseler Korrespondent der britischen Zeitung »The Guardian«, John Palmer, die einigermaßen aufsehenerregende Meldung publizierte, Jean-Luc Dehaene sei der designierte Kandidat für die Nachfolge von Jacques Delors. Ich suchte Willy Claes auf, den belgischen Außenminister, fragte ihn, was es damit auf sich habe, und er bestätigte mir die Meldung im »Guardian«. Claes mußte schon früher davon gewußt haben, hatte es aber nicht für nötig gehalten, mich davon zu unterrichten. Wie sich später herausstellte, verfolgten sowohl Dehaene als auch Claes jeder für sich persönliche Interessen – der eine mit dem Ziel, Kommissionspräsident zu werden, der andere, es zum NATO-Generalsekretär zu bringen. Frühere Absprachen hatten wohl ihre Gültigkeit verloren.

Jean-Luc Dehaene war offenbar bereits Ende 1993 als Kandidat für die Kommissionspräsidentschaft lanciert worden, und zwar von Bundeskanzler Kohl. Der belgische Vorsitz war zu einem erfolgreichen Abschluß gebracht worden, wodurch Kohl einen guten Eindruck von Dehaene gewonnen hatte.

Jean-Luc Dehaene:
ein Außenseiter in der belgischen Politik

Jean-Luc Dehaene verfügte über die unübertroffene Fähigkeit, selbst für die kompliziertesten Probleme typisch belgi-

sche Lösungen zu finden. Aus diesem Grund trug er den Spitznamen »der Klempner«. Lange Zeit beschränkte er sich darauf, seinen entscheidenden Einfluß und seine kreativen Ideen
hinter den Kulissen zum Einsatz zu bringen, unter anderem als
Kabinettschef von Premierminister Wilfried Martens. Danach
trat er als Sozialminister selbst in den Vordergrund. Nach den
Wahlen vom 13. Dezember 1987 konnte er sein Talent zur Lösung selbst kompliziertester politischer Probleme voll entfalten. Der König erteilte Dehaene den Auftrag, eine neue Regierung zu bilden, was aufgrund der völlig verfahrenen politischen Situation fünf Monate in Anspruch nehmen sollte.
Schließlich wurde eine neue Koalition zwischen Christdemokraten, Sozialisten und Volksunie (den Flämischen National-
liberalen) auf die Beine gestellt. Doch als das zukünftige Regie-
rungsprogramm so gut wie unter Dach und Fach war und
jedermann davon ausging, daß Jean-Luc Dehaene Chef der
neuen Koalition würde, wurde plötzlich trotz allem erneut Wilfried Martens als Kandidat für das Amt des Premierministers
aufgestellt. Dehaene war sichtlich schwer enttäuscht. Bei der
Verteilung der Ressorts schien die christdemokratische Seite
ihn sogar anfangs als Kandidaten für ein wichtiges Amt »vergessen« zu haben. Schließlich wurde er zum Verkehrsminister
ernannt, wodurch es zwischen uns zu einer noch engeren
Zusammenarbeit kam als bisher. In meiner Funktion als Verkehrskommissar traf ich Dehaene regelmäßig in den europäischen Ministerräten zur Verkehrspolitik. So lernten wir uns
näher kennen, und er ließ sich sogar gelegentlich zu Vertrau-
lichkeiten hinreißen, wofür er eigentlich nicht bekannt war. In
dieser Zeit wurde deutlich, wie tief die Kluft zwischen Martens
und Dehaene geworden war. Die letzte Regierung Martens
mußte frühzeitig abtreten, und am 24. November 1991 fanden
Neuwahlen statt. Dieser Tag ging als Schwarzer Sonntag in die
Geschichte Belgiens ein, weil sämtliche traditionellen politi-

schen Parteien Stimmen verloren, während die rechtsextreme Partei »Vlaams Blok« hohe Gewinne verbuchen konnte. Jean-Luc Dehaene dachte ernsthaft darüber nach, sich aus der Politik zurückzuziehen. Wir blieben jedoch in Kontakt und trafen uns gelegentlich zum Essen. Als sich zeigte, wie schwierig die neue Regierungsbildung war, wurde Dehaene allerdings wieder herbeigerufen. Er galt als der einzige in Belgien, der aus einer derart aussichtslosen Situation noch einen Ausweg finden konnte. Damals war auch kurz die Rede davon, daß er an der Spitze der flämischen Regierung stehen sollte, doch bald erwies sich, daß er an der Spitze der föderalen Regierung unentbehrlich war. Unter seiner Regierung begann Belgien endlich ernsthaft mit der Sanierung der Wirtschaft. Es ist als großes Verdienst Dehaenes anzusehen, daß sich Belgien in dieser Zeit auf die Wirtschafts- und Währungsunion vorbereitet hat. Schneller als vorgesehen wurde das Haushaltsdefizit verringert, wobei mit einem deutlichen Abbau der Staatsschulden der Anfang gemacht wurde. Vor diesem Hintergrund hatte Belgien in der zweiten Hälfte des Jahres 1993 den Vorsitz in der Europäischen Union inne. Jacques Delors sagte später, es sei ein außerordentliches Vergnügen gewesen, mit diesem Vorsitz zusammenzuarbeiten.

Dehaene konnte sich in jener Zeit voll entfalten. Nach den komplizierten belgischen Dossiers begann er, sich mit großem Engagement in europäische Probleme einzuarbeiten und bewies sein unübertroffenes Talent für das Finden von Kompromissen auch in den europäischen Machtzentren. Unter anderem fand er eine Lösung für die sich bereits seit Jahren hinziehende Frage nach dem Sitz der Europäischen Institutionen. Gemeinsam mit Außenminister Willy Claes und Finanzminister Maystadt gelang es Dehaene, dem Land Belgien während des belgischen Vorsitzes eine ausgezeichnete Reputation zu verschaffen.

Als Bundeskanzler Kohl die Kandidatur Dehaenes im Elysee-Palast zur Sprache brachte, fiel sein Vorschlag auf fruchtbaren Boden, da Dehaene auch in Paris einen guten Ruf besaß. In jedem Fall zogen Bonn und Paris Dehaene als neuen Kommissionspräsidenten dem niederländischen Premierminister Ruud Lubbers vor. Dieser hatte sich ebenfalls in das Rennen um die Präsidentschaft begeben und machte sich lange Zeit Hoffnungen. Kohl ließ ihn übrigens noch eine Zeitlang in dem Glauben, obwohl die Wahl, was ihn betraf, längst definitiv getroffen war. Lubbers war Kohl bei den Debatten um die deutsche Wiedervereinigung negativ aufgefallen, und wenn man Kohl einmal auf die Füße getreten war, hatte man jegliche Chancen bei ihm verspielt – eine Erfahrung, die vor Lubbers bereits Kurt Biedenkopf und viele andere hatten machen müssen.

Während das Tauziehen um die Präsidentschaft hinter den Kulissen bereits vollauf im Gange war, verhielt sich Jean-Luc Dehaene mir gegenüber weiterhin so, als wisse er von nichts. Doch die Übereinkunft zwischen Bonn und Paris über seine Kandidatur war längst beschlossene Sache. Die Bestätigung erhielt ich von Pascal Lamy, dem damaligen Kabinettschef von Jacques Delors, dem ich eines Tages in den Wandelgängen begegnete. Lamy gab mir gegenüber ganz offen zu, auch Paris stehe hinter Dehaene, und man sei sich über seine Kandidatur einig. Die Bestätigung beim Europäischen Gipfel in Korfu sei bloß noch eine reine Formalität.

Falls ein Landsmann Präsident der Kommission würde, war ich natürlich bereit, meinen Posten zu räumen. Doch die Art und Weise, wie dies alles vonstatten ging, fand ich unmöglich, und ich brachte mein Mißfallen darüber zum Ausdruck. Daraufhin empfing ich am 22. Juni, einen Monat vor dem Gipfel in Korfu, einen Brief von Dehaene, in dem er sein Vorgehen erklärte. In diesem Brief gab er zu, daß die Monate der Spekulation über seine Präsidentschaft für mich möglicherweise nicht besonders angenehm gewesen seien. Er habe jedenfalls den Eindruck gewonnen, ich werfe ihm vor, daß er mir gegenüber nicht ehrlich gewesen sei. Dann folgten Erläuterungen: Es sei vereinbart worden, daß das Amt als EU-Kommissar bei der Zusammenstellung der Regierung berücksichtigt werden solle: Wenn es wegfalle, solle es kompensiert werden. Von Anfang an sei er davon ausgegangen, daß sich eine ganz neue Situation ergebe, falls unser Land die Chance auf die Präsidentschaft bekäme. Die Wichtigkeit dieser Funktion und die Interessen des Landes hätten in diesem Falle Vorrang. Und er fuhr fort: »Als ich im Dezember bei Kohl war ... sprach er lange über die Nachfolge von Delors. Er zog verschiedene Kandidaten in Betracht und fragte mich, wie es mit Martens stehe und ob dieser von der belgischen Regierung benannt werden könne. Ich antwortete ihm, dies sei angesichts unser Übereinkünfte schwierig. Doch selbstverständlich werde der Präsident von den Regierungen ernannt, und falls es einen Konsens bezüglich Martens als Präsident gebe, stünden wir vor einer ganz neuen Situation. Gegen Ende des Gesprächs erwähnte Kohl, auch ich sei ein geeigneter Kandidat, wobei er auf den (belgischen) Vorsitz verwies. Zu diesem Zeitpunkt gingen wir allerdings nicht weiter darauf ein ... Danach hörte ich nichts mehr von der Sache, bis mir Willy Claes Ende Februar mitteilte, in Paris sei ich als möglicher Nachfolger von Delors im Gespräch ... Dies wollte ich genauer wissen, um Mißverständnisse zu vermeiden. Schließlich bin ich davon überzeugt, daß Du und ich, auf welche Weise auch immer, in Zukunft weiterhin zusammenarbeiten werden, und ich wünsche dies auch. Möglicherweise hätte ich früher mit Dir darüber reden sollen, doch ich befand mich selbst in einer heiklen Position und wußte nicht recht, wie ich das Gespräch anfangen sollte.«

Wahlkrimi auf Korfu

Der Europäische Gipfel vom 24. und 25. Juni 1994 wird sicherlich als einer der dramatischsten in die Geschichte Europas
eingehen. Zahlreiche Umstände trafen zusammen, um das
Treffen zu einem spannenden diplomatischen Krimi werden zu
lassen. Zwölf Staats- und Regierungschefs waren angereist,
um einen Nachfolger für Delors zu ernennen, wobei sie natürlich bei ihrer Entscheidung stets eventuelle Fehden untereinander sowie politische Empfindlichkeiten in Betracht ziehen
mußten.

Die griechische Insel Korfu lag friedlich in der Sommerson-
ne, doch über dem Achilleion-Palais ballten sich für Dehaene
bereits Gewitterwolken zusammen. Von den Briten war Widerstand zu erwarten. Die britischen Zeitungen, Boulevardblätter
wie seriöse Ausgaben, hatten in den vergangenen Tagen
nichts unversucht gelassen, die öffentliche Meinung gegen
Dehaene aufzuhetzen. »Noch schlimmer als Delors« oder
»Jean-Luc der Schreckliche« – so lauteten nur zwei von vielen
Überschriften höchst abwertender Artikel über ihn. Der extrem anti-europäische »Daily Telegraph« versuchte, den britischen Premier John Major aufzuhetzen, von seinem Vetorecht
Gebrauch zu machen. Während des Abendessens im Achillei-
on-Palais sollte das Ergebnis bekanntgegeben werden. Drei
Kandidaten traten gegeneinander an: Dehaene als großer
Favorit, Lubbers, der von den Niederlanden propagiert wurde,
sowie Leon Brittan, der Kandidat John Majors. Dehaene und
Lubbers, beide Premierminister und als solche Mitglieder des
Europäischen Rats, waren in ihren Hotelzimmern geblieben
und nahmen nicht an den Besprechungen teil. Mitterrand und
Kohl machten keinen Hehl aus ihrer Überzeugung und wollten
so schnell wie möglich Dehaene als neuen Präsidenten einset-
zen. Doch dieser Abend brachte kein Ergebnis, und in den frü-

hen Morgenstunden begaben sich alle zu Bett. Am nächsten
Tag, Samstag den 25. Juni 1994, zog Lubbers seine Kandidatur
zurück, um die verfahrene Situation zu entschärfen. Doch es
nützte nichts. In der klassischen »Einer-gegen-alle«-Rolle, wie
sie Generationen britischer Premiers in Europa spielten, legte
John Major sein Veto gegen die Kandidatur Jean-Luc Dehaenes ein und sagte also Nein zu seinem »good friend Jean-
Luc«. Ich persönlich hatte mich zuvor bereits mit Dehaenes
Mandat als Kommissionspräsident abgefunden und nach neu-
en Herausforderungen Ausschau gehalten.

Es entbehrte natürlich nicht einer gewissen Ironie, daß ich
ausgerechnet durch den Widerstand der britischen Euroskep-
tiker schließlich noch einmal zum Mitglied der Kommission ernannt wurde und Dehaene seinerseits im Anschluß daran seine erfolgreichste Zeit als Premierminister erleben sollte.
Außerdem gewann er durch den Vorfall plötzlich an Populari-
tät, was ihm vorher nur in Maßen beschieden war.

Nach dem britischen Veto gegen Dehaene kamen hier und
dort neue Namen ins Gespräch, unter anderem der des Iren
Peter Sutherland. Er war Mitglied der ersten Kommission Delors gewesen, wo er mit großem Engagement und Durchset-
zungsvermögen die Wettbewerbspolitik in die richtigen Bahnen geleitet hatte. Doch seine Kandidatur wurde in Paris nicht
mit Wohlwollen aufgenommen. Auch der frühere italienische
Premierminister Giuliano Amato wurde als aussichtsreicher
Bewerber ins Feld geführt – ein talentierter und mutiger Mann,
doch zugleich auch umstritten: In seinem früheren politischen
Leben hatte er sich im Dunstkreis des in Ungnade gefallenen
Ex-Premiers Bettino Craxi bewegt, was sich nun als unüber-
windliches Handicap erwies. Auch die Tatsache, daß er aus
dem sozialistischen Lager stammte, sprach gegen ihn. Nach
dem Sozialisten Delors wünschte man sich nun einen Christdemokraten. Schließlich kam Helmut Kohl auf die Idee, Jacques

Santer vorzuschlagen. Als Kohl Santer daraufhin anrief, fiel dieser aus allen Wolken. Er selbst hätte nicht im entferntesten an die Möglichkeit einer Kandidatur gedacht.

Neue Schwierigkeiten drohten, und zwar diesmal von seiten des Europäischen Parlaments. Auch in der Presse war die Kandidatur Santers mit viel Skepsis aufgenommen worden. Die meisten Kommentare lauteten in etwa, in Ermangelung eines Besseren und nach dem Ausscheiden anderer fähiger Kandidaten präsentiere man nun eben Santer. Nach der starken Amtszeit Delors' und dem Abschuß seines designierten Nachfolgers Dehaene schien es sich um ein Angebot aus Schwäche zu handeln. Als Santer sich im Juli 1994 dann vor dem Europäischen Parlament präsentierte, erwies es sich als gar nicht so einfach, eine Mehrheit für seine Kandidatur zu gewinnen. Wieder schien die Sache auf der Kippe zu stehen. Doch hinter den Kulissen wurde eifrig »Seelenmassage« betrieben, denn die Perspektive eines erneuten Scheiterns hatte in Bonn die Alarmglocken läuten lassen. Interventionen bei der spanischen Regierung und andere Maßnahmen führten dazu, daß eine Anzahl Parlamentsmitglieder des spanischen Sozialisten zur Ordnung gerufen wurde, so daß sich schließlich im Europaparlament doch noch eine bescheidene Mehrheit zur Unterstützung der Kandidatur Santers fand. Von den 521 Parlamentsmitgliedern, die an der Abstimmung teilnahmen, stimmten 260 für Santer und 238 gegen ihn – ein knappes Ergebnis. Der Start der Kommission Santer stand also unter keinem guten Stern, und es war absehbar, daß es Schwierigkeiten mit dem Europäischen Parlament geben würde.

Ebenso wie Delors wollte Santer die Verteilung der Ressorts gütlich regeln, um größere Auseinandersetzungen zu vermeiden. Aufgrund einer soliden Vorbereitung sollte er dieses Ziel im wesentlichen auch erreichen. Die Ressortverteilung fand am 29. Oktober 1994 in Luxemburg statt, doch ganz nach

Wunsch verlief sie trotzdem nicht; hauptsächlich die Aufteilung der Zuständigkeiten zwischen Sir Leon Brittan und Hans
van den Broek führte zu langen und heftigen Diskussionen. Sir
Leon hätte gern die Verantwortung für die Beziehungen mit
Zentral- und Osteuropa sowie für die bevorstehenden Verhandlungen zur Osterweiterung übernommen. Doch offenbar
hatte Santer diesen Bereich schon im Vorfeld van den Broek
versprochen, und so mußte Sir Leon zu seinem großen Unmut
auf Osteuropa verzichten. Weitere Schwierigkeiten ergaben
sich rund um das Ressort Soziales, das Pádraig Flynn zugewiesen wurde. In diesen Bereich fiel unter anderem die Gleichstel-
lungspolitik, und daher forderten die weiblichen Mitglieder der
Kommission, das Ressort müsse von einer Frau übernommen
werden. Doch Flynn gab nicht nach. Ein weiterer Diskussions-
punkt betraf die Kompetenzen Emma Boninos, die aus den
Vereinigten Staaten eintraf, als die Sitzung bereits in vollem
Gange war. Sie war erst kurz zuvor von der italienischen Regierung ernannt worden, und als sie in Senningen ankam, blieb
praktisch nichts mehr übrig als der Verbraucherschutz. Damit
war sie absolut nicht einverstanden, und wir bekamen gleich
einen Vorgeschmack ihres – um es vorsichtig auszudrücken –
temperamentvollen Auftretens. Ständig mischte sie sich in die
Debatte ein und ließ sich durch nichts bremsen. So forderte
sie, mit in die Außenpolitik einbezogen zu werden, was für viel
Unmut und gelindes Entsetzen sowohl bei Santer selbst als
auch bei Leon Brittan und Hans van den Broek sorgte. Sie
trauten offenbar ihren Ohren nicht. Manuel Marín fand schließlich eine Lösung: Er erklärte sich bereit, ECHO, das europäische Amt für humanitäre Hilfe, an Bonino abzutreten, einen
Bereich, für den sie großes Interesse hegte. Als Gegenleistung
rechnete Marín mit der Unterstützung Santers bei seinem
Streben nach dem Vizevorsitz der Kommission, der ihm offenbar sehr wichtig war. Zu diesem Zeitpunkt hatte es ganz den

Anschein, daß der Vizevorsitz mir zufallen würde, doch dieser Posten besaß für mich keine Priorität. Vielmehr war mir daran gelegen, meine Wettbewerbspolitik fortsetzen und ausbauen zu können. Die Zusage dafür hatte ich bereits von Santer erhalten, und dies wurde in Senningen nochmals bestätigt. Auf den Vizevorsitz drängte ich daher nicht.

Wegen der langen Besprechungen über die Ressortverteilung war in Senningen keine Zeit mehr, über andere wichtige Dinge wie das zukünftige Programm und vor allem die Arbeitsweise der neuen Kommission zu reden. Ich hatte mir vorgenommen, hierzu einen ausführlichen Diskussionsbeitrag zu leisten, da meiner Meinung nach die interne Zusammenarbeit der Kommission dringend der Verbesserung bedurfte.

Gegen Ende seines Mandats war sich Jacques Delors allmählich einer Reihe von Schwächen in der Arbeit der Kommission bewußt geworden, und er hielt die Zeit gekommen für eine Reform. Er selbst konnte sie nicht mehr in Angriff nehmen, und so erhielt ich den Auftrag, gemeinsam mit einer kleinen Gruppe renommierter Mitarbeiter wie David Williamson, Riccardo Perissich, Dieter Frisch, Frans De Koster, Jean-Pierre Jouyet, Carlo Trojan, Nigel Evans und Claude Chêne eine Reihe von Ideen schriftlich zu formulieren, von denen die neue Kommission profitieren könnte.

Delors hatte mir diese Überlegungen anvertraut, weil ich in seiner letzten, kurzen Kommission von 1993 bis Ende 1994 unter anderem die Zuständigkeit für Personal und Verwaltung erhalten hatte. Ich hatte mich gewiß nicht darum gerissen, doch Delors war der Meinung gewesen, ich solle dieses Ressort noch zusätzlich auf mich nehmen. In dieser Zeit hatte ich häufig meine Unzufriedenheit über eine Reihe untragbarer Zustände innerhalb der Kommission geäußert. Die Personalpolitik war schwerfällig, da unter anderem eine viel zu strikte Quotenregelung, basierend auf der Nationalität, beachtet werden mußte. Häufig kamen hervorragende Kandidaten für einen geeigneten Posten oder eine Beförderung nur deshalb nicht in Betracht, weil eine bestimmte Funktion nur von Personal einer bestimmten Nationalität ausgefüllt werden durfte. Verschlimmert wurde alles durch das Verhalten einer großen Anzahl von Kollegen, die sich schützend wie Glucken vor die Beamten ihrer eigenen Nationalität stellten. Die langen und umständlichen Verfahrensweisen machten es zudem unmöglich, in Disziplinarfragen schnell und effektiv durchzugreifen.

Auch über die Gewerkschaften wurden häufig Klagen geäußert. Es gibt eine ganze Reihe von ihnen, und sie vertraten meist überaus kurzsichtig ihr Eigeninteresse. Sie überboten sich geradezu systematisch in ihren Bemühungen, die Gunst der Beamten zu erringen. Außerdem bezahlte die Kommission allein fünfzig Beamte nur dafür, um Gewerkschaftsarbeit zu leisten, wobei man nicht vergessen darf, daß die Beamten in der Regel unkündbar sind und sehr hohe Gehälter beziehen. Kurzum, durch ihre Haltung und ihren Konservatismus stellten nicht zuletzt die Gewerkschaften ein entscheidendes Hindernis auf dem Weg zu Modernisierungen und Erneuerungen dar.

Memorandum zur Organisation der Kommission

Im August 1994 hatten wir unsere Überlegungen fertig ausgearbeitet und in einem Schriftstück zusammengefaßt. Wir begannen mit einer Auflistung der Schwachpunkte in der Arbeit der Kommission.

Die Verwaltungsstruktur stammte noch aus der Zeit von vor zwanzig oder dreißig Jahren, während die Anzahl der Mitgliedstaaten sowie der Umfang der Kompetenzen seitdem erheblich erweitert worden waren. Obwohl der Vergleich mit zahlreichen nationalen Verwaltungen immer noch positiv ausfiel, mußte die neue Kommission ihre Strukturen und ihre Funktionsweise einer kritischen Untersuchung unterziehen lassen. Da die politische und institutionelle Rolle der Kommission auf jeden Fall im Laufe der Regierungskonferenz von 1996 zur Sprache kommen würde, rieten wir zu raschem Vorgehen, damit die Kommission demonstrieren könne, daß sie selbst zu konstruktiven Reformen fähig sei.

Die Kommission hatte sich immer als treibende Kraft für die Europäische Union betrachtet, die immer wieder aufs neue politische Zeichen setzte. In den vergangenen Jahren waren zahlreiche neue Initiativen ergriffen worden, und all diese Projekte mußten vernünftig geleitet werden. Außerdem bedachten Rat und Parlament die Kommission ständig mit neuen Aufgaben mit der Konsequenz, daß für jede dieser Aufgaben ein Verwaltungsapparat aufgebaut werden mußte. Die Schwierigkeiten bei der Erfüllung all dieser Aufgaben drohten auf Dauer, die Glaubwürdigkeit der Kommission zu untergraben.

Ein Problem bestand darin, daß man selten fragte, welche Folgen die jeweiligen neuen Vorschläge oder Initiativen auf personellem Gebiet nach sich zogen. Eine ganze Reihe von Programmen verfügte daher über zu wenig Personal und arbeitete ineffizient. Man griff deswegen häufig auf Experten von außerhalb oder auf unbefriedigende Alternativen zurück. Das brachte zwar für kurze Zeit eine Verbesserung, hatte aber letztlich nichts mit solider Verwaltung zu tun. Alle Europäischen Institutionen waren nun dazu aufgerufen, sich ihre Verantwortung bewußt zu machen, und auch die Kommission mußte sich an die eigene Nase fassen: Um neues Personal für neue Aufträge zu erhalten, hatte sie zunächst die Pflicht, eindeutig zu beweisen, daß ihr jetziger Personalbestand effektiv eingesetzt wurde.

Bei der Verwaltung der finanziellen Mittel haperte es stellenweise ebenfalls; Ausgaben wurden schlecht geplant, Kredite nicht optimal ausgenutzt. Die unüberschaubare Menge an Kreditlinien, die oft auf den Druck des Parlaments zurückzuführen waren, aktuelle Aktionen so rasch wie möglich auf die Beine zu stellen, verschlimmerte noch den Zustand. Vorgeschriebene Verfahren für Ausschreibungen wurden nicht korrekt befolgt. Die Kritik des Rechnungshofs und des Parlaments war nur allzuoft berechtigt, was die Autorität der Kommission untergrub.

Ein weiteres Problem war, daß die Verantwortung für die Aushandlung von Verträgen einerseits und die Verwaltung sowie Umsetzung dieser Verträge andererseits entkoppelt werden mußte, um das Risiko des Mißbrauchs zu verringern und eine bessere Kontrolle zu ermöglichen.

Wir deuteten in unserem Bericht außerdem an, daß manche Beamte die relative Freiheit, die man ihnen gewährte, mißbrauchten. Obwohl es sich nur um eine kleine Minderheit handelte, erweckten Vorfälle in dieser Richtung natürlich eine gewisse Besorgnis. Die Generalinspektion der Dienststellen wurde aufgefordert, in Zukunft dazu beizutragen, diese Mißbräuche, die schon allzu lange ungeahndet bestanden hatten, aufzuklären. Schon eine effektivere Finanzverwaltung würde gewiß für Besserung sorgen. Doch es mußte noch mehr geschehen, und zwar sowohl auf dem Gebiet der Untersuchungsverfahren als auch bezüglich der anschließenden Disziplinarmaßnahmen. Es muß allerdings noch einmal betont werden, daß die weitaus meisten Beamten loyal hinter ihrer Institution standen und ihre Berufsehre keine Verfehlungen zuließ.

Der Bericht wies auch auf die Notwendigkeit der engeren und direkteren Zusammenarbeit der Kommissare mit ihrer Verwaltung hin. Die Kabinette, die allzu häufig als Puffer zwischen den Kommissaren und ihren Dienststellen auftraten, würden auf diese Weise verschlankt werden können. Eine besondere Unsitte stellte die immer größer werdende Anzahl

»offiziöser« Kabinettsmitglieder dar, die von den nationalen Regierungen oder anderen Institutionen bezahlt wurden. Derartige Praktiken gehörten verboten. Sollte das Mandat der Kommissionsmitglieder, die sich solcher Praktiken schuldig gemacht hatten, verlängert werden, mußte man für dieses Problem eine Lösung finden.

Auch die Vielzahl von Ressorts und Generaldirektoraten war ein Hindernis für effizientes Arbeiten, weil sie die Koordination stark erschwerte.

Wir sagten der Kommission 1995 bis 1999 aus den genannten Gründen eine schwierige Amtsperiode voraus, während derer sie scharfer Kritik, ob gerechtfertigt oder nicht, ausgesetzt sein würde, vor allem während der gesamten Dauer der Regierungskonferenz von 1996. Deshalb sei es von größter Wichtigkeit, daß sie erstens ihren eigenen Wunsch nach inneren Reformen deutlich zu erkennen gebe und zweitens sofort einschneidende Maßnahmen ergreife, um ihre Tatkraft zu beweisen. Schon allein durch die Anwendung der grundlegenden Prinzipien solider Verwaltung und guter Führung, die Stärkung der Kompetenzen der Kommissare für den Haushalt und die Personalangelegenheiten könnten schnell Verbesserungen erzielt werden.

Die vorgeschlagenen Reformen mußten während der Legislaturperiode der neuen Kommission Santer durchgeführt werden. Nur so konnte die Basis für eine modernisierte Kommission geschaffen werden, die aus den Reformen der Regierungskonferenz von 1996 hervorgehen sollte.

Nach den Ferien suchte ich Jacques Santer auf, um ihm den Bericht persönlich zu erläutern. Santer lud mich nach Luxemburg ein, um die Sache bei einem gemütlichen Essen zu besprechen, bei dem auch sein Kabinettschef Jim Cloos zugegen war. Zu diesem Zeitpunkt hatte Santer natürlich zahlreiche andere Dinge im Kopf, die Ressortverteilung, die Ausarbeitung eines Programms für die neue Kommission und vor allem die Frage, auf welche Weise er sich gegen ein skeptisches Europaparlament durchsetzen könne. Was unseren Bericht betraf, so war Santer der Meinung, man solle besser die Resultate der herannahenden Regierungskonferenz abwarten, da im Zuge der Konferenz schließlich auch Änderungen des Vertrags vorgenommen werden sollten, vor allem, was die Anzahl der Mitglieder betraf. Eine Reorganisation würde dann sowieso stattfinden müssen.

Kritische Beobachtung durch das Parlament

Die Wahl eines neuen Kommissionspräsidenten war eine schwere Geburt gewesen, und nun mußte sich die Kommission mit dem Parlament auseinandersetzen, das übrigens in den folgenden Monaten immer aktiver und kritischer wurde. Im Januar 1995 mußten wir einzeln vor dem Parlament erscheinen. Zum ersten Mal in der Geschichte der Europäischen Gemeinschaft sollten die neu ernannten Kommissare vor dem jeweils zuständigen Ausschuß des Europäischen Parlaments ihre Aufwartung machen. Hierbei hatte sich das Parlament von den in den USA üblichen Anhörungsverfahren im Senat inspirieren lassen. Diese Vorgehensweise war nicht nur neu, sie verstieß im Grunde auch gegen das Prinzip der Kollegialität. Trotzdem war die neue Kommission bereit, sich ihr zu unterziehen, jedoch nur unter der Bedingung, daß der Kollegialitätsgrundsatz dabei nicht verletzt würde, also einzelne Kommissare nicht vom Parlament zurückgewiesen werden konnten. Das Parlament durfte ausschließlich die Kommission in ihrer Gesamtheit akzeptieren oder ablehnen. Nach den Anhörungen stellte sich heraus, daß fünf Mitglieder von den Ausschüssen recht skeptisch beurteilt worden waren. Unter diesen fünf war auch Edith Cresson. Ihr wurde vorgeworfen, sie wisse zu wenig über den Bereich, den man ihr anvertraut hatte, nämlich Wissenschaft, Forschung, Entwicklung und Bildung, und nicht zuletzt stieß auch ihr überhebliches Auftreten im Parlament auf erheblichen Widerstand.

Schon damals forderte das Parlament nachdrücklich von der Kommission, den Kampf gegen den Betrug aufzunehmen, und vor allem wünschte es, die Kommission solle mehr Engagement für eine engere Zusammenarbeit zeigen. Nach Meinung des Parlaments sollte sogar ein Verhaltenskodex erarbeitet werden. Auf diesen Vorschlag ging die Kommission jedoch nur zögernd ein, so daß sich die Atmosphäre nicht nachhaltig verbesserte.

Unser finnischer Kollege Erkki Liikanen hatte die Bereiche Haushalt sowie Personal und Verwaltung zugewiesen bekommen. Er war zwar neu in der Kommission, kannte sich aber durch sein früheres Amt als ständiger Vertreter Finnlands mit der Arbeitsweise der Europäischen Union in Brüssel aus. Er begann überaus enthusiastisch mit seiner neuen Aufgabe, mußte aber schon bald feststellen, wie kompliziert die Verwaltung der Kommission aufgebaut war und in welchem Maße die »Lasten der Vergangenheit« seine Reformansätze blockierten. Liikanen unternahm mehrere verdienstvolle Versuche, nicht nur die finanzielle Kontrolle, sondern auch das Management der Kommission zu verbessern, und er hatte tatsächlich auch einen gewissen Erfolg. Doch er mußte ständig gegen den Strom anrudern und erhielt bei Diskussionen innerhalb der Kommission nicht immer die nötige Unterstützung, denn nicht jeder teilte seine skandinavischen Auffassungen von Transparenz und moderner Verwaltung. Wenn der Kommission Santer vorgeworfen wird, bei der Reorganisation der Dienststellen und der effektiveren Gestaltung der Verwaltung versagt zu haben, ist dies sicher nicht die Schuld Liikanens gewesen.

Nach den Anhörungen verlangte das Parlament, daß einige Ressorts geändert oder angepaßt würden. Darauf gingen Santer und die neue Kommission allerdings nicht ein, weil wir der Meinung waren, dies falle ausschließlich unter die Zuständigkeit der Kommission selbst. Wenn wir uns dem Wunsch des Parlaments gebeugt hätten, hätte dies dazu geführt, daß womöglich in Zukunft die Ressortverteilung Aufgabe des Parlaments geworden wäre. Trotzdem erhielten wir bei der Vertrauensabstimmung im Januar 1995 eine deutliche Mehrheit.

Man kann sagen, daß die Kommission im allgemeinen recht gut arbeitete, obwohl Santer als Führungspersönlichkeit nicht mit Jacques Delors vergleichbar war. Der charismatische Franzose hatte stets die Initiative ergriffen, er wußte, was er wollte, und arbeitete systematisch und zielstrebig. Mehr als einmal war es vorgekommen, daß er seine Ideen erst vor einem öffentlichen Forum zur Sprache brachte, bevor er sie in seiner eigenen Kommission äußerte. Santer dagegen arbeitete ganz anders. Luxemburg ist nun einmal nicht mit Frankreich zu vergleichen, und die Mentalität des kleinen Großherzogtums bestimmte zu einem großen Teil Santers Arbeitsweise. Santer drängte sich nicht auf, strebte nach Einigkeit und versuchte, Konflikten nach Möglichkeit aus dem Weg zu gehen. Er ließ jeden ausreden, was einerseits zwar manchmal zu langen Sitzungen führte, andererseits jedoch zeigte, in welchem Maße er den Grundsatz der Kollegialität respektierte.

Inhaltlich braucht sich die Kommission Santer nicht zu schämen; schließlich hat sie unter anderem die Verwirklichung der Wirtschafts- und Währungsunion sowie die Einführung des Euro in die richtigen Wege geleitet. Die Verhandlungen über die Erweiterung wurden sorgfältig vorbereitet, und auch die Agenda 2000 mit den darin enthaltenen Etatreformen, der Erneuerung der Landwirtschaftspolitik und der Strukturfonds wurde weit vorangebracht. Auch auf anderen politischen

Gebieten, beispielsweise der Liberalisierung der Telekommunikation und des Energiesektors, können sich die Ergebnisse durchaus sehen lassen. Und nicht zuletzt gelang es Emma Bonino, die humanitäre Hilfe zu einer Politik zu machen, die auch in breiten Schichten der Bevölkerung große Wertschätzung genoß.

KAPITEL 6

DIE BANK GOTTES UND
DIE BANK DER LANDESFÜRSTEN

Bis in die 1990er Jahre hinein war der Bankensektor für die Europäische Kommission als Wettbewerbsbehörde ein brachliegendes Terrain. In den industriellen Branchen hatten wir im Laufe der Jahre umfangreiche Sachkenntnisse erworben – die Stahlbranche, der Steinkohlesektor, der Schiffsbau und die Textilbranche bargen für uns keine Geheimnisse mehr. Seit den 1970er Jahren, der ersten Krisenphase nach dem Krieg, hatten sowohl die nationalen als auch die europäischen Behörden mit diesen Branchen alle Hände voll zu tun. Anfang der achtziger Jahre verschlimmerte sich die Situation ständig, und immer drastischere Maßnahmen mußten ergriffen werden. Doch Banken, die in Schwierigkeiten geraten waren, stellten eine ganz neue Herausforderung für uns dar.

Der erste Fall aus der Finanzwelt, mit dem sich die Kommission beschäftigen mußte, war die »EFIM«-Sache. Bei der EFIM handelte es sich um eine der großen italienischen Staatsholdings, zu der auch die Verteidigungsindustrie gehörte. Damals galt in Italien für Staatsbetriebe eine hundertprozentige staatliche Sicherheit, eine Regelung, die im Zivilgesetzbuch verankert war. Aufgrund dieser Sicherheit waren Geldgeber, auch die Privatbanken, gerne bereit, freigiebig Kredite zu gewähren – selbst Staatsbetrieben, die eigentlich bereits bankrott waren. Selbstverständlich verstößt ein derart wettbewerbsverzerrendes System gegen die Regeln für staatliche Beihilfen, und außerdem dient es letztlich nur zur Bekämpfung der Symptome und nicht der eigentlichen Ursachen.

Bereits mein Vorgänger Leon Brittan hatte die EFIM-Sache in Angriff genommen, genau zu dem Zeitpunkt, als sich die italienische Staatsholding und zugleich verschiedene Unternehmen, die zur EFIM-Gruppe gehörten, in großen Schwierigkeiten befanden. Brittan blockierte, sich auf Vorschriften für staatliche Beihilfen berufend, die Rückzahlungen an die Banken, was in Italien großen Aufruhr verursachte.

Es ist das große Verdienst Sir Leons, daß er der italienischen Regierung klarmachte, daß es so nicht weitergehen konnte: Das System mußte grundlegend geändert werden. Als ich das Ressort Wettbewerb übernahm, setzte ich die Politik Brittans fort: Die Blockierung der staatlichen Rückzahlungen an die Banken blieb weiterhin in Kraft. Ich teilte den italienischen Behörden mit, daß die Rückzahlungen erst dann wieder stattfänden, wenn sie sich dafür einsetzten, zusammen mit der Kommission eine Lösung für die Regelung der unbegrenzten staatlichen Sicherheiten zu suchen.

Dies war der erste große staatliche Unterstützungen betreffende Fall, an dem Banken beteiligt waren, wenn auch nicht direkt: Sie profitierten indirekt von den wettbewerbsbeschränkenden staatlichen Beihilfen. Die Blockierung der Rückzahlung war für die Banken ein deutliches Signal, daß die Kommission solche Sachen in Zukunft nicht mehr hinnehmen würde. Dies berührte den Kern des italienischen Wirtschaftssystems, das von den alles beherrschenden staatlichen Holdings und der totalen Verstrickung von Politik und Bankenwelt gekennzeichnet war. Im Grunde handelte es sich um ein geschlossenes, quasi inzestuöses System. Die italienische Regierung war nun von Leon Brittan in die Enge getrieben worden und sah sich gezwungen, etwas zu unternehmen. Dies führte zunächst zu schwierigen Verhandlungen und schließlich zum sogenannten Andreatta-Van-Miert-Abkommen. Andreatta war der damalige italienische Außenminister, der sich persönlich der Sache angenommen hatte, nachdem einige frühere Kontakte mit der italienischen Regierung zu nichts geführt hatten. In diesem Abkommen wurde unter anderem festgelegt, daß die italienische Regierung innerhalb von drei Jahren die Staatsbetriebe privatisieren oder den Anteil des Staates an den Betrieben auf ein Niveau zurückschrauben sollte, auf dem die automatischen Sicherheiten nicht mehr gelten würden. Das Abkommen betraf Dutzende von Betrieben, nicht nur die EFIM-Gruppe, sondern auch die IRI-Holding, deren Vorsitzender zu diesem Zeitpunkt Romano Prodi war. Meine Kontakte zu Prodi stammen also bereits aus jener Zeit. Das Abkommen war der Ansatz für eine gründliche Reform des italienischen Systems. Obwohl mit einiger Verspätung, wurde die von Mussolini gegründete IRI im Juli 2000 endgültig liquidiert.

Etwas anders gelagert war der Fall Banesto in Spanien. Bei der Banesto handelte es sich um eine Bank, die unter anderem im Zusammenhang mit Sponsorenaktivitäten im Sport bekanntgeworden war, vor allem im Bereich des Radsports. Als die Banesto eines Tages in große Schwierigkeiten geriet, trat in Spanien ein Solidaritätsmechanismus in Kraft, der die Folgen des Mißmanagements der Bank auffing. Das eigentliche Problem bestand jedoch in einem spanischen Gesetz, welches verfügte, daß Banesto nur von einer anderen spanischen Bank übernommen werden könne. Natürlich läuft eine solche Bestimmung dem Binnenmarkt zuwider. Übernahmeinteressenten aus anderen Mitgliedstaaten, die den allgemeinen Bedingungen entsprachen, hatten ebenfalls akzeptiert zu werden, wie wir dem damaligen Finanzminister Pedro Solbes Mira, der in der jetzigen Kommission das Ressort Wirtschafts- und Währungsangelegenheiten innehat, ausdrücklich ans Herz legten. Daraufhin wurde die diskriminierende Klausel auch tatsächlich gestrichen. Wie zufällig ergab sich aber doch eine »spanische Lösung«.

Der Fall Crédit Lyonnais

»La Banque de Dieu« (»die Bank Gottes«): So nannten wir unter uns die französische Bank Crédit Lyonnais, eine jener
unantastbaren Institutionen, von denen es damals in Frankreich einige gab und deren Führung sich ebenfalls für unangreifbar hielt. Die Spitzenkräfte wurden von den höchsten
politischen Rängen eingestellt und genossen dementspre-
chende Protektion. Bescheidenheit gehörte nicht gerade zu
ihren größten Tugenden, ja, ihnen war sogar ein gewisser Größenwahn durchaus nicht fremd.

   Die Führungskräfte der Crédit Lyonnais mußten, ebenso
wie die zahlreicher anderer großer französischer Staats- wie
Privatbetriebe, über zwei Eigenschaften verfügen: Sie mußten eine der beiden wichtigen Schulen besucht haben, die
École Nationale d'Administration oder die École Nationale de
Polytechnique, und sie mußten einen soliden politischen Hintergrund aufweisen. Ihre Ernennung erfolgte als Gunstbezeu-
gung der politischen Machthaber, und das waren seit Anfang
der achtziger Jahre die Sozialisten. Zu Beginn seiner Amtszeit stellte Mitterrand ein klassisches sozialistisches Programm vor, das unter anderem umfangreiche Verstaatlichun-
gen von Banken, Versicherungsgesellschaften und Industrie-
betrieben umfaßte. Diese Politik sollte einige Jahre
fortgeführt werden, und die Banken spielten dabei eine wichtige Rolle. Es war ihre Aufgabe, die staatlichen Betriebe finanziell zu unterstützen. Privatbanken waren weniger geneigt,
dies zu tun, weil dabei wenig Gewinn abfiel. Die Regierung
bürgte ihrerseits für die öffentlichen Banken. Als es später zu
großen Schwierigkeiten kam, erklärte der entlassene Topmanager der Crédit Lyonnais, er sei von der Regierung verpflichtet worden, die französischen Staatsbetriebe weiterhin zu
unterstützen. Ihrem Status als öffentliche Bank – sie wurde

1945 verstaatlicht – hatte es die Crédit Lyonnais aber letztlich zu verdanken, daß sie sich zu einer der größten Banken Europas entwickeln konnte. Sie ist andererseits auch ein Beispiel dafür, wie eine Kombination aus größenwahnsinnigen Neigungen eines besserwisserischen Spitzenbankiers und einem politischen System, das die führenden Manager in der Finanzbranche nicht vernünftig im Auge behielt, schließlich zu einer Katastrophe führen konnte.

Ende der achtziger Jahre kam bei der Crédit Lyonnais ein neuer Topmanager ans Ruder: Jean-Yves Haberer. Haberer war ein Ausnahme-Bankier und bereits viel herumgekommen. Seine Karriere hatte er als Finanzinspektor begonnen, ein Posten, der in Frankreich häufig als Sprungbrett für eine brillante Karriere genutzt wird, ob in der Politik oder in anderen Branchen. In den sechziger Jahren ging Haberer in die Politik. Im Kielwasser des gaullistischen Ministers Michel Debré lernte er die Ressorts Wirtschaft, Außenpolitik und Verteidigung kennen. Später fand man ihn in der Umgebung von Präsident Giscard d'Estaing wieder, und er wurde zum »Directeur du Trésor« im Finanzministerium ernannt. Doch Haberer war politisch äußerst wendig. Die spätere sozialistische Regierung berief ihn an die Spitze der verstaatlichten Bank Paribas und ernannte ihn danach zum Chef der Crédit Lyonnais.

Hochmut kommt vor dem Fall

Haberer machte sich gleich vom Beginn seiner Tätigkeit im Jahr 1988 an resolut an die Arbeit. Er hatte große Pläne mit der Crédit Lyonnais: Sie sollte die größte Bank der Welt werden, und deshalb mußte sie wachsen. Und Wachsen bedeutete, andere Banken zu übernehmen. Überall in Europa ging die Crédit Lyonnais auf die Suche nach geeigneter Beute. Bereits

Anfang der achtziger Jahre hatte sie in den Niederlanden den Anfang gemacht, wo sie Slavenburg's Bank übernommen hatte. Dies könnte man womöglich als Menetekel betrachten, da Slavenburg's Bank einen schlechten Ruf als Geldwäscherbank hatte und auch nicht vor diversen anderen dubiosen Aktivitäten zurückschreckte. Nach der Übernahme durch die Crédit Lyonnais wurde sie in CLBN (Crédit Lyonnais Bank Nederland) umgetauft, doch der Geist von Slavenburg's Bank spukte dort weiterhin herum, und das Geldinstitut sollte seinem schlechten Ruf später alle Ehre machen. Doch Slavenburg's Bank war nur der Anfang.

In Spanien wurde die Banco Comercial Español aufgekauft, in Belgien Chase Manhattan, in Deutschland die Bank für Gemeinwirtschaft. Die Crédit Lyonnais entwickelte sich zu einem Unternehmen, das durch seine aggressive Verkaufspolitik, zu der unter anderem hohe Sparzinsen gehörten, konkurrierenden Bankiers schlaflose Nächte verursachte.

Doch Haberer wollte immer mehr. Nach dem Beispiel der deutschen Banken plante er unter anderem, engere Verbindungen zur Industrie aufzubauen. Er trieb daher die Industriebeteiligungen seiner Bank in die Höhe. In ihrem Industrie-Kaufrausch beteiligte sich die Crédit Lyonnais an der Energieholding Lyonnaise des Eaux sowie am Chemieriesen Rhône-Poulenc, und sie erwarb eine Beteiligung am stahlproduzierenden Unternehmen Usinor-Sacilor. Außerdem beteiligte sich die Bank an Hotelgruppen, einem Milchkonzern, an Kasinos sowie an Fernsehsendern, und zwar sowohl im eigenen Land – am französischen kommerziellen Fernsehsender La Cinq, bei dem der Zeitungsmagnat Robert Hersant eine wichtige Rolle spielte – als auch im Ausland, über den britischen Medientycoon Robert Maxwell. Der Reklameslogan der Crédit Lyonnais lautete in jenen Jahren nicht umsonst »Le pouvoir de dire oui« – »Die Fähigkeit, ja zu sagen« –, ein Slogan, der in den schlimmen Zeiten, die bevorstanden, häufig gegen die Bank verwendet werden sollte.

Mit dem Erscheinen eines gewissen Giancarlo Parretti im Jahr 1991 wendete sich das Blatt für die Crédit Lyonnais. Parretti sollte die Hauptrolle in einer Betrugsaffäre spielen, die in ihrer dramatischen Spannung den besten Roman übertraf. Giancarlo Parretti begann seine Laufbahn als Ober in einem Café in Orvieto, arbeitete sich jedoch mit Hilfe von Intrigen und politischen Mauscheleien auf der Karriereleiter stetig weiter nach oben. Nach einigen Irrfahrten und einer Reihe gelungener finanzieller Abenteuer gelangte er nach Paris, wo er einen Versuch unternahm, den dahinsiechenden Pathé-Kinokonzern zu übernehmen. Offensichtlich hegte Parretti eine Leidenschaft für das Filmgeschäft, denn danach warf er ein Auge auf die Hollywoodstudios MGM-United Artists. Diese legendären amerikanischen Filmstudios hatten schon bessere Zeiten gesehen und innerhalb weniger Jahre mehrere Male den Eigentümer gewechselt. Parretti wollte den Laden für über eine Milliarde US-Dollar kaufen, und wegen der Finanzierung wandte er sich an die Crédit Lyonnais Nederland, die sich tatsächlich auf das Geschäft mit dem Italiener einließ. Bei MGM war damals der Film »Vom Winde verweht« gedreht worden – und genau das geschah mit dem Geld, das Parretti als Kredit erhielt: Es wurde vom Winde verweht!

Allmählich wurde sowohl der Crédit Lyonnais Nederland als auch der Geschäftsführung in Paris klar, daß der Italiener alles andere als vertrauenswürdig war.

Als Parretti hinter schwedische Gardinen wanderte, erstarrte das Lächeln auf den Gesichtern am Boulevard des Italiens, wo sich seit 1870 der Hauptsitz der Bank aus Lyon befand. Mit dem Einstieg in die Filmbranche war man eindeutig einen Schritt zu weit gegangen. Bankanalysten gingen davon aus, daß die Crédit Lyonnais sich von Parretti, von dem vermutet

wurde, daß er Verbindungen zur Mafia besaß, hatte übers Ohr
hauen lassen. Doch die Hollywood-Sache war nicht der einzige
Fehler, den die Bank auf ihrer Suche nach Diversifizierung
beging. Ein weiterer Medientycoon, mit dem sich die Crédit
Lyonnais einließ, war Robert Maxwell, der unter mysteriösen
Umständen ums Leben kam, nachdem sein Firmenimperium
zusammengebrochen war. Das Glück hatte sich definitiv ge-
wendet.

Im Herbst 1991 erhielt die Bank vom amerikanischen Boni-
tätsprüfungsinstitut Moody's einen schlechteren Punktwert.
1992 kamen noch weitere beunruhigende Zahlen ans Licht:
Der Gewinn war 1991 im Vergleich zum Vorjahr um 15 Prozent
gesunken. Die einzig gute Nachricht war, daß noch immer
Gewinne verbucht werden konnten. Doch die goldenen Zeiten
waren vorbei, und Goldjunge Jean-Yves Haberer mußte sich
von allen Seiten Vorwürfe anhören, er sei für einen Bankier
unverantwortliche Risiken eingegangen.

»Die Liste der Abenteuer und Risiko-Operationen, in die dieser Mann sich gestürzt hat, läßt einem kalte Schauder über
den Rücken laufen«, schrieb »Le Monde«. »Nur eine Bank, die
sich vom Staat geschützt weiß, ist in der Lage, derartige Risiken mit soviel offensichtlicher Gelassenheit anzugehen« (»Le
Monde«, 23. Juni 1992).

Im Frühjahr 1993 mußte Jean-Yves Haberer zum ersten Mal
seit Jahren mitteilen, daß die Crédit Lyonnais in die roten Zahlen geraten war. Das war der Anfang vom Ende, und es sollte
das letzte Mal sein, daß Haberer den Geschäftsbericht der
Bank bekanntgab, die er seit 1988 leitete. Das schlechte Resultat wurde zu einem denkbar schlechten Zeitpunkt verkündet.
Die Sozialisten hatten im März harte Schläge hinnehmen müssen und waren gezwungen, einer rechten Regierung Platz zu
machen. Dadurch wurde das Schicksal Haberers vielleicht
noch schneller besiegelt.

Währenddessen nahmen die Katastrophenmeldungen kein Ende. Neben dem Fiasko mit dem Filmstudio MGM gab es unheilverkündende Berichte über die Kapitalanlagen im Immobiliensektor und, als Folge des Konjunkturtiefs, auch über die Wertminderung der Industriebeteiligungen. Zum ersten Mal hörte man in den Pariser Salons, wo sich die Hochfinanz und die Politik trafen, das Wort »Konkurs«, wenn von der Crédit Lyonnais die Rede war.

In diesen schlimmen Zeiten schob der neue Premier Balladur den in Ungnade gefallenen Jean-Yves Haberer beiseite, um ihn durch Jean Peyrelevade zu ersetzen.

Peyrelevade nahm die Fäden in die Hand, als sich der Bankmoloch auf einem Tiefpunkt befand. Die Verluste mehrten sich, und vorläufig war kein Ende abzusehen: Im ersten Halbjahr 1993 belief sich das Minus auf 1 Milliarde Francs oder 150 Millionen Euro. Eine der ersten Angelegenheiten, die Peyrelevade zu erledigen hatte, war, den Hauptanteilseigner der Crédit Lyonnais, also den französischen Staat, um Hilfe zu bitten.

Zu dem Zeitpunkt, als der Umfang der Probleme allmählich bis in die Kreise der Politik durchsickerte, also gegen Ende 1993, war die Crédit Lyonnais die bei weitem größte französische Bank mit weltweiten Aktiva von 2 000 Milliarden Francs und einem Personalbestand von gut 71 000 Arbeitnehmern. Sie besaß ungefähr 900 Filialen in Europa und dazu noch 800 weitere in anderen Teilen der Welt. Der französische Staat als Mehrheitsanteilseigner verfügte über 55 Prozent des Kapitals und 76 Prozent der Stimmen in der Hauptversammlung.

Ab sofort wurde ein um 180 Grad geänderter Kurs eingeschlagen. Dem Moloch, der in den vergangenen zehn Jahren durch Ankäufe in den verschiedensten Branchen gemästet worden war, wurde eine radikale Abmagerungskur verschrieben. Industriebeteiligungen wurden abgebaut, für den MGM-Fehlgriff mußte ein Käufer gefunden werden, und – *last but not least* – der Personalbestand mußte um 10 Prozent verringert werden. Die Crédit Lyonnais mußte sich wieder auf ihr eigentliches *core business* beschränken: das Bankgeschäft.

Hiobsbotschaft im Frühling

Am Donnerstag den 24. März 1994 kündigte Peyrelevade an, daß der Verlust der Crédit Lyonnais im Geschäftsjahr 1993 einen Rekordstand von fast 7 Milliarden Francs (1 Milliarde Euro) erreicht hatte. Das wahre Ausmaß der Katastrophe wurde nun deutlich: Der unstillbare Hunger der früheren Geschäftsführer hatte zu einem Fiasko sondergleichen geführt. Jean Peyrelevade, der von der französischen Regierung eingesetzte Krisenmanager, wußte, was er zu tun hatte. Bevor er dem neuen französischen Premier Balladur sein Einverständnis signalisierte, hatte er Garantien gefordert. Er hatte von der Regierung das feste Versprechen verlangt, daß sie die Bank weiterhin mit öffentlichen Mitteln unterstützen würde. Alle Möglichkeiten mußten ausgeschöpft werden, um die Crédit Lyonnais vor dem endgültigen Untergang zu bewahren. Die Lage wurde von Monat zu Monat prekärer. Der Niedergang verlief ungewöhnlich schnell: bis 1990 spektakuläre Gewinne, 1991 ein empfindlicher Rückgang der Gewinne, erste Verluste 1992, 1993 dann ein Verlust von 7 Milliarden Francs, und Anfang 1995 wurde ein Gesamtverlust von 50 Milliarden Francs gemeldet. Nun war die Hilfe der Regierung gefordert, und zwar so schnell wie möglich.

Zuerst wurden die Immobilienanlagen in Angriff genommen. Sowohl im In- als auch im Ausland war die Crédit Lyonnais in der Immobilienbranche auf Schnäppchenjagd gewesen. Insgesamt war ein Portefeuille von 100 Milliarden Francs aufgebaut worden, davon 60 Milliarden in Frankreich. Die ausländischen Anlagen waren relativ sicher, doch die französische Immobilienbranche – unter anderem mit Bürogebäuden in Paris – hatte unter der Wirtschaftskrise Anfang der 1990er Jahre zu leiden gehabt. Dieses gesamte Immobilienpaket wurde von der Mutterfirma losgelöst und mit einer Staatsbürgschaft in einer gesonderten Gesellschaft, dem OIG (Office Immobilier de Gestion) untergebracht. Als zweite Hilfsmaßnahme erfolgte eine Kapitalerhöhung um circa 4 Milliarden Francs. Diese Maßnahmen wurden der Europäischen Kommission nicht mitgeteilt, obwohl Frankreich, da es schließlich um staatliche Beihilfen ging, dazu verpflichtet gewesen wäre. Diese ersten Rettungsmaßnahmen waren allerdings nur Peanuts im Vergleich zu denen, die später noch erfolgen sollten.

Am 14. März 1995 suchte mich der französische Finanzminister Edmond Alphandéry auf, begleitet vom Directeur du Trésor Christian Noyer, während in Straßburg gerade das Europaparlament tagte. Alphandéry informierte mich über einen neuen französischen Sanierungsplan für die Crédit Lyonnais, viel umfangreicher als der vorhergehende. Der neue Plan sah so aus, daß für 135 Milliarden Francs zweifelhafte Debitoren wie das Filmstudio MGM sowie industrielle Beteiligungen, Immobilien- und Bankbeteiligungen aus dem Patrimonium der Bank herausgenommen und in einer gesonderten Gesellschaft untergebracht werden sollten, dem CDR (Consortium de Réalisation). Die Crédit Lyonnais sollte das CDR über die Beteiligungsgesellschaft SPBI selbst finanzieren. Falls die Bank privatisiert würde, wie es die Absicht der Regierung Balladur zu sein schien, könnten die Anteile des französischen Staats in der Beteiligungsgesellschaft SPBI untergebracht werden – Anteile, die dann, wenn die Bank wieder gewinnbringend arbeite, Dividenden einbrächten, die zur Abtragung der Schulden beitragen könnten. Der Sanierungsplan ging von einer maximalen Dauer der gesamten Aktion von zwanzig Jahren aus. Er solle den Steuerzahler keinen Pfennig kosten, erklärte Alphandéry. Das Ganze klang übertrieben optimistisch, und wir hatten die feste Absicht, die Abwicklung genauestens im Auge zu behalten. Andererseits hatte ich damals den Eindruck gewonnen, die französische Regierung wolle den Stier bei den Hörnern packen und befände sich daher auf dem richtigen Weg. Eine naive Vorstellung!

Die Konkurrenten werden nervös

Am 18. März 1995 wurden die neuen Verlustzahlen bekanntgegeben. In Anwesenheit von Finanzminister Alphandéry verkündete Peyrelevade, daß sich für das Jahr 1994 noch einmal 12 Milliarden Francs Schulden zu der Last, die die Bank schon aus früheren Jahren zu tragen hatte, addierten. Dazu kam noch ein Loch von 50 Milliarden, das finanziert werden mußte.

Der Hilfsplan von Minister Alphandéry wurde den französischen Konkurrenten der Crédit Lyonnais allmählich zu üppig. Die Präsidenten zweier Banken, die zu den größten in Frankreich gehörten, sandten mir am 22. März ein gemeinschaftliches Memorandum, in dem sie ihre Besorgnis über die Wettbewerbsverzerrung äußerten, zu der die staatliche Unterstützung führen könne. Es hieß darin:»Die massive Zufuhr von frischem Kapital seitens des Staates an die Crédit Lyonnais bedeutet erstens, daß die Regeln des freien Wettbewerbs tiefgreifend gestört werden, und zweitens, daß der Steuerzahler in hohem Maße mit für die Sanierung der Bank aufkommen muß. Es erscheint uns ausgeschlossen, daß die Kommission davon überzeugt werden kann, der Plan der Regierung berücksichtige diese beiden Einwände genügend.« Dem fügten sie hinzu, daß der Umfang der Unterstützung für die Crédit Lyonnais nicht nur Wettbewerbsverzerrung zur Folge habe, sondern auch Auswirkungen auf die Arbeitsplätze in ihren Unternehmen. Unterzeichnet war das Schreiben von Michel Peberau für die Banque Nationale de Paris und von Marc Vinot für die Société Générale.

Vor diesem Hintergrund wurde eine gründliche Untersuchung auf der Basis der Regeln für staatliche Beihilfen unumgänglich. Angesichts der Tatsache, daß es hier um einen äußerst delikaten Fall in einer Branche ging, in der die Kommission bisher erst zögernd aufgetreten war, sorgten wir jedoch zunächst für einige Rückendeckung.

Mein damaliger Generaldirektor Klaus Ehlermann und ich beschlossen, drei ehemalige Präsidenten von Zentralbanken um Rat zu fragen, in welcher Weise die Regeln betreffend staatliche Beihilfen am besten auf konkrete Bankenfälle angewendet werden könnten.

Nach Meinung dieser Sachverständigen gab es keinen Grund, die Regeln für staatliche Beihilfen nicht in vollem Umfang anzuwenden, wenn dabei einige spezifische Aspekte des Finanzsektors berücksichtigt würden. Folglich wurde eine gründliche Untersuchung des französischen Förderplanes eingeleitet, was in Paris für große Irritation sorgte. Wie konnte es angehen, daß ein europäischer Wettbewerbskommissar seine Nase in die Angelegenheiten einer französischen Bank steckte, selbst wenn sie noch so große Dummheiten begangen halte? Dabei hatte ich bei der Ankündigung der Untersuchung besonders darauf geachtet, daß kein aggressiver Ton angeschlagen wurde.

Während der Untersuchung ließ die Mitarbeit der französischen Behörden einiges zu wünschen übrig, und Peyrelevade konnte nur mühsam verbergen, daß ihm die Einmischung Brüssels auf die Nerven ging.

Uns war klar, daß, trotz des Umfangs der staatlichen Beihilfen, ein Ansatz, der zum Konkurs der Bank führen konnte, keine gute Option war. Ein Konkurs würde schließlich nicht nur auf die Crédit Lyonnais beschränkt bleiben. Da es sich um eine Sanierungs- und Umstrukturierungsoperation handelte, konzentrierten wir uns auf die drei entscheidenden Fragen. Erstens: Gab es einen gültigen und glaubwürdigen Umstrukturierungsplan, durch den die Bank saniert werden konnte? Zweitens: Blieben die staatlichen Beihilfen auf das strikt Notwendige beschränkt? Und drittens: Welche Kompensationen konnten den Konkurrenten durch eine deutliche Verschlankung der Crédit Lyonnais angeboten werden? Es dauerte geraume Zeit, bis meinen Dienststellen ein Plan vorgelegt wurde, der vernünftige Anhaltspunkte bot. Man konnte deutlich spüren, daß zwischen dem Finanzministerium und der Bank ein heftiger Streit im Gange war. Brüssel gegenüber tat man in Paris so, als sei nun alles unter Kontrolle und als werde die staatliche Unterstützung einen Betrag von 45 Milliarden Francs keinesfalls überschreiten. Da wir befürchteten, daß die Crédit Lyonnais eventuell noch weitere Leichen im Keller hatte, nagelten wir Paris auf diesen Betrag fest. Falls sich herausstellen sollte, daß doch noch mehr Fördermittel nötig wären, könnte die Kommission den ganzen Fall wieder neu aufrollen, und damit besaßen wir eine solide Absicherung gegen mögliche Unterschlagungen seitens der französischen Regierung.

Den schwierigsten Punkt bildeten die Kompensationen. Abgesehen von der Beteiligung der Crédit Lyonnais an der Finanzierung des Kredits, der die ganze Operation ermöglichen würde, bestanden wir darauf, daß das Unternehmen vor Ende 1998 seine kommerziellen Bankgeschäfte im Ausland um circa 35 Prozent, herunterschraube, was in etwa einem Gegenwert von 310 Milliarden Francs entsprach. Wesentlich hierbei war, daß die hauptsächlichen Anstrengungen in Europa unternommen werden mußten: Die Crédit Lyonnais-Aktivitäten sollten, in Bilanzwert ausgedrückt, um 50 Prozent vermindert werden.

Das bedeutete, daß die Crédit Lyonnais in Europa praktisch alles verkaufen mußte außer ihrer deutschen Tochter, der Bank für Gemeinwirtschaft, der früheren deutschen Gewerkschaftsbank. Diese war ein Sorgenkind der Crédit Lyonnais, unter anderem, weil sie damals einen exorbitanten Preis für die BfG bezahlt hatte. Und es bedeutete natürlich auch, daß die Crédit Lyonnais äußerst rentable Posten wie die Crédit Lyonnais Belgien verkaufen mußte. Peyrelevade wehrte sich wie der Teufel im Weihwasserfaß und versuchte ständig, diese Maßnahmen zu behindern. Außerdem hatten wir es mit äußerst wankelmütigen französischen Behörden zu tun, die mehr als einmal bereits eingegangene Konzessionen widerriefen oder sie abzuschwächen versuchten. Einer dieser Punkte war beispielsweise die fünfzigprozentige Verminderung in Europa. Doch wir ließen uns nicht erweichen. Das einzige Zugeständnis, zu dem wir bereit waren, war, daß diese Zahl nicht als solche in den zu veröffentlichenden Beschluß aufgenommen wurde, wohl aber in einen vertraulichen formellen Briefwechsel zwischen dem zuständigen französischen Minister und der Kommission, vertreten durch mich.

Währenddessen nahmen die Wechsel in der französischen Politik ihren Lauf. Der äußerst gemäßigte und übrigens sehr charmante Edmond Alphandéry wurde von dem ausgesprochen liberalen Alain Madelin ersetzt. Madelin war kaum im Amt, als ich bereits einen Anruf erhielt, in dem er mich wissen ließ, daß er die Crédit-Lyonnais-Sache lieber anders angefaßt hätte. Er wäre noch strenger vorgegangen. Doch dafür sei es nun zu spät, also stimmte er der Übereinkunft zu, die ich mittlerweile mit seinem Vorgänger erzielt hatte, inklusive der 50 Prozent.

Entsprechend groß war meine Überraschung, als Madelin etwa zehn Tage später diese Vereinbarung über die 50 Prozent widerrief. Er wollte dies an keiner Stelle mehr präzisiert

sehen, auch nicht in einem informellen Briefwechsel. Ich dachte bei mir, daß Peyrelevade doch wohl erheblichen Einfluß auf
auffallend viele französische Politiker ausübte. Der Ton Madelins war schroff und überheblich. Ich schluckte kurz, reagierte
aber gelassen und antwortete, ohne eine formelle Vereinbarung hinsichtlich der 50 Prozent gäbe es keine Bewilligung
von seiten der Kommission. Ich erwarte daher in der Sache ein
eindeutiges Schreiben. Ein solches Schriftstück war jedoch
noch immer nicht eingetroffen, als die Sache bereits auf der
Tagesordnung der Kommission stand. Allerdings hatte mein
Mitarbeiter Marc Van Hoof inzwischen aus Paris die Kopie eines solchen Schreibens erhalten. Es war jedoch zu vage und
unverbindlich. Ich übermittelte Madelin die Botschaft, ich würde die Sache am folgenden Tag von der Tagesordnung der
Kommission streichen lassen, sollte ich vor Beginn der Sitzung
kein vollständig zufriedenstellendes Schreiben empfangen
haben.

Am nächsten Morgen erhielt ich einen Anruf von Madelin. Er
war unverschämt und fing an zu toben. Ich sagte ihm, ich könne ebenso laut werden wie er und setzte meine Worte in die
Tat um. Nach diesem Intermezzo stellte ich eine Art Ultimatum: Entweder ich erhalte nun sofort per Fax ein von ihm
unterzeichnetes Schreiben, das vollständig unseren Forderungen entspreche, oder die Sache werde unverzüglich ausgesetzt, und ich würde auch bekanntmachen, warum. Daraufhin
legte ich auf. Eine Stunde später, mitten in unserer Kommissionssitzung vom 26. Juli 1995, wurde in der Tat ein Schriftstück
hereingereicht. Der Inhalt war in Ordnung, aber die Unterschrift fehlte. Über Marc Van Hoof informierte ich Paris, daß
ich keine Lust hätte, mir weiterhin auf der Nase herumtanzen
zu lassen. Inzwischen hatten wir in der Kommission bereits mit
der Besprechung begonnen. Ich wies meine Kollegen darauf
hin, daß wir nicht in der Lage seien, einen Beschluß zu fassen,

es sei denn, Minister Madelin unterzeichne doch noch. Es war eine ärgerliche Situation und ein Beispiel dafür, wie die Dinge nicht vonstatten gehen sollten. Meine Kollegen mußten an Ort und Stelle ein Schreiben beurteilen, von dem wir nicht einmal wußten, ob der Minister damit einverstanden war oder nicht. Gegen Mittag erreichte uns dann doch noch die unterzeichnete Version. Der Vorfall hinterließ nicht nur bei mir, sondern auch bei zahlreichen Kollegen einen üblen Nachgeschmack.

In Frankreich selbst war der Fall Crédit Lyonnais mit der Zeit immer stärker ins Fahrwasser der Politik geraten. Nicht zuletzt deswegen, weil im Frühjahr 1995 die Kampagne für die Präsidentschaftswahlen in vollem Gange war. Der Premierminister und Präsidentschaftskandidat Eduard Balladur äußerte bei seinen Kundgebungen, daß die Verantwortlichen für die gigantischen Verluste bei der Crédit Lyonnais bestraft werden müßten. Außerdem waren verschiedene gerichtliche Untersuchungen bei der Bank im Zusammenhang mit vermuteten Veruntreuungen eingeleitet worden, die den Schuldenberg noch zusätzlich erhöht haben sollten.

Einige Monate später, im Frühjahr 1996, wurden die Berichte, die uns vom Boulevard des Italiens in Paris erreichten, immer beunruhigender. Der Sumpf schien noch viel tiefer zu sein als ursprünglich angenommen.

In Frankreich plante man erneut staatliche Unterstützungen für die Crédit Lyonnais. Um Druck zu machen, drohte Peyrelevade sogar mit Rücktritt, und der neue Finanzminister Arthuis kündigte im Sommer 1996 an - vielleicht, um die Öffentlichkeit psychologisch auf die neue Finanzspritze aus Steuermitteln vorzubereiten -, daß die Regierung eine Untersuchung hinsichtlich der Rolle der Verantwortlichen für die Milliardenverluste fordere. Ende September 1996 informierte die französische Regierung die Kommission darüber, daß die Crédit Lyonnais neuerliche Beihilfen in Höhe von fast 4 Milliarden Francs benötige. Der hauptsächliche Grund für die akute Geldnot war ein Kredit, der im Rahmen des Sanierungsplans der Gesellschaft gewährt worden war, die die zweifelhaften Beteiligungen der Bank verwaltete. Der günstige Kredit bedeutete eine schwere Last für die Bank und brachte sie in akute Geldnot. Um die Bewilligung der staatlichen Beihilfen zu erhalten, sandte mir einigermaßen unerwartet Jean-Claude Trichet, der Präsident der Banque de France, ein Schreiben, in dem er mich auf den äußerst dringenden Charakter der Beihilfen hinwies. Wenn die Beihilfen nicht bewilligt würden, so schrieb Trichet, sei die Bank in Gefahr. Sie sei dann gezwungen, Verlustzahlen bekanntzugeben, die deutlich höher lägen als das aktuelle Defizit, und eine solche Ankündigung hätte zur Folge, daß die Finanzmärkte zögerten, der Crédit Lyonnais Kredite zu gewähren. Die Bank habe es schon jetzt schwer, mittelfristig und langfristig finanzielle Mittel auf dem Geldmarkt zu beschaffen. Sie sei genötigt, immer mehr kurzfristige (und damit teurere) Kredite aufzunehmen. Es sei außerdem zu befürchten, daß das Ansehen der Bank bei den Bonitätsprüfungsorganisationen noch weiter sinke, was es der Bank wiederum noch schwerer machen würde, finanzielle Mittel anzuziehen. Trichet schrieb, es erscheine ihm unbedingt nötig, daß der Staat als Anteilseigner der Crédit Lyonnais die nötige Unterstützung gewähre, um eine solche Notsituation zu vermeiden.

Dieser Brief gab uns zu denken. War die Situation wirklich so dramatisch, oder war Trichet eingeschaltet worden, um uns unter Druck zu setzen?

Am 25. September 1996 bewilligte die Kommission notgedrungen staatliche Mittel in Höhe von 4 Milliarden Francs für die Crédit Lyonnais.

Peyrelevade stellt sich quer

Im Januar 1997 stattete mir Jean Peyrelevade einen Besuch ab. Ich war äußerst unzufrieden über den Verlauf der Dinge, und da allmählich deutlich wurde, daß die staatlichen Beihilfen die angekündigten 45 Milliarden Francs bei weitem übersteigen würden, war ich fest entschlossen, die ganze Angelegenheit von Grund auf neu aufzurollen. Bei Peyrelevades Besuch handelte es sich um reinen Lobbyismus, denn er war gekommen, um die Kommission zu überreden, nochmals eine zusätzliche Kapitalspritze zu genehmigen. Er suchte nicht nur mich, sondern auch zahlreiche Kollegen auf und suggerierte ihnen, daß die Bedingungen, die 1995 vereinbart worden waren, eine Sanierung der Bank verhinderten. Der Crédit-Lyonnais-Chef versuchte uns durch die Blume klarzumachen, wenn wir noch ein zusätzliches Förderpaket bewilligten, wäre die Sache vom Tisch, und das sei doch das beste für alle Beteiligten.

Mittlerweile hatte sich jedoch eindeutig erwiesen, daß die 1995 festgelegten Bedingungen nicht erfüllt worden waren. Schlimmer noch: Peyrelevade hatte sie sabotiert. Auf Ministerebene war man zu schwach und wollte oder durfte nicht eingreifen. Peyrelevade spielte sein eigenes Spiel und ignorierte dabei die Bedingungen der Kommission völlig. Meinen Unmut darüber äußerte ich mehrmals gegenüber Jean Arthuis, und er versicherte mir wiederholt, er wolle Peyrelevade gerne loswerden. Doch jedesmal rief er mich einige Tage später an, um mir mitzuteilen, der rechte Augenblick sei noch nicht gekommen. Es war ein endloses Zaudern. Ich nehme an, daß Arthuis Peyrelevade wirklich gerne entlassen hätte, denn Peyrelevade hielt ihn zum Narren. Aber offenbar besaß Arthuis nicht die Macht, diesen Wunsch in die Tat umzusetzen.

Im Frühjahr 1997 fanden erneut Wahlen in Frankreich statt, die einen Wechsel zur Folge hatten. Wieder kam es zu einer *cohabitation*, in diesem Fall mußte ein rechter Präsident mit einer linken Regierung zusammenarbeiten. Lionel Jospin wurde Premierminister und Dominique Strauss-Kahn Wirtschafts- und Finanzminister. Er sollte also die Crédit-Lyonnais-Sache fortan bearbeiten, auch was die Kontakte mit Brüssel betraf. Strauss-Kahn war damit der vierte Finanzminister, mit dem ich es in dieser Angelegenheit zu tun hatte. Bald nach seinem Antritt suchte er mich in Brüssel auf. Sein Vorgänger Arthuis hatte ständig versprochen, einen neuen Umstrukturierungsplan vorzulegen, doch dazu war es nie gekommen.

Bei unserem ersten Treffen bat mich Strauss-Kahn, unter vier Augen mit mir reden zu können. Normalerweise tat ich das nicht und bestand darauf, daß bei derartigen Besprechungen mit Ministern immer Mitarbeiter anwesend waren. Doch Strauss-Kahn kannte ich gut, und ich wußte, daß ich ihm vertrauen konnte. Rasch kam er zur Sache. Er erklärte, die französische Regierung habe die Kommission nicht immer so behandelt, wie es sich gehöre, und überdies verstehe er meine Einstellung gegenüber Peyrelevade. Er an meiner Stelle würde die Art und Weise seines Vorgehens auch nicht hinnehmen, und er fügte hinzu, er lasse sich ebenfalls nicht gern auf der Nase herumtanzen.

Strauss-Kahn bat mich ferner, ich solle ihm noch ein wenig Zeit für die Ausarbeitung eines neuen Umstrukturierungsplans gewähren. Ich erwiderte, die Zeit dränge aber langsam, und es sei auf jeden Fall wichtig, einen Umstrukturierungsplan vorzulegen, der umfassend genug sei. Es wäre eine vernünftige Lösung, fügte ich hinzu, wenn die Crédit Lyonnais privatisiert würde. Strauss-Kahn sagte, das meine er persönlich ebenfalls, aber ich wisse doch, wie schwierig das in Frankreich im allgemeinen und in der Partei im besonderen durchzusetzen sei. Er finde auch, man müsse in diese Richtung denken, und ich solle ihm etwas Zeit geben, um entsprechend vorzufühlen. Wir verabredeten, in engem Kontakt miteinander zu bleiben, und er versprach, den Umstrukturierungsplan rasch in Angriff zu nehmen.

Nachdem die Sozialisten in Frankreich wieder an der Regierung waren, rückte die Privatisierungsidee wieder ein wenig in den Hintergrund. Privatisierungen waren bei der sozialistischen Basis noch immer ein heikles Thema.

Strauss-Kahn hatte jedoch die Absicht, mit offenen Karten zu spielen. Nur wenige Wochen nach seinem Antritt im Juni 1997 machte er neue Verluste bei der CDR bekannt, dem Konsortium, das die zweifelhaften Aktiva der Bank verwaltete. Diese Verluste beliefen sich auf 100 Milliarden Francs, nicht, wie vorher geschätzt, auf 60 Milliarden.

Mitten in der Ferienzeit legte die französische Regierung uns einen neuen Sanierungsplan vor. Leider war er weit entfernt davon, umfassend zu sein. Er lief im Grunde darauf hinaus, daß die Bande zwischen der Bank Crédit Lyonnais, der »guten Bank«, und dem Konsortium, das die »schlechten« Aktiva verwaltete, durchtrennt werden sollten. Im ursprünglichen Sanierungsplan war vorgesehen, daß die Bank diese Gesellschaft zu einem vorteilhaften Zinssatz subventionierte. Durch die Entwicklung auf den Finanzmärkten war dies allerdings zu einer teuren Angelegenheit geworden. Doch die Tatsache, daß nun sowohl weitere Mittel als auch eine Befreiung von den früheren Bedingungen gefordert wurden, war des Guten zuviel. Ganz zu schweigen von der Widerwilligkeit Peyrelevades.

Währenddessen mußten wir ständig weiter Druck machen, damit die Sache nicht wieder auf die lange Bank geschoben wurde. Genau das drohte nämlich zu geschehen. Im November äußerte ich daher im Laufe eines Interviews mit dem französischen Sender TF1 die Befürchtung, die Gesamtrechnung der Crédit Lyonnais könne sich für den Steuerzahler gut und gerne auf einen Betrag von bis zu 150 Milliarden Francs addieren. Eine regelrechte Katastrophe, sagte ich vor laufenden Kameras.

Peyrelevade entgegnete, die Opfer, die die EU-Kommission verlange, brächten das Überleben der Bank in Gefahr. Genau um diese geforderten Opfer drehte sich nun die gesamte Diskussion. Wir verlangten, daß der immer weiter steigenden staatlichen Beihilfe eine entsprechende Verringerung des Geschäftsvolumens gegenüberstehe, natürlich ohne dabei das Überleben der Bank in Gefahr zu bringen. Die staatliche Förderung einer Bank bedeutet nun einmal Nachteile für die Konkurrenten dieser Bank, und um diese einigermaßen wiedergutzumachen, muß die Bank, die die Förderung erhält, Gegenleistungen erbringen. In unseren Augen bestand die beste Gegenleistung in der Schließung von Bankfilialen, und zwar sowohl in Frankreich selbst als auch im übrigen Europa. Die Schließungen waren bereits im ersten Sanierungsplan vorgesehen, aber daraus war nicht viel geworden. Die Diskussionen in den kommenden Monaten sollten sich genau um diesen Punkt drehen, und da von Gegenleistungen im neuen Plan keine Rede war, schickten wir ihn wieder zurück an den Absender.

Spezielle Abmagerungskur für die Crédit Lyonnais

Über die Gegenleistungen, die die Bank erbringen sollte, besaßen wir festumrissene Vorstellungen. Sämtliche Aktivitäten der Crédit Lyonnais in Europa – Frankreich ausgenommen –, deren Wert wir auf 620 Milliarden Francs geschätzt hatten (auf der Basis der Bilanz vom 31. Dezember 1994, dem Referenzdatum), müßten abgestoßen werden, das heißt verkauft oder geschlossen.

Es war das Doppelte dessen, wovon im Sanierungsplan von 1995 die Rede gewesen war. Darin wurde von einer Abstoßung von 50 Prozent der europäischen Aktiva der Crédit Lyonnais ausgegangen. Auf diese Weise wäre die Gesamtbilanz der Bank um ein Drittel vermindert worden. In den Schlußverhandlungen mit der Bank und der französischen Regierung änderten wir unsere Forderung etwas ab. Die Crédit Lyonnais durfte ihre Geschäftsbanken in den Finanzzentren London und Frankfurt behalten, ebenso wie Vermögensverwaltungen in der Schweiz und in Luxemburg. Im Gegenzug verpflichteten sich die Franzosen, in Frankreich und in anderen Teilen der Welt einen Teil ihrer Filialen und Aktivitäten abzustoßen. Nach Abschluß der Operationen sollte die Crédit Lyonnais nicht mehr den ersten Platz auf der Rangliste europäischer Banken einnehmen, sondern irgendwo zwischen dem fünfzehnten und dem zwanzigsten Platz landen. Dies vermittelt einen Eindruck von der Schwere des Eingriffs.

Darüber hinaus verlangten wir eine Reduzierung der Filialen in Frankreich selbst, um einen Teil des Marktes für die Konkurrenz zu öffnen. Diese war schließlich durch die Folge von Förderpaketen, die die Crédit Lyonnais vom Staat erhalten hatte, stark benachteiligt worden.

Doch so weit waren wir noch nicht. Die Scharmützel zwischen Brüssel und Paris setzten sich im Frühjahr 1998 fort. Ich hielt meine Kollegen in der Kommission ständig auf dem laufenden. So hatten wir es von Anfang an in der Crédit-Lyonnais-Sache gehalten, ebenso wie im Boeing-Fall. Im März kamen wir zu dem Schluß, daß die Angelegenheit nun forciert werden müsse. Ich erhielt von meinen Kollegen grünes Licht, der französischen Regierung eine Art Ultimatum zu stellen, in dem wir die Bedingungen auflisten wollten, die für eine Bewilligung des Förderpakets erfüllt werden mußten.

Wir gaben der französischen Regierung einige Wochen Zeit, um auf das Schreiben zu reagieren. Es war in recht deutlichen Worten abgefaßt, unter anderem in der Absicht, Strauss-Kahn unter Druck zu setzen, so daß er gegenüber den führenden Managern der Crédit Lyonnais sowie den übrigen Regierungskollegen beweisen konnte, daß es uns wirklich ernst war. Nach etwa einem Monat erhielt ich eine Antwort von der französischen Regierung, die völlig unbefriedigend war. Die Aprilsitzung des Europaparlaments war gerade im Gange, und wie üblich war die Kommission zur selben Zeit für ihre wöchentliche Sitzung nach Straßburg gekommen. Das Schreiben der französischen Regierung erreichte mich kurz vor Beginn unserer Zusammenkunft. Ich ging das Schriftstück noch schnell zusammen mit meinen Mitarbeitern durch, und uns wurde rasch klar, daß die vorgeschlagenen Gegenleistungen durch Schließung beziehungsweise Abstoßung von Filialen und Aktivitäten absolut ungenügend waren. Die Führungsspitze der Bank, insbesondere Jean Peyrelevade, weigerte sich, unserer Forderung nachzukommen und die im Sanierungsplan von 1995 zugesagte Abstoßung von Bankfilialen zu verdoppeln.

Unverzüglich informierte ich meine Kollegen über dieses Schreiben. Zu meiner Überraschung verfügte Edith Cresson bereits über eine Kopie. Während der Kommissionssitzung begann sie, Abschnitte daraus vorzulesen. Sie tat es allerdings auf so unbeholfene Weise, daß sie mit ihrer Aktenkenntnis niemanden wirklich beeindrucken konnte. Sie versuchte den Anschein zu erwecken, ich verhielte mich unangemessen streng, doch es kostete mich wenig Mühe, die übrigen Mitglieder der Kommission auf meine Seite zu bringen.

Ein diskretes Treffen im Mai

Es sah also ganz danach aus, als steuerten wir auf eine Konfrontation zu. Von französischer Seite kamen keinerlei Reaktionen mehr, und daher ließ ich von meiner Behörde den Entwurf eines Ablehnungsentscheids vorbereiten. Wenn es von seiten der Regierung nicht bald ein Entgegenkommen gegenüber den angemessenen Forderungen gebe, die wir aufgestellt hatten, würde ich der Kommission vorschlagen, der Hilfsaktion nicht zuzustimmen. Ich war mir sicher, daß ich dafür im Kollegium eine ausreichende Mehrheit finden würde. Die französische Regierung sowie Monsieur Peyrelevade hatten uns nun lange genug hingehalten. Um Paris noch eine etwas deutlichere Warnung zukommen zu lassen, hatte ich eine Gruppe von Journalisten zu mir bestellt, um ihnen das entsprechende Szenario zu schildern. Der Effekt ließ nicht lange auf sich warten.

Nachdem die französische Presse am nächsten Tag meine Äußerungen veröffentlicht hatte und die französischen Finanzkreise gehörig nervös wurden, rief Strauss-Kahn mich an. Er war der Meinung, ich spiele mit dem Feuer. Ich erwiderte, falls die französische Regierung nicht auf unsere Forderungen einginge, bliebe mir nichts anderes übrig, als den vorgelegten Plan abzulehnen. Im übrigen habe es keinen Sinn, die anderen Kommissionsmitglieder gegen mich aufzuhetzen. Die Haltung Peyrelevades habe dafür gesorgt, daß sie nun praktisch alle auf meiner Seite stünden.

Daraufhin schlug er mir vor, möglichst kurzfristig ein Treffen zu vereinbaren und zu verhandeln, bis wir zu einer gemeinsamen Lösung kämen. Damit erklärte ich mich gerne einverstanden, doch andererseits gab ich deutlich zu verstehen, daß ein Kuhhandel für mich nicht in Frage kam: Die Bedingungen mußten erfüllt werden. Das war Ende April 1998.

Nun fand ausgerechnet Anfang Mai 1998 in Brüssel der Europäische Sondergipfel statt. Auf der Tagesordnung standen der Beschluß darüber, welche Länder die Aufnahmebedingungen für die Europäische Währungsunion erfüllten, und die Ernennung Wim Duisenbergs zum Präsidenten der Europäischen Zentralbank (was sich als gar nicht so einfach herausstellen sollte). Der ganze Rummel um den Gipfel bot uns eine gute Gelegenheit, in aller Ruhe und ohne Einmischung von außen den gordischen Knoten der Crédit-Lyonnais-Affäre zu durchhauen. Ich schlug vor, die Besprechungen im Sitz der ständigen Vertretung Frankreichs bei der Europäischen Union zu führen, anstatt im Hauptquartier der Europäischen Kommission, wo sie zu große Aufmerksamkeit auf sich gezogen hätten.

Ich hatte Strauss-Kahn inzwischen mitgeteilt, daß ich zwar mit ihm, aber nicht mit Peyrelevade verhandeln wollte.

Eine weitere Person, in die ich vollstes Vertrauen setzte, war Pascal Lamy, der frühere Kabinettschef von Jacques Delors, der inzwischen ebenfalls der Führungsspitze der Crédit Lyonnais angehörte.

Lamy ist ein äußerst intelligenter und effizienter Mann und war daher kein einfacher Verhandlungspartner. Doch auf sein Wort kann man absolut vertrauen, und wenn er einmal eine Verpflichtung eingegangen ist, wird er sie jederzeit einhalten. Er trug mit dazu bei, für die absolut notwendige Vertrauensbasis zu sorgen. Auf meine Bitte hin wurde er in die Schlußverhandlungen mit einbezogen. Ein weiterer Vorteil der Beteiligung Lamys lag zudem darin, daß er mit der Arbeitsweise der Kommission durch und durch vertraut war, was die Besprechungen vereinfachte.

Die lang ersehnte Lösung

Und so begannen wir mit unseren Gesprächen, die sich über ein ganzes Wochenende hinziehen sollten. Um die Erfolgsaussichten zu verbessern, hatten wir verabredet, daß die eigentlichen Verhandlungen unter vier Augen zwischen mir und Strauss-Kahn stattfinden sollten. Natürlich befanden sich unsere jeweiligen Mitarbeiter in der Nähe, damit wir eventuell gemeinsam mit ihnen beratschlagen konnten. Neben Pascal Lamy hielt sich auch Peyrelevade im Gebäude auf. Dadurch wollte Strauss-Kahn den Crédit-Lyonnais-Chef zwingen, das Ergebnis der Gespräche dann auch wirklich in die Tat umzusetzen. Andererseits bedeutete dies aber auch, daß Peyrelevade die Gespräche genau verfolgen und sich gegebenenfalls querstellen konnte.

Ich persönlich konnte jederzeit auf mein Team unter der Leitung von Alex Schaub zurückgreifen, das außer ihm aus Asger Petersen, Claude Chêne, Marc Van Hoof, Ronald Feltkamp und einem hilfreichen französischen Mitarbeiter des Generaldirektorats Wettbewerb, de la Rochefordière, bestand.

Die wichtigsten Streitpunkte betrafen unsere Forderung, daß nicht nur die bereits 1995 vereinbarte Verringerung des Geschäftsvolumens in Höhe von 310 Milliarden – die Peyrelevade nur sehr eingeschränkt durchgeführt hatte – realisiert, sondern daß diese Summe auf circa 620 Milliarden Francs verdoppelt werden müsse. Mit diesem Punkt war noch ein anderer, äußerst heikler Aspekt verknüpft. Wir verlangten hauptsächlich, daß die Crédit Lyonnais all ihre Geschäftsbereiche in Europa – natürlich außerhalb Frankreichs – abstoßen sollte. Peyrelevade jedoch weigerte sich unter anderem, die Crédit Lyonnais Belgien, die als ergiebige Melkkuh betrachtet wurde, aufzugeben. Außerdem forderte die Crédit Lyonnais, auch anderswo in Europa bestimmte Geschäftsbereiche beibehalten zu können.

Doch so konnten wir die 620 Milliarden schwerlich erreichen. Zudem bestand noch das Problem der Verringerung des Volumens in Frankreich selbst, und schließlich gab es auch noch die Frage der Privatisierung.

Die Verhandlungen verliefen äußerst schleppend. Wir spürten, daß sie an anderer Stelle auf vielfältige Weise hintertrieben wurden. Ich war nicht bereit, mich aufreiben zu lassen, und verkündete daher im Verlauf des Samstagnachmittags Dominique Strauss-Kahn, ich würde jetzt gehen. Da ich in der Nähe von Brüssel wohne, sei ich innerhalb einer halben Stunde wieder zurück, falls es Raum gebe, sinnvoll fortzufahren. Ich vermute, daß diese »Dramatisierung« Strauss-Kahn nicht ungelegen kam. Im übrigen mußte er sich sowieso hin und wieder beim Europäischen Rat blicken lassen, der gerade tagte.

Währenddessen versuchten unsere Mitarbeiter weiter, das Terrain zu bereiten. Mein Team war von Pascal Lamy beeindruckt, der seine neu erworbenen Kenntnisse des Bankgewerbes auf hervorragende Weise zu demonstrieren verstand. Am Sonntagnachmittag konnten Strauss-Kahn und ich weiter verhandeln. In der Frage der Privatisierung waren wir uns darüber einig, daß der französische Staat seinen Anteil bis auf ein Maximum von 10 Prozent abbauen sollte und daß die Privatisierungsoperation auf eine offene und nicht-diskriminierende Weise vonstatten gehen mußte, was bedeutete, daß auch nicht-französische Banken in die Lage versetzt werden mußten, sich daran zu beteiligen. Außerdem wünschte ich, daß dies noch während meiner Amtsperiode, also bis Ende 1999, geschehe. Ich erklärte Strauss-Kahn, ich wolle nicht, daß noch unsere Nachfolger sich mit der Sache beschäftigen müßten. Ich hätte außerdem mehr Vertrauen in unsere Absprachen, wenn er sie persönlich ausführe und Pascal Lamy garantiere, daß die Bank mitziehe. Sonst werde doch nur wieder alles halbherzig erledigt. Auch über die Anzahl der zusätzlichen Crédit-Lyonnais-Filialen, die in Frankreich geschlossen werden sollten – 20 Prozent bezogen auf den Stand von 1996 –, konnten wir uns einigen. Der größte Stolperstein blieb die erhebliche Verschlankung außerhalb Frankreichs. Wir traten auf der Stelle. Immer, wenn Strauss-Kahn einen Lösungsvorschlag machte, um weiterzukommen, schoß Peyrelevade quer.

Irgendwann wurde Peyrelevades Wadenbeißerei auch Strauss-Kahn zuviel. »Wenn du seinen Kopf willst, brauchst du es nur zu sagen«, meinte er. »Und wenn du im Gegenzug dafür auch noch eine Konzession machen willst, tust du mir gleich einen doppelten Gefallen.« – »Dominique«, erwiderte ich, »Peyrelevade ist dein Problem, nicht meines. Ich möchte nicht morgen in den Zeitungen lesen müssen, ich hätte ihn liquidiert.« Schließlich erzielten wir doch noch einen Durchbruch. Im Gegenzug für eine beschränkte weitere Anwesenheit in Europa in Form von *private banking* in Frankfurt, London, Luxemburg und in der Schweiz mußten in anderen Teilen der Welt, unter anderem in den Vereinigten Staaten, Geschäftsbereiche abgestoßen werden. Ich erreichte das formelle Zugeständnis, daß die Crédit Lyonnais Belgien noch vor Ende 1998 verkauft werde. Am Sonntagabend waren unsere Gespräche so gut wie abgeschlossen.

Nach der Übereinkunft über die Verschlankung konnte auch die Privatisierung in Angriff genommen werden, und auch hierüber erzielten wir schließlich eine Einigung. Es sollte ein harter Kern von Anteilseignern gebildet werden, bei dem die französischen Interessen, sowohl die öffentlichen als auch die privaten, eine wichtige Rolle spielten. Die dominante Position des französischen Staates sollte hingegen abgebaut werden. Die Bank Crédit Agricole sollte 10 Prozent der Anteile erhalten und der französische Staat nur noch 10 Prozent besitzen dürfen. Fünfzig Prozent der Anteile sollten öffentlich verkauft werden. Diese Privatisierungsaktion sollte ein Jahr später abgeschlossen sein. Am 8. Juli 1999 wurden die Crédit-Lyonnais-Aktien an der Börse notiert und fanden bei einer breiten Öffentlichkeit reißenden Absatz.

Strauss-Kahn und Pascal Lamy hielten ihr Wort. Für die französischen Verhältnisse und Umstände jener Zeit verlief die weitere Abwicklung zufriedenstellend. Ich bezweifle sehr, ob wir ohne Strauss-Kahn und Lamy jemals in gegenseitigem Einvernehmen auseinandergegangen wären. Beide dominierten vollkommen diesen äußerst komplizierten und heiklen Fall, und sie waren absolut verläßliche Gesprächspartner.

Strauss-Kahn war einer der besten Minister, mit denen ich je zu tun hatte, sowohl inhaltlich als auch menschlich gesehen. Und ich habe Hunderte kennengelernt. Er ist ein überzeugender Vertreter der europäischen Integration mit einem weltweit guten Ruf, auch in der angelsächsischen Welt. Es ist schade, daß er in eine Affäre verwickelt wurde, die ihn zum Rücktritt zwang. Hoffentlich dauert es nicht zu lange, bis er wieder Kompetenzen erhält, die seinen Talenten und seiner Persönlichkeit angemessen sind.

Die Westdeutsche Landesbank in Nöten

Im Gegensatz zur Crédit Lyonnais handelt es sich bei der Westdeutschen Landesbank Girozentrale, kurz WestLB genannt, nicht um eine Bank, die sich in Abenteuer gestürzt hatte oder sich am Rande des Konkurses befand. Wie einst die Crédit Lyonnais ist die WestLB eine Bank des öffentlichen Sektors, doch hier hören die Ähnlichkeiten auch schon auf. Die WestLB mit Sitz in Düsseldorf gehört zur großen Gruppe deutscher öffentlicher Kreditanstalten – Banken und Sparkassen – die fest in die verschiedenen deutschen Bundesländer eingebettet sind.

Nun wurde 1993 eine neue europäische Richtlinie erlassen, die die Banken dazu verpflichtete, einen Solvabilitätskoeffizienten – das heißt ein Minimum an Eigenkapital – von 8 Prozent gegenüber den ausstehenden Krediten zu wahren. Die WestLB stand in jener Zeit nicht besonders gut da; ihr Solvabilitätskoeffizient betrug lediglich 5,6 Prozent. Um der Bank zu einer

ausreichenden Eigenkapitalausstattung zu verhelfen und damit den europäischen Regeln genüge zu tun, beschloß die
Landesregierung von Nordrhein-Westfalen, das Immobilien-
vermögen ihrer öffentlichen Wohnungsbaugesellschaft, der
Wohnungsbauförderungsanstalt oder WfA, an die WestLB zu
übertragen. Das Vermögen der WfA belief sich auf 5,9 Milliarden Deutsche Mark, wovon 4 Milliarden als frisches Kapital
zur Aufstockung des Eigenvermögens der WestLB betrachtet
werden konnten. Es handelte sich also um eine gigantische
Finanzspritze, durch die der Solvabilitätskoeffizient der West-
LB um glatte 80 Prozent anstieg!

Als Gegenleistung für diese Kapitalinjektion verlangte das
Land Nordrhein-Westfalen lediglich ein Entgelt von 0,6 Prozent auf ein Kapital von 2,5 Milliarden. Der Vereinigung der
deutschen Privatbanken, dem Bundesverband Deutscher Banken, war dies ein wenig zu üppig. Seiner Meinung nach lag dieser Prozentsatz deutlich unter dem, den Privatbanken für die
Beschaffung neuen Kapitals bezahlen müssen. Die öffentliche
Hand darf ihre eigenen Kreditinstitute aber nicht gegenüber
Privatbanken bevorzugen. Sie muß sich wie ein privater Investor verhalten, und das bedeutet, daß sie bei der Vergabe von
finanziellen Mitteln den Marktzins berechnen muß. Anderenfalls handelt es sich um eine Verletzung der europäischen Regeln für Wettbewerbspolitik und staatliche Unterstützungen.
Ende 1993 reichte der Bundesverband Deutscher Banken bei
der Europäischen Kommission Beschwerde ein.

Dieser Fall war politisch äußerst heikel. Es handelte sich
nicht um eine isolierte Angelegenheit, sondern um eine Sache,
die weitreichende Folgen haben konnte. Schließlich hatten
mehrere andere Landesbanken ebenfalls ähnliche Operationen wie die WestLB durchgeführt. Die Landesbanken wiederum waren eng verbunden mit den über 600 örtlichen Sparkassen. Und schließlich bestand auch noch das große Problem,

daß dieses gesamte System der öffentlichen Kreditanstalten eine absolute staatliche Sicherheit in der Form der sogenannten Anstaltlast und der Gewährsträgerhaftung genießt. Insofern verfügen die Landesbanken über eine privilegierte internationale Qualifikation oder *rating*. Nicht nur im Hinblick auf die Privatbanken, sondern auch im Vergleich zu den meisten anderen öffentlichen Banken in der Europäischen Union besitzen die Landesbanken daher einen durch den deutschen Staat geschaffenen Wettbewerbsvorteil. In Deutschland selbst haben die öffentlichen Kreditinstitute, deren größtes die WestLB ist, einen Marktanteil von 35-40 Prozent. Und traditionell besteht zwischen den öffentlichen Kreditinstituten und der deutschen Politik, durch alle Parteien hindurch und auf allen Ebenen, eine sehr enge Verknüpfung. Bestimmte Dinge sind da oft nur schwer gegeneinander abzugrenzen.

Uns war jedenfalls klar, daß die Beschwerde der deutschen Privatbanken ernst genommen werden mußte. Doch wie sollten wir damit umgehen?

Wir beschlossen, eine zweigleisige Taktik anzuwenden. Einerseits wollten wir die streitenden Parteien ermutigen, selbst eine für die Kommission akzeptable Lösung zu erarbeiten, und andererseits wollten wir die Möglichkeit eines formellen Prüfverfahrens als Damoklesschwert über dem deutschen Staat schweben lassen. Im Grunde ging es uns in diesem Fall um die freiwillige Anwendung des vieldiskutierten Subsidiaritätsprinzips.

In einer ersten Phase erhielt ich mehrmals Besuch von Delegationen beider Parteien; die eine wurde vom WestLB-Chef Friedel Neuber, die andere von Martin Kohlhaussen, dem ehemaligen Vorsitzenden des Bundesverbands Deutscher Banken, geleitet. Faktisch fungierte ich als eine Art Klagemauer, und mir war auch klar, daß beide Seiten im Grunde gar nicht miteinander reden wollten. Sie verhielten sich zudem auffallend aggressiv. Selten habe ich Parteien in dieser Weise aufeinander losgehen sehen. Neuber schoß dabei meistens den Vogel ab.

Die deutsche Politik mischte sich begreiflicherweise immer stärker in die Sache ein. Ich erhielt nicht nur einige Male Besuch aus Nordrhein-Westfalen – von Johannes Rau, Wolfgang Clement und Heinz Schleußer –, sondern auch aus anderen Bundesländern und natürlich aus Bonn. Es entstand die einigermaßen pikante Situation, daß der Liberale Günther Rexrodt zum Sozialisten Van Miert kam, um die privilegierte Situation der öffentlichen Banken zu verteidigen, wenn auch nicht mit allzu großer Überzeugung. Im Bundeskanzleramt verfolgte man die Sache mit Argusaugen. Während des Besuchs, den ich im Frühjahr 1996 Kanzler Kohl abstattete, legte er mir ans Herz, entgegenkommend zu sein und das öffentliche System nicht anzugreifen.

Meine Antwort lautete stets, es gebe mit der WestLB und den anderen Banken ein wirkliches Problem, das gelöst werden müsse. Die Deutschen sollten versuchen, dies selbst zu erledigen, sonst müßten wir unsere Kompetenzen ausüben und eine gründliche Untersuchung einleiten.

Allerdings fügte ich stets auch hinzu, daß wir die Sparkassen außer acht lassen würden, so lange ihre Aktivitäten hauptsächlich lokaler Natur und daher nicht grenzüberschreitend seien. Diese Präzisierung war äußerst wichtig, da Neuber und sein Umfeld nicht nachließen, auch die vielen hundert Sparkassen mit all ihren Mandataren gegen Brüssel aufzuhetzen. Besonders eifrig wurde dies von Horst Köhler betrieben, dem ehemaligen Finanzstaatssekretär und seit kurzem obersten Chef des Internationalen Währungsfonds (IWF). Köhler bediente sich dabei nicht gerade einer subtilen Ausdrucksweise. Wenn man in Brüssel nicht mehr Verständnis für die deutschen öffentlichen Finanzinstitute an den Tag lege, würden sich diese gegen die Europäische Währungsunion und die Einführung des Euro stellen. Santer wurde schwer unter Druck gesetzt. In Bonn forderte man nun eine verbindliche Zusage von der Kommission, daß sie jetzt und für alle Zeiten die Hände vom deutschen öffentlichen Bankensystem lassen würde.

Natürlich konnten weder Santer noch ich etwas derartiges versprechen. Wir waren allenfalls bereit, eine Erklärung zu verfassen, daß wir die Sparkassen ausnehmen würden.

Während eines sehr intensiven Gesprächs in meinem Büro wurde eine weitere Drohung geäußert: Wenn die Kommission nicht aus eigenem Antrieb mitspiele, würde man sie eben dazu zwingen. Deutschland würde die Frage auf die Tagesordnung der internationalen Regierungskonferenz über den neuen Europavertrag (den späteren Amsterdamer Vertrag) setzen und eine Vertragsänderung zum Schutze der deutschen öffentlichen Kreditinstitute fordern. »Viel Glück«, sagte ich, »denn so wird aus einem bisher noch hauptsächlich deutschen Problem eine europäische Frage. Damit macht man die Sache nur noch schlimmer.«

Und so geschah es. Unter dem starken Druck der Länder sollte Helmut Kohl in Amsterdam mit seinem ganzen Gewicht versuchen, den Sonderstatus der deutschen öffentlichen Kreditinstitute durch den neuen Vertrag schützen zu lassen. Doch nicht alle Delegationen waren während der nächtlichen Verhandlungen eingenickt. Kohl mußte sich mit einer juristisch nicht bindenden Erklärung zufriedengeben, in der nichts anderes gesagt wurde, als daß Kreditinstitute, denen nicht oder wenig rentable Aufgaben öffentlicher Dienstleistungen auferlegt wurden, dafür kompensiert werden müßten.

Dies hatte die Kommission nie angezweifelt, im Gegenteil. Kohl mußte in diesem Punkt also mit leeren Händen nach Hause zurückkehren. Außerdem ersuchte der Europäische Rat die Europäische Kommission, das Problem in seinem europäischen

Kontext zu betrachten und darüber so schnell wie möglich beim Ecofinrat, dem Rat der Wirtschafts- und Finanzminister, Bericht zu erstatten. Ich erklärte, daß wir dies gerne täten.

Inzwischen hatte Kanzler Kohl persönlich versucht, im Frühjahr 1997 die WestLB-Sache vom Tisch zu bekommen. Kohl schlug einen Schiedsspruch vor, dem sich beide Seiten unterwerfen sollten.

In einem Schreiben, von dem ich eine Kopie erhielt, wies Martin Kohlhaussen dies im Namen der Privatbanken strikt zurück. Der Verband setzte offenbar nicht das geringste Vertrauen in die Initiative des Kanzlers.

Daraufhin beschlossen wir, uns der Sache selbst von Grund auf anzunehmen, und leiteten ein formelles Prüfverfahren ein. Wir hatten schon viel zu lange gezögert, und die Anwendung des Subsidiaritätsprinzips hatte zu keinem Ergebnis geführt.

Für die Kommission bedeutete die WestLB-Sache nicht nur ein politisch äußerst heikler, sondern auch ein technisch schwieriger Fall. Bankangelegenheiten waren eben noch ziemlich neu für uns. Daher nahmen wir wiederum externe Sachverständige in Anspruch, in diesem Fall die britische Firma First Consulting. Wir wählten sie, weil sie keinerlei Verbindungen zu einer der beiden betroffenen Parteien hatte. Die anderen Parteien wandten sich ihrerseits ebenfalls an Experten. Die WestLB verpflichtete Lehman Brothers, der Verband Deutscher Privatbanken Ernst & Young. Eine erste Untersuchung unserer Experten ergab, daß ein privater Investor für die Einlage von Kapital bei der WestLB normalerweise 9,6 Prozent Rendite erwarten würde und nicht 0,6 Prozent. Davon ausgehend hätte die Bank über den gesamten untersuchten Zeitraum hinweg, das heißt von 1992 bis 1999, 1,5 Milliarden DM unrechtmäßige Beihilfen erhalten.

Die Experten der Privatbanken, Ernst & Young, gingen sogar davon aus, daß der Zinssatz des Eigenkapitals 15 Prozent betragen müsse. Danach hätte die WestLB jährlich einen finanziellen Vorteil von 360 Millionen DM genossen.

Währenddessen ging aus der vom Europäischen Rat angeforderten Untersuchung hervor, daß dieses besondere System der Unterstützung von Banken durch die öffentliche Hand in vollem Umfang nur in Deutschland und, in geringerem Maße, auch in Österreich existierte. Ich wurde gebeten, die Resultate der Untersuchung während des Ecofinrats im Herbst 1998 zu erläutern. Meine Schlußfolgerung lautete, daß der Zustand nicht länger beschönigt werden könne. Es sei unvermeidbar, daß, auch im Hinblick auf die Wirtschafts- und Währungsunion und den Euro, eingegriffen werden müsse, um der Wettbewerbsverzerrung zum Nachteil der anderen Banken ein Ende zu setzen. Oskar Lafontaine, damals noch Finanzminister, meldete sich unverzüglich zu Wort. Er schlug vor, die Sache nicht weiter im Ecofinrat zu besprechen, sondern sie bilateral zu behandeln, zwischen der Kommission und Deutschland. Auf diese Weise wollte er vermeiden, daß Deutschland, eventuell gemeinsam mit Österreich, bei der Besprechung des Berichts isoliert dastünde. Lafontaine versprach, die vorgeschlagenen bilateralen Gespräche rasch in Angriff zu nehmen. Als Witz und zur Erheiterung des Ministerrates warnte ich ihn, selbst der Papst stehe nicht über dem Europäischen Gesetz. Schließlich war Lafontaine zu diesem Zeitpunkt als möglicher Präsidentschaftskandidat der Europäischen Kommission im Gespräch. Von einem Journalisten befragt, erwiderte er, was ihn wirklich interessiere, sei allerdings, Papst zu werden.

Lafontaine ging, Hans Eichel kam. Ich wies Eichel von Anfang an auf die Absprache hin, die ich mit Lafontaine getroffen hatte, um zu einer Lösung zu kommen, und daß es langsam Zeit würde, Nägel mit Köpfen zu machen.

Mittlerweile war die Untersuchung des WestLB-Falls so gut wie abgeschlossen, und unser Ergebnis war eindeutig. Die

WestLB hatte zu Unrecht staatliche Unterstützung genossen, und diese mußte auf die ein oder andere Weise zurückerstattet oder neutralisiert werden. Daraufhin wurde eine heftige Lobbykampagne in Gang gesetzt, in deren Verlauf ich mich mit einigen Überraschungen konfrontiert sah. So war ich vom ehemaligen österreichischen Kanzler Vranitzky eingeladen worden, vor dem Bruno-Kreisky-Forum in Wien zu sprechen – eine Einladung, die ich wegen meiner früheren Bande zu Bruno Kreisky immer mit Vergnügen annehme. Doch was mußte ich zu meinem nicht geringen Erstaunen feststellen, als ich an dem Ort eintraf, an dem ich den Vortrag halten sollte? Daß auch Friedel Neuber anwesend war. Was tat Neuber in Wien bei einem Vortrag vor dem Bruno-Kreisky-Forum? Vranitzky fragte mich, ob ich bereit sei, Neuber anzuhören, und so kam es schließlich zu einem Tête-à-tête mit Neuber. Ich konnte und wollte jedoch nicht viel sagen, eben weil wir uns in der letzten Phase der Untersuchung befanden und die WestLB, statt zu verhandeln, nur noch aggressive Lobbyarbeit betrieb.

Es war ein ungemütliches Gespräch. Abends, nach dem Vortrag, gab es noch ein Diner, doch glücklicherweise war keine besondere Tischordnung vorgesehen, so daß ich dafür sorgen konnte, nicht neben jemandem zu sitzen, mit dem ich über die WestLB-Sache hätte sprechen müssen.

Die Kommission vor dem Abgrund

Am 8. Juli 1999 beschloß die Kommission, daß das Bundesland Nordrhein-Westfalen einen Betrag von 1 580 Millionen DM (ohne Zinsen) von der WestLB zurückzufordern habe. Inzwischen war jedoch die Kommission Santer zurückgetreten, und von deutscher Seite gab es schon verfrühten Jubel: Vor allem

bei der WestLB und in Nordrhein-Westfalen hieß es erfreut, die
Kommission könne ja jetzt keine Beschlüsse mehr fassen. Eine
regelrechte Kampagne wurde rund um dieses Thema auf die
Beine gestellt. Doch sie hatten sich zu früh gefreut. Der Vertrag war in dieser Hinsicht ganz eindeutig: Die Kommission
blieb so lange im Amt, bis eine neue Mannschaft antreten
konnte. Und da wir nach all den Jahren nun endlich die Schlußphase in der WestLB-Sache erreicht hatten, hätte ich es unver-
antwortlich gefunden, wenn sich der Fall noch länger hingezo-
gen hätte.

Als klar war, daß es ernst wurde, drehte die Lobbymaschine
völlig durch. Zahlreiche meiner Kollegen wurden kontaktiert
und in die Mangel genommen. Alle möglichen Argumente wurden hervorgeholt, und oft wurde eher der Mann als der Ball
gespielt. Einige meiner Kollegen hielten mich über die Vorgänge auf dem laufenden. Auch meine Beamten wurden verdächtigt. Vor allem meine sozialdemokratischen Kollegen wurden
bearbeitet. Monika Wulf-Mathies, die nicht einer Meinung mit
mir war, verhielt sich übrigens jederzeit sehr korrekt.

Die intensive Lobbyarbeit blieb nicht ohne Folgen. Als es in
der Kommission Santer, die sich bereits in Auflösung befand,
zur Abstimmung kam, war ich daher nicht besonders überrascht, daß es nur eine knappe Mehrheit von elf Stimmen gab,
obwohl es in solchen Fällen üblich ist, mit dem zuständigen
Kommissar zu stimmen. Es war also gerade noch einmal gut-
gegangen. Wäre die Abstimmung anders verlaufen, hätte die
Kommission ihre sowieso schon unterminierte Glaubwürdigkeit völlig verloren – mit dramatischen Folgen. Übrigens hätte
es auch ein schlechtes Licht auf die Haltung einiger sozialdemokratischer Kollegen geworfen.

Die WestLB wertete den Kommissionsbeschluß nicht nur als
einen Angriff auf die deutschen öffentlichen Kreditinstitute,
sondern auch als Druck in Richtung auf eine Privatisierung.

Doch damit hatte unsere Entscheidung überhaupt nichts zu tun. Unser Auftrag ist es, dafür zu sorgen, daß der private und der öffentliche Sektor gleich behandelt werden, daß also ehrlicher Wettbewerb herrscht. Ich hatte gedacht, daß Deutschland, mehr als andere Mitgliedstaaten, daran ein Interesse hätte. Sowohl die WestLB als auch das Bundesland Nordrhein-Westfalen und die Bundesregierung zogen vor den Europäischen Gerichtshof in Luxemburg, um unseren Beschluß anzufechten. Das ist ihr gutes Recht. Unterdessen hält der Streit um die Rückzahlung an – mit der Lösung dieser Aufgabe muß sich mein Nachfolger Mario Monti beschäftigen.

Die Bundesländer haben in der Zwischenzeit eine aggressive Gegenkampagne lanciert, und es wird, wie einige Jahre zuvor in Frankreich, mit öffentlichen Dienstleistungen und den von den öffentlichen Banken übernommenen sozialen Aufgaben argumentiert. Die unrentablen öffentlichen Aufträge müssen dargelegt werden, und wenn sie tatsächlich bestehen, dürfen die Banken natürlich dafür kompensiert werden, was wir mehrfach deutlich gesagt hatten. Das Argument aber, die Banken und Sparkassen seien notwendig, um die gesamte Bandbreite der Dienstleistungen zu gewährleisten, ist Unsinn: In Deutschland herrscht freier Wettbewerb auf dem Bankensektor, weshalb subventionierte Banken wirklich nicht notwendig sind.

Da Argumente und Fakten nichts bewirkt haben, greifen die Bundesländer nun zum Mittel der Erpressung. Sie drohten, sie würden die Verabschiedung des neuen Vertrags blockieren, über den derzeit verhandelt wird und der für die Aufnahme von Bewerberländern aus Mittel- und Osteuropa in die Europäische Union notwendig ist. Ein solches Verhalten muß man wohl als höchst kurzsichtige »Kleinstaaterei« bezeichnen. Und das zu Beginn des 21. Jahrhunderts ...

KAPITEL 7

WIE BUTTER ODER KARTOFFELN ...

Vielleicht in keinem anderen Fall meiner Amtszeit wurde uns die Arbeit durch gezielte Falschinformation und persönliche Anfeindungen so sauer gemacht wie im Fall der deutsch-österreichischen Buchpreisbindung. Hundertjährige Privilegien, noch dazu weithin glaubhaft mit hehren kulturellen Werten verbrämt und legitimiert, wer traut sich daran? Man hat mich oft gefragt, warum die Kommission sich überhaupt damit befaßt hat. Ganz einfach zuständigkeitshalber! Weil der EG-Vertrag ihr den Schutz des Wettbewerbs über die Landesgrenzen hinweg aufträgt. Dafür sind wir von den Mitgliedstaaten bestellt.

Dabei ist Wettbewerb kein Selbstzweck, sondern soll das Leistungs- und Warenangebot bei niedrigeren Preisen verbessern. Diktieren die Verleger die Verkaufspreise, können die Leser für ihr Geld weniger Bücher kaufen als bei Preiswettbewerb. Damit stellt sich sachlich und rechtlich die Frage, inwieweit dies Autoren, Vermittlern und Lesern nützt, so daß die durch das Preisdiktat erzielte Ausschaltung des Wettbewerbs akzeptabel wird. Das muß die Kartellbehörde, in Fällen mit grenzüberschreitender Wirkung die Europäische Kommission, prüfen und entscheiden.

Anfang 1993 meldeten der Börsenverein des Deutschen Buchhandels, der deutsche Interessenverband von Buchhandel und Verlagswesen, und der entsprechende österreichische Hauptverband uns ihre Buchpreisbindung durch sogenannte Reverse an, die in Deutschland, Österreich und der Schweiz zugleich gelten sollten: grenzüberschreitende Vereinbarungen, bei denen die Kommission tätig werden mußte.

Der buchhändlerische Revers ist ein Vertrag, der die Buchhändler verpflichtet, den Ladenpreis nicht zu unterschreiten, den ein Verlag (»Einzelrevers«) oder mehrere in einem Anhang gesammelt aufgeführte Verlage (»Sammelrevers«) für ihre Druckwerke vorschreiben. Erfaßt sind durchaus nicht nur Bücher, sondern auch wissenschaftliche und Fachzeitschriften, Ansichts- und Glückwunschkarten, Kalender, Kunstkarten und CD-ROM. Die beiden Verbände wollten nun, daß wir die Preisbindung Tausender Buchhändler im deutschen Sprachraum, unter der Aufsicht sogenannter Preisbindungstreuhänder, ausdrücklich genehmigten, das heißt von dem grundsätzlich geltenden Verbot jeglicher Preisabsprachen freistellten. War das rechtlich möglich und sachlich zu rechtfertigen?

Rechtslage und Präzedenzfälle

Die Kommission erteilt Ausnahmegenehmigungen für solche Systeme, wenn sie den Verbrauchern nachweislich mehr nützen als schaden. »Nachweislich« heißt, daß bestimmte Voraussetzungen erfüllt sein müssen. Diese Voraussetzungen stehen im EG-Vertrag und dienen meinen Leuten bei jedem Wettbewerbsverfahren als roter Faden bei ihrer komplizierten und bisweilen aufreibenden Prüfung. Fehlen die Voraussetzungen für die gewünschte Freistellung, müssen wir den Antrag ablehnen, das grundsätzliche Verbot besteht dann fort. Allerdings kann man auch eine wettbewerbswidrige Vereinbarung durch gezielte Änderungen noch freistellungsfähig machen. Meistens gibt die Kommission sogar selbst die Anregungen für diese Änderungen.
   Die Kommission hatte auf Vorschlag des Niederländers Frans Andriessens bereits 1981 die Buchpreisbindung zwischen seinem Heimatland und Belgien, 1989 dann auf Vorschlag Sir Leon Brittans jene zwischen Großbritannien und Irland verboten. Auch in diesen Präzedenzfällen ging es um Buchpreisbin-

dungen innerhalb sprachlich homogener, politisch aber von Landesgrenzen durchschnittener Kulturräume, genau wie jetzt im »deutschen« Fall. In beiden früheren Fällen hatten die Untersuchungen meiner Vorgänger – mit der Unterstützung des Europäischen Gerichtshofes – ergeben, daß die Buchpreisbindung die von ihren Verfechtern behauptete kulturfördernde Wirkung schlichtweg nicht besaß. Sollte es sich im deutschsprachigen Raum anders verhalten?

Wir schickten zunächst Auskunftsersuchen an die anmeldenden Verlage und baten sie, die wieder vorgebrachten alten Argumente für gebundene Preise, etwa Förderung der Titelvielfalt im Wege der Mischkalkulation oder Erhaltung eines breitgestreuten Buchhandels, durch einschlägiges Studien- und Zahlenmaterial zu untermauern. Aber zum Zahlensammeln hatte man offenbar keine Zeit. Schon Mitte Mai 1993 waren Kopien des Sammelrevers an rund 10 000 Sortimenter und Zwischenbuchhändler abgegangen, damit sie unterschrieben würden. Aus Brüssel erhoffte man dazu möglichst schnell die Freistellung, mit der die Reverse erst rechtskräftig wurden. Meine Mitarbeiter wiesen auf die kartellrechtlich besonders haarigen Gesichtspunkte hin, worauf die beiden Verbände eine schrittweise Anpassung der Reverse an EG-Recht zusagten. Sie würden zunächst die Preise in Österreich und Deutschland angleichen, denn überhöht festgesetzte Umrechnungskurse hatten hier ein künstliches Preisgefälle erzeugt. Später würden sie alle Exporte von der Preisbindung ausnehmen. Das sollte allerdings die Lagervorräte der österreichischen Händler möglichst nicht durch den Druck der erheblich niedrigeren deutschen Preise entwerten. Den Verbänden ging es also um einen Aufschub. Das schien mir fair, und so sagte ich zu, bis zum 1. Juli 1996 nicht gegen das auch weiterhin rechtswidrige System vorzugehen.

Ruhe vor dem Sturm

Das war im Dezember 1993. Im Juli 1994 erklärte meine Generaldirektion die vorläufige Prüfung für abgeschlossen und wiederholte noch einmal ausdrücklich unsere Abmachung: Zusage der Freistellung im Gegenzug für bestimmte Änderungen
des Reverssystems – Preisangleichung und freie Preise für
Exporte – bis 1996. Das Schreiben erinnerte daran, daß bis zu
einer endgültigen Entscheidung der Kommission über die
eventuelle Freistellung alle grenzüberschreitenden Preisbin-
dungsverträge nichtig blieben.

Ich war damit ein Risiko eingegangen, denn die zugestande-
ne Gnadenfrist war ungewöhnlich lang, und sie war vor dem
Europäischen Gerichtshof in Luxemburg jederzeit angreifbar.
Tatsächlich sollten in den folgenden Jahren immer mehr
Beschwerdeführer bei mir vorsprechen: Leihbüchereien, Buchhändler, der Versandbuchhandel und Lesezirkel fühlten sich
geschädigt. Nicht zu unterschätzen waren andererseits die
Sensibilitäten weiter Kreise der Bevölkerung in Deutschland
und Österreich, die der Überzeugung waren, daß Bücher durch
feste Preise geschützt werden müssen.

Die drei Jahre verstrichen – und nichts geschah. Als ich
Rechenschaft über die zugesagten Änderungen forderte,
eröffneten die beiden Verbände eine großangelegte Medien-
kampagne. Sie behaupteten, die Kommission sei im Begriff,
überraschend eine zuvor ausdrücklich erteilte Genehmigung
zu widerrufen, und blase zum gezielten Kulturmord! Zu den
lautesten Wortführern gehörte der Rechtsanwalt Dr. Cornelis
Canenbley, ein schnauzbärtiger Sportwagenfahrer mit einem
eigenen Verständnis der Rechtspflege, den meine Leute deshalb scherzhaft »Cannonball« nannten. Er wußte natürlich,
daß die Kommission Buchpreiskartelle hinnimmt, die sich nicht
jenseits der Landesgrenzen auswirken; für innerstaatliche

Wettbewerbsbeschränkungen hat jedes Land bekanntlich seine eigene Kartellbehörde. Von Anfang an hatte ich daher angeboten, meinen Kollegen vorzuschlagen, einer Rückführung der Reverse auf einzelne Mitgliedstaaten zuzustimmen, obwohl ich persönlich grundsätzlich gegen Buchpreisbindung bin. Aber dieses Angebot war ungehört verhallt, und so mußte ich weiter auf den Änderungen bestehen, die mir die beiden Verbände drei Jahre vorher zugesagt hatten. Börsenverein und Hauptverband glaubten aber offenbar, uns mit vollendeten Tatsachen im Verlags- und Vetriebswesen und durch Mobilisierung der Politiker und der öffentlichen Meinung in die Knie zwingen zu können.

Statt des verlangten geänderten Vertragsmodells erhielt ich von renommierter Seite ein Gutachten darüber, daß die deutsch-österreichische Buchpreisbindung gar nicht grenzüberschreitend im Sinne des EG-Kartellrechts sei. Bei Kulturgütern, so hieß es, seien die Sprach- und nicht die Landesgrenzen entscheidend. Nur hat der Europäische Gerichtshof das genaue Gegenteil für Recht erkannt. Und der Gutachter war kein anderer als Ulrich Everling, vormaliger Richter am Europäischen Gerichtshof. Was brachte ihn dazu, sich jetzt so einfach über dessen Urteile hinwegzusetzen?

Erste Böen

Die Zusagen waren nicht eingehalten worden, also mußten wir die förmliche Bearbeitung des Genehmigungsantrages einleiten. Wir waren im Zugzwang. Um die dürftige Faktenbasis trotz der Unergiebigkeit des Antrags zu verbreitern, wies ich meine Mitarbeiter an, eine unabhängige Studie in Auftrag zu geben. Sie sollte Aufschluß über die Entwicklung des Literaturbetriebs verschiedener Länder nach Aufhebung (Belgien, Finnland, Schweden, Vereinigtes Königreich) beziehungsweise Aufhebung und Wiedereinführung (Frankreich) der Buchpreisbindung geben. Die Studie lag im Februar 1997 vor. Ergebnis? Genau wie fast zwanzig Jahre zuvor im niederländisch-belgischen Fall: Eindeutig haben Bestehen, Einführung oder Aufhebung gebundener Buchpreise keinen Einfluß auf wichtige Indikatoren einer lebendigen Buchkultur, etwa die Zahl der Verleger oder Buchhandlungen, ihre Margen, die Zahl veröffentlichter Titel, die der Neuerscheinungen oder gar den Anteil neuer Autoren an den Neuerscheinungen. Hinsichtlich der behaupteten Vorteile der Preisbindung wie Förderung der Buchproduktion, Verhinderung der Konzentration im Verlagswesen, Wahrung der strukturellen Vielfalt im Einzelhandel, Gewährleistung eines flächendeckenden Netzes von Buchhandlungen sowie niedriger Preise für die Verbraucher hatten die Länder mit Buchpreisbindung keine merklichen Vorteile gegenüber den Ländern ohne Buchpreisbindung vorzuweisen. Nur eine einzige markante Veränderung belegte die Studie: Nach Freigabe der Preise kaufen die Leute mehr Bücher (in Großbritannien +16 Prozent, in Italien +25 Prozent) und geben weniger Geld dafür aus.

Man sollte meinen, dies sei ein kulturpolitisches Wunschergebnis. Weit gefehlt! Statt anhand der Studie die Richtigkeit ihrer Behauptungen zu überprüfen, bezeichnete man sie in Deutschland als »nachweislich falsch«, blieb indessen diesen Nachweis bis heute schuldig. Statt dessen schürte man die Emotionen und Ängste des Bildungsbürgers und drohte insbesondere mit künftigen Zuständen wie in den Vereinigten Staaten, wo jeweils ein riesiges Einkaufszentrum den gesamten Konsumbedarf mehrerer Ortschaften abdeckt, vom Hosenknopf bis zum Buch. Das Lese- und Kaufverhalten in den USA ist nun aus kulturkritischer Perspektive gewiß nicht erbaulich, aber was lehrt uns das in unserem Zusammenhang über die zukünftige Entwicklung des deutschen oder österreichischen Buchhandels? Nichts. Die Frage ist nicht, wie viele Buchhandlungen ein Land heute noch zählt, sondern ob feste Buchpreise ihr Überleben gewährleisten. Und da läßt es sich nicht leugnen, daß gebundene Preise die rasende Konzentration auch im Buchhandel nicht aufzuhalten vermögen, im Gegenteil.

Denken wir doch nur an Bertelsmann, der künftig nicht etwa mehr Buchhandlungen gründen, sondern *amazon.com* als weltgrößten Internet-Verkäufer überholen will. Also glaubt selbst der größte europäische Verleger nicht mehr, die Folgen des technischen Fortschritts durch die Buchpreisbindung aufhalten zu können.

Das Verschwinden der Kleinen kann schon lange jeder Spaziergänger in deutschen und österreichischen Städten bloßen Auges erkennen. So hat selbst der mächtige Suhrkamp Verlag seine alteingesessene »Frankfurter Bücherstube« am Goetheplatz schließen müssen, als deren Laufkundschaft Mitte der 1990er in eine neue mehrstöckige Großbuchhandlung von gegenüber abwanderte. Wie ist das mit der Schutztheorie zu vereinbaren, bei festen Preisen für mehr als 90 Prozent aller Bücher?

Es ist ein schlecht gehütetes Geheimnis, daß in der Branche schon heute Rabatte in großem Ausmaß gang und gäbe sind. Und zwar ganz normale Mengenrabatte, genau wie für Butter oder Kartoffeln! Das hat kein geringerer als Vito von Eichborn offen ausgesprochen, Verleger von Enzensbergers »Anderer Bibliothek« und bekannt für seine Verdienste um die Verbreitung erlesener Literatur. Mengenrabatte aber führen dazu, daß ausgerechnet die größten Buchhandlungen am billigsten einkaufen und – wegen der festen Endpreise – beim Verkauf die fettesten Margen einstreichen.

Hinzu kommt, daß die Kapitaldecke strapazierende Merkmale des Reverssystems naturgemäß die kleinen Buchhandlungen besonders empfindlich treffen. Ein Beispiel ist die Verpflichtung, unverkäufliche Bücher erst lange in den Keller wandern zu lassen, bevor man sie unter dem diktierten Preis verkaufen darf. Diese Regelungen verstärken also noch die wegen der unvermeidlichen Mengenrabatte konzentrationsfördernde Wirkung der Buchpreisbindung. So erklären sich die Renditen der Buchhandlungen in Deutschland und Österreich, die mit wachsendem Umsatz steigen, weil ausgerechnet die Buchpreisbindung ihnen verbietet, ihre niedrigeren Einkaufspreise an den Leser weiterzugeben.

Eröffnung einer zweiten Front

Im Frühjahr 1997 berief der EU-Ratsvorsitz einen Kulturrat in Maastricht ein und lud meinen Kollegen Marcelino Oreja vor. Dessen Kulturressort war inzwischen zum Schauplatz zahlreicher Stellvertreterscharmützel geworden, denn gewiß war die EU nicht bloß als Wirtschafts-, sondern auch als Wertegemeinschaft zu gestalten! Oreja war an dem entscheidenden Tag verhindert und bat mich, ihn zu vertreten. Dieser Kulturrat blies nun unter dem Vorsitz des niederländischen Ministers Nuijs zum Frontalangriff auf das »kulturfeindliche« Vorgehen der Kommission, die einzig den Markt im Kopf habe. Das Jagdfieber ergriff selbst den irischen Kulturminister, obwohl dessen Regierung den Standpunkt der Kommission offiziell teilte. Einzig der Vertreter Großbritanniens hielt mir die Stange, indem er schwieg. Und immerhin gewährte Herr Nuijs meine Bitte um das letzte Wort. Ich beschränkte mich auf drei Punkte. Erstens wende die Kommission das EU-Recht an und befolge die Urteile des Europäischen Gerichtshofes, denn wir jedenfalls respektierten die Regeln einer Rechtsgemeinschaft. Zweitens sei die Kommission nach allen ihren bereits abgeschlossenen Bemühungen auch weiterhin bereit, jeden Mechanismus wohlwollend zu prüfen, dessen günstige Wirkung auf die Kultur eindeutig feststehe. Von der Buchpreisbindung könne eine solche günstige Wirkung nach allen bisherigen Ergebnissen nicht behauptet werden. Sofern die Herren Minister über andere Erkenntnisse verfügten, sollten sie uns die entsprechenden Fakten bitte mitteilen. Drittens habe während des gesamten Rates niemand vom »Leser« gesprochen. Auch von »Autoren« sei nie die Rede gewesen. Verteidigt habe man einzig und allein die Verleger.

Auch die Kulturminister spielten zunächst auf Zeit und baten Marcelino Oreja im September 1997 um eine neue Studie, die endlich die Vorzüge der Buchpreisbindung erweisen sollte. Mein Kollege vergab diese zweite Studie ausgerechnet an die Autoren der ersten. Nett von ihm, damit anzuerkennen, daß unsere geschmähte Studie vielleicht doch von den geeignetsten Fachleuten stammte. Naiv von ihm, zu glauben, daß die beiden Verbände ihm dazu gratulieren würden.

Als ich endlich die Verfahrenseröffnung auf die Tagesordnung der Kommission setzte, eskalierte der politische Druck, mit dem dieser Schritt verhindert werden sollte. Politiker griffen persönlich ein, der österreichische Bundeskanzler Klima sogar schriftlich. Auch mehrere meiner Kommissionskollegen äußerten Vorbehalte gegen das Kartellverfahren: Monika Wulf-Mathies, Christos Papoutsis, Franz Fischler und natürlich Edith Cresson. Der Heißsporn im Hintergrund war wieder einmal »Cannonball«, der Anwalt des Börsenvereins, der uns kurz vor dem geplanten Entscheidungstermin einen seiner Brandbriefe schickte und ihn reihum in Kopie verteilte. Trotzdem gewann ich nach der zweistündigen Grundsatzdiskussion am 22. Januar 1998 breiteste Unterstützung, denn die Fakten sprachen für meinen Standpunkt. Martin Bangemann trat derart deutlich für mich ein, daß selbst Monika Wulf-Mathies meinte, ihr zuvor unverrückbarer Vorbehalt sei ja nun sinnlos geworden. So fiel die Entscheidung zur Verfahrenseröffnung einstimmig.

Meine Kollegen baten mich allerdings, den Verlegern mit unseren offiziellen »Beschwerdepunkten« auch Anregungen zukommen zu lassen, die einem späteren Kompromiß dienlich sein könnten. Zum Beispiel schlugen wir alternative Modelle der Kulturförderung vor, wie sie in anderen Mitgliedstaaten bereits erfolgreich funktionieren, und wiesen darauf hin, daß bei einer Beschränkung des Preisbindungssystems auf im weiteren Sinne »literarische« Werke der »Kulturparagraph« (Artikel 128 des EG-Vertrages) Anwendung fände. Zuschüsse für bestimmte Auflagen sind in vielen demokratischen Ländern üblich. Ich konnte damals nicht ahnen, in welchem Sinn die Verfechter der Buchpreisbindung diese Anregung noch gegen uns verwenden sollten.

Mischkalkulation und Medienreaktion

Den beiden Verbänden ließ ich durch wiederholte Fristverlängerungen nun über vier Monate Zeit für Akteneinsicht und schriftliche Erwiderung. Diese Zeit nutzten sie unter anderem dazu, aus dem Zusammenhang gerissene Teile der vertraulichen Verfahrensakte an Journalisten und Europaabgeordnete zu verteilen, die uns dann anriefen und um besser lesbare Ablichtungen bestimmter Seiten baten. Die Kommission durfte indessen kein Wort aus der Akte zitieren, weil uns das bei einem späteren Verfahren vor dem Europäischen Gerichtshof zu Recht vorgehalten worden wäre. Nächster Punkt der Verfahrensordnung war die mündliche Anhörung in Brüssel. Zweck dieser Veranstaltung war, nicht viel anders als bei einem Gerichtsverfahren, ein sachlicher Austausch zwischen meinen

Sachbearbeitern, den Beschwerdeführern, Vertretern der fünfzehn mitgliedstaatlichen Wettbewerbsbehörden sowie den Vertretern der beiden Verbände nebst Zeugen und Fachleuten ihrer Wahl. Sie kamen mit Verlegern, Buchhändlern und Autoren, ja selbst mit Vertretern der Gewerkschaft IG-Medien. Trotzdem brachte die Anhörung nichts, was über die altbekannten Behauptungen hinausgegangen wäre.

Ein Teilnehmer war der von mir bewunderte Klaus Wagenbach, der Verleger Erich Frieds und vieler fremdsprachiger Autoren. Die hat er dem deutschen Lesepublikum nun gewiß nicht aus Profitsucht nahegebracht, sondern gemäß dem Leitspruch seines Vorbilds, des großen Leipziger Verlegers Kurt Wolff, nicht zu verlegen, was die Leute lesen wollen, sondern was sie lesen sollen. Herr Wagenbach nun verteidigte die Preisbindung als unabdingbare Voraussetzung der sogenannten »Mischkalkulation«, bei der ein Verleger mit seinen Gewinnen aus gutgehenden Titeln die Kosten weniger erfolgreicher Titel deckt. Schon Wolff habe Kafka nur dank den Erträgen aus Heinrich Manns »Untertan« verlegen können. Nur feste Ladenpreise aber könnten diese Gewinne vor der Erosion durch Rabatte an mächtige Großabnehmer schützen.

Leider nur sind diese Mengenrabatte auch für Bücher, wie wir schon gesehen haben, schon lange nicht mehr zu verhindern und, gekoppelt mit der Preisbindung, sogar besonders fatal für kleine Buchhandlungen. Und zweitens garantiert niemand, daß auch andere Verleger ihre Gewinne aus erfolgreichen Titeln tatsächlich im Wege der »Mischkalkulation« in weniger oder gar nicht profitable Neuerscheinungen und nicht in die eigene Tasche stecken. Das Bindungssystem verpflichtet nämlich einzig und allein den Leser, die von Verlagsseite diktierten Ladenpreise zu zahlen, Verleger oder Buchhändler hingegen zu gar nichts, geschweige denn zu Kulturförderung irgendwelcher Art.

In Ermangelung sachlich haltbarer Argumente verlor der Ausflug der deutschsprachigen Buchpreisbinder nach Brüssel zusehends an Niveau. Auf der anschließenden Pressekonferenz in den Räumen der deutschen EU-Botschaft lief der Vorsitzende der Verbandes deutscher Schriftsteller in der Industriegewerkschaft Medien, Fred Breinersdorfer, zu großer Form auf. Der phantasievolle Krimiautor bezeichnete uns als »grenzdebile Kulturidioten« und verglich meinen angeblichen Versuch, zwischen »guten« und »schlechten« Büchern zu unterscheiden – er meinte wohl unsere Anregung der gezielten Literaturförderung nach dem schwedischen Modell – mit gewissen Praktiken des DDR-Kulturministeriums. Die Presse zog nach, mit Schlagzeilen wie »Die große Büchervernichtung« und Kuriositäten wie die Beschreibung meiner Mitarbeiter als »Kellerkinder mit Euritis« und meiner selbst als schwertschwingender Robespierre.

Ansonsten – nichts. Keine Zahlen, keine konstruktiven Vorschläge, keine Einlösung alter Zusagen, kein Eingehen auf die auf verschiedenen Verfahrensstufen gegebenen Anregungen. So mußte ich im Herbst 1998 beschließen, meinen Kollegen vorzuschlagen, die Ausnahmegenehmigung für das Kartell ausdrücklich abzulehnen.

Letzte Vermittlungsversuche

Ohnehin ließ die Zeitschinderei der beiden Verbände jede italienische Fußballmannschaft wie Amateure aussehen. Doch nun kam ihnen auch noch ein Neuzugang zu Hilfe: der Beauftragte der Bundesregierung für Angelegenheiten der Kultur und der Medien beim Bundeskanzler. Michael Naumann hatte jahrelang im Auftrag Holtzbrincks amerikanische Kleinverlage aufgekauft und meinte daher, in Sachen freier Buchpreise

Bescheid zu wissen. So brachte er Zahlen nach amerikanischem Maß: die Aufhebung der Buchpreisbindung würde 150 000 Arbeitsplätze gefährden, ein 37faches der von den beiden Verbänden prophezeiten Zahl und 20 000 mehr, als der gesamte deutsche Buchsektor nach eigenen Angaben überhaupt zählt.

Aber zunächst nahm Michael Naumann sich den Kommissar für Kultur, Marcelino Oreja, vor, dessen Studie den verlangten Zusammenhang zwischen freien Buchpreisen und kulturellen Rückschritten auf Verleger- und Buchhändlerseite nicht erwiesen hatte. Es gab Schelte: Die erneute Wahl derselben Berater allein disqualifiziere schon ihre Ergebnisse. Mein Kollege bat mich daraufhin, ein gemeinsames Schreiben zur Besänftigung der verärgerten Kulturminister zu verfassen. Darin wiederholten wir die Aufforderung, das leidige Problem durch Aufhebung der grenzüberschreitenden Kartellwirkung zu lösen.

Damit geriet ich wieder ins Blickfeld Naumanns, der um eine erste Unterredung in Brüssel bat. Zuvor zog er, unter anderem auf einem Schriftstellerkongreß in Berlin, öffentlich Parallelen zwischen Diktaturen auf deutschem Boden und meinem besinnungslosen Angriff auf die Buchpreisbindung, mit dem ich die Welt der Bücher zerstören und ein Europa des Wohlstands ohne Zivilisation erreichen würde. Immerhin sank seine Arbeitsplatzvernichtungsprognose auf 100 000 Stellen.

Am 14. Dezember 1998 kam Naumann nach Brüssel. Vor mir gab er noch Marcelino Oreja die Ehre und erwirkte von diesem offenbar die Bündniszusage, auf die er schon seit geraumer Zeit hingearbeitet hatte. Mit Zuversicht betrat der frischgebackene Staatsminister mein Büro, setzte sich und schilderte in bewegenden Worten die Öde amerikanischer High Streets, von der sich die blühende Buchhandelslandschaft im deutschsprachigen Raum so wohltuend abhebe. Noch! Er nannte die vielen Autoren von Weltrang, die er in Amerika – bei freien

Preisen also – unter Vertrag gehabt habe, behauptete aber zugleich, »Thomas Mann, Heinrich Mann und Joseph Roth« habe es allein dank der deutschen Buchpreisbindung je gegeben. Ich konnte wieder von vorn anfangen. Daß niemand das dichte Netz kleiner wohlsortierter Buchhandlungen in Deutschland leugne, ein Preiskartell jedoch offensichtlich nicht das geeignete Mittel sei, ihren Fortbestand zu garantieren. Daß Leser auch in Deutschland und Österreich nicht aus Masochismus in die Großbuchhandlungen strömten, sondern weil sie diese attraktiver finden. Daß sich im übrigen in Brüssel niemand darum geschlagen habe, diesen Fall durchzufechten, der ja schließlich von Anfang an durch ein für Deutschland und Österreich jeweils getrenntes Preisbindungssystem hätte gelöst werden können. Naumann wurde hellhörig: Das Problem der Grenzüberschreitung sei ihm neu. Dann werde er allerdings mit den Verlegern sprechen und schnell eine Lösung finden. Mir tief in die Augen sehend, sagte er: »Herr Van Miert, wir sitzen im selben Boot. Ich habe nach 100 Tagen im Amt einen Erfolg nötig, Sie nach fünf Jahren in diesem Fall auch!« Zum Abschied überreichte er mir eine schöne Ausgabe der »Reiterarmee« Isaak Babels; wahrscheinlich sah er in uns die marodierenden Kosaken General Budjonnys.

Auf der anschließenden Pressekonferenz erntete Naumann bei den Brüsseler Korrespondenten höfliches, aber müdes Lächeln. Ausgerechnet ihnen, die seit Jahren mit dem Fall vertraut waren, »verriet« er, daß Frankreich ein innerstaatliches Preisbindungssystem habe. Und er habe mir die Versicherung abgerungen, Deutschland und Österreich nicht schlechter zu behandeln als Frankreich. Jetzt brauche er nur noch die Verleger für die Anpassung der Preisbindung an das »französische Modell« zu gewinnen. Die Verleger lehnten jedoch, Sonderauftrag hin oder her, jede Änderung ihres vertraglichen Dreiländersystems ab.

Also beschloß der Minister, ein deutsches Preisbindungsgesetz in die Wege zu leiten. Auf einer gemeinsamen Sitzung der Kommission und des deutschen EU-Vorsitzes Ende Januar 1999 in Bonn bestätigte er mir, der Entwurf eines Gesetzes nach französischem Muster sei in Vorbereitung. Doch statt der Gesetzesvorlage erschien schon am 8. Februar 1999 wieder Herr Naumann in Brüssel: Die Verleger hätten auch die Gesetzesinitiative vereitelt. Und bei näherem Hinsehen seien ja doch vertragliche Preisvereinbarungen vorzuziehen. Könnten denn nicht gezielte Änderungen das bestehende System genehmigungsfähig machen? Dafür brauche er jedoch konkretere Anregungen meinerseits. Wie sei das noch mit meinem elitären Vorschlag der Literaturförderung? Er für seinen Teil habe einen weiteren Kulturbegriff, der ziemlich jedes Druckwerk umfasse ... Es folgten längere Ausführungen zu der Wiener Dirne Josefine Mutzenbacher, deren angeblich pornographische Lebensgeschichte behördlich verboten und vom Bundesgerichtshof, im wesentlichen dank seinem, Naumanns, Eingreifen, freigegeben worden sei.

Wieder erläuterte ich die Alternativmodelle, die in verschiedenen anderen Ländern gut funktionierten, obwohl wir sie schon vor Jahresfrist ausführlich in den Beschwerdepunkten angesprochen hatten. Und wieder betonte ich, daß uns nichts ferner liege als der unterstellte elitäre Ansatz. Wir forderten Preisfreiheit doch gerade auch im Interesse der wachsenden Zahl Menschen, die niemals eine Buchhandlung betreten, durch den Verkauf erheblich billigerer Bücher anderenorts, an Kiosken oder selbst im Supermarkt, aber möglicherweise zu Lesern werden würden. Herr Naumann hörte lächelnd zu und verkündete dann, er werde nunmehr gezielt darauf hin wirken, die grenzüberschreitende Wirkung des bestehenden Systems zu beseitigen. Ob ich zu seiner Unterstützung einer weiteren Diskussionsrunde mit den beiden Verbänden zustimmen könne? Begeistern konnte mich der Vorschlag nicht, ich war die leeren Versprechungen und die Spiegelfechterei, die sie jedesmal einläuteten, leid. Aber ich sagte es ihm dennoch zu; immerhin setzte ich eine sehr kurze Frist für konkrete Ergebnisse.

Die »neuen« Vorschläge waren nicht brauchbarer als alles andere, womit man uns abzuspeisen versucht hatte. So versprachen die Verleger wie schon 1993, ihre Preise in Österreich und Deutschland anzugleichen, und boten Preisfreiheit für pornographische und gewaltverherrlichende Schriften, Amtsblätter, Postkarten, Briefmarkenalben sowie Telephon- und Adreßbücher an. Das pries der Börsenverein als die entscheidende Preisbefreiung eines großen Teils der Gesamtzahl jährlich gedruckter Seiten, als ob es, ganz wie bei Butter oder Kartoffeln, auf Quantität statt auf die preissensiblen Bereiche ankäme. Allen Druckwerken, die der Börsenverein nannte, war gemein, daß deren freie Preise für die breite Öffentlichkeit belanglos waren, ihr aber dennoch als »tiefgreifende« und »weitreichende« Konzessionen untergejubelt wurden.

Am 30. März 1999 verlor die österreichische Bundeskammer für Arbeiter und Angestellte die Geduld und drohte uns mit einer Untätigkeitsklage vor dem Europäischen Gerichtshof. Am 8. April teilte ich dann Herrn Naumann mit, daß die Vorschläge unzureichend seien.

Implosion der Kommission

Die Verleger zogen daraufhin ein weiteres Kaninchen aus dem Zylinder: Plötzlich hieß es, eine Studie des Beratungsunternehmens McKinsey habe unsere Ergebnisse Punkt für Punkt widerlegt. Zahlreiche Journalisten berichteten darüber, ohne sie allerdings je zu Gesicht bekommen zu haben. Uns ging es nicht besser, denn die Verleger weigerten sich selbst nach einer Bußgeldandrohung, uns diese Studie zu zeigen; angeblich verletzten Titelzahlen das Anwaltsgeheimnis. Vor dem Hintergrund der damit wieder erfolgreich angestachelten medialen Empörung in Deutschland war es nun meine dankbare Aufgabe, die Entscheidung der Kommission über eine Ausnahmegenehmigung herbeizuführen.

Die Lage der Kommission hatte sich allerdings unterdessen rapide verschlechtert. Jede Entscheidung der Kommission bedarf der Zustimmung von mindestens elf ihrer Mitglieder. Seit unserem Rücktritt im März 1999 erodierte unser politisches Gewicht zusehends, wie unter anderem die wöchentlichen Anwesenheitslisten zeigten. Trotzdem bat mich der designierte Präsident der neuen Kommission, Romano Prodi, die heiße Kastanie der Buchpreisbindung nicht länger im Feuer zu lassen. Er hatte recht, aber die Zeit lief uns davon. Ich setzte den Punkt auf die Tagesordnung der Kommissionssitzung vom 14. Juli und legte unseren Entwurf einer Ablehnung der Ausnahmegenehmigung zunächst am 11. Juni in einem Beratenden Ausschuß für Kartellfragen den Experten der fünfzehn nationalen Kartellbehörden vor.

Prompt protestierte der Verband deutscher Schriftsteller schärfstens dagegen, daß eine »sich juristisch nicht mehr im Amt befindliche Europäische Kommission« Anstalten treffe, »auf dem Altar des Götzen Marktwirtschaft« das Buch als Kulturgut und Träger sprachlicher wie nationaler Identitäten zu opfern. Das war Unsinn, denn natürlich blieb die Santer-Kommission bis zum Antritt ihrer Nachfolgerin im Amt. Der seit 1993 andauernde und nach rein rechtlichen Kriterien zu entscheidende Fall wurde dennoch unverfroren als unzulässige neue »politische« Initiative bezeichnet, und noch am Morgen der Sitzung wurde den Ausschußmitgliedern der unvermeidliche Brandbrief der Anwälte ins Hotel gefaxt. Trotzdem stimmten für

unseren Entwurf alle Delegationen mit Ausnahme der unter
großem politischen Druck stehenden Vertreter Österreichs und
Deutschlands (Nein-Stimmen) sowie Frankreichs und Belgiens
(Stimmenthaltung). Frankreich mißfiel verständlicherweise, daß
unsere Studien die Wirkungslosigkeit jeder Buchpreisbindung,
damit also auch der »Loi Lang«, belegten. Im Verlauf der beiden nächsten Wochen besuchte ich jeden meiner Kollegen einzeln und besprach den zähen Verlauf des Verfahrens über
sechs Jahre, das Fehlen auch nur annähernd zureichender
Genehmigungsvoraussetzungen, die zahlreichen Alternativen
zu einer grenzüberschreitenden Preisbindung. So war ich mir
trotz des Stimmenpokers schließlich sicher, auch ohne den
inzwischen ausgeschiedenen Martin Bangemann elf Stimmen
für die Ablehnung einer Ausnahmegenehmigung bei Zugeste-
hen einer einjährigen Anpassungsfrist beisammen zu haben.

Am 14. Juli 1999 tagte die Kommission zum letzten Mal unter dem Vorsitz Jacques Santers, inzwischen frisch gewählter
luxemburgischer Abgeordneter im neuen Europaparlament.
Bei unserem Vorbereitungsgespräch hatte ich ihm auseinan-
dergesetzt, warum wir den Fall nicht der neuen Kommission
hinterlassen durften. Ich erläuterte auch meinen Vorschlag eines neuerlichen Zugeständnisses: Ein Jahr Übergangsfrist
würde Deutschland und Österreich Zeit für die Anpassung an
das EU-Recht geben und insbesondere zur Erleichterung einer
sanften Landung in Österreich beitragen, das 80 Prozent der
verkauften Buchtitel aus Deutschland einführt. Unser Gespräch war in freundschaftlicher Atmosphäre verlaufen. Zu
keinem Zeitpunkt hatte Jacques Santer mir auch nur angedeutet, daß er der mühsam erkämpften und nun endlich
spruchreifen Entscheidung seine Unterstützung vorenthalten
würde.

Zu Beginn der Kommissionssitzung erwies sich aber, daß
der Präsident nicht gerade auf den Fall brannte. Da er für den

Mittag seine Abschiedspressekonferenz vorgesehen hatte, besprachen wir dieses und jenes, personalpolitische Fragen und Verwaltungsfragen, kurzum alles außer der Buchpreisbindung. Schlag zwölf erhob sich Jacques Santer, erklärte seinen letzten Vorsitz einer Kommissionssitzung für beendet und verließ uns endgültig, Richtung Pressesaal. Unter den dort versammelten Journalisten saßen auch etliche Anwälte der beiden Verbände mit Presseausweis – hatten sie nicht im Verfahrensverlauf hinlänglich bewiesen, Stil und Methoden gewisser Blätter zu beherrschen? Sie rührten sich auch dann nicht, als der Vorsitzende des Internationalen Presseverbandes sie ausdrücklich zum Verlassen des Saales aufforderte. Präsident Santer belohnte sie, indem er ungefragt zu der noch gar nicht erörterten Entscheidung erklärte, er halte ein »Verbot« für falsch, denn »kulturelle Fragen« seien nicht Sache der Kommission.

Auf der 12. Etage des Brüsseler Breydel-Gebäudes übernahm unterdessen Sir Leon Brittan den Vorsitz über die verwaiste Kommission und eröffnete endlich die Diskussion über meinen Entscheidungsentwurf. Marcelino Oreja stellte sich an die Spitze der Gegner. Wenige Wochen zuvor hatte er mir freimütig gestanden, daß der Ministerrat ohne die Unterstützung Michael Naumanns seinen Kulturetat nicht genehmigen werde. Sollte ich kein Verständnis dafür haben, daß er als Gegenleistung für die Unterstützung des deutschen Vorsitzes meinen Vorschlag blockieren mußte? Schließlich konnte ich ihm seine Kulturpläne nicht finanzieren. Offensichtlich hatten auch einige Kommissionskollegen im sozialdemokratischen Lager eine Seelenmassage erhalten, die Wortmeldungen jedenfalls waren teilweise erstaunlich. Also bat ich Sir Leon, in einer Probeabstimmung festzustellen, ob die Kommission dieses Verfahren noch abschließen könne. Angesichts der schwierigen Lage Österreichs war verständlich, daß Franz Fischler meinen

Standpunkt nicht teilte. Hingegen war ich völlig überrascht, festzustellen, daß der portugiesische Kommissar João de Deus Pinheiro aus mir unbekannten Gründen die Sitzung bereits endgültig verlassen hatte, obwohl er mir am Morgen noch seine Unterstützung zugesagt hatte. Das Ergebnis: bei der Abstimmung würde eine Stimme zur Annahme meines Vorschlages fehlen, der Fall mußte vertagt werden.

Nachspiel

Dieser Aufschub änderte nichts an der Rechtslage. Da sämtliche Voraussetzungen für eine Ausnahmegenehmigung fehlten, war und blieb das grenzüberschreitende Preiskartell rechtswidrig, denn schon der EG-Vertrag erklärt es für null und nichtig. Die vereitelte Entscheidung hätte dies lediglich festgestellt. Doch das war dem Vorsteher des deutschen Börsenvereins, Roland Ulmer, nun alles eins. Er stand dank seinem Presseausweis in unserem eigenen Pressesaal und gab dort triumphierende Interviews.

Die Kommissionssitzung hatte noch ein weiteres Nachspiel, das die Absurdität des deutsch-österreichischen Verhaltens verdeutlicht. Am 7. September beschloß nämlich die schweizerische Kartellbehörde, die Preisbindung für Bücher aufzuheben. Daß die Schweiz weder den Nachruhm von Dürrenmatt, Glauser oder Frisch noch den Erfolg von Loetscher oder Nizon, noch gar den künftigen Ruhm junger Autoren wie Jenny oder Stamm durch freie Preise gefährdet sieht, war den deutschen Medien jedoch kaum eine Nachricht wert. Kurz darauf konnte ich auch noch das Verfahren gegen die Buchpreisbindung in den Niederlanden einstellen, weil die dortigen Verlage sie auf eigene Bücher zum Verkauf im eigenen Land beschränkten. Freie Preise für Importe waren dort also genauso wie schon in einer Reihe anderer EU-Mitgliedstaaten problemlos möglich, nur in Deutschland und Österreich nicht.

Im Herbst trat die neue Kommission unter Romano Prodi ihr Amt an. Die Preisbindung war einer der laufenden Fälle, die ich in jenen Wochen besonders intensiv mit meinem Nachfolger, Mario Monti, besprach. Die große Frage war, ob er endlich brauchbare Vorschläge auf den Tisch bekommen würde. Ich hoffte, die beiden Verbände würden nach meinem Abgang als erklärter Bösewicht endlich fair spielen. Sollten sie ruhig verbreiten, mein Nachfolger verfüge eben über die Einsicht, die mir stets abgegangen sei. Die über Jahre herausgeschundene deutsche Sonderbehandlung jedoch mußte aufhören. Mario Monti bewies großes Geschick im Umgang mit den beiden Verbänden. Er setzte ihnen ein Ultimatum und bedeutete ihnen höflich, aber bestimmt, daß er darüber hinaus keinen Aufschub dulden könne. Und siehe da: Deutschland und Österreich haben zum 30. Juni 2000 die grenzüberschreitende Preisbindung abgeschafft.

Man hat mir in diesem Falle oft Verblendung vorgeworfen. Das kann nach Jahren abenteuerlicher, ja verwegener Informationspolitik nicht überraschen. Erstaunlicher ist schon, wie lange es einer gut organisierten Branche selbst im Medienzeitalter gelingen kann, ihre rein wirtschaftlichen eigenen Interessen hinter den Argumenten eines heiligen Krieges für die kulturellen Werte einer Nation zu verstecken. Dabei spielte natürlich keine geringe Rolle, daß dieselben Unternehmen oft Zeitungen und Bücher zugleich verlegen. So mancher Zeitungsverleger ließ sich jedes Wort zur Buchpreisbindung vorlegen, bevor es gedruckt wurde. Immer wieder ignorierten Zeitungen Beiträge ihrer sachkundigen Brüsseler Korrespondenten zu Gunsten solcher von Mitarbeitern, die nie bei uns vorgesprochen haben. Der Chefredakteur eines bekannten Hamburger Magazins gar riet seinem Brüsseler Korrespondenten zur Linientreue, denn schließlich würde auch seine Gewinnbeteiligung leiden, wenn die Preisbindung für Zeitschriften fiele. Einen meiner Leute zitierte das ZDF als einsamen Statisten zu einer exklusiven Talkshow, in der ansonsten die Preisbindungsverfechter unter sich waren. Immerhin fiel dies einem Journalisten der »Süddeutschen Zeitung« auf, der die sinnigerweise »Mit mir nicht!« betitelte Sendung scharf kritisierte und den Mut des Beamten lobte. Selbst die »Financial Times« war befremdet, daß man ausgerechnet mich nationalsozialistischen Gedankenguts verdächtigte, die deutschen Medien blieben ungerührt. Wichtig ist aber nicht meine Person, sondern vielmehr die Feststellung, daß Wirtschaftskreise bei der Durchsetzung ureigener Partikularinteressen auf die Unterstützung der deutschen Regierung bauen dürfen. Das ist das Schlimme. Und der Streit um die Buchpreisbindung war ja in dieser Beziehung kein Einzelfall. Immer wieder glauben einzelne Mitgliedstaaten, und besonders oft eben Deutschland, was für die anderen gelte, müsse deswegen noch lange nicht für sie gelten. Dies halte ich für viel beunruhigender als die Folgen der diversen Schlammschlachten, von denen sich der Mensch erholt.

KAPITEL 8

SPORT OHNE GRENZEN

Dem Sport galt seit jeher mein ganz besonderes Interesse. In meiner Jugend war ich selbst ein nicht völlig verdienstloser Leichtathlet, und noch heute verfolge ich das Geschehen in der Leichtathletik sehr genau – obwohl ich gestehen muß, daß die Dopingaffären meinen Enthusiasmus etwas abgekühlt haben. Früher spielte ich auch Fußball, war jedoch für einen Torwart etwas zu klein. Bei meinem ersten Spiel landeten nicht weniger als sieben gegnerische Bälle in meinem Tor. Daraufhin versuchte ich mein Glück als Mittelfeldspieler, doch als ich mich als Siebzehnjähriger wieder der Schule zuwandte, fanden meine Träume von einer steilen Fußballerkarriere ein abruptes Ende.

Daß ich einmal von Berufs wegen, noch dazu auf europäischer Ebene, etwas mit Sport zu tun haben würde, hätte ich nie gedacht – und dazu noch als Kommissar für Wettbewerbspolitik. Was hat freier Wettbewerb mit Sport zu tun? Diese Frage hat man mir unzählige Male gestellt. Die Europäische Union verfügt auf dem Gebiet des Sports kaum über eigene Befugnisse. Diese sind den einzelnen Mitgliedstaaten vorbehalten oder, wie in Belgien, deren Teilgebieten. Das Subsidiaritätsprinzip muß gewahrt werden; wir dürfen uns nicht in Angelegenheiten einmischen, die auch auf einer niedrigeren Ebene geregelt werden können.

Doch kann diese Argumentation heute noch für den inzwischen hyperkommerzialisierten Leistungssport gelten? Er hat sich binnen kurzer Zeit zum *big business* entwickelt, und seine wirtschaftliche Bedeutung nimmt weiter stetig zu: 1997 machte das Geschäft mit dem Sport bereits 3 Prozent des Welthandels aus. Das Sponsoring brachte damals schon um die 13 Milliarden Euro ein, die Fernsehrechte 37 Milliarden und der Ticketverkauf noch einmal 44 Milliarden. Der europäische Anteil an diesem Kuchen belief sich auf 36 Prozent, nur übertroffen von dem der Vereinigten Staaten mit 42 Prozent. Innerhalb Europas liegt Deutschland mit einem Anteil von 30 Prozent an der Spitze, vor Großbritannien mit 22 Prozent, Italien mit 17 Prozent und Frankreich mit 15 Prozent.

Sportklubs und -vereine entwickeln sich mehr und mehr zu professionell geführten Unternehmen. Einige von ihnen sind sogar an die Börse gegangen oder vermarkten eigene Fernseh- und andere kommerzielle Rechte über die Landesgrenzen hinweg. Die Spiele der Bundesliga, der englischen Premier League sowie der italienischen und spanischen Fußball-Ligen werden in den Medien überall in Europa, ja sogar weit darüber hinaus, intensiv verfolgt. Die wirtschaftliche Bedeutung nationaler Fußballspiele macht also schon lange nicht mehr an den eigenen Landesgrenzen halt, ganz zu schweigen von den europäischen und internationalen Spielen. Die wirtschaftlichen Interessenkonflikte, die sich daraus ergeben, sind überwiegend europäischer oder zumindest grenzüberschreitender Natur und können daher meistens nicht auf nationaler Ebene gelöst werden.

Die Kommission mußte sich folglich, vor allem in der zweiten Hälfte der 1990er Jahre, mit zahlreichen Fällen befassen, die mit Profisport oder dessen Organisationen zu tun hatten. Die Bandbreite reichte vom Internationalen Olympischen Komitee über die UEFA, die FIFA, die Organisation der Fußballweltmeisterschaft in Frankreich, die Formel Eins, den Verkauf von Fernsehrechten (unter anderem die Praxis des kollektiven Verkaufs von Fußballrechten durch den DFB) bis hin zum Transfer von Ronaldo.

Als ich im September 1999 die Kommission verließ, waren dort noch über fünfzig Fälle anhängig, die in irgendeiner Weise mit Sport zu tun hatten. Im Gegensatz zu dem Bild, das die Medien gern von mir vermittelten, nämlich dem des hyperaktiven Wettbewerbskommissars, der sich ständig ungefragt in den Sport einmischt, ging es dabei fast immer um Beschwerden, die Wettbewerber oder Betroffene selbst bei uns eingereicht hatten.

Ein Fußballer klagt an

Schon 1974 hatte der Europäische Gerichtshof erklärt, daß die Statuten des Vertrags von Rom auch für den Profisport zu gelten haben. Der breiten Öffentlichkeit wurde dies jedoch erst nach dem berühmten Bosman-Urteil so richtig klar. Jean-Marc Bosman war ein Fußballer, der seine besten Zeiten eigentlich schon hinter sich hatte, aber trotzdem noch eine Weile als Profifußballer spielen wollte. Sein Verein, Royal Club Liègeois in Lüttich, bot ihm die Verlängerung seines Vertrags um ein Jahr an. Doch anstatt wie bisher 120 000 BEF monatlich, etwa 3 000 Euro, sollte er nur noch 30 000 BEF, knapp 750 Euro, erhalten: ein Hungerlohn. Bosman weigerte sich, den Vertrag zu unterzeichnen. Daraufhin wurde er auf die Transferliste gesetzt, und obwohl sein Vertrag auslief, verlangte RCL Lüttich eine Transfersumme von etwa 30 000 Euro. Bosman schaute sich selbst nach etwas Neuem um, und schließlich fand sich die französische Zweitliga-Mannschaft Dünkirchen dazu bereit, ihm 100 000 BEF im Monat zu zahlen. RCL Lüttich und Dünkirchen einigten sich auf eine Transfersumme von 4,8 Millionen Belgischen Franken. Der Transfer konnte jedoch nur stattfinden, wenn der Belgische Fußballverband ein Transferzertifikat ausfertigte. Dies geschah jedoch nicht, und außerdem sperrte RCL Jean-Marc Bosman für den Rest der Spielzeit. Die Folge: Bosman wurde nicht nur zur Untätigkeit gezwungen, sondern auch um Lohn und Brot gebracht.

Daraufhin tat Bosman etwas, was Fußballfunktionäre und andere sportliche Autoritäten einem Sportler oder einer Sportlerin niemals verzeihen: Er wandte sich an ein Gericht, um seine Rechte durchzusetzen. Bis heute wird sein Name deswegen in Sportlerkreisen nur mit Verachtung genannt. Mir ist immer wieder aufgefallen, wie sehr sich in jenen Jahren nationale wie internationale Sportinstitutionen wie von Gottes Gnaden über das Recht erhaben wähnten. Wenn Probleme auftraten, genügte im allgemeinen ein Anruf beim Minister, ein Besuch bei einem befreundeten hohen Verwaltungsbeamten, ein Plätzchen auf der Ehrentribüne, und der Sport war wieder einmal gerettet. Denn daß Politiker sich gerne im Glanz von Helden des Sports oder Gewinnermannschaften sonnen, ist überall auf der Welt eine bekannte Erscheinung. Auch ich war nicht immun dagegen, und an sich ist ja auch gar nichts dagegen einzuwenden. Doch es geht zu weit, wenn dies zum Verleugnen elementarer Bürgerrechte und der Duldung von Machtmißbrauch oder dubiosen kommerziellen Praktiken führt.

Aufruhr in Luxemburg

Über das Berufungsgericht in Lüttich landete die Sache beim Europäischen Gerichtshof in Luxemburg zur Vorabentscheidung. Bosman wurde von zwei außergewöhnlich hoch motivierten und geschickten Anwälten vertreten, Misson und Dupont, und gemeinsam mit ihnen ging er frontal zum Angriff gegen wesentliche Elemente des bestehenden Systems über. Er legte dar, daß dieses System zwei Grundfreiheiten der Europäischen Union verletze: Erstens hindere ihn die Transferregelung für Profispieler nach Vertragsende daran, seinen Arbeitsplatz innerhalb der Europäischen Union frei zu wählen, wozu

ihn Artikel 39 des EG-Vertrages berechtige. Zweitens verstießen die sogenannten Nationalitätsklauseln, die nationale
Fußballverbände ihren Vereinen auferlegten und die die Anzahl ausländischer Spieler auf drei bis fünf pro Mannschaft be-
grenzten, gegen das Verbot der Diskriminierung zwischen Angehörigen von Mitgliedstaaten der Europäischen Union.

Am 15. Dezember 1995 fällte das Gericht sein Urteil. Dabei
folgte es den Schlußanträgen von Generalanwalt Carl-Otto
Lenz, die Bosman in ziemlich allen Punkten recht gaben. Das
Gericht bestätigte noch einmal, daß Sport, insofern es sich um
kommerzielle Aktivitäten handelt, sehr wohl unter das Gemeinschaftsrecht und nicht in den Bereich der Kultur fällt. Es ging
folglich um den freien Verkehr von Arbeitnehmern, der ein
Grundrecht der Bürger der Europäischen Union darstellt. Gegen
dieses Recht kann auch die Subsidiarität nicht ins Feld geführt
werden, wie es die deutsche Regierung während der Verhandlung versucht hatte. Die Deutschen behaupteten sogar, Fußball
habe in den meisten Fällen nichts mit wirtschaftlichen Aktivitäten zu tun. Schon bald wurde deutlich, wie lächerlich dieser Ein-
wand war. Es war außerdem sehr bemerkenswert, daß sich auch
Frankreich und Italien in dieser Sache zu Wort meldeten – und
zwar gegen die Interessen Jean-Marc Bosmans.

Der Präsident drückt ein Auge zu

Dieses Urteil verpaßte auch der Europäischen Kommission einen ordentlichen Seitenhieb. Die UEFA hatte sich nämlich auf
ein *gentlemen's agreement* mit der Kommission berufen. Die
Kommission hatte zunächst jahrelang in bezug auf den Sport,
hauptsächlich den Fußball, eine Duldungspolitik betrieben, insbesondere was die freie Wahl des Arbeitsplatzes und das Verbot der Diskriminierung von Ausländern betraf. In der ersten

Kommission Delors, also während der zweiten Hälfte der
1980er Jahre, wies dann Peter Sutherland, der für die Wettbewerbspolitik verantwortlich war, die UEFA und die nationalen
Fußballverbände ausdrücklich darauf hin, daß gewisse Praktiken gegen diese Grundsätze verstießen, und riet ihnen, die
entsprechenden Regelungen anzupassen, bevor es am Ende
zu spät sei. Der gute Rat wurde in den Wind geschlagen, und
alle Versprechen, die Sitten und Gebräuche im Fußball dem
Gemeinschaftsrecht anzupassen, blieben hohl. Statt dessen
tat man sich in Lobbys zusammen und schaltete befreundete
Politiker ein, damit alles beim alten bleiben konnte.

Die Kommission hatte damals natürlich auch ganz andere
Probleme: Die Entwicklung des Binnenmarktes kam in Gang,
die europäische Währungsunion mußte vorbereitet werden,
und die Welthandelsgespräche im Rahmen der Uruguay-Runde waren in eine Sackgasse geraten. Außerdem war die Mehrheit der Kommissionsmitglieder noch immer der Meinung,
man solle sich so wenig wie möglich in Sportangelegenheiten
einmischen. Letzteres galt auch für den damaligen Kommissionspräsidenten. Jacques Delors war ein großer Sportfan, der
sich besonders für Breitensport wie Fußball oder Radrennen
begeistern konnte. Jedes Jahr verfolgte er in einem Begleit-
wagen mindestens eine Etappe der Tour der France aus nächster Nähe. Montags kommentierte er als echter Kenner die
Fußballspiele des vergangenen Wochenendes und übte zuwei-
len beißende Kritik an Spielern wie Trainern. Gelegentlich hätte er nur zu gern ein paar von ihnen, die eine schwache Leistung gezeigt hatten, eigenhändig entlassen, wenn er gekonnt
hätte. Die Spitzenfunktionäre der Sportverbände und Vereine
stießen bei ihm auf viel Sympathie und Verständnis. Daher
konnten keinerlei Zweifel daran bestehen, daß sie vor allem
auf Delors zählten, um sicherzustellen, daß die Dinge möglichst so blieben, wie sie waren.

Zu Beginn der 1990er Jahre kam dann auf Betreiben Martin Bangemanns ein *gentlemen's agreement* zustande, das die sogenannte »3 + 2-Regel« festschrieb. Diese Übereinkunft lief darauf hinaus, daß ab dem 1. Juli 1992 bis zu drei Ausländer je Mannschaft an einem Spiel teilnehmen durften, aber auch nicht mehr als drei. Fünf konnten eingesetzt werden, falls zwei davon seit mindestens fünf Jahren ununterbrochen in dem betreffenden Land spielten. Dieser Kompromiß, den die UEFA nur sehr widerwillig akzeptierte, war natürlich noch meilenweit von dem entfernt, was der EG-Vertrag den europäischen Bürgern als ihr Recht zuerkennt. Die Kommission behandelte also die UEFA und die Fußballverbände durchaus weiterhin besonders wohlwollend. Doch dann kam plötzlich das Bosman-Urteil und verkündete, die Kommission habe ihre Kompetenzen überschritten, indem sie mit der UEFA ein dubioses *gentlemen's agreement* traf, das, jedenfalls nach Meinung des Gerichts, einen eindeutigen Vertragsverstoß hinnahm. Für die Kommission, die ja gerade die Einhaltung der Verträge zu überwachen hat, war dies ein Schlag ins Gesicht.

Am Tag der Urteilsverkündung befand ich mich gerade in Deutschland, auf dem Weg zurück nach Brüssel. Ich hatte erwartet, daß das Gericht im Sinne Bosmans entscheiden würde, nicht nur, weil frühere Urteile darauf hinwiesen, sondern auch wegen des absolut eindeutigen Plädoyers von Generalanwalt Lenz. Ich hatte aber zugleich damit gerechnet, daß das Gericht eine Übergangsphase festlegen würde, um die doch sehr weitreichenden Folgen seiner Entscheidung abfedern zu können. Ich hatte sogar meinen Dienststellen den Auftrag erteilt, Vorschläge für eine solche Regelung zu erarbeiten. Doch das Gericht war ganz offensichtlich der Ansicht, der jahrelang erkennbare Unwille der Sportverantwortlichen, Veränderungen voranzutreiben, erlaube keinen weiteren Aufschub. Dabei spielten wohl auch die Arroganz, mit der versucht worden war, auf das Gericht Druck auszuüben, sowie nicht zuletzt die eindeutige Rechtslage eine Rolle. Jedenfalls war von einer Übergangsfrist in der Entscheidung keine Rede.

Die Presse verlangte sofort eine Stellungnahme der Kommission. Da das Gericht die Entscheidung mit dem Recht auf freie Wahl des Arbeitsplatzes und nicht mit dem Wettbewerbsrecht begründet hatte, war dies im Grunde die Aufgabe von Pádraig Flynn, meinem für soziale Angelegenheiten zuständigen irischen Kollegen. Da er jedoch nicht anwesend war, sprang ich für ihn ein. Ich ließ keinen Zweifel daran, daß dieses Urteil ein Meilenstein sei und in seiner Gesamtheit unverzüglich zu befolgen war. Schluß mit der Duldungshaltung. Das Gericht hatte Recht gesprochen, und die Kommission mußte und würde sich fortan konsequent daran halten. Als Warnschuß fügte ich hinzu, daß die Beschwerden gegen die UEFA, die bei uns anhängig waren, nun entsprechend zügig bearbeitet werden würden.

Die ganze Angelegenheit stieß auf große Resonanz. Der Pressesaal der Kommission war brechend voll. Es gab auch eine direkte Verbindung vom Pressesaal in Brüssel nach Madrid, wo der Europäische Rat gerade tagte und sich deshalb zahlreiche Journalisten aufhielten. Sie konnten von dort aus die Informationen über das Bosman-Urteil und meinen Kommentar dazu verfolgen. Auch die verschiedenen Staats- und Regierungsoberhäupter wurden unmittelbar mit dem Urteil konfrontiert. Es ergab sich also durch reinen Zufall, nämlich die Abwesenheit eines Kollegen, daß mein Name später mit dem Bosman-Urteil assoziiert wurde, so sehr, als hätte ich es selbst abgefaßt.

Verärgerung in Sportkreisen

Ich war mir gar nicht so sicher, daß das, was ich bei der Pressekonferenz gesagt hatte, bei allen meinen Kollegen auf einhelli-
ge Zustimmung stoßen würde. Der ein oder andere hatte
meine Äußerungen gewiß mit Stirnrunzeln zur Kenntnis genommen, nicht jedoch Jacques Santer und die beiden für den
Sport zuständigen Kollegen, Pádraig Flynn und Marcelino Oreja. Trotz starken Drucks von außen, böser Anrufe und abfälli-
ger Bemerkungen sollte diese Linie in den nächsten Jahren
konsequent verfolgt werden. Die Sportverbände waren wütend, denn sie konnten nicht mehr damit rechnen, daß die
Kommission ein Auge zudrücken würde.

Es sollte noch eine Weile dauern, bis die Sportorganisatio-
nen sich herabließen, von ihrem hohen Roß abzusteigen, um
wie erwachsene Menschen gemeinsam mit der Kommission
darüber nachzudenken, wie bestimmte Probleme unter Beachtung des Urteils abgemildert werden könnten. Zunächst
spannten sie aber befreundete Premierminister und Sportmi-
nister vor ihren Karren. Sie waren nämlich der Meinung, daß,
wenn der Vertrag schon die freie Wahl des Arbeitsplatzes und
ein Verbot der Diskriminierung von Bürgern der EU vorschrie-
be, dann eben der Vertrag zugunsten der Sportverbände
geändert werden müsse!

Der damalige belgische Premierminister Jean-Luc Dehaene,
begeisterter Anhänger des Fußballvereins Club Brügge K.V.
und der »Roten Teufel«, der belgischen Nationalmannschaft,
ansonsten aber ein Monument gesunden Menschenverstands,
ließ sich von dieser Strömung mitreißen und setzte sich
tatsächlich bei seinen Kollegen dafür ein, den EG-Vertrag den
Wünschen der Fußballbosse anzupassen. Man beabsichtigte, in
den Vertrag von Amsterdam, über den damals verhandelt
wurde, eine Klausel einzufügen, die für den Sport eine Aus-

nahme vorsah. So weit ist es trotz starken Lobbyismus, nicht zuletzt seitens des Olympischen Komitees, jedoch nicht gekommen. Es blieb bei einer nicht bindenden Erklärung als Vertragszusatz. Trotzdem wurde während der ganzen Jahre meiner Amtszeit weiterhin Druck ausgeübt, auch auf die Kommission, das Bosman-Urteil zu ignorieren. Ich habe auch nicht den Eindruck, daß die Sportverbände die Hoffnung aufgegeben haben. Noch Ende 1999 glaubten sie an einen Sieg, als die neue Luxemburger Kommissarin Viviane Reding, die unter anderem für den Sport zuständig ist, einige unglückliche Aussagen machte, die falsche Hoffnungen weckten. Allerdings stellte die Kommission die Ordnung rasch wieder her.

Anders in Deutschland: Nachdem das Bundeskartellamt den kollektiven Verkauf von Fernsehrechten für UEFA-Spiele deutscher Mannschaften als gesetzwidriges Kartell bezeichnet hatte und dies die deutschen Justizbehörden bestätigt hatten, beschlossen die Politiker in Rekordzeit, einfach das deutsche Gesetz zu ändern. Für einen Rechtsstaat erscheint mir das ziemlich bedenklich.

Die Affäre Ronaldo

Durch das Bosman-Urteil war der Damm gebrochen, und bei der Kommission gingen immer mehr Beschwerden über wirkliche oder vermeintliche Probleme und Mißstände ein. Sie reichten von Diskriminierungen bei Sponsorenaktivitäten und Auswahlkriterien für Athleten bei Länderwettkämpfen über den Kartenverkauf, das gesamte komplexe System der Fernsehübertragungsrechte (Exklusivität, Dauer, kollektiver An- und Verkauf), die Niederlassungsfreiheit von Sportvereinen (auch eventuelle Delokalisierung), die Gründung neuer Verbände oder rivalisierender Meisterschaften und Machtmiß-

brauch seitens der Sportverbände bis zum Problem eines gemeinsamen Eigentümers mehrerer Vereine, die miteinander
im Wettbewerb stehen. Auf einige dieser Probleme komme ich
später zu sprechen.

Jedenfalls waren wir, offen gestanden, auf eine solche Lawi-
ne von Sportangelegenheiten gar nicht vorbereitet. Meine Mitarbeiter waren ohnehin bereits durch die immer stärker wachsende Zahl von Kartellfällen überlastet. Trotzdem gelang es
uns, eine kleine Gruppe hochmotivierter Beamter auch aus
den Generaldirektionen von Pádraig Flynn (Arbeit und Soziales) und Marcelino Oreja (Bildung und Kultur) zu versammeln,
um die Dinge in das richtige Fahrwasser zu bringen. Zwei Da-
men, Pascale Wolfcarius und Maria-José Bicho, bearbeiteten
mit großem Einsatz die vielen Sportfälle, und überdies hatte
ich in meinem Umfeld ein paar hervorragende Sportkenner,
wie meinen Sprecher Willy Hélin und meinen stellvertretenden
Kabinettschef Marc Van Hoof.

Manchmal galt es, schnell handeln, wie im Fall des Fußball-
spielers Luiz Nazario de Lima, besser bekannt als »Ronaldo«.
Dieser hatte vorzeitig seinen Vertrag mit dem FC Barcelona
gekündigt, weil er bei Inter Mailand noch mehr Geld verdienen
konnte. An und für sich hatte diese Geschichte nichts mit dem
Bosman-Urteil zu tun. Die Kündigung eines laufenden Arbeits-
vertrages und dessen Rechtsfolgen regelt das anwendbare nationale Recht.

Doch dann wurde Brüssel trotzdem in die Sache hineingezogen. Der FC Barcelona weigerte sich nämlich, ein internationales Transferzertifikat auszustellen, wodurch Ronaldo vorläufig
nicht für Inter Mailand spielen konnte – und für die Gewährleistung des Rechts auf die freie Wahl des Arbeitsplatzes, zumindest bei Staatsangehörigen eines EU-Mitgliedstaates, ist nun
einmal die Kommission zuständig. Das Erfordernis eines solchen internationalen Transferzertifikates hatte die FIFA mit

ihrem Rundschreiben Nr. 616 vom 4. Juni 1997 eingeführt. Wieder waren es mein Kollege Flynn und ich, weil ja unter Umständen auch Wettbewerbsaspekte eine Rolle spielen mochten, die gemeinsam sofort an die FIFA schrieben. Vertragsbruch ist eine Sache; sie muß auf nationaler Ebene geklärt werden. Doch jemanden daran zu hindern, seinen Beruf auszuüben, indem man Arbeitsplatzwechsel innerhalb der Europäischen Union erschwert, ist etwas ganz anderes. Schließlich ist der Grundsatz der freien Wahl des Arbeitsplatzes im EG-Vertrag fest verankert.

Unser Brief ging nicht nur auf den konkreten Fall Ronaldo ein, der ja brasilianischer Staatsbürger ist, sondern wandte sich grundsätzlich gegen das FIFA-Rundschreiben Nr. 616, weil es ganz eindeutig das Recht auf die freie Arbeitsplatzwahl verletzte. Schon am 2. Juli 1997, keinen Monat nach dem Erlaß des Rundschreibens also, setzten wir Joseph Blatter, den Generalsekretär der FIFA, von unseren Vorbehalten in Kenntnis. Wir forderten ihn auf, die Bestimmung rückgängig zu machen, was auch rasch geschah. Indirekt war diese Sache tatsächlich eine Folge des Bosman-Urteils: Die FIFA versuchte nämlich nichts anderes, als durch die Einführung zusätzlicher Bedingungen Spieler weiter daran zu hindern, zu einer anderen Mannschaft zu wechseln, und aufgrund des gerichtlich festgestellten groben Verstoßes gegen europäisches Recht mußten wir dem einen Riegel vorschieben.

Die Kommission im Rennen gegen die Formel Eins

Bernie oder, wie er mit vollem Namen heißt, Charles Bernhard Ecclestone ist ohne Zweifel die schillerndste Figur des ganzen Motorsports. Er steht, wenn auch nicht juristisch, so doch de facto, gemeinsam mit seinem Freund Max Mosley an der Spitze der gigantischen Geldmaschine genannt »FIA Formula One World Championship«, kurz Formel Eins. Dabei geht es vor allem um die siebzehn Rennen, die jährlich in aller Welt ausgetragen werden. Der Betrag, den eine Rennstrecke bezahlen muß, um ein Formel-Eins-Rennen ausrichten zu dürfen, wird auf etwa 10 Millionen Dollar geschätzt – und wer ein Rennen organisieren will, kommt an Ecclestone und Mosley nicht vorbei. Ecclestone wird in Rennfahrerkreisen nicht umsonst als aufgeklärter Despot bezeichnet. Ohne seine Zustimmung läuft auf den Rennstrecken und in ihrer direkten Umgebung praktisch gar nichts.

Schon in den 1970er Jahren gelang Ecclestone, der seine Karriere im Formel-Eins-Rennstall von Jack Brabham begann, ein großer Coup, indem er zusammen mit einigen anderen Formel-Eins-Teams die FOCA (Formula One Constructors Association) zur Förderung des Formel-Eins-Rennsports gründete. Unter anderem über diese Kanäle sollte er nach und nach immer mehr Einfluß auf die kommerzielle Vermarktung von Formel-Eins-Rennen gewinnen. Ab 1981 wurden sogenannte Concorde-Übereinkünfte geschlossen, durch die der Internationale Automobilverband (Fédération Internationale de l'Automobile – FIA) der FOCA (später FOA) ein Exklusivrecht für den Abschluß von kommerziellen Verträgen im Zusammenhang mit Formel-Eins-Rennen, einschließlich der Medienrechte, einräumte. Damit verfügte der gut organisierte und kaufmännisch überaus gewiefte Ecclestone über eine wahre Goldgrube. Man muß ihm lassen, daß er es verstand, mit eiserner Hand die Fernseh- und andere kommerziellen Rechte zu versilbern, die die Formel-Eins-Rennen zu einem besonders populären Zuschauersport gemacht haben.

In der Tat sind die Zuschauerzahlen vergleichbar mit denen der Olympischen Spiele oder der Fußballweltmeisterschaft. Ein Zuschauer an der Rennstrecke selbst kann nur kleine Aus-

schnitte erkennen. Das Fernsehen hingegen bietet ganz andere Möglichkeiten, wie Kameras am Helm der Fahrer und an der
Seite des Cockpits. Der Zuschauer fährt quasi selbst mit. In
Zukunft wird es möglich sein, gemütlich zu Hause auf dem
Sofa sitzend, mit der Fernbedienung von einem Fahrer zum anderen zu schalten. Auch Bilder von verschiedenen Punkten an
der Rennstrecke oder von den Boxen aus, mit dem Blick den
Boliden folgend, werden durch die digitale Fernsehtechnik
möglich.

Mit diesen Aussichten und dem Monopol auf die Übertragungsrechte in der Hand, wollte Ecclestone als nächstes mit
seiner Firma an die Börse gehen, um so ein paar Milliarden
Dollar zu machen. Ecclestone, bis dahin »nur« ein Rennsport-
gigant, hoffte, den Sprung zum Medientycoon zu schaffen.

Money, honey

Ich stieß eher zufällig auf diese Sache, die später so großes
Aufsehen erregen sollte. Als ich Anfang 1995 alle Dienststellen
meiner Generaldirektion besuchte, um gemeinsam mit meinen
Beamten die anhängigen Fälle zu besprechen, fiel mein Augenmerk auf die FIA-Akte. Im Juli 1994 hatte der Internationale Automobilverband einige Sport- und Sicherheitsregeln
für Autorennen angemeldet. Deren kommerzielle Seite fand
hingegen kaum Erwähnung. Es schien damals auf den ersten
Blick diesbezüglich auch keine Probleme zu geben. Und gegen
strenge Sicherheitsauflagen im Automobilbereich kann doch
niemand etwas haben?

Im Januar 1996 fand mein erstes Treffen mit Max Mosley,
dem FIA-Vorsitzenden statt. Ich erklärte ihm, daß Absprachen
über Sicherheitsvorschriften natürlich kein Problem darstellten, vorausgesetzt, daß sich dahinter keine anderen Praktiken

wie Machtmißbrauch oder Diskriminierung verbargen. Um dies untersuchen zu können, müßten uns allerdings sämtliche Sicherheitsvorschriften vorliegen, was zu diesem Zeitpunkt noch nicht der Fall war. Mosley versprach mir, sie rasch zu besorgen, und drängte seinerseits auf eine rasche – positive – Entscheidung. Ich versprach ihm, über einen sogenannten *comfort letter* nachzudenken, eine halbamtliche schriftliche Erklärung der Kommission, mit den angemeldeten Maßnahmen einverstanden zu sein. Doch dieses Schreiben, so fügte ich hinzu, würde sich einzig und allein auf die Sicherheitsvorschriften beziehen.

Zu unserer Verwunderung erhielten wir erst fünf Monate später die fehlenden Informationen – eine Liste mit ungefähr zweitausend Klauseln. Bei näherem Hinsehen zeigte sich, daß diese Liste nicht nur Sicherheitsvorschriften, sondern auch eine Reihe von Bestimmungen enthielt, deren Ziel es war, die Macht der FIA zu untermauern. Das ließ einen gesonderten *comfort letter* allein zu Sicherheitsfragen problematisch werden.

Außerdem hatte Mosley bei seinem Besuch im Januar 1996 »vergessen«, uns etwas Wichtiges zu erzählen. Kurz zuvor hatte die FIA die sogenannten *broadcasting resolutions* beschlossen, die darauf hinausliefen, daß alle Fernsehrechte von internationalen Wettbewerben, FIA-Meisterschaften oder von der FIA genehmigten Wettbewerben fortan Eigentum der FIA wurden. Dieser kommerzielle Machtstreich sorgte in der Welt des Motorsports für einige Verärgerung. Aus verschiedenen Richtungen wurde vorsichtig Kontakt mit meiner Behörde aufgenommen mit der Frage, ob man es nicht mit Machtmißbrauch zu tun habe. Dabei wurde um äußerste Diskretion ersucht – die Furcht vor eventuellen Folgen schien tief zu sitzen.

Diese Anfragen warfen ein ganz neues Licht auf die Sache. Es wurde immer deutlicher, daß FIA, FOA und das Medienunternehmen International Sportsworld Communicators Ltd (ISC) sehr eng miteinander verknüpft waren. Ein zweiter Aspekt, der meine Aufmerksamkeit erregte, war, daß seit März 1997 in den Medien immer häufiger über einen möglichen Börsengang von Bernie Ecclestones Unternehmen spekuliert wurde. Aus diesem Grund wollten Mosley und Ecclestone der Börse und der Öffentlichkeit so bald wie möglich signalisieren können, daß man mit Brüssel ein Herz und eine Seele sei. Am 21. Mai besuchten mich die beiden Herren. Ganz offensichtlich waren sie nach Brüssel gekommen, um mir klarzumachen, daß ihre Geduld Grenzen habe. Wo der versprochene *comfort letter* denn nun bliebe? Ich setzte ihnen ohne Umschweife auseinander, warum er nicht ausgefertigt werden konnte, und nach einer Weile herrschte zwischen uns eine recht gespannte Atmosphäre.

Ecclestone begann zu drohen, seine Formel-Eins-Rennen aus Europa abzuziehen und nach Asien zu verlagern. In diesem Gebiet lebten 60 Prozent des potentiellen Fernsehpublikums und herrsche allergrößtes Interesse.

Zwei Wochen später erhielt ich einen Brief von Mosley, der die Sache noch einmal auf einen Nenner brachte: Erhalte er nicht binnen zweier Wochen einen auf die Formel Eins beschränkten *comfort letter*, so drohe der geplante Börsengang der FOA ein Fiasko zu werden, was ernsthafte Folgen für den europäischen Motorsport und die digitale Fernsehtechnik haben werde. Werde überdies auch der wichtigste Bereich der europäischen Motorindustrie noch aus Europa wegverlagert, so hätte dies drastische Folgen für die entsprechenden Wirtschaftsbereiche und Arbeitsplätze. Mit kaum verhohlenen drohendem Unterton fügte Mosley hinzu, daß dies doch wohl sehr schädlich wäre für die europäischen Interessen.

Das roch schon ziemlich stark nach Erpressung. Wenn ich nicht bereit wäre, in die Knie zu gehen, würde der Kommission vorgeworfen, sie habe europäischen Interessen geschadet und einen äußerst populären Sport aus Europa verbannt. Die öffentliche Meinung würde gegen die Kommission aufgehetzt. Mosley bat sehr kurzfristig um eine neue Unterredung, und zwar binnen einer Woche. Der Börsengang sei eine sehr ernste Sache, die wir unverzüglich angehen müßten, ließ er wissen. Schon das Ansinnen, sofort einen *comfort letter* zu erhalten, zeugte von einer völligen Geringschätzung der Arbeitsweise, zu der die Kommission unter der Kontrolle des Europäischen Gerichts verpflichtet ist. Im Grunde forderte Mosley, daß wir uns über sämtliche Grundprinzipien von Recht, Verwaltungsverfahren sowie allgemein seriösem und professionellem Vorgehen hinwegsetzen sollten. Außerdem verfügte meine Behörde noch immer nicht über alle notwendigen Informationen. Der zuständige Direktor in meiner Behörde, John Temple Lang, bemerkte gar, man könne mit der Arbeit ja noch nicht einmal ernsthaft beginnen.

In Anbetracht der Tatsache, daß in den folgenden Tagen bereits Kontakte zwischen der FIA und meinen Leuten geplant waren, beschloß ich, die Dinge sachlich und juristisch-technisch anzugehen. Dies brauchte ich meinen Mitarbeitern ohnehin nicht zweimal zu sagen. Statt Mosley zu empfangen, schrieb ich daraufhin an ihn, verwies ihn an die üblichen Verfahrensschritte und schloß mit dem Hinweis, daß Drohungen an meine Adresse uns nicht von einer gründlichen Prüfung abhalten würden.

Ein Parlamentsmitglied tritt in Aktion

Als Mosley merkte, daß seine Drohungen wirkungslos verpufften, schlug er eine andere Richtung ein. Von Anfang an hatte er Alan Donally, Mitglied des Europäischen Parlaments, eingeschaltet, der als aktiver und kompetenter Abgeordneter bekannt war und sich in seinem Wahlbezirk stark engagierte.

Einer der Fälle, die er verfolgte, betraf Schiffswerften, und in diesem Zusammenhang hatten wir regelmäßig Kontakt. Es hat mich übrigens nie gestört, wenn Abgeordnete zu mir kamen, um mehr über Angelegenheiten zu erfahren, mit denen ich mich befaßte. Ganz im Gegenteil! Gelegentlich kam es auch vor, daß ein Europaparlamentarier um einen Gesprächstermin für bestimmte Delegationen bat. Oft begleitete der oder die Betreffende auch die Besucher. Das alles störte mich ebensowenig. Doch im Fall von Donally sah es allmählich stark nach Lobbyismus aus. Anfangs dachte ich, Mosley habe Donally eingeschaltet, um sich als Labour-Mann zu profilieren, was Mosley mir gegenüber auch glauben machen wollte, vielleicht, weil er sich dadurch ein größeres Entgegenkommen meinerseits erhoffte. Als sei ich bereit gewesen, deswegen die Glaubwürdigkeit und Geradlinigkeit der Europäischen Wettbewerbspolitik aufs Spiel zu setzen! Dieser falschen Einschätzung bin ich des öfteren begegnet. Ich mußte viele politische Freunde enttäuschen, die offensichtlich davon ausgingen, politische Affinität reiche aus, um sich Vorteile zu verschaffen.

In den Wochen und Monaten nach den Drohungen Mosleys bombardierte mich Alan Donally ständig mit Anrufen, in denen er auf eine neuerliche Unterredung mit Mosley drängte – und vor allem darauf, mich ihm gegenüber etwas entgegenkommender zu zeigen. Wieder und wieder erklärte ich ihm den Stand der Dinge, doch auf die Dauer wurde das Ganze zu einer Belastung, vor allem für meine Mitarbeiter und mein Sekretariat. Mir gegenüber blieb der Ton meist noch korrekt, aber gegenüber meinen Mitarbeitern verhielt sich Donally in einer absolut inakzeptablen Weise und mißbrauchte er sein parlamentarisches Mandat für zusehends dubiose Lobbyarbeit. Es wird wirklich höchste Zeit, daß das Europäische Parlament solche finsteren Zustände, die allzuoft herrschen, einmal aufklärt. Ich informierte eine Anzahl guter Bekannter aus der Labour-Gruppe des Europaparlaments und warnte sie vor den Risiken, die mit derartigen Vorgehensweisen einzelner Abgeordneter verbunden sind. Als dann jedoch herauskam, daß Ecclestone auf Drängen von Max Mosley der Labour-Parteikasse eine Million Pfund gespendet hatte, legte sich Donallys Eifer einigermaßen. Um Schlimmeres zu verhindern, ordnete Tony Blair bekanntlich an, die gesamte Summe zurückzuzahlen.

Konkurrenten rufen um Hilfe

Im Mai 1997 wurde auch die erste förmliche Beschwerde eingereicht. Sie kam von AE-TV, einer deutschen Fernsehfirma, die auf die Produktion und den Verkauf von Sendungen über Motorsport, zum Beispiel europäische Truckrennen, spezialisiert ist. AE-TV behauptete, die FIA habe ihre Macht mißbraucht, indem sie für sich selbst, aber vor allem für Ecclestone, die Fernsehübertragungsrechte für sämtliche Autorennen, einschließlich der Truckrennmeisterschaft, an sich gerissen habe. Später sollte AE-TV noch eine zusätzliche Klage im Zusammenhang mit der Formel Eins einreichen.

Im September 1997, drei Monate nach der AE-TV-Klage und mehr als anderthalb Jahre, nachdem sie in Kraft getreten waren, meldete die FIA ihre *broadcasting regulations* bei der Kommission an. So kam es also, daß wir erst durch Beschwerden von der Existenz und der Wirkung dieser Vorschriften, die so wichtig für die Untersuchung waren, erfuhren.

Im November 1997 wurde eine zweite Beschwerde eingelegt, diesmal von dem Unternehmen BPR, das eine GT- oder Tourenwagenmeisterschaft veranstaltete. BPR beschuldigte die FIA, ihr die Fernsehübertragungsrechte der Rennen wegzunehmen, die sie organisierte. Später zog BPR ihre Klage wieder zurück, Gerüchten zufolge, nachdem eine finanzielle Einigung erzielt worden war. Mosley und Ecclestone waren jedenfalls überaus interessiert daran, daß Beschwerden wieder zurückgezogen wurden. Das gelang ihnen auch ein Jahr später wieder mit einer Beschwerde von British-American Racing im Zusammenhang mit einer weiteren neuen FIA-Vorschrift.

Meiner Behörde und mir war inzwischen klar, daß die FIA und Ecclestone ein derartiges Netzwerk von Übereinkünften und Praktiken gestrickt hatten, daß eine tiefgreifende und langfristige Untersuchung mehr als notwendig war. Dennoch versuchten Mosley und Ecclestone, der Öffentlichkeit weiszumachen, es gehe lediglich um Kleinigkeiten und Mißverständnisse. Am 6. Oktober 1997 stand in der »Financial Times«, Ecclestone rechne damit, daß die Übereinkünfte, die er mit der FIA geschlossen habe, die Untersuchung der Kommission ohne weiteres überstehen würden. In der Zeitschrift »Auto-Hebdo« vom 17. Dezember 1997 ging Ecclestone sogar noch weiter: »Die Kommission hat sich begeistert gezeigt über unser Vorhaben, an die Börse zu gehen, und wir haben vor, dies binnen kurzem zu tun.« Auch Max Mosley verbreitete solche guten Neuigkeiten unter seiner Gefolgschaft. Diese Erklärungen, die wissentlich und absichtlich dem Verlauf unserer Untersuchung entgegen liefen, brachten uns in eine mißliche Lage. Wenn nun der Börsengang aufgrund irreführender Berichte über den Stand der Untersuchung der Kommission erfolgte und sich diese hinter der Vertraulichkeit der Untersuchung verschanzte, um keine Kommentare abgeben zu müssen ... Man würde uns zu Recht im nachhinein schwere Vorwürfe machen, daß wir nichts unternommen hätten, um falsche Informationen mit gravierenden finanziellen Folgen rechtzeitig zu korrigieren.

Auch bei der Boeing-Fusion oder bei der Flugallianz von British Airways und American Airlines war es zu einem bestimmten Zeitpunkt notwendig gewesen, die Öffentlichkeit über den Ernst der Lage aufzuklären. So etwas muß natürlich eine Ausnahme bleiben, und man muß von Fall zu Fall entscheiden, wie man dabei am besten vorgeht. Allerdings bin ich durchaus grundsätzlich der Auffassung, daß in der Wettbewerbspolitik größtmögliche Transparenz herrschen muß.

Uns war, wie gesagt, aufgefallen, daß Personen und Unternehmen, die uns bei der Untersuchung nützliche Informationen hätten liefern oder ihre Mithilfe zur Verfügung stellen können, große Angst vor Vergeltungsaktionen seitens der FIA und Ecclestones hatten. Aufgrund dessen baten sie uns, ihre Identität und die Art ihrer Auskünfte strikt geheimzuhalten. In den meisten Fällen weigerten sie sich, uns auch nur einen Buchstaben schriftlich zu geben. Indem sie den Eindruck erweckten, es handele sich nur um einen Sturm im Wasserglas, wollten FIA und FOA darüber hinaus offenbar einige Rennställe soweit wie möglich von der weiteren Zusammenarbeit mit uns abbringen.

Schließlich waren meine Leute fertig mit den sogenannten Warnschreiben an die FIA, FOA und ISC, die sie am 19. Dezember 1997 offiziell abschickten. Sie informierten die Betroffenen über die Reihe mutmaßlicher Verstöße, die wir aufgrund unserer ersten Prüfung festgestellt zu haben glaubten. Vier Tage zuvor hatte ich eine weitere Unterredung mit Mosley gehabt. Ich bereitete ihn auf die Post vor, die er erhalten würde, und erläuterte die wichtigsten Verstöße, die darin zur Sprache kamen. Sein Kommentar dazu war äußerst nüchtern. Er sagte: »Ich glaube, daß die wichtigsten Probleme ohne besondere Schwierigkeiten gelöst werden können.« Ich fragte ihn, welcher Art diese Lösungen denn sein könnten, erhielt aber auf meine Frage keine Antwort.

Ein bedauernswerter Zwischenfall

Ein Warnschreiben ist noch nicht die Eröffnung eines formelles Verfahrens, wohl aber eine Warnung, daß diese später erfolgen kann, falls die Bedenken der Kommission nicht zer-
streut werden können. Wie es sich in einem Rechtsstaat
gehört, werden die Adressaten aufgefordert, ihren Standpunkt
darzulegen und den der Kommission zu entkräften. Wegen der
Bedeutung dieses Verfahrens wollte ich auch nach außen hin
detailliertere Auskünfte geben, um den einseitigen Darstellun-
gen von Mosley und Ecclestone zu begegnen. Journalisten, die
bereits seit einiger Zeit gespannt auf Nachrichten über die
Formel-Eins-Affäre warteten, wies ich auf eine Reihe augen-
scheinlich ernsthafter Verstöße hin, beispielsweise die sehr
langfristigen Exklusivverträge zugunsten der von Ecclestone
kontrollierten FOA oder den um ein Drittel höheren Preis, den
ein Fernsehsender für Formel-Eins-Übertragungen bezahlen
mußte, wenn er auch Bilder konkurrierender Veranstaltungen,
etwa der amerikanischen Indycar-Serie, senden wollte.

Mitte Januar 1998 erschien im »Wall Street Journal« ein Interview mit mir über die Formel-Eins-Affäre. Was ich gesagt
hatte, wurde korrekt, aber gerafft wiedergegeben. Dadurch ergaben sich einige »Slogans«, die die ganze Diskussion noch
zusätzlich anheizten – ein Risiko, das bei jedem Interview besteht. Ich hatte unter anderem gesagt, daß ich mich spontan
an keine Antitrust-Sache erinnern könne, in der wir schon *pri-
ma facie* so viele Verstöße festgestellt zu haben glaubten, daß
diese möglicherweise sehr viel ernster seien, als anfangs angenommen, und daß wir deswegen besonders gründlich wei-
terprüfen müßten.

Leider geschah in diesem Stadium des Verfahrens aber
auch etwas, das nicht hätte passieren dürfen. Beim Versand
der Warnschreiben war mein fester Pressesprecher abwesend.

In einem solchen Fall ist es üblich, daß ein anderes Mitglied des Sprecherdienstes der Kommission einspringt, um die Journalisten auf dem laufenden zu halten. Die Vertreterin fühlte sich diesmal offenbar zu wenig mit dem Fall vertraut und tat etwas Unerlaubtes: Sie gab Kopien der Warnschreiben an fünf interessierte Journalisten heraus, darunter je ein Korrespondent der »Financial Times«, des »Guardian«, der »Times« und des »Wall Street Journal«. Die Sprecherin ging natürlich davon aus, daß diese Journalisten ihre Quelle nicht preisgeben würden. Was genau passierte, ist bis heute unklar, aber höchstwahrscheinlich hat einer der betreffenden Journalisten seinerseits einem Kollegen eine Kopie zugesteckt, und dieser deckte die Quelle auf. Jedenfalls waren Mosley und die Seinen innerhalb kürzester Zeit über das Geschehen informiert. Mosley glaubte nun, er habe ein geeignetes Druckmittel in der Hand, um mich in die Zange zu nehmen und zum Nachgeben zu zwingen. Da der Fehler von jemandem begangen worden war, der nicht unter meine Zuständigkeit fiel, dauerte es eine Weile, bis eine formelle Antwort erteilt werden konnte, auch im Hinblick auf die eventuellen Folgen. Als dann allerdings feststand, daß ein Fehler passiert war, übernahm ich die Verantwortung dafür. Generaldirektor Alex Schaub schrieb an Mosley, daß es sich um ein bedauernswertes Mißgeschick handele, das nicht hätte passieren dürfen.

Angesichts der Tatsache, daß Mosley gleich Anfang Januar 1998 begonnen hatte, mit Prozessen zu drohen, und zwar gegen die Kommission im allgemeinen und mich im besonderen, war uns nur allzu klar, welchen Gebrauch er von diesem Eingeständnis machen würde, wenn wir in der Sache nicht klein beigeben und ihm und Ecclestone recht geben würden. Tatsächlich sollte die FIA ihre wiederholten Drohungen wahr machen und am 29. Mai 1998 offiziell Klage gegen die Kommission als Institution beim Europäischen Gericht Erster Instanz einreichen. Sie beantragte, die Herausgabe der Warnschreiben an die Presse für unrechtmäßig zu erklären und die Kommission zur Zahlung eines hohen Bußgelds zu verurteilen als Ausgleich für die Schädigung des guten Namens der FIA. Bemerkenswerterweise nahm Ecclestone selbst allerdings Abstand von diesem Schritt der FIA.

Während des Weltwirtschaftsforums in Davos Ende Januar 1998 fragte mich der Chef eines großen Unternehmens, ob er mich unter vier Augen sprechen könne. Er erklärte, er sei zwar nicht immer einverstanden mit unserem Vorgehen, hege aber aufrichtigen Respekt vor der europäischen Wettbewerbspolitik und wolle mich warnen: Ich solle mich bei der Formel-Eins-Sache vorsehen, denn man würde nichts unversucht lassen, um die Kommission und auch mich persönlich in Mißkredit zu bringen.

Außerdem erzählte mir der Mann, die Leute von der FIA glaubten anscheinend, sie hätten einen Beamten meiner Generaldirektion in der Tasche.

Zugegeben, in dieser Nacht konnte ich nur schlecht einschlafen. Ich wußte inzwischen sehr wohl, daß wir es mit äußerst gerissenen Gegenspielern zu tun hatten, die ihre enorme Macht, ihren Einfluß und ihre finanziellen Mittel einsetzen würden und die es gewohnt waren, ihren Willen zu bekommen. Wie ich durch die Sache mit den Warnschreiben gelernt hatte, gab es außerdem Journalisten, die bereit waren, mit ihnen zusammenzuarbeiten, und ich begriff rasch, daß wahrscheinlich eine Pressekampagne gegen mich in Vorbereitung war. Über persönliche Dinge machte ich mir keine Gedanken. Was mir allerdings Sorgen bereitete, war, daß sie offensichtlich davon ausgingen, einen meiner Leute als ihr Werkzeug einsetzen zu können. Obwohl ich es für unwahrscheinlich hielt, daß unter den Mitarbeitern der Generaldirektion jemand war, der sich dazu hergab, bat ich nach meiner Rückkehr mei-

nen Generaldirektor Alex Schaub und meinen Kabinettschef
Claude Chêne zu mir. Ich fragte Schaub, ob ihm jemals innerhalb der Verwaltung etwas Verdächtiges aufgefallen sei. Das
war jedoch nicht der Fall. Wir verabredeten, die Angelegenheit
mit noch einigen weiteren Spitzenbeamten diskret zu besprechen, um keinerlei Risiko einzugehen. Eine äußerst sorgfältige
Prüfung ergab, daß keine Verdachtsmomente vorlagen. Offensichtlich waren die Behauptungen nur ein Bluff gewesen. Ich
war erleichtert, denn man kann sich vorstellen, in welche Situation wir geraten wären, wenn in meiner Behörde tatsächlich etwas derartiges vorgefallen wäre. Übrigens hatte ich direkt nach meiner Rückkehr aus Davos Kommissionspräsident
Santer informiert und ihm auch den Namen meines Informanten genannt. Er meinte dazu väterlich:»Denen ist anscheinend nicht klar, daß wir hier kein Rennstall sind.« Auch ein
paar anderen Kollegen erzählte ich von dem Vorfall, und sie
standen alle voll hinter mir, sogar ein so großer Formel-Eins-
Fan wie mein Kollege Erkki Liikanen.

Am 4. Februar 1998 veranstaltete das belgische Parlament
eine Anhörung. Ich hielt dies für eine gute Gelegenheit, um
deutlich zu signalisieren, daß uns Einschüchterungsversuche
nicht von unserem Kurs abbringen konnten, zu welchen Mitteln auch immer die FIA und ihre Leute greifen mochten:»Die
FIA ist eine mächtige Organisation, die nicht zögert, ihre
Macht in vielerlei Hinsicht einzusetzen. Doch im Gegensatz zu
dem, was sonst vielleicht auf nationaler Ebene oft der Fall sein
mag, wird sich die Europäische Kommission nicht ihrem Willen
beugen.« Mit diesen Worten spielte ich auf den Kniefall an, den
ein Großteil der Politiker in Belgiens französischsprachigem
Landesteil vollführt hatten, nachdem Mosley damit gedroht
hatte, den Großen Preis von Belgien zu streichen, falls das vom
belgischen Bundesparlament verabschiedete Gesetz über das
Verbot von Tabakreklame zur Anwendung käme. Mosley und

Ecclestone waren tatsächlich in der Lage, Minister und Parla-
mente in die Knie zu zwingen! Und daß sie Parteien und Politiker schmieren konnten, hatte uns die Labour-Episode gelehrt.

In der ersten Hälfte des Jahres 1998 erschienen dann
tatsächlich hier und dort in Europa auf mich gemünzte kritische Artikel. Dadurch konnte ich genau nachvollziehen, auf
welche Tages- und Wochenzeitungen die FIA Einfluß ausübte.
Doch ich hatte wesentlich Schlimmeres erwartet. Viele Journalisten, die bei der Kommission akkreditiert sind, erzählten
mir im nachhinein, daß sie aufflackernde Feuer in ihren Redak-
tionen im Keim erstickt hatten. Sie waren als Fachleute vor Ort
gefragt worden, wie sie die Sache von Brüssel aus bewerteten,
und die Folge davon war, daß so mancher Motorsportjournalist
an der Heimatfront, dessen Berichte den Einfluß Mosleys ver-
rieten, seine Artikel umschreiben mußte.

Ecclestones Beichte

Mitte April 1998 erhielt ich einen Anruf von Bernie Ecclestone,
in dem er mich dringend um eine Unterredung bat. Er sei nämlich sehr betrübt über die derzeitige Situation. Er wollte allein
kommen, ohne Mosley und ohne Rechtsanwälte. »Sie sind
herzlich willkommen«, antwortete ich. »Aber ich muß darauf
bestehen, daß mein Generaldirektor sowie mein Kabinettschef
bei der Unterredung anwesend sind.« Ich hatte es mir zur festen Regel gemacht, bei jedem Gespräch einige vertraute Mitarbeiter dabei zu haben. Nicht nur, um mir eventuell zur Hand
zu gehen, sondern vor allem, weil mir völlige Offenheit gegenüber meinen Mitarbeitern wichtig war, und um im Zweifelsfall
Zeugen dafür zu haben, was tatsächlich gesagt wurde. Ich bin
davon überzeugt, daß mir diese Arbeitsweise viele Widrigkeiten und Mißverständnisse erspart hat. So konnten wir auch

vermeiden, daß geschickte Rechtsanwälte oder Besucher, die nur das hörten, was sie hören wollten, einen Keil zwischen meine Leute und mich treiben konnten. Nur in sehr seltenen Ausnahmefällen, beispielsweise bei den Schlußverhandlungen in der Crédit-Lyonnais-Sache, bin ich von diesem Grundsatz abgewichen.

Die Unterredung mit Ecclestone fand am 29. April 1998 um Viertel vor sechs Uhr abends statt. Es wurde eines der merkwürdigsten Gespräche, die ich während meiner Amtsperiode erlebt habe. Ecclestone kam tatsächlich mutterseelenallein und war überaus freundlich. Er erzählte mir mit leiser, manchmal kaum vernehmbarer Stimme einen Teil seines Lebens, einschließlich sehr privater Einzelheiten. Ich fühlte mich wie ein Beichtvater, und mir war in dieser Rolle äußerst unbehaglich zumute.

Er beklagte sich bitter darüber, daß Mosley ihn in die Sache mit der Labour-Parteienfinanzierung mit hineingezogen hatte. Ecclestone habe letztlich den Schwarzen Peter zugeschoben bekommen, obwohl es Mosley gewesen sei, der ihn massiv dazu gedrängt habe, die Labour-Parteifreunde fürstlich zu beschenken.»Ich tat es für Max, aber ganz gegen meine Überzeugung«, sagte Ecclestone.

Er berichtete auch, daß Mosley von der FIA-Führung ein *open ended budget* erhalten habe, um gegenüber der Kommission und mir selber nach Belieben zu verfahren. Diese Dinge erzählte er in der ihm eigenen unnachahmlichen Weise, wie beiläufig, mit leiser Stimme und ungenau formuliert, so daß die wahre Tragweite seiner Worte oft erst im nachhinein wirklich deutlich wurde. Doch war klar, daß er sich mit Mosley uneins war. Ecclestone fand, Mosleys Art des Auftretens mache die Sache nur noch schlimmer.»Max ist zu weit gegangen, aber er kann oder will nicht mehr zurück. Er wird ein Gerichtsverfahren gegen die Kommission und den Kommissar persönlich anstrengen. Die besten Rechtsanwälte sollen eingeschaltet werden, und Geld spielt nicht die geringste Rolle.« Ecclestone sagte mir, er habe nicht vor, jedenfalls nicht bis auf weiteres, sich Mosley dabei anzuschließen. Er wolle durch persönliche Gespräche, ohne Rechtsanwälte, die bestehenden Probleme aus der Welt schaffen.

Tatsächlich hatte er bereits seinen guten Willen gezeigt, indem er akzeptierte, daß die Fernsehsender, die nicht von der FIA organisierte Rennen sendeten, nicht zusätzlich dafür bezahlen mußten. Außerdem hatte er Max Mosley davon überzeugen können, sich gegenüber einem der Beschwerdeführer, einem Herrn Peters, entgegenkommend zu zeigen. Dessen Unternehmen, BPR, organisierte eine Tourenwagenmeisterschaft, die von der FIA vom Markt gedrängt worden war. Er habe die FIA davon überzeugen können, diese Meisterschaft zuzulassen, sagte Ecclestone. Doch das genügte Peters nicht; er hatte seine Beschwerde nicht zurückgezogen. Er werde es erst tun, so Ecclestone, wenn er ein paar Millionen Dollar Entschädigung erhalte. Ecclestone war der Meinung, dies sei Erpressung, die nur dadurch möglich gemacht werde, daß die Kommission eine Untersuchung in die Wege leiten wolle. Ich wies ihn darauf hin, daß die Frage, ob eine Beschwerde zurückgezogen werde oder nicht, für die Untersuchung im Grunde belanglos sei. Es sei an ihm, Ecclestone, daraus seine Schlußfolgerungen zu ziehen. Was immer am Rande der Untersuchung an dubiosen Praktiken stattgefunden habe, müsse er den Gerichten melden. In jedem Fall werde es die Kommission nicht von ihrer Aufgabe abhalten.

Bernie backt kleine Brötchen

Am Ende des Gesprächs bat Ecclestone um ein kurzfristiges neuerliches Treffen, um den Konflikt zu beenden. Er hatte es

offenbar eilig, eine neuen Anlauf für den Börsengang zu nehmen. Unsere Antwort lautete, das sei natürlich möglich, aber
dann in aller Deutlichkeit, das heißt, es müßten juristisch stich-
haltige Lösungen für alle Verstöße gefunden werden, die wir
festgestellt hätten. Kein Scheinvergleich, sondern eindeutige
und unzweifelhafte Abhilfe. Da alle möglichen Verstöße, die
unsere vorläufige Prüfung ergeben hätten, eng miteinander
verknüpft seien, wie etwa im Fall der Fernsehrechte, müßten
Lösungen auf der ganzen Linie gefunden werden. Dies bedeute, daß auch die FIA ihre volle Mitarbeit zusichern müsse. Davon sei allerdings noch nichts festzustellen; eher das Gegenteil
sei der Fall. Ecclestone gab dies zu, meinte aber, Max Mosley
würde schon nachgeben, wenn zwischen ihm und der Kommission ein paar Fragen geklärt seien. Wir verabredeten, daß er
sich so bald wie möglich mit einigen konkreten Vorschlägen an
meine Behörde wenden solle. Dort würden die weiteren Verhandlungen dann unter der persönlichen Leitung meines Generaldirektors geführt.

Nach der Unterredung fragten mein Generaldirektor
Schaub, mein Kabinettschef Chêne und ich uns, wie wir dieses
Gespräch denn nun deuten sollten. Es erschien uns unwahr-
scheinlich, daß es zwischen Mosley und Ecclestone wirklich
Unstimmigkeiten geben sollte. Vielleicht war es ein taktischer
Schachzug nach dem Muster *good cop/bad cop*: Während
Mosley Druckmittel einsetzte, versuchte es Ecclestone auf ver-
bindliche Art. Andererseits war es ganz klar, daß wir jeden
neuen Vorschlag von Ecclestone positiv betrachten mußten.
Wenn es klappen sollte, dann um so besser.

In den folgenden Wochen verstärkte sich der Eindruck, daß
Ecclestone seinen eigenen Weg eingeschlagen hatte. So nahm
er etwa – sehr auffällig – öffentlich Abstand von Mosley, indem
er sich seiner Klage gegen die Kommission nicht anschloß. In
einer Erklärung Ecclestones vom 6. Mai 1998 heißt es wie

folgt: »In einigen kürzlich erschienenen Presseberichten wird unterstellt, daß ich selbst oder die Unternehmen, die ich kontrolliere, vorhätten, die Europäische Kommission vor Gericht zu bringen. Dies soll mit dem Schaden zusammenhängen, den ich infolge von Erklärungen der Kommission gegenüber der Presse sowie anderen Schritten der Kommission in einigen Motorsportfällen erlitten habe. Erklärungen dazu von seiten der Fédération Internationale de l'Automobile (FIA) über derartige juristische Schritte sind jedoch einzig und allein für die FIA bindend. Ich möchte hiermit deutlich erklären, daß weder ich selbst noch eines der Unternehmen, die ich kontrolliere (Formula One Administration Limited und International Sportsworld Communicators Limited), vorhaben, rechtliche Schritte gegen die Europäische Kommission einzuleiten.«

Übrigens gab uns Ecclestone auch äußerst interessante Auskünfte über die Art und Weise, wie Mosley und die FIA intern zu Werke gingen. Generaldirektor Schaub sandte er selbst ein internes FIA-Schreiben mit der Bitte, es nach der Lektüre zu vernichten.

Trotzdem zeigte sich nach einer Weile, daß Ecclestone nicht ganz mit offenen Karten spielte oder spielen konnte. Schließlich waren die einzelnen Aspekte der ganzen Angelegenheit nur allzu eng miteinander verflochten. Nach und nach fiel uns auf, daß Ecclestone von seinen Gesprächen mit mir persönlich und mit meiner Generaldirektion geschickt Gebrauch machte, um den Eindruck zu erwecken, er habe mit mir eine weitgehende Übereinstimmung erzielt. Ich beschloß, mich ein wenig zurückzuhalten, dabei aber all das, was geschehen war, im Hinterkopf zu behalten. Doch wieder kam ein Moment, in dem Nichtstun ein schuldhaftes Versäumnis bedeutet hätte.

Es wurde nämlich einfach kein Durchbruch erzielt, wodurch sich auch der Börsengang von Ecclestones Firma immer weiter verzögerte. Deshalb erarbeitete er eine vorläufige Alterna-

tive und entschied sich schließlich für die Plazierung einer An-
leihe im Wert von nicht weniger als zwei Milliarden Dollar. Der
emittierenden Bank hatte Ecclestone allerlei beruhigende Angaben übermittelt mit dem Tenor, mit Brüssel sei alles so gut
wie unter Dach und Fach, und bei den verbleibenden Problemen handele es sich nur noch um Details. Die »Financial Times«, die den Fall aus der Nähe verfolgte, kam ohne große
Mühe dahinter, daß hierbei etwas nicht stimmen konnte. Die
entsprechenden Verantwortlichen, die es etwas anging, konnten daraufhin in der Zeitung lesen, daß der Fall alles andere als
abgeschlossen sei und noch ernsthafte Probleme auf eine Lösung warteten.

Das Europäische Parlament wird eingeschaltet

Nachdem Mosley die Europäische Kommission schon vor das
Europäische Gericht Erster Instanz in Luxemburg gebracht
hatte, sollte er keine weitere Möglichkeit ungenutzt lassen, um
die Kommission in die Defensive zu drängen. Als nächstes lan-
cierte er einen Angriff über das Europäische Parlament. Bei
Karl von Wogau, dem allseits geschätzten Vorsitzenden des
parlamentarischen Wirtschafts- und Finanzausschusses, beklagte er sich über schwerwiegende Verfahrensfehler und einen Mangel an Offenheit. Trotz des Interesses der FIA an der
Berücksichtigung der europäischen Wettbewerbsregeln würden meine Leute und ich die Angelegenheit ständig verzögern. Daraus schloß Mosley auf die Notwendigkeit einer Reform des europäischen Wettbewerbs- und Verfahrensrechts –
er unterbreitete sogar konkrete Vorschläge! Mosley behauptete, Präsident Santer, Generaldirektor Schaub und ich selber
hätten ihn nicht empfangen wollen, und deshalb habe er gar
keine andere Wahl, als sich vertrauensvoll an das Europäische

Parlament, den Vorsitzenden des Ministerrates und andere Mitglieder der Kommission zu wenden. So drängte er nun darauf, daß der parlamentarische Wirtschafts- und Finanzausschuß dem FIA-Fall und seinen geistvollen Vorschlägen zur Änderung der Kartellverfahren eine Anhörung widme.

Es war Alan Donally gewesen, der Mosley die Idee, sich ans Europäische Parlament zu wenden, ins Ohr gesetzt hatte. Keine besonders brillante Idee allerdings. Schließlich erhielt ich auf diese Weise die Möglichkeit, ihm in einem normalen parlamentarischen Rahmen Paroli zu bieten. Durch seine einseitige und überzogene Darstellung der ganzen Angelegenheit bot Mosley mir die Chance, seine Offensive gegen die Kommission zu kippen. Außerdem unterschätzte Mosley völlig die guten Beziehungen, die zwischen dem von Karl von Wogau geleiteten parlamentarischen Ausschuß und mir herrschten.

Nicht ohne einen gewissen Stolz kann ich sagen, daß ich während meines gesamten Mandats als Kommissar immer positive und vertrauensvolle Beziehungen zum Europäischen Parlament unterhalten habe, insbesondere zu dessen Wirtschafts- und Finanzausschuß. Ich empfand es seit jeher als völlig richtig, daß das Europäische Parlament seine volle politische Kontrolle über unser Tun und Lassen als Kartellbehörde erstreckte. In diesem Sinne hatte ich mich gegenüber dem Ausschuß dazu verpflichtet, stets zur Verfügung zu stehen, um seinen Mitgliedern die nötige Sachkenntnis zu ermöglichen. Andererseits darf sich das Parlament nicht direkt in die Bearbeitung einzelner Verfahren einmischen und muß auf diese Weise die Unabhängigkeit und institutionelle Verantwortung der Kommission respektieren. Auf dieser Grundlage hat sich eine fruchtbare Zusammenarbeit entwickelt. Ich freute mich immer wieder darauf, fachkundigen und interessierten Abgeordneten so viele Hintergrundinformationen wie möglich zu verschaffen. Da derartige Sitzungen öffentlich sind, war die

Presse immer anwesend, und so gab es auf viele dieser Sitzungen große Resonanz. Allerdings war es nicht leicht, das Gleichgewicht zwischen größtmöglicher Transparenz und der nötigen Diskretion in vertraulichen Dingen zu bewahren. Dem Parlament war dies klar, und unsere Wettbewerbsbehörde konnte daher mit gleichbleibend breiter parlamentarischer Unterstützung rechnen, trotz der zahlreichen hochsensiblen Fälle, die wir prüften.

Ich ließ Karl von Wogau also umgehend wissen, daß ich liebend gern seinem parlamentarischen Ausschuß zur FIA-Sache Rede und Antwort stehen wolle. Andererseits drängten meine Mitarbeiter zu Recht darauf, so schnell wie möglich auch schriftlich auf die Vorwürfe Mosleys zu reagieren.

In einem Brief an Karl von Wogau packten wir den Stier gleich bei den Hörnern und stellten die Tatsachen richtig, von denen Max Mosley ein so verzerrtes Bild zeichnete. Ich wies auch darauf hin, daß es sich hier offenbar um einen Versuch handele, uns unter Druck zu setzen, damit wir positiv auf die Anmeldung der Fernsehübertragungsrechte betreffend die Formel Eins sowie andere internationale Autorennen reagieren. Es war ein leichtes, zu zeigen, daß der Vorwurf, wir seien bei der Bearbeitung der Sache zu langsam gewesen, vollkommen unhaltbar war. Ebenso durchsichtig waren die Vorschläge zur Änderung der Spielregeln eines laufenden Verfahrens aufgrund förmlicher Beschwerden betroffener Dritter. Trotzdem erklärte ich mich unmißverständlich bereit, jederzeit mit dem Europäischen Parlament über derartige Reformen zu diskutieren, und kündigte eine solche Debatte für einen späteren Zeitpunkt noch im selben Jahr an. Dank dieser Offenheit verdampfte die Aktion Mosleys wie ein Wassertropfen auf einer heißen Herdplatte. Während der nächsten Sitzung des parlamentarischen Ausschusses kam die Sache zu meiner Enttäuschung daraufhin sogar kaum zur Sprache.

Das IOC vor dem Karren der FIA

Bereits während der Untersuchung hatte sich herausgestellt,
daß Mosley und Ecclestone ihre Spielregeln des Motorsports
fortwährend änderten, gerade so, wie es ihnen paßte, und
nicht immer auf die transparenteste Art und Weise. Vielleicht
rührte daher ihre Neigung, auch die Spielregeln anderer Organisationen und Institutionen zu ändern, wenn sie ihnen nicht
in den Kram paßten. In diesem Kontext versuchte Mosley sich
auch geschickt die Unruhe und Unzufriedenheit zunutze zu
machen, von der ich weiter oben gesprochen habe. Ich meine
den Widerwillen europäischer und internationaler Sportverbände oder -organisationen gegen die Anwendung europäischen Rechts auf Sportaktivitäten, wie er bei UEFA, FIFA und
dem Internationalen Olympischen Komitee (IOC) gleichermaßen herrschte.

Daß Mosley bei der UEFA und der FIFA auf Verständnis
stieß, war kaum verwunderlich, erst recht nach dem Bosman-
Urteil. Daß aber auch das IOC sich von ihm vereinnahmen ließ,
war weniger selbstverständlich. Immer, wenn sich in der Vergangenheit Probleme im Zusammenhang mit dem IOC ergeben hatten, hatten wir sie ohne allzu große Schwierigkeiten
lösen können. Aus FIA-Kreisen war zu vernehmen, es sei eine
Initiative des IOC gewesen, im März 1998 in Lausanne eine in-
formelle Zusammenkunft wichtiger Sportverbände einzuberu-
fen. Das Resultat war die Gründung einer hochrangigen Arbeitsgruppe unter persönlichem Vorsitz des IOC-Präsidenten,
Juan Antonio Samaranch, die sich mit der neuen Rechtslage
auseinandersetzen sollte.

Als Mosley jedoch diese Initiative für seine eigenen Zwecke
ausnutzen wollte, wurden die anderen Teilnehmer miß-
trauisch. Selbst die UEFA ließ verlauten, sie wolle ihre inzwischen verbesserten Beziehungen zur Europäischen Kommissi-

on nicht aufs Spiel setzen. Als ich das einflußreiche belgische Mitglied des IOC, Jacques Rogge, fragte, wie ich die Haltung des IOC und Samaranchs einzuschätzen habe, sagte er mir, so manches beruhe auf einem Mißverständnis, und man habe dies in Lausanne inzwischen eingesehen. Persönlich, fügte er hinzu, finde er die Vorstellung, daß sich das IOC vor Mosleys Karren spannen lasse, unerträglich.

Für die Richter in Luxemburg war Mosleys Klage eine recht lästige Angelegenheit, vor allem wegen der Warnschreiben, die einigen Journalisten in Ablichtung zur Verfügung gestellt worden waren. Da Richter per definitionem zu großer Diskretion verpflichtet sind, haben sie womöglich auch beim Lesen einiger meiner öffentlichen Erklärungen etwas die Stirn gerunzelt. Andererseits konnte der Juristische Dienst der Kommission vieles erklären und in den richtigen Zusammenhang rücken. Im Dezember 1998 fragte der berichterstattende Richter nach, ob wir bereit seien, uns mit der FIA zu vergleichen. Schon daraus wurde ersichtlich, daß die Richter nicht geneigt waren, ohne weiteres auf die Forderungen der FIA einzugehen.

Nach vielem Hin und Her einigten wir uns im Prinzip auf einen Text, in dem die Kommission ihr Bedauern über die Abgabe von Erklärungen äußerte, die man als dem Ergebnis einer noch laufenden Prüfung vorgreifend verstehen konnte. Außerdem bestätigte die Kommission, daß die Sache weiter anhängig sei und man noch keinerlei endgültige Entscheidung getroffen habe. Schließlich drückte die Kommission ihr Bedauern über die Geschichte mit den Warnschreiben aus und gelobte, in Zukunft besser aufzupassen.

Ich hatte an diesem Text nichts auszusetzen, wohl aber Max Mosley. Er wollte sich erst dann damit einverstanden erklären, wenn die Kommission sämtliche Kosten für seine Rechtsanwälte übernehme, angeblich 400 000 Euro. Dies war eine absurde Summe, und ich weigerte mich daher mit aller Entschiedenheit, darauf einzugehen. Wir konnten uns nicht darüber einigen, und daraufhin erkannte das Gericht schließlich nur ein Zehntel des Betrages an. In ihrer Verfügung rügten die Richter die exorbitanten Forderungen der FIA. Diese hatte etwa behauptet, sieben Rechtsanwälte und eine Praktikantin hätten 1 253 Stunden an der Sache gearbeitet; hinzu kamen zusätzliche Beraterhonorare, weiterhin Taxikosten, Zugfahrkarten, Hotelkosten und anderes mehr. Nach Meinung des Gerichts war die Summe völlig unverhältnismäßig, gemessen an den objektiven Erfordernissen des Verfahrens.

Was unsere Untersuchung, also die Sache an sich betraf, so waren wir inzwischen ein gutes Stück weitergekommen. Allen Manövern zum Trotz und ungeachtet des zwischenzeitlich erfolgten kollektiven Rücktritts der Kommission waren meine Kollegen einstimmig der Meinung, daß die letzte Vorbereitungsphase, nämlich der Versand förmlicher Beschwerdepunkte, nun in Angriff genommen werden könne.

Die FIA fliegt aus der Kurve

So beschloß die Kommission am 30. Juni 1999, mit FIA, FOA und dem Ecclestone-Unternehmen ISC Tacheles zu reden, nachdem sich unter anderem ein deutscher Fernsehsender über den Mißbrauch des Monopols, das Ecclestone auf die Übertragung von Autorennen besitzt, beschwert hatte. Aus unserer Untersuchung konnten wir nämlich nur schließen, daß sowohl gegen die FIA als auch gegen die beiden Ecclestone-Firmen einiges einzuwenden war und die europäischen Wettbewerbsregeln in mehr als einer Hinsicht mit Füßen getreten wurden.

Beschwerdepunkte führen zum Auftakt des förmlichen Verfahrens das vorläufige Ergebnis der Prüfung verschiedener

Verstöße gegen die Wettbewerbsregeln auf und bieten damit den Parteien die Möglichkeit, auf konkrete rechtliche Vorwürfe zu antworten. In einem unüblichen Schritt hat die FIA eine um »Geschäftsgeheimnisse« bereinigte Fassung dieser Beschwerdepunkte auf ihre Internet-Seiten geladen, wo sie nach wie vor zu lesen stehen. Es handelte sich um ein fast 200 Seiten starkes Schriftstück, in dem die Kommission vier Arten von Verstößen festhielt.

Erstens Machtmißbrauch der FIA, um konkurrierende Wettbewerbe zu unterbinden. Alle Organisatoren von Autorennen brauchen eine FIA-Lizenz, und dies gilt ebenso für Betreiber von Rennstrecken, Rennställe oder Rennfahrer. Die FIA allein entscheidet, welche Autorennen erlaubt werden. Wer eine Veranstaltung organisiert, die nicht von der FIA genehmigt ist, verliert seine Lizenz und kann dadurch an praktisch keinem Autorennen in ganz Europa mehr teilnehmen. Die Folge davon ist, daß es so gut wie niemand wagt, an Veranstaltungen teilzunehmen, die nicht von der FIA organisiert werden. Die FIA kann daher entscheiden, welche Rennstreckenbetreiber oder Rennfahrer für die FIA akzeptabel sind und welche nicht. Wer einen nicht durch die FIA genehmigten Wettbewerb organisiert, fällt in Ungnade. Wir glaubten Beweise dafür gefunden zu haben, daß die FIA in mindestens einem Fall ihre Macht mißbraucht hatte, um einen konkurrierenden Wettkampfausrichter, nämlich BPR, vom Markt zu drängen und dessen GT-Rennserie durch eine von der FIA selbst organisierte Veranstaltungsreihe zu ersetzen.

Außerdem mißbrauche die FIA ihre Macht, indem sie die Fernsehrechte für sämtliche internationalen Motorsportveranstaltungen für sich beanspruche. Fernsehübertragungen sind von grundlegender Bedeutung für den kommerziellen Erfolg eines Autorennens, weil die Organisatoren für ihre Finanzierung von Sponsoren abhängen. Alle Wettbewerbe, die von der

FIA genehmigt werden, müssen automatisch ihre Fernsehübertragungsrechte an die FIA abtreten. Diese gibt sie dann
weiter an ISC, eine der Firmen von Ecclestone. Es gab auch diverse Hinweise auf den Mißbrauch einer marktbeherrschen-
den Stellung. Schließlich erlegen die FIA und die von Ecclestone kontrollierte FOA den Fernsehsendern, Promotern und
Rennställen diverse Verpflichtungen auf, die jeden Versuch,
mit der Formel Eins zu konkurrieren, von vornherein unmöglich machen. So dürfen etwa Betreiber von Rennstrecken, die
Formel-Eins-Rennen organisieren, ihre Strecken nicht konkurrierenden Organisatoren zur Verfügung stellen.

Die sogenannte Concorde-Übereinkunft verbietet Formel-
Eins-Rennställen langfristig, an Wettbewerben teilzunehmen,
die mit der Formel Eins vergleichbar sind.

Fernsehsender, die Formel-Eins-Rennen übertragen, müssen höhere Preise – zwischen 35 und 50 Prozent des Vertrags-
preises – bezahlen, wenn sie darüber hinaus Rennen bestimmter Serien senden, von denen die FOA der Meinung ist, es handele sich um eine Konkurrenz zur Formel Eins.

Das Ringen mit der FIA und Bernie Ecclestone ist die Sport-
sache, die – abgesehen vielleicht von der Bosman-Geschichte –
das bisher wohl größte Aufsehen erregt hat. Leider hatte ich
nicht mehr genügend Zeit, diesen Fall noch persönlich abzuschließen, obwohl ich mit den Beschwerdepunkten immerhin
das förmliche Verfahren einleiten ließ.

Mosley hat sich in der seit meinem Abschied verstrichenen
Zeit zunächst weiterhin der immer gleichen Mittel bedient:
persönliche Angriffe und Drohungen. Auf einer hoch aufge-
bauschten Pressekonferenz Anfang Februar 2000 in Brüssel
griff er nicht nur die Kommission vehement an, sondern forderte gar, alle Beamten, die die Sache behandelten, müßten
abgezogen werden. Typisch für Mosley und die FIA-Mentalität.
Wer sich nicht ihren Wünschen beugt, muß den Weg räumen.

Meinem Nachfolger schmierte er dann wieder Honig um den Bart. Offenbar rechnete Mosley zunächst damit, daß Schmeicheleien Mario Monti zum Nachgeben bewegen würden. Doch genausowenig, wie ihm dies seinerzeit bei mir gelang, als er seine Labour-Sympathien offen kundtat, wird er Monti durch seine schönen Worte davon abbringen, die Sache bis zum Ende korrekt, objektiv und mit der nötigen Konsequenz weiter zu behandeln. Anscheinend ist der Groschen inzwischen gefallen, denn am 26. April 2000 hat Mosley erstmals konkrete Vorschläge unterbreitet, die mein Nachfolger »innovativ und konstruktiv« genannt hat. Die Lösungsansätze scheinen gehaltvoll genug zu sein, um die große Anhörung zu unseren Beschwerdepunkten zunächst auszusetzen.

Wohlgemerkt ist diese Sache, wie fast jede andere, bei entsprechend gutem Willen und gesundem Menschenverstand durchaus gütlich beizulegen. Es wird alles davon abhängen, ob Max Mosley sich dieser Erkenntnis beugt, die Beschwerdepunkte beherzigt und wo nötig Abhilfe schafft.

Schlampereien beim Kartenverkauf der WM

Auf den ersten Blick scheint es ein recht abwegiger Gedanke, daß der europäische Wettbewerbskommissar in den Kartenverkauf für eine Fußballweltmeisterschaft oder die gerade beendete Europameisterschaft 2000 hineingezogen wird. Und doch ist es so, nolens volens.

Bereits im Rahmen der WM 1990 in Italien mußte die Kommission anläßlich der Klage eines Reisebüros eingreifen. Das Organisationskomitee hatte einem einzigen italienischen Reiseveranstalter (90 Tour Italia) das Monopol für den Verkauf von Pauschalreisen zur Fußballweltmeisterschaft eingeräumt. Andere Reiseagenturen blieben von vornherein außen vor. Die

Kommission erklärte dieses System für rechtswidrig, um so mehr, als ein solches Monopol allen Beteuerungen zum Trotz absolut nicht notwendig war, um die Sicherheit bei Fußballspielen zu garantieren.

Ging es in Italien in erster Linie um den Wettbewerb zwischen Reiseagenturen, sollten es bei der Endrunde der Fußballweltmeisterschaft 1998 in Frankreich die Fans sein, die in großer Zahl ihre Mißbilligung über die Art und Weise äußerten, in der der Kartenverkauf organisiert wurde. Selten zuvor habe ich so viele Beschwerden einzelner Bürger erhalten. Was war geschehen?

Die Organisation der Endrunde oblag dem Comité Français Organisateur de la Coupe du Monde de Football 1998, kurz CFO. Für alle Spiele zusammengenommen stellte der CFO 26 665 000 Eintrittskarten bereit. Zeichen der Zeit: Durch die Hyperkommerzialisierung dieser Art von Sportveranstaltungen wurde ein großer Teil der Karten (circa 42 Prozent) gar nicht erst der Öffentlichkeit zum Kauf angeboten, sondern unter Sponsoren, VIPs, verschiedenen französischen Behörden und Körperschaften sowie der sogenannten *famille du football français*, der »französischen Fußballfamilie«, verteilt.

Von den 58 Prozent der für Otto Normalverbraucher bestimmten Karten gingen 23 Prozent an die nationalen Fußballverbände und 6,5 Prozent an autorisierte Reiseagenturen. Für den direkten Verkauf blieben also lediglich 28 Prozent der Karten übrig. Und um eine davon zu ergattern, mußte man Franzose sein oder eine Postanschrift in Frankreich angeben können. Telephonisch konnte man die Karten überdies nur innerhalb Frankreichs bestellen, nicht aus dem Ausland, als endeten die Fernsprechleitungen an der französischen Grenze. Wollte man andererseits Karten auf dem Postweg bestellen, mußte man sich erst ein Formular bei der französischen Bank Crédit Agricole besorgen. Auch im Internet stieß man auf französischen Protektionismus, denn wer Karten haben wollte, mußte erst das französische Minitel-System abonnieren. Resultat: Praktisch alle Karten gingen an in Frankreich wohnhafte Interessenten und damit größtenteils an Franzosen. Kein Wunder, daß vor allem in den Nachbarländern Empörung über diese Praktiken herrschte. Den größten Aufruhr gab es in Großbritannien. Nicht nur die Presse, sondern auch die Politiker ließen keine Gelegenheit aus, sich mit diesem Thema zu profilieren. Und bei der Kommission regnete es Beschwerden über diese offensichtliche Diskriminierung zugunsten der französischen Bürger.

Zum Zeitpunkt dieses Aufschreis, Anfang 1998, war der größte Teil der Karten bereits weg, und es blieb nur ein kleiner Rest von 6 bis 7 Prozent übrig. Zunächst versuchten wir noch, uns mit den Organisatoren gütlich zu einigen. Ich wußte, daß wir wegen unseres Verfahrensrechts erst lange nach dem Endspiel zu einer förmlichen Entscheidung gelangen würden. Deshalb wollten wir erreichen, daß der CFO den Rest der Karten vorzugsweise den Fans außerhalb Frankreichs zur Verfügung stellte, waren doch die Franzosen bereits mehr als ausreichend zum Zuge gekommen. Am 17. März 1998 hatte ich zu diesem Thema eine Unterredung mit dem Generaldirektor des CFO, Jacques Lambert. Ich appellierte an seinen Sportsgeist und hatte den Eindruck, daß er selber durchaus ein offenes Ohr für meinen Vorschlag hatte. Doch in Paris war man nicht damit einverstanden. Sportsgeist hin oder her, es war eine französische Weltmeisterschaft und damit basta. Die Diskriminierung von Nichtfranzosen, und waren sie auch Bürger der Europäischen Union, mußte man dabei eben in Kauf nehmen.

Auch das Europäische Parlament schaltete sich ein. In einer heftigen Debatte am 12. Mai 1998 wurden lautstark Sanktionen gegen den CFO gefordert. Es gab dabei auch Kritik an der Kommission, weil sie nicht rasch genug reagiert habe. Doch in

Wettbewerbsangelegenheiten darf man nichts übers Knie brechen. Man kann nicht einfach ins Blaue hinein anfangen, irgendwelche Sanktionen zu verhängen, sondern muß den rechtsstaatlichen Regeln und Abläufen folgen. Das wird nicht immer geschätzt, wenn die öffentliche Meinung oder die Politiker sofort Blut sehen wollen. Eine Anekdote am Rande trug sich bei dem Europäischen Rat in Cardiff im Juni 1998 zu. Der französische Präsident Jacques Chirac kanzelte den Kommissionspräsidenten Jacques Santer grob ab, weil es die Kommission gewagt hatte, sich in diese Angelegenheit »einzumischen«. Die Briten wiederum fanden umgekehrt, die Kommission sei gegenüber den Organisatoren der Weltmeisterschaft nicht energisch genug aufgetreten. Ausgerechnet die Briten, die nicht gerade vor Sympathie sprühen für die »Brüsseler Eurokraten«! Jetzt konnte es ihnen plötzlich nicht schnell und interventionistisch genug gehen.

Inzwischen hatten die Organisatoren doch ein wenig nachgegeben und stellten die circa 175 000 noch unverkauften Karten allen europäischen Bürgern gleichzeitig und diskriminierungsfrei zur Verfügung. Nun konnte man auch von außerhalb Frankreichs Karten bestellen, und das sogar auf Englisch. Es war eine späte und eingeschränkte Reaktion auf eine schwerwiegende, mutwillig organisierte Diskriminierung.

Deswegen entschied die Kommission nach Ablauf des gesamten Verfahrens, und insbesondere nachdem der CFO Gelegenheit erhalten hatte, sich zu verteidigen, im Juli 1999 formell auf rechtswidrigen Machtmißbrauch. Auch daß dem CFO nur eine symbolische Buße von 1000 Euro auferlegt wurde, hatte rechtliche Gründe: Erstens handelte sich um die erste Entscheidung dieser Art. Zweitens ähnelte das Verkaufssystem der französischen Organisatoren zwar nicht in seiner Reichweite, wohl aber in seinem Ansatz durchaus dem früherer Europa- und Weltmeisterschaften, und drittens schließlich

kam der Erlös der französischen WM ausschließlich dem Fußball zugute. Letzteres begriffen britische Politiker offenbar am
wenigsten, denn ausgerechnet sie waren entrüstet, daß der
vielgeschmähte »Moloch Kommission« nicht ein saftiges Bußgeld gegen den CFO verhängte: Im Ergebnis hätten wir damit
Fördermittel für den Jugendfußball abgeschöpft und in unsere
eigenen Kassen umgeleitet.

Trotz der geringen Höhe des Bußgelds war diese Entscheidung sehr wichtig, weil sie einen Präzedenzfall schuf. Schon bei
der Planung der EM 2000 berücksichtigte man die Lehren aus
1998 sehr sorgfältig, um eine neuerliche Diskriminierung zwischen Bürgern der Europäischen Union zu vermeiden. Andererseits kann es nicht um unkontrollierten Verkauf an jedermann
gehen, denn man muß natürlich auch Sicherheitsaspekte im
Auge behalten. Nur dürfen diese nicht als bloßer Vorwand ge-
braucht werden, um einer Diskriminierung Vorschub zu leisten.

Sport und Spielregeln

Eingangs habe ich die ungeheure Vielfalt der Probleme im
Sportbereich angesprochen. In diesem Zusammenhang wurde
der Kommission gelegentlich vorgeworfen, sie trete bei der
Behandlung konkreter Sportfälle zu stark fallbezogen, das
heißt ohne die nötige Transparenz und Kohärenz auf. Diese
Kritik war nicht unbegründet. Allerdings war es schwerlich anders möglich, da die Kommission erst gegen Ende meiner
Amtszeit, also seit sehr kurzer Zeit, mit Sportproblemen zu
tun hatte. Sowohl meine Mitarbeiter als auch ich selbst er-
kannten schon bald die Notwendigkeit, eine Art Rahmen oder
Leitfaden auszuarbeiten.

Erstens wurde der Ruf nach einem solchen Anhaltspunkt in
der Öffentlichkeit immer lauter, nicht zuletzt wegen der Un-

sicherheit der Sportverbände und immer häufigerer Beschwerden von Profisportlern, die so ungefähr alle Aspekte des Profisports der Kommission vorlegten. Statt von Fall zu Fall zu entscheiden, mußten die Beteiligten und wir auf eine voraussehbare Grundlage zurückgreifen können. Zweitens stellte sich die Frage, wo denn die Grenzen lägen. Wie weit dürfen wir in Sportangelegenheiten gehen? Wann fallen sie unter unsere Zuständigkeit? Geht es in einem konkreten Fall wirklich um einen willkürlichen Verstoß gegen den freien Wettbewerb oder die freie Wahl des Arbeitsplatzes? Und wann fällt eine Beschwerde nicht in diese Kategorie, weil sie sich gegen legitime sportliche Maßnahmen richtet?

Da diese Problematik auch meine Kollegen Pádraig Flynn und Marcelino Oreja betraf, gründeten wir gemeinsam eine behördenübergreifende Arbeitsgruppe, an der auch Mitarbeiter unserer jeweiligen Kabinette sowie aus dem Umfeld von Kommissionspräsident Santer teilnahmen. Trotz der Schwierigkeit der Aufgabenstellung entstand schon relativ bald ein solides Dokument zu dem Thema. Natürlich konnte es nicht in unserer Absicht liegen, zu allen möglichen Dingen bereits im voraus endgültig Stellung zu nehmen, wohl aber, in groben Zügen zu umreißen, an welchen Kriterien man sich in individuellen Fällen orientieren konnte. Am 19. Februar 1999 stimmte die Kommission problemlos diesen »Ersten Orientierungen für die Anwendung der Wettbewerbsregeln in Sportangelegenheiten« zu.

Worum ging es? Im Gegensatz zu der teilweise herrschenden Vorstellung, die Kommission behandele den Sport haargenau wie ein Waschmittel, waren wir uns nur allzu deutlich der gesellschaftlichen, kulturellen, pädagogischen und spielerischen Bedeutung jeder sportlichen Betätigung bewußt. Schon deswegen fällt alles, was mit Amateursport zu tun hat, vollständig aus dem Anwendungsbereich der Wettbewerbsregeln heraus. Nur wenn es erstens um grenzüberschreitende, zweitens um handgreifliche wirtschaftliche Interessen sowie drittens um das Verhalten von Sportunternehmen und Profisportlern geht, muß die Kommission gegebenenfalls einschreiten. Ich betone »gegebenenfalls«, denn auch unter diesen drei Voraussetzungen muß die Kommission dem ureigenen Wesen des Sports Rechnung tragen.

Betrachten wir die Gesamtheit aller wirtschaftlichen Aktivitäten, dann spielt der kommerzielle Sport eine Sonderrolle. Es bestehen nämlich grundsätzliche Unterschiede, die man leicht übersieht: Während im normalen Wirtschaftsleben Konkurrenten versuchen, sich gegenseitig vom Markt zu drängen, ist gerade die Existenz und die Erhaltung von Gegnern für den Sport lebensnotwendig. Das gilt für Mannschaftssportarten und individuelle Wettkämpfe gleichermaßen. Ohne Gegner kein Sport. Diese gegenseitige Abhängigkeit zwischen Gegnern ist also wirklich grundlegend. Sportspezifisch sind außerdem die Unsicherheit über das Ergebnis von Wettbewerben sowie das Fairplay. Auch über deren Erhalt müssen die Sportautoritäten wachen, und sie müssen es zunehmend energischer und aufmerksamer, da die enormen wirtschaftlichen Interessen gelegentlich drohen, über die sportlichen Leistungen die Oberhand zu gewinnen. So sollte beispielsweise bei der Weltmeisterschaft im Querfeldeinfahren, die Ende Januar 2000 in den Niederlanden stattfand, idealerweise ein niederländischer Rennfahrer aus einem von einer niederländischen Bank gesponsorten Team gewinnen. Und siehe da, genauso geschah es.

In ihren »Ersten Orientierungen« versucht die Kommission, soweit wie möglich Klarheit zu schaffen über die Frage, wann sich die Kommission mit Sportfragen beschäftigen muß und wann nicht. Die Frage wurde immer brennender, weil inzwischen immer ungewöhnlichere Beschwerden eingingen. So be-

schwerte sich eine belgische Judoka bei der Kommission darüber, daß der Verband sie zu einem wichtigen internationalen
Turnier nicht für die Nationalmannschaft ausgewählt hatte.
Die Kommission darf sich genausowenig in Auswahlangele-
genheiten einmischen, wie sie entscheiden darf, ob in einer
Fußballmannschaft elf oder zwölf Spieler zu spielen haben.
Dies ist grundsätzlich Sache der sportlichen Autoritäten, oder
aber, im Falle von Betrug oder ähnlichem, der Gerichte der Mitgliedstaaten. Auch die Frage, während welcher Zeit des Jahres
in einer bestimmten Sportart die Transfers durchgeführt werden dürfen, entscheiden ausschließlich die zuständigen Verbände. Die Kommission hat daher Beschwerden in solchen Angelegenheiten ebenfalls abgewiesen.

Eine etwas komplizierte Frage betrifft das Territorialitäts-
prinzip. In Europa wird das Gros der Sportveranstaltungen
noch immer auf nationaler Ebene organisiert, obwohl es auch
Ausnahmen gibt, wie etwa in Großbritannien. Europäische
Meisterschaften gehen meistens von dieser Voraussetzung
aus, obgleich es dabei, etwa innerhalb der UEFA, Weiterent-
wicklungen gibt und bestimmte Wettstreite wie die Formel-
Eins-Rennen nach einem wiederum ganz anderen Muster ausgerichtet werden.

Wie dem auch sei; es ist an den Sportverantwortlichen, diese Fragen nach eigenem Gutdünken zu regeln. Hier darf die
Logik des europäischen Binnenmarktes den Sportautoritäten
nicht aufgezwungen werden. Sobald letztere allerdings selbst
entscheiden, zum Beispiel nicht länger in den Niederlanden,
Belgien und Luxemburg getrennte nationale Fußballmeister-
schaften auszutragen, sondern fortan eine gemeinsame Bene-
lux-Meisterschaft auszurichten, dann muß dies natürlich auch
möglich sein. Und sollten einige Vereine beschließen, innerhalb eines selbst bestimmten Gebietes einen eigenen Wettbewerb ins Leben zu rufen, so darf dem grundsätzlich auch

nichts im Wege stehen. Diese Frage stellte sich übrigens ganz konkret anläßlich einer Initiative von Media Partners, einem italienischen Unternehmen, das aus dem Umfeld Silvio Berlusconis heraus operierte. Media Partners hatte Pläne, unter den namhaftesten und reichsten europäischen Fußballklubs eine eigene Supermeisterschaft zu organisieren, natürlich mit der Absicht, die Einkünfte der entsprechenden Vereine noch weiter in die Höhe zu treiben. Eine derartige neue Superliga würde das heutige De-facto-Monopol der UEFA für die Organisation europäischer Vereinsmeisterschaften in Gefahr bringen. Letztere hat denn auch nichts unversucht gelassen, um diese Bedrohung im Keim zu ersticken. Media Partners reichte daraufhin gegen die UEFA Beschwerde wegen Machtmißbrauchs ein. Angeblich habe die UEFA einigen Vereinen, die bereit waren, mit Media Partners zu verhandeln, mit Ausschluß aus sämtlichen gegenwärtigen Wettbewerben gedroht. Die Untersuchung, die ich damals in die Wege leitete, ist noch anhängig. Jedenfalls muß sich eine neue Liga dann auch wie jeder UEFA-Pokal an die Wettbewerbsregeln halten, zum Beispiel in bezug auf den Umgang mit Fernseh- und anderen kommerziellen Rechten.

Eine weitere trickreiche Frage, die mir unterbreitet wurde, betraf die Möglichkeit eines Fußballvereins, sich in einem anderen Mitgliedstaat niederzulassen als dem, in dessen nationaler Liga er spielt. Immerhin ist ja das Recht auf die freie Wahl der Niederlassung einer der Grundsätze der Europäischen Union. Konkret wollte der Südlondoner Verein Wimbledon FC wissen, ob er sich in der irischen Hauptstadt Dublin niederlassen und trotzdem weiterhin an der englischen Premier League-Meisterschaft teilnehmen könne. In Dublin sollte ein nagelneues Stadion gebaut werden, und da es in London bereits zahlreiche Spitzenklubs gibt und Wimbledon nicht gerade eine große lokale Anhängerschaft hat, sah die Vereinsführung vergleichsweise große Expansionsmöglichkeiten in Irland. Die Premier League, aus der die »Dons« damals noch nicht abgestiegen waren, war damit einverstanden, nicht aber die UEFA und der irische Fußballbund.

Ohne uns abschließend zu äußern, waren wir damals der Meinung, daß in einem solchen Fall nicht notwendigerweise der Grundsatz der freien Wahl der Niederlassung ausschlaggebend sein muß. Schließlich erkennt ein Verein, der an einer bestimmten Meisterschaft teilnimmt, auch die territoriale Abgrenzung an, die die sportlichen Autoritäten dafür festgelegt haben. Dann erscheint es folgerichtig, daß auch nur mit ihrer Zustimmung davon abgewichen werden kann.

Und was ist zu tun, wenn zwei oder mehr Vereine, die an einer bestimmten Meisterschaft teilnehmen, ein und denselben Eigentümer haben? Auch diese Frage kam ganz konkret auf, als sich herausstellte, daß eine britische Finanzgruppe mit dem klangvollen Namen English National Investment Company (ENIC) mehrere europäische Vereine besitzt und sich zwei davon für den UEFA-Cup qualifiziert hatten. Daraufhin untersagte nämlich die UEFA einem der beiden die Teilnahme. ENIC ihrerseits erkundigte sich bei der Kommission, ob ein solches Verbot nicht die freie Wahl der Niederlassung und die unternehmerische Freiheit verletze.

Die UEFA war der Meinung, solche Zustände könnten einem wesentlichen Element des Sports Abbruch tun, nämlich der Ungewißheit über den Ausgang von Wettkämpfen. Angesichts dessen, daß sowieso schon allzuoft Praktiken ans Licht kämen, die Zweifel an dieser Unvorhersehbarkeit aufkommen ließen – man denke nur an Bestechungsaffären –, müsse man hier aus grundlegenden sportlichen Erwägungen heraus deutliche Grenzen setzen. Ich gebe zu, daß ich diese Bedenken der UEFA teilte, was in den oben erwähnten »Ersten Orientierungen« der Kommission dann auch deutlich zum Ausdruck gekommen ist. Andererseits muß einiges noch gründlich ausgeknobelt werden, zum Beispiel, wann genau jemand im Sinne dieser Ausschlußklausel Eigner eines Vereins ist oder beherrschenden Einfluß ausübt.

Diese Fälle zeigen, daß die Kommission, entgegen den hartnäckigen Behauptungen des Vorsitzenden der FIA, Max Mosley, ihre eigenen Befugnisse streng auf das unbedingt Notwendige beschränkt und so weit wie möglich die Besonderheit des Sports respektiert. Ganz anders sieht es aus, wenn Sportautoritäten überall mitmischen wollen und neben ihrer spezifischen Aufgabe als sportliche Regelgeber das Monopol oder Exklusivrechte auf die immer mehr im Wert steigenden Medien- und Vermarktungsrechte einfordern, sie selbst kommerziell nutzen oder willkürlich und ohne jeden Wettbewerb für viele Jahre im voraus vergeben. Hinzu kommt dann meist auch noch eine ausschließliche Zuständigkeit, Lizenzen zu erteilen, so daß diese Sportverbände die absolute Kontrolle über alles und jeden, der mit der betreffenden Sportart zu tun hat, ausüben. Und um das System noch fester zu zementieren, maßen sich die sportlichen Autoritäten überdies noch das Recht an, den Richter zu spielen. Mehr noch, ihre Satzungen untersagen teilweise ausdrücklich den nationalen Verbänden, Klubs und Sportlern, entstandene Konflikte vor die ordentlichen Gerichte zu bringen. Dies gilt zum Beispiel für Artikel 59 der Durchführungsverordnung zu den FIFA-Statuten – kein Wunder, daß solche Zustände zu allerlei Rechtsmißbrauch führen.

Ein deutlicheres Zeichen für die »Wir stehen über dem Gesetz«-Mentalität ist kaum zu finden. Natürlich kann die Kommission so etwas auf keinen Fall hinnehmen. Dies würde dazu führen, daß sie die Augen verschließt vor zahlreichen möglichen Formen rein wirtschaftlichen Machtmißbrauchs und somit bestimmte Big-Business-Aktivitäten von der Anwendung des Kartellrechts willkürlich ausklammert.

Trotz der Tatsache, daß die meisten Sportstreitigkeiten relativ jungen Datums sind, ist es der Kommission gelungen, bereits zahlreiche Hinweise auf die Marschrichtung zu geben, und zwar unter voller Anerkennung der Besonderheit des Sports. Diese Fälle sind ein Lehrbeispiel dafür, wie man durch vorsichtiges Herantasten zu einer ausgewogenen Lösung kommt. Trotzdem steht mein Nachfolger Mario Monti noch vor vielen äußerst delikaten Fragen, zum Beispiel im Zusammenhang mit Monopolen oder dem kollektiven Verkauf von Rechten. Doch zeigen sich die meisten sportlichen Entscheidungsträger inzwischen dialogbereit. Einige Wochen, bevor ich zum letzten Mal die Tür meines Büros hinter mir schloß, bekam ich noch einmal im Namen der FIFA Besuch von Michel Platini, Frankreichs erfolgreichstem Fußballspieler aller Zeiten. Wir führten ein nicht nur angenehmes, sondern auch ausgesprochen fruchtbares Gespräch. Platini sah ein, daß die Kommission gar nicht anders kann, als bei kommerziellen Interessenkonflikten oder Machtmißbrauch einzuschreiten. Ich erklärte ihm meinerseits, daß ich fände, wir könnten in der Anwendung des Bosman-Urteils gemeinsam noch ein gutes Stück kreativer sein, was die Ausbildung junger Spieler anlangt. Welch ein Unterschied zu anderen Treffen mit Fußballverantwortlichen! Und wie schade, daß wir nicht schon früher auf diese Weise miteinander umgehen konnten.

KAPITEL 9

DIE KARTELLKNACKER

»Dawn raids« oder morgendliche Razzien in den Büros transnationaler Unternehmen: Bei solchen spektakulären Aktionen denkt man zunächst wohl eher an Polizisten in Zivil als an Beamte der Europäischen Kommission. Aber tatsächlich sind es Kommissionsbeamte, meist unterstützt von Mitarbeitern der nationalen Wettbewerbsautoritäten, die solche Razzien organisieren. Die Beamten sind auf der Suche nach Beweismaterial für Kartelle oder ungesetzliche Absprachen, die Betriebe untereinander treffen, um die Konkurrenz auszubooten. Es handelt sich dabei um einen Aspekt der Europäischen Wettbewerbspolitik, der in den vergangenen Jahren durch eine Anzahl spektakulärer Fälle mehr und mehr die Aufmerksamkeit der breiten Öffentlichkeit auf sich gezogen hat.

Razzien gehören allerdings nicht zur alltäglichen Arbeit des Generaldirektorats Wettbewerb. Schließlich landet der überwiegende Teil aller Fälle aufgrund der juristischen Meldepflicht (bei Zusammenschlüssen und Behördenhilfe) oder der De-facto-Meldepflicht (bei Übereinkünften zwischen Unternehmen) bei der Kommission, und hinzu kommt noch die wachsende Anzahl von Akten aufgrund von Beschwerden. Bei Beschwerden oder Meldungen erhält die Kommission Informationen von Betroffenen oder Dritten; geheime Kartelle oder Übereinkünfte hingegen muß sie selbst aufspüren, denn erst, wenn die Kommission über ausreichende Beweise verfügt, kann sie handeln. Die Devise lautet, »no evidence, no case«, selbst wenn noch so starke Vermutungen bestehen, daß Unternehmen als Kartell operieren.

Bei der Kartellbekämpfung geht es um den Kampf gegen Unternehmen, die insgeheim illegale Absprachen über Preise und die Verteilung des Marktes treffen, um nicht miteinander konkurrieren zu müssen. Dies geschieht zu beider Vorteil, aber gegen die Interessen der Verbraucher. Natürlich stellen solche Vorgehensweisen Todsünden gegen die Marktwirtschaft und den freien Wettbewerb dar – so steht es seit der Gründung der Europäischen Gemeinschaft in den Verträgen, und es gehört zu den wichtigsten Aufgaben der Kommission als Wettbewerbsautorität, dagegen einzuschreiten.

In den Vereinigten Staaten wird Kartellbildung als schweres Verbrechen geahndet, auf das Gefängnisstrafe steht, wie erst vor kurzem einige Führungskräfte des pharmazeutischen Unternehmens Hoffmann-La Roche erleben mußten. In der Europäischen Union darf sich die Kommission nicht auf strafrechtlichem Terrain bewegen und kann daher auch nicht, wie in den Vereinigten Staaten, Personen verhören oder unter Eid befragen, an welchen Versammlungen sie teilgenommen haben und welche Absprachen getroffen wurden. Außer in den Fällen, wo sich ein Unternehmen oder ein Verantwortlicher eines Unternehmens aus eigenem Antrieb meldet, bleibt der Kommission keine andere Möglichkeit, als die Beweise in den Unternehmen selbst aufzuspüren. Wenn die Beamten dann allerdings entsprechende Beweise finden, muß die Kommission schwere Geldbußen verhängen, und dies tut sie in zunehmendem Maße.

Der erste Kommissar, der sich in der damaligen Kommission unter dem Vorsitz von Walter Hallstein mit dem Ressort Wettbewerb einließ, war Hans von der Groeben. Man hatte es ihm noch zusätzlich zu anderen Befugnissen auferlegt, die in jener Zeit als wichtiger erachtet wurden. Von der Groeben war mit seinem distinguierten Äußeren und seiner unglaublichen Körpergröße eine auffällige Erscheinung. Er war eher Spitzenbeamter als Politiker und vielleicht gerade deswegen der geeignete Mann, die Grundsätze der Wettbewerbspolitik, die in den EWG-Vertrag aufgenommen worden waren, in die Tat umzusetzen. Deutschland war zu diesem Zeitpunkt der einzige Mitgliedstaat mit einer Wettbewerbspolitik und mit einer nennenswerten Wettbewerbsautorität, dem Bundeskartellamt, das zum Vorbild für die Kartellbekämpfung auf europäischem Niveau wurde. Von der Groeben, effizient unterstützt vom ersten Generaldirektor des Generaldirektorats Wettbewerb, dem Niederländer Verloren van Themaat, legte den Schwerpunkt seiner Arbeit darauf, mit Hilfe der Anwendungsgesetzgebung der Kommission die nötigen Instrumente zu verschaffen, damit sie mit einiger Aussicht auf Erfolg ihre Aufgabe erfüllen konnte. Das Ergebnis war die berühmte Verordnung Nr. 17 von 1962. Sie ermöglicht der Kommission, Haussuchungen durchzuführen und Geldbußen zu verhängen. Außerdem verpflichtet sie Unternehmen dazu, eventuelle gegenseitige Übereinkünfte anzumelden. Dieses Instrumentarium, das eindeutig vom deutschen System inspiriert war, erlaubte es der Kommission, schrittweise eine überzeugende Antitrust-Politik auf die Beine zu stellen. Auch heute noch bildet die Verordnung Nr. 17, die inzwischen einige Male ergänzt wurde, die Basis für die Kartellbekämpfung und die Untersuchung von Übereinkünften zwischen Unternehmen.

Kartelle könnte man am ehesten als eine Art Verschwörungen umschreiben. Die Betriebe, die sich solcher Praktiken schuldig machen, sind keine kleinen Fische. Oft gehören sie zu den größten Industriekonzernen Europas oder der ganzen Welt. Der belgische Chemiekonzern Solvay beispielsweise war lange Zeit einer unserer festen Kartellkandidaten. Doch auch zahlreiche andere Chemieunternehmen bekamen es mit den europäischen Wettbewerbsautoritäten zu tun: Hoechst, BASF, ICI, Montedison, AKZO und andere. Einige Wirtschaftszweige sind geradezu traditionell anfällig für Kartellbildung; neben der Chemie gehören dazu unter anderem Stahl, Papier, Zement und Zucker.

Sobald sich in diesen Bereichen eine gewisse Marktwirkung bemerkbar machte, kam es häufig dazu, daß die Auswirkungen reguliert, arrangiert oder einfach durch gegenseitige Absprachen und Vereinbarungen zunichte gemacht wurden. Übrigens geschah dies früher nicht selten unter den wohlwollenden Augen von Regierungen und Behörden. Die Absprachen waren ein Element einer vom Staat stark beeinflußten oder »gemischten« Wirtschaft, und sie fanden nicht etwa nur im Bereich der Güterproduktion, sondern auch auf dem Dienstleistungssektor statt. Im Banken- und Versicherungsgewerbe etwa kamen regelmäßig Kartelle ans Licht. In Ländern wie Österreich und Italien spielte der Staat dabei sogar lange Zeit eine Rolle als *ringleader* oder Pate. Relativ viele Mitgliedstaaten standen bis vor kurzem in dem Ruf, typische Kartelländer zu sein, so die Niederlande, Österreich, Italien, Belgien und bis zu einem gewissen Punkt auch Deutschland. In anderen Mitgliedstaaten wie etwa Frankreich herrschten wiederum die staatlichen Betriebe oder Monopole vor, mit den entsprechenden Folgen. So besitzt jeder Mitgliedstaat seine eigene Tradition, doch mit einem wirklich freien Markt hat all das wenig zu tun. Was die Marktwirtschaft betrifft, hatte Europa vieles zu lernen.

Das bedeutet durchaus nicht, daß Kartelle heutzutage im Aussterben begriffen sind. Keineswegs – nur spielt sich das Ganze viel raffinierter ab. Moderne Kartelle werden eher rund um Nischenmärkte, spezifische Produkte oder Dienstleistungen organisiert, etwa Stahlrohre oder Fährdienste. So kann es passieren, daß ein Betrieb in bezug auf ein bestimmtes Produkt Teil eines Kartells ist, in bezug auf andere Produkte hingegen den Mechanismen der Marktwirtschaft freien Lauf läßt. Selbst Betriebe mit einem ausgezeichneten moralischen Ruf, etwa ABB, verbrennen sich gelegentlich die Finger an Kartellpraktiken, sogar solchen von der schlimmsten Sorte. Eigentlich müßte man ja davon ausgehen können, daß mit dem europäischen Binnenmarkt und bei einer mehr und mehr liberalisierten Wirtschaft diese Art von Kartellen von selbst verschwindet. Doch das ist nicht notwendigerweise der Fall. Mehr denn je gilt sogar das Umgekehrte: Die Tatsache, daß der Binnenmarkt, die Wirtschafts- und Währungsunion sowie die Globalisierung zu immer mehr Wettbewerb führen und Unternehmen ihre geschützte Position innerhalb nationaler Grenzen verlieren, verleitet viele dazu, den Konkurrenzdruck zu vermindern, indem sie mit anderen Absprachen treffen oder sich zu Kartellen zusammenschließen. Wir haben also das Paradox, daß größere Liberalisierung und mehr Wettbewerb auch eine stärkere Neigung zur Kartellbildung mit sich bringen.

Übrigens braucht ein Kartell nicht unbedingt schwarz auf weiß zu existieren. Es gibt zahlreiche ungeschriebene, geheime Vereinbarungen oder aufeinander abgestimmte Verhaltensweisen, die nach dem Motto funktionieren: »Wenn ihr diese Produkte nicht – oder nicht mehr – herstellt, dann versprechen wir, daß wir diese oder jene Produkte nicht – oder nicht mehr – auf den Markt bringen.« Auch ein plötzlicher Preiskrieg muß noch lange kein schlüssiger Beweis dafür sein, daß kein Kartell existiert. Es ist schon gelegentlich vorgekommen, daß einem untreuen Mitglied eines Kartells, dem eine Lektion erteilt werden mußte, durch eine Preisschlacht das Leben sauer gemacht wurde. Und wenn dann auf einem bestimmten Markt nur noch zwei oder einige wenige Konkurrenten übrigbleiben, können die betreffenden Unternehmen Preiserhöhungen einfach aufeinander abstimmen. Natürlich kann es durchaus sein, daß es schon vorab Kontakte gegeben hat – aber das muß man erst einmal beweisen.

1998 standen wir vor diesem Problem, als innerhalb von nur wenigen Tagen sowohl Airbus als auch Boeing erhebliche Preiserhöhungen ankündigten. Beide Unternehmen ließen unabhängig voneinander verlauten, sie würden sich fortan stärker am Gewinn als am Marktanteil orientieren. Unsere amerikanischen Kollegen, aber auch wir selbst, fanden diesen Zufall recht auffällig, weshalb auf beiden Seiten des Ozeans eine Untersuchung in die Wege geleitet wurde. Doch ich machte mir keine großen Illusionen: Wenn es Kontakte gegeben hatte, waren diese so gut wie sicher mündlicher Art gewesen, und da wir nun einmal keine Verhöre unter Eid durchführen dürfen, würden wir wahrscheinlich weiter auf der Stelle treten.

Elliott Ness in Europa

Die Beamten, die sich mit Kartelluntersuchungen befassen, sind von einem besonderen Schlag. Die entsprechende Dienststelle haben wir vor ein paar Jahren unter der Leitung eines unserer erfahrensten Beamten, Maurice Guerrin, reorganisiert, weil die Leute, die das spezielle Talent und die Fähigkeiten für diese Arbeit besaßen, ursprünglich über verschiedene Dienststellen verteilt waren. Um die Effizienz zu erhöhen, zogen wir also Leute und Mittel in der sogenannten »Kartellknacker« Gruppe zusammen. Der Leiter des Teams war ein Brite, Julian Joshua, der sich schon viele Jahre mit dem Aufspüren von Kartellen beschäftigte. In den Dienststellen der Wettbewerbsbehörde trug er wegen seiner kriminalistischen Qualitäten den Spitznamen »Elliott Ness«.

Zu den wichtigsten Aufgaben der Kartellknacker gehört das Sammeln schriftlicher Beweisstücke über die Kartelle. Diese Beweise müssen in den Betrieben selbst gesucht werden, und meistens werden wir dort auch fündig. Man fragt sich, warum die Unternehmen solche ungesetzlichen Absprachen überhaupt schwarz auf weiß festlegen; vielleicht hat es etwas mit der äußerst komplexen Materie zu tun. Preiserhöhungen werden oft bis in kleinste Details abgesprochen, für jeden individuellen Kunden und mit einem präzisen Timing. Ein bestimmter Betrieb des Kartells gibt eine Preiserhöhung bekannt, kurz darauf folgt ein zweiter, und so weiter. Es wird ein ausführliches Szenario entworfen, an das sich alle halten müssen. Auf diese Weise können die Unternehmen die Illusion wecken, es sei freier Wettbewerb im Spiel. So funktionierte zum Beispiel das Kartell der Pappprodukte, das wir 1994 aufgerollt haben. Es bestand aus etwa zwanzig Betrieben, ein detailliertes Quotensystem abgesprochen hatten, an das alle Beteiligten gebunden waren. Es mußte schriftlich festgelegt werden, weil sich die Mitglieder des Kartells gegenseitig keinen Meter über den Weg trauten.

Auf solche Beweisstücke machen die Kartellknacker der Kommission Jagd. Wenn eine Razzia bei Betrieben stattfindet, die der Kartellbildung verdächtigt werden, müssen jedoch auch immer zusätzliche Mitarbeiter aus anderen Dienststellen des Generaldirektorats Wettbewerb hinzugezogen werden. Man benötigt für eine Razzia etwa zehn Leute pro Betrieb, und sehr oft werden sie in fünf oder sechs Betrieben zugleich durchgeführt. Man muß also einen Trupp von fünfzig Mann zusammenstellen, doch es ist nicht schwer, Mitarbeiter zur Teilnahme zu bewegen, weil ein *dawn raid* oft aufregend ist und eine willkommene Abwechslung bietet.

Sie dürfen sich allerdings erst an die Arbeit machen, wenn der Wettbewerbskommissar ihnen dazu offiziell grünes Licht gegeben hat, und das wiederum geht erst, wenn ausreichende Hinweise darauf vorliegen, daß illegale Praktiken existieren. Es muß also eine reelle Chance auf einen erfolgreichen »Fang« bestehen. Man geht sonst das Risiko ein, der Leichtsinnigkeit oder des Machtmißbrauchs bezichtigt zu werden. Meistens werden unangekündigte Besuche rasch bekannt, was negatives Aufsehen für den Betrieb zur Folge hat. Daher dürfen wir nicht unbedacht handeln.

Die Vorgehensweise bei einer Kartellsache folgt einem festgelegten Ablauf. Zuerst erarbeitet eine kleine Gruppe von Mitarbeitern auf der Basis von Beschwerden, Tips, verdächtigem Verhalten oder verdächtigen Preisfestlegungen sowie Briefen von Verbrauchern eine erste Einschätzung möglicher illegaler Praktiken oder Zustände. Sind die Hinweise schwerwiegend genug und sind sie glaubwürdig – und die entsprechenden Beamten mußten mich davon von Fall zu Fall immer wieder überzeugen –, bekommen sie im Prinzip grünes Licht. In dieser Phase werden noch keine administrativen Schriftstücke verfaßt, sondern es wird höchstens eine kurze Liste mit Argumenten aufgestellt. Wichtig ist, daß nur wenige Leute informiert sind, um keinerlei Risiken einzugehen und äußerste Diskretion zu wahren, damit die Überraschung gelingt.

Um festzustellen, ob ein Kartell existiert, muß man für eine Anzahl von Dingen, die sich auf dem Markt abspielen, ein waches Auge haben. Wenn es beispielsweise bei einem Produkt große Preisunterschiede zwischen verschiedenen Ländern gibt, könnte dies auf geographische Preisabsprachen hinweisen.

Häufig sind die Mitarbeiter von Informationen abhängig, die man aus den betreffenden Branchen erhält. Manchmal sind es frühere Angestellte, die die Sache auffliegen lassen, und hin und wieder machen uns auch Betriebe selbst darauf aufmerksam. Bei einer Fusion kann es passieren, daß ein Unternehmen, das gerade ein anderes übernommen hat, feststellt, daß der übernommene Betrieb Teil eines Kartells ist. Der neue Besitzer ist damit womöglich nicht einverstanden und wird in diesem Fall die Europäische Kommission informieren. Die großen Übernahme- und Fusionsbewegungen der vergangenen Jahre haben auf diese Weise einige Kartelle ans Licht gebracht. Manchmal richten auch die Abnehmer bestimmter Produkte, über die Preisabsprachen bestehen, darunter oft kleine und mittlere Unternehmen, unsere Aufmerksamkeit darauf, so daß wir eine Untersuchung in die Wege leiten können. Bei ihren Meldungen gehen die Betreffenden allerdings in der Regel äußerst vorsichtig zu Werke, da sie sich keinen Vergeltungsmaßnahmen aussetzen wollen.

Wenn ich grünes Licht gegeben hatte, überließ ich es ganz den Kartellknackern, ihre Besuche so effizient wie möglich zu organisieren. Meistens nahm die Vorbereitung einige Wochen in Anspruch. Ich fragte meine Mitarbeiter nie, wann genau sie zuschlagen würden. Weder mein Kabinett noch ich selbst sollten darüber Bescheid wissen. Wenn sie von ihrem Besuch zurück waren, ließ ich mich allerdings über Verlauf und Ergebnis der Untersuchung informieren. Die Tatsache, daß ich nie im voraus über geplante Razzien Bescheid wußte, sorgte gelegentlich schon für merkwürdige Situationen. So befand ich mich einmal für einen Tag in Paris wegen eines Geschäftsessens, und bei dieser Gelegenheit erfuhr ich von meinem Tischnachbarn Francis Mer, dem Chef des französischen Stahlunternehmens Usinor-Sacilor, daß meine Beamten ausgerechnet an jenem Tag seinem Betrieb einen unangekündigten Besuch abgestattet hatten ...

Bei Razzien muß man ein Auge für kleinste Details haben. Die Erfahrung hat gelehrt, daß zwar meist schriftliche Beweisstücke existieren, diese aber natürlich versteckt werden. Die Beamten müssen daher in die Büros der obersten Führungsetage der Betriebe vordringen, denn dort sind die Beweise meist zu finden. Oft kommt ihnen dabei der Zufall zu Hilfe. So fand die Truppe von Joshua einmal den kompletten Plan eines Kartells im Büro eines Direktionsmitglieds, das sich gerade im Urlaub befand. Aus allen anderen Büros waren die Beweise sorgfältig entfernt worden. Eine wichtige Faustregel ist, sich nie abspeisen zu lassen. Vor allem in großen Betrieben versuchen die Manager, den Beamten zu imponieren: Vornehme Herren erscheinen auf der Bildfläche, die die Rechercheure

mit vielen Komplimenten und Klimbim aus den Direktions-
büros fernzuhalten versuchen. Daran vorbei und vordringen,
heißt dann die Devise. Eine geschickte Taktik besteht übrigens
darin, Frauen als Rechercheure einzusetzen.

Wie dem auch sei, gegen Beamte, die ihren Mann oder ihre
Frau stehen und sich nicht ablenken lassen, haben Führungskräfte großer Betriebe meist keine Chance. Außerdem werden
bei den Betriebsrazzien immer die nationalen Wettbewerbsbehörden mit einbezogen. Früher war dies sehr kompliziert.
Die nationalen Wettbewerbsautoritäten betrachteten sich damals noch eher als Interessenvertreter der Betriebe, die inspi-
ziert wurden. Heute dagegen herrscht überwiegend die Überzeugung, daß ihre Aufgabe nicht darin besteht, nationale Interessen zu verteidigen, sondern darin, darauf zu achten, daß
der freie Wettbewerb gewahrt bleibt. Die nationalen Behörden werden ein paar Tage vor einer Razzia in einem Betrieb
über die kommende Aktion informiert. Es ist gelegentlich vorgekommen, daß es irgendwo eine undichte Stelle gab, aber
das ist die Ausnahme. Meistens verläuft die Zusammenarbeit
gut. In Österreich zum Beispiel hat es vor ein paar Jahren
eine Untersuchung im Zusammenhang mit einer Kartellbildung bei Banken gegeben. Darüber später mehr. Wir informierten die österreichische Wettbewerbsbehörde, die dem
Wirtschaftsminister unterstand, im voraus, und sie arbeitete
perfekt mit uns zusammen. Niemand wurde informiert, selbst
der zuständige Minister nicht, so daß unsere Inspektoren
überraschend die Razzia bei den betreffenden Banken durchführen und noch einiges an brauchbarem Material beschlag-
nahmen konnten.

Das deutsche Bundeskartellamt ist natürlich das große Vorbild der Kommission gewesen, doch auch andere Länder haben
in den vergangenen Jahren Fortschritte gemacht. Die Kommission hat mittlerweile ein Netzwerk mit den nationalen Behörden

geknüpft, die sich übrigens mehr und mehr an denen der Europäischen Kommission orientieren. Doch die Mittel, über die die europäische Wettbewerbsbehörde verfügt, sind leider nach wie vor zu beschränkt, um die noch immer große Anzahl von Kartellfällen zielgerichtet angehen zu können.

Zahlreiche Kartelle funktionieren nach immer demselben Basisschema. Das Kartell besteht aus zwei Ebenen, der höheren Ebene der führenden Manager, die sich in größeren Abständen regelmäßig treffen, um die Strategie bestimmen, und der unteren Ebene der für die Ausführung Zuständigen, die sich auch häufiger treffen. Sie müssen die Preisschemata für die gesamte Produktpalette sowie für ihre verschiedenen Teilmärkte ausarbeiten, auch in den unterschiedlichen Währungen der Teilmärkte. Der Euro vereinfacht diese Arbeit natürlich erheblich. Die wirklichen Spitzenleute der Unternehmen treffen sich in aller Diskretion höchstens ein paarmal im Jahr, um über ihre gegenseitigen Erwartungen auf dem laufenden zu bleiben und sich zu erkundigen, ob alles nach Wunsch verläuft. Übertriebene Bescheidenheit ist nicht ihr Stil; so nennen sie ihre Klubs etwa »Die Staatsoberhäupter«, »Die großen Vier«, »Die Präsidenten«, »Die Päpste«. Beliebte Orte für ihre Zusammenkünfte sind das feine Baur au Lac-Hotel und das Bauer en Ville, beide in Zürich, oder auch das Hilton Zürich in der Nähe des Flughafens, wenn sie sehr in Eile sind. Sie haben gute Gründe dafür, ausgerechnet in die zu Schweiz kommen: Dort können wir ihnen nichts anhaben, denn die Schweiz ist kein Mitglied der Europäischen Union. Manchmal vertrauen diese Spitzenkräfte noch nicht einmal ihren eigenen Leuten. Das Polypropylenkartell bestand beispielsweise aus den führenden Managern von zwölf Betrieben. Was diese Topleute jedoch nicht wußten, war, daß es über ihnen noch ein weiteres, geheimes Direktorium der vier führenden Betriebe gab, die den größten Marktanteil hatten: ICI, Hoechst, Montedison und Shell.

Fest zementierte Absprachen

Einer der bekanntesten Fälle, den wir bearbeitet haben, war das Zementkartell. Dreiunddreißig europäische Zementprodu- zenten und acht nationale Verbände von Zementproduzenten wurden nach langer Untersuchung für schuldig befunden, Ab- sprachen getroffen zu haben, um den Markt untereinander aufzuteilen. Im November 1994 wurden sie zu Geldbußen ver- urteilt, die sich alles in allem auf 248 Millionen Euro beliefen, die höchsten Geldbußen, die je von der Kommission verhängt wurden. Auffällig war auch, daß praktisch der gesamte Sektor verurteilt wurde, darunter alle Großen der Branche, wie Hei- delberger Zement, Société des Ciments und Lafarge Coppé aus Frankreich, Italcimenti aus Italien und Blue Circle aus Großbritannien.

Kartellbildung ist um so einfacher, je weniger Konkurrenten es gibt, mit denen man Absprachen treffen kann. In manchen Mitgliedsländern gab es überhaupt nur einen Zementprodu- zenten, der daher auch im eigenen Land keine Konkurrenz zu befürchten hatte. Ein weiterer Grund dafür, Übereinkünfte über die Grenzen hinweg zu schließen, um andere außen vor zu lassen. Die Untersuchung der Kommission bewies schließ- lich, daß die Europäische Föderation der Zementproduzenten (Cembureau) ein System etabliert hatte, bei dem die nationa- len Märkte geschützt wurden.

Bereits 1983 hatten die Mitglieder von Cembureau eine Über- einkunft geschlossen, um sich auf ihren Heimatmärkten nicht gegenseitig in die Quere zu kommen. Außerdem etablierten sie ein System des Informationsaustauschs über Preise und Märkte. Es wurde abgesprochen, daß alle Produzenten ihre Preise auf die eines *price leaders* abstimmen sollten. Die Kom- mission fand genügend Beweise von Versammlungen, auf de- nen diese Absprachen getroffen worden waren. Die Produzenten wußten sehr genau, daß ihr Tun ungesetzlich war. So hatte zu Beginn einer ihrer Versammlungen der Vorsitzende wörtlich gesagt:»Wir brauchen wohl nicht darauf hinzuweisen, daß von unseren Besprechungen keine schriftlichen Zusammenfassungen gemacht werden.« Es wurden trotzdem verschiedene Dokumente gefunden, die unumstößlich bewiesen, daß Absprachen getroffen worden waren. Französische und italienische Zementproduzenten hatten den Markt der Côte d'Azur untereinander aufgeteilt, wie sich aus sichergestellten Schriftstücken ergab. Man traf Preisabsprachen oder weigerte sich, bestimmte Kunden zu beliefern.»Wir sollten keinen Krieg gegeneinander führen. Wir müssen Übereinkünfte treffen, um Konflikte zu vermeiden«, lautete das Motto. Dasselbe spielte sich zwischen spanischen und portugiesischen Lieferanten ab. In aufgefundenen Schriftstücken war unter anderem zu lesen: »Die spanischen und portugiesischen Zementproduzenten erklären unmißverständlich, daß kein Transport von Spanien nach Portugal und von Portugal nach Spanien stattfinden darf.«

Ein weiteres Beispiel einer Absprache fand sich zwischen französischen und deutschen Betrieben, wovon es ebenfalls einen schriftlichen Beweis gibt, der besagt:»Wir erklären hiermit klar und deutlich, daß jeder innerhalb seiner eigenen Grenzen bleiben muß.«

1989 schlossen sich einige Zementproduzenten, Mitglieder von Cembureau, zusammen, um eine Front gegen die Bedrohung durch billige griechische Zementexporte in verschiedene europäische Länder zu bilden. Griechenland hatte gerade ansehnliche Ausfuhrmärkte für Zement im Nahen Osten verloren und suchte nach anderen Absatzmöglichkeiten. Auf verschiedenen Versammlungen, für die die Kommission Beweisstücke besitzt, wurden Maßnahmen vereinbart, um den griechischen Exporten einen Riegel vorzuschieben. Dies ging so weit, daß eine Gesellschaft gegründet wurde, Interciment, die griechische Ausfuhren in bestimmte europäische Länder verhindern sollte. Ein italienischer Zementproduzent sorgte sogar dafür, daß ein Vertrag zwischen einem italienischen Kunden und griechischen Lieferanten gebrochen wurde. So viel zum Binnenmarkt ...

Kartelluntersuchungen, wie im geschilderten Fall, sind meist komplex und schwierig. Die Kommission muß überzeugende Beweise dafür vorbringen, daß das Kartell auf dem Markt aktiv ist, wie lange es besteht oder bestanden hat, welche Unternehmen daran beteiligt sind, wer *ringleader* ist und wer Mitläufer. Einmal fanden meine Beamten bei einer Haussuchung tatsächlich Dokumente, die bewiesen, daß in einem betroffenen Betrieb ein Training organisiert worden war, um Mitgliedern des Personals beizubringen, wie sie belastendes Material schnell verschwinden lassen konnten, wenn Kommissionsbeamte auf der Bildfläche erschienen. Der Betrieb hatte sogar ein Anwaltsbüro zu Rate gezogen, um auf entsprechende Umstände vorbereitet zu sein.

Das Fernwärmerohrkartell

Auch Kartelle gehen mit der Zeit. Ein beredtes Beispiel dafür ist das Kartell der Produzenten von Rohren für Fernwärme. Ein Nischenmarkt, denn vor fünf Jahren ging es dabei gerade einmal um 400 Millionen Euro. Abnehmer von Fernwärmeleitungsrohren, das heißt isolierten Wasserrohren, ist hauptsächlich die öffentliche Hand. Es geht also um einen Markt mit öffentlichen Ausschreibungen. Vor allem in Nordeuropa ist diese Art von Heizsystem sehr populär, aber Fernwärme gibt es auch in Griechenland und Portugal. Der größte Leitungsproduzent war ABB, Asea Brown Bovery, ein schweizerischschwedischer multinationaler Konzern, deren dänische Filiale Møller AS / ABB für die Abteilung Fernwärme zuständig war. Chef oder *ringleader* des Kartells war dessen Leiter.

Neben ABB waren neun weitere Unternehmen in die Sache verstrickt. Das Kartell entstand in Dänemark, weil dort die wichtigsten Produzenten ansässig waren, breitete sich dann aus nach Deutschland und danach, allerdings in kleinerem Maßstab, weiter nach Österreich, Italien, in die Niederlande, nach Schweden, Finnland und Großbritannien. Das Kartell trat 1990 in Kraft und blieb bis 1996 bestehen. Bei einer groß angelegten Razzia in verschiedenen Betrieben im Juni 1995 wurde eine große Menge belastendes Material beschlagnahmt. Trotzdem – und dies wurde im Urteil als erschwerende Tatsache bewertet – operierte das Kartell danach noch ein Jahr lang weiter. Das Kartell wurde von den jeweiligen Topverantwortlichen der verschiedenen Betriebe geleitet. Sie nannten sich »die Elefanten«. Die »Elefanten« bestimmten die Quote, die jedem Betrieb vom Kartell zugewiesen wurde, und legten auch die Preise fest. Sie versuchten sogar, technische Innovationen zu verhindern, indem sie mit den Normen mauschelten. Eine preiswertere Röhre, hergestellt nach einem neuartigen technischen Verfahren, wurde vom Markt gedrängt, weil sie eine Gefahr für die vorhandenen Produkte darstellte. Die Verkaufsdirektoren des Kartells trafen sich alle zwei bis drei Wochen, um festzulegen, welches Kartellmitglied welchen Auftrag bekam. Für jedes Projekt wurde ein »Favorit« ernannt, der den Auftrag ergattern durfte. Die anderen Mitglieder wurden darüber informiert. Sie mußten dann höhere Angebote einreichen als der Favorit, damit sichergestellt wurde, daß er den Auftrag hereinholte. Versuche anderer Kartellmitglieder, hinter dem Rücken der anderen doch ein niedrigeres Angebot abzugeben, wurden mit Hilfe eines Systems von Spionen und eines speziellen Computersystems, das alle Offerten genauestens regi-

strierte, unterbunden. Ein Betrieb trat sogar als »Disziplinar-
instanz« auf, um dafür zu sorgen, daß niemand ausscherte.

Der schwedische Betrieb Powerpipe machte uns 1995 auf
die Existenz des Kartells aufmerksam. Powerpipe hatte Drohungen erhalten: Die Firma solle sich gefälligst auf ihren Hei-
matmarkt beschränken, also Schweden. Erkläre sich der Betrieb damit einverstanden, bekomme er vom Kartell eine ga-
rantierte Quote zugewiesen. Doch Powerpipe weigerte sich,
darauf einzugehen. Die Folge war, daß die Firma immer, wenn
sie ein Angebot einreichte, von einem Mitglied des Kartells un-
terboten wurde. Außerdem wurde Powerpipe von seinen Zulieferern abgeschnitten, und man versuchte ganz unmißverständlich, den Betrieb in den Konkurs zu treiben. Powerpipe
widerstand nicht nur dem Druck, dem Klub beizutreten, sondern zog auch noch die Wut des Kartells auf sich, weil die Firma systematisch ein niedrigeres Angebot einreichte als der
»Favorit«, wodurch sich der schwedische Betrieb eine Anzahl
wichtiger Projekte in Deutschland, dem größten nationalen
Markt für Fernwärme, sichern konnte. Das bekannteste Beispiel war das Projekt Leipzig-Lippendorf, ein Auftrag von so
großem Umfang, daß kein Kartellmitglied ihn alleine hätte bewältigen können. Einem »Konsortium« der drei deutschen
Produzenten, zu denen auch die deutsche Filiale von ABB gehörte, wurde insgeheim signalisiert, die Ausschreibung an sich
zu reißen. Als im März 1995 bekannt wurde, daß Powerpipe
den dicken Brocken an Land gezogen hatte, kam das Kartell in
einem Luxemburger Hotel zusammen und kündigte einen so-
fortigen Boykott von Powerpipe an. In einem geheimen Dokument dieses Treffens ist festgehalten: »Keines unserer Subunternehmen darf für Powerpipe arbeiten. Wer es trotzdem tut,
dem wird jede weitere Zusammenarbeit mit uns aufgekündigt.
Wir werden versuchen, zu verhindern, daß Powerpipe mit
Grundstoffen wie (zum Beispiel) Plastik beliefert wird.« Im

Juni führten dann Beamte der Kommission eine überraschende Razzia bei sämtlichen Betrieben des Kartells durch. Man fand genügend Beweismaterial, um zu zeigen, daß tatsächlich ein Kartell am Werk war. Trotzdem ging es danach seinen Geschäften nach, als sei nichts geschehen. Das einzige konkrete Resultat der Untersuchung der Kommission war, daß die Versammlungen nach Zürich verlegt wurden. Um zu vermeiden, daß Hinweise auf die Reisen nach Zürich gefunden würden, flogen die Teilnehmer in einem Privatflugzeug in die Schweiz.

So ging es noch neun Monate lang weiter. Das Kartell brach schließlich erst auseinander, als die Kommission den Teilnehmern die Beweisstücke unter die Nase hielt und Erklärungen dafür verlangte. Abgesehen von ABB handelte es sich bei den Kartellmitgliedern um Unternehmen, die ausschließlich ein Produkt herstellten, nämlich die isolierten Fernheizungsrohre. ABB versuchte, seine Beteiligung am Kartell als vollkommen atypisch abzutun und als eigenständiges Auftreten einer kleinen dänischen Unterabteilung des Konzerns hinzustellen. Doch die beschlagnahmten Beweisstücke zeigten, daß das Kartell von den höchsten Führungspositionen der ABB-Gruppe aus organisiert, abgesegnet und geleitet worden war. Als die Firmen des Kartells von einer neuen, noch in Vorbereitung befindlichen Kommissionsbestimmung – der sogenannten Kronzeugenregelung – erfuhren, nach der für die Mitarbeit bei der Aufklärung eine Ermäßigung der Geldbußen vorgesehen war, änderte sich ihre Einstellung. Die Rechtsanwälte der Unternehmen nahmen Kontakt mit der Kommission auf und teilten mit, die Verantwortlichen seien nun bereit, eine Aussage zu machen. Dies erbrachte noch einiges mehr an Beweismaterial. Auch ABB wollte mitarbeiten. Der Konzern hatte bis zu diesem Zeitpunkt einen ausgezeichneten Ruf gehabt, nicht zuletzt was die Ethik seiner unternehmerischen Tätigkeiten anging. Die Aufdeckung des Kartells schadete diesem Bild erheblich, um so mehr, als der Chef des Kartells zur obersten Führungsriege von ABB gehörte. Um zu vermeiden, daß sein Ruf weiteren Schaden nahm, versuchte das Unternehmen, um jeden Preis eine Strafe zu verhindern, indem es seine Schuld zugab und mit der Kommission zusammenarbeitete. Ich traf mich einige Male mit dem neuen Topmanager von ABB, Lindahl, der sich dafür einsetzte, sich in der Sache gütlich zu einigen. Aber auch er hieb ständig in dieselbe Kerbe: daß die Konzernleitung seinerzeit nichts von dem Kartell gewußt habe, daß der betreffende Kartellchef gegen die Unternehmensführung gehandelt habe, kurzum, daß es sich um einen »Betriebsunfall« handele, der der Unternehmensphilosophie diametral entgegengesetzt sei. Ich wies ihn allerdings darauf hin, daß das, was in einer Unternehmensgruppe geschieht, in der Verantwortlichkeit des gesamten Managements liegt und daß ABB doch wohl nicht leugnen könne, daß der Chef des Kartells, Wagner, zur Spitze des Unternehmens gehört habe und es deshalb schwerlich nachzuvollziehen sei, daß die übrige Konzernleitung von alldem nichts gewußt habe. Außerdem war es eine Tatsache, daß die Verstöße begangen worden waren und das Unternehmen sie zugegeben hatte. Daher könne von einem Erlaß der Geldbuße keine Rede sein, und es würde sich sogar um eine sehr hohe Buße handeln, selbst wenn man die Mitarbeit von ABB in Betracht zöge.

Als der Konzern erkannte, daß er um eine Geldbuße nicht herumkommen würde, griff er zu anderen Mitteln. Ein früherer Beamter der Kommission wurde als Lobbyist eingeschaltet mit dem Ziel, den Schaden so gering wie möglich zu halten. Dieser Mann war ganz besonders aktiv: Er wählte vor allem die Kabinette meiner Kollegen als Ziel seiner Lobbyaktionen. Da es die Kommission in ihrer Gesamtheit ist, die die Geldbußen auferlegt, und nicht der Kommissar für Wettbewerbspolitik allein, versuchte der Mann, die anderen Kommissare zu einer Ablehnung meines Strafantrags zu bewegen. Doch wir fanden schon bald heraus, daß er andere Kabinette bearbeitete. Diese Art von Informationen wird von den meisten Kommissaren rasch an die Kollegen weitergegeben: Wenn sie das Gefühl haben, daß Angelegenheiten hinter dem Rücken eines Kollegen gemauschelt werden sollen, wird dieser darüber informiert. Auf diesem Gebiet bestand meistens große Solidarität untereinander.

Als die Geldbuße festgesetzt werden mußte, unternahm der Lobbyist noch eine letzte Anstrengung, sie so niedrig wie möglich zu halten. Er verteilte Dokumente unter den Kollegen, in denen eine Reihe von Fakten angezweifelt wurde, die ABB bereits zu einem früheren Zeitpunkt eingestanden hatte. Es kam daher die Frage auf, ob wir unter diesen Umständen wirklich noch eine Strafminderung im Rahmen der Kronzeugenregelung in Betracht ziehen konnten. Die meisten Kollegen waren zu Recht der Meinung, wir sollten dies nicht tun, und so geschah es letztlich: Die Kommission entschied, die ursprünglich vorgeschlagene Geldbuße für ABB auf 10 Millionen Euro zu erhöhen. Dies ist ein Lehrbeispiel dafür, wie Lobbyarbeit sich als Bumerang erweisen kann.

Nicht von Pappe

Jahrelang gelang es einer Gruppe europäischer Pappproduzenten, den Behörden Sand in die Augen zu streuen und Kunden und Staat mit Preisabsprachen und Marktaufteilung an der Nase herumzuführen. Das Kartell war von 1986 bis 1991 tätig. Die ungesetzlichen Praktiken bestanden darin, daß die jeweiligen Marktanteile der Unternehmen festgeschrieben wurden und sie untereinander Informationen austauschten über das Produktionsvolumen, Bestellungen, Lieferungen und die Ausnutzung der Kapazitäten bis hin zu den Perioden, in

denen die Maschinen abgestellt wurden. Außerdem gab es klare Absprachen über die zweimal jährlich erfolgenden Preiserhöhungen. Am Kartell waren neunzehn Betriebe beteiligt, darunter Finnboard, ein Konsortium von vier finnischen Unternehmen, sowie Pappe- und Papierproduzenten aus Norwegen,
Schweden, Deutschland, den Niederlanden, England und
Frankreich, kurzum, aus zahlreichen EG-Mitgliedstaaten sowie
einigen Ländern, die damals noch nicht dazugehörten, aber
bereits Mitglied in der Europäischen Freihandelsassoziation
waren. Es ging sowohl um große skandinavische Holzverarbei-
tungs- und Papierbetriebe wie Stora und Modo aus Schweden
als auch um kleinere Papierproduzenten.

Das Kartell kam nach Klagen von Verbrauchern ans Licht.
Eine Reihe von Preiserhöhungen schien in den verschiedenen
Pappe-Teilmärkten ziemlich simultan zu verlaufen. Ein französischer und ein britischer Verband von Pappverbrauchern
reichte eine Beschwerde ein, und im April 1991 führten Beamte
der Kommission bei sechzehn Betrieben eine Razzia durch. Sie
brachte nicht nur einen Berg von Beweismaterial ein, man ent-
deckte zugleich eine komplette illegale Struktur, die Mo-
dellcharakter für die Arbeitsweise der meisten Kartelle hatte.

Als Deckmantel diente eine auf den ersten Blick höchst ehr-
bare Handelsorganisation, die Product Group Paperboard, zu
der praktisch alle westeuropäischen Papplieferanten gehörten. Seit ihrer Gründung 1981 hatte die Product Group Paperboard Versuche unternommen, den Markt zu regulieren, doch
richtig gelang es ihr erst nach einer Reorganisation 1986.

Von den entsprechenden Versammlungen existierten keinerlei schriftliche Dokumente, keine Einladung zur Versammlung, keine Protokolle, gar nichts. Den Teilnehmern war ausdrücklich verboten worden, irgend etwas zu Papier zu bringen.
Doch da es um eine äußerst komplexe Materie ging, fanden wir
in den Betrieben selbst einige Schriftstücke, die quasi durch

die Maschen des Netzes gerutscht waren und sehr wohl bewiesen, daß es sich um ein Kartell handelte.

1986 wurden die Organe ins Leben gerufen, die das Kartell leiteten: eine President Working Group (PWG), die die Versammlungen des President Committee vorbereitete, und ein ausführendes Organ, das Joint Marketing Committee (JMC), das für die Marktanalysen und die Ausführung der Beschlüsse des PWG verantwortlich war. Das JMC sollte vor allem die Produkt- und Verkaufsvolumina im Auge behalten und über die korrekte Durchführung der abgesprochenen Preiserhöhungen wachen. Es bestand aus den Marketing- und Verkaufsdirektoren aller angeschlossenen Firmen. Im PWG hingegen saßen nur die Verantwortlichen der größten Betriebe des Kartells, und sie waren es, die den Kurs des Kartells festlegten.

Schließlich war es das schwedische Waldbauunternehmen Stora, das sich mit Informationen an uns wandte, die für die gesamte Struktur fatal werden sollten. Gegenüber der Kommission gab Stora zu, daß eine Reihe von Unternehmen der Branche Verstöße gegen die Vertragsbestimmungen begangen hatte, die Absprachen zwischen Produzenten über Preise und Marktanteile verbieten. Stora hatte kurz zuvor den deutschen Produzenten Feldmühle übernommen, der als *ringleader* des Kartells fungierte. Auf diese Weise wurde uns das ganze Schema klar. Die Informationen von Stora versetzten uns in die Lage, eine präzise Liste von Anklagen zu erstellen und das Verstoßverfahren in Gang zu setzen. Dies geschah Ende 1992. Einige der Unternehmen gaben die Fakten zu, und die, die sie leugneten, wurden von der Kommission im Juni 1993 verhört. Schließlich verhängten wir Geldbußen in einer Gesamthöhe von gut 130 Millionen Euro.

Absprachen in Euroland

In den Jahren vor der Einführung des Euro hat die Kommission stets auf eine Reihe von Vorteilen der neuen Einheitswährung hingewiesen, wie beispielsweise den Wegfall von Wechselrisiken und Wechselkosten. Traditionell berechneten die Banken eine Gebühr für den Geldwechsel. Diese errechnete sich aus den unterschiedlichen An- und Verkaufspreisen für Währungen, und außerdem waren darin Unkosten enthalten, unter anderem das Wechselrisiko bei Bereithaltung verschiedener Sorten europäischer Währungen, deren Kurs, wenn auch nur in geringem Maße, ständig schwanken konnte. Mit dem Euro hat sich das erledigt, jedenfalls bei Währungen aus der Eurozone. Natürlich bleiben immer noch Unkosten mit dem Wechseln nationaler Geldscheine und Münzen verbunden, solange noch keine Euroscheine und -münzen in Umlauf sind, und selbstverständlich muß dafür eine Gebühr erhoben werden. Doch diese muß niedriger liegen als früher, als das Wechselrisiko noch bestand.

Es gibt Hinweise darauf, daß sich in einigen Ländern die Banken zusammengetan haben, um die Preise für Wechselvorgänge festzulegen. In manchen Ländern, etwa Belgien, Österreich, Portugal und in den Niederlanden, wurden auch die Nationalbanken in die Überlegungen mit einbezogen. Mit diesen Zentralbanken wurden offenbar Absprachen über die Tarife für die Wechselkosten getroffen. Am 16. und 17. Februar 1999 führten Beamte des Kartelldienstes Inspektionen bei acht Banken in Deutschland, Italien, Frankreich und Spanien durch. Gleichzeitig wurden Briefe mit einem Ersuchen um Aufklärung an zwei europäische und vierzehn nationale Bankenverbände in allen elf Euroländern geschickt. Diese Untersuchung war noch nicht abgeschlossen, als ich mein Ressort an meinen Nachfolger Mario Monti weitergab. Monti hat sich der Sache

inzwischen angenommen und sogar die Untersuchung noch
ausgedehnt.

Der österreichische Lombardclub

Die österreichische Bankierswelt besteht aus einem kleinen
Kreis vornehmer Leute, die sich untereinander gut kennen
und gut verstehen. Sie treffen sich regelmäßig, nicht nur in
den Wiener Salons und bei Society-Veranstaltungen, sondern
auch geschäftlich. Bei diesen geschäftlichen Treffen werden
strategische Beschlüsse wie Zinserhöhungen oder -senkungen
der Banken koordiniert. Österreich hat auf diesem Gebiet eine
lange Tradition. Mehr noch: Bis in die 1980er Jahre hinein waren solche Vereinbarungen gesetzlich geregelt. Übrigens stellt
die Situation in Österreich in diesem Punkt keine Ausnahme
dar. In zahlreichen europäischen Ländern bestanden gesetzlich erlaubte Bankkartelle, die gemeinsam ihre strategischen
Beschlüsse ausarbeiteten, oft unterstützt vom Staat. Auch in
diesem Fall stellte sich die europäische Regelung zwischen
Staat und Unternehmen, und seit dem Beitritt Österreichs
zum Europäischen Wirtschaftsraum 1994 sind die letzten gesetzlichen Überbleibsel der Absprachen verschwunden.
    Offiziell jedenfalls. Denn das Kartell funktionierte noch lan-
ge Zeit in der Illegalität weiter. Die Teilnehmer waren sich auch
hier der Ungesetzlichkeit ihrer Handlungsweise sehr wohl bewußt, denn sie versuchten – übrigens ohne großen Erfolg –,
alle Beweisstücke, wie etwa Berichte ihrer Besprechungen, zu
vernichten. Die Absprachen liefen darauf hinaus, daß Kredit-
und Debetzinsen der Banken nicht autonom und unabhängig
voneinander festgelegt, sondern vorher unter den »Konkurrenten« verhandelt wurden. Anlaß für eine solche konzertierte
Aktion war häufig eine Änderung des Leitzinses der Öster-

reichischen Nationalbank. Bei einer Senkung des Leitzinses hieß das für das Bankenkartell, in einem Zug auch den Debetzinssatz, also die Zinsen, die Sparer für ihr Erspartes bekommen, zu senken, zugleich jedoch den Kreditzinssatz, also die Zinsen für geliehenes Geld, weniger oder überhaupt nicht zu vermindern. Diese »asymmetrische« Anpassung des Zinssatzes führte zu einem zusätzlichen Gewinn der Banken und einem Verlust für den Verbraucher.

Im April 1997 verübte ein Vorstandsmitglied einer der Banken, die zum Kartell gehörten, Selbstmord. Er hinterließ einen Abschiedsbrief, den er an die gerichtlichen Instanzen sowie die österreichischen Oppositionsparteien geschickt hatte. Diesem Brief hatte der Mann einige Beweisstücke beigefügt. In einem von ihnen, auf das mit der Hand »Lombard 8.5« geschrieben war, waren Maßnahmen zur Verbesserung der Einkünfte dieser Banken aufgelistet. Das fragliche Dokument war offensichtlich eine Tagesordnung oder der Bericht einer Sitzung, die im Mai 1996 stattgefunden hatte. Es handelte sich um ein Dokument des sogenannten Lombardclubs, wie das Kartell der österreichischen Banken sich selbst nannte. Einen Monat nach dem Selbstmord bekamen auch meine Dienststellen dieses Dokument in die Hand. Da Vermutungen bestanden, daß es hier um wettbewerbswidrige Absprachen ging, begannen meine Mitarbeiter mit einer Voruntersuchung. Noch keinen Monat später reichte die FPÖ Jörg Haiders gegen acht österreichische Banken bei der Kommission Beschwerde ein. Laut FPÖ hatten die Banken sich wettbewerbswidriger Vereinbarungen schuldig gemacht. Da die ganze Angelegenheit ziemlich viel Staub aufgewirbelt hatte, fragten wir uns, ob es überhaupt noch Sinn hatte, eine Untersuchung bei den Banken zu organisieren. Man konnte vernünftigerweise davon ausgehen, daß sämtliches Beweismaterial inzwischen verschwunden sein würde. Außerdem mußten wir vermeiden, in interne politische

Reibereien verwickelt zu werden. Man stelle sich vor, ich hätte unmittelbar nach Haiders Beschwerde eine Razzia veranlaßt, und die Kartellknacker hätten mit leeren Händen nach Hause zurückkehren müssen! Andererseits ist es unsere Pflicht, Beschwerden, egal von wem oder woher sie stammen, ernsthaft zu untersuchen. Mit meinen Mitarbeitern wurde abgesprochen, zunächst ein wenig Zeit verstreichen zu lassen, was uns die Möglichkeit bot, diskret nachzuforschen, ob der Lombardclub nicht doch auf die ein oder andere Weise noch tätig war. Vielleicht wäre er nach einer Weile der Meinung, daß die Gefahr nun vorüber sei. Unsere Vermutung sollte sich als richtig erweisen. Als ich ziemlich sicher war, daß ein Überraschungsbesuch etwas bringen würde, gab ich das Startsignal für die Operation. Im Juni 1998 führten Beamte der Kommission eine Razzia bei einer Reihe großer österreichischer Banken durch, auf der Suche nach Beweisstücken für Absprachen. Beamte des österreichischen Wirtschaftsministeriums begleiteten sie dabei. Für die Öffentlichkeit hatten wir nun eine kleine interessante Neuigkeit: Noch am selben Tag gaben wir die Razzia im Pressesaal der Kommission in Brüssel in einer Pressemeldung bekannt. Ich war erleichtert: Wir hatten einen guten Fang gemacht. Der Besuch hatte eine ansehnliche Menge von schriftlichem Beweismaterial eingebracht, Teilnehmerlisten, Berichte von Besprechungen und ähnliches. Wie es zu unserem Vorgehen bei Untersuchungen gehört, baten wir die genannten Banken um zusätzliche Erklärungen, woraufhin die größten von ihnen, nach einschlägigen Beratungen untereinander, bereit waren, mit der Kommission zusammenzuarbeiten. Schließlich wurden die Anklagepunkte den acht Banken, die den Verstoß begangen hatten, unterbreitet. Meine Beamten und ich hatten es als Ehrensache betrachtet, die Akte noch während meiner Amtszeit fertig zu bearbeiten, so daß mein Nachfolger Monti sofort die letzte Phase des Verfahrens einleiten konnte. Seine

gründlichen Kenntnisse über den Bankensektor garantieren
eine sachliche, korrekte, aber auch konsequente Bearbeitung
dieses Falls.

Es gibt noch viel zu tun ...

Auch in einer Zeit der Globalisierung und der Konzentration
von Unternehmen bleibt die Kartellbekämpfung eine wichtige
Aufgabe. Ich wundere mich immer wieder darüber, wie viele
Kartelle es gibt, und das nicht nur innerhalb der Europäischen
Union, denn Kartelle operieren durchaus auch weltweit. Die
Diamantenbranche ist dafür ein gutes Beispiel.

Der Kampf gegen Kartelle ist und bleibt äußerst schwierig,
insbesondere angesichts des chronischen Personalmangels in
der Wettbewerbsbehörde der Europäischen Union. Es ist ein
kleines Wunder, daß es uns gelungen ist, so viele Kartelle auf-
zudecken und abzustrafen. Wenn die Minister es mit dem
Kampf gegen Kartelle ernst meinen, dann müssen die Mitarbeiter der europäischen Wettbewerbsbehörde dringend nen-
nenswerte Verstärkung erhalten. Dies allein genügt jedoch
nicht. Auch die Instrumente, über die die Kommission verfügt,
sind nicht effektiv genug. Meiner Ansicht nach ist es notwendig, daß die Wettbewerbsbehörden die Möglichkeit erhalten,
Verhöre durchzuführen, wie es in den Vereinigten Staaten der
Fall ist. Außerdem würde es die Effizienz beim Aufrollen von
Kartellen erheblich vergrößern, wenn die Wettbewerbsautoritäten auf beiden Seiten des Ozeans untereinander vertrauli-
che Informationen austauschen könnten. Dafür müßte die bestehende Übereinkunft mit den Vereinigten Staaten erweitert
werden, wofür die Kommission ein Mandat vom Ministerrat
braucht. Manche Mitgliedstaaten sperren sich gegen eine Reform, weil sie unter starkem Druck seitens der Unternehmen

stehen, die sich natürlich nicht begeistert über diese Pläne zeigen. In nächster Zukunft wird sich vermutlich also nicht viel ändern. Die fortschreitende Globalisierung macht es überdies notwendig, auch global gegen Kartelle vorzugehen. Bislang ist das jedoch kaum möglich. Exportkartelle beispielsweise, weltweite Preisabsprachen sowie die Aufteilung von Märkten schlüpfen, wenn sie sich über verschiedene Kontinente ausbreiten, durch die Maschen des Netzes. Dennoch bin ich nicht dafür, hier in Europa das amerikanische System einzuführen, das es erlaubt, Geschäftsführer wegen Übertretung der Antitrust-Gesetze ins Gefängnis zu werfen. Wichtig wäre es allerdings, wesentlich höhere Geldbußen zu verhängen. Sowohl in den Vereinigten Staaten als auch in der Europäischen Union gibt es Tendenzen in dieser Richtung, doch die Höhe der verhängten Geldbußen könnte ruhig noch ein wenig abschreckender gestaltet werden.

KAPITEL 10

»ES WÄCHST ZUSAMMEN, WAS ZUSAMMENGEHÖRT«

Auf einem Ehrenplatz in meinem Arbeitszimmer hängt ein faszinierendes Foto von Willy Brandt, das einige Tage nach dem Fall der Berliner Mauer am Brandenburger Tor aufgenommen wurde. Ich erhielt es von Hans-Jochen Vogel, Brandts Nachfolger als SPD-Vorsitzender, geschenkt. Es ist ein beinahe biblisches Bild des alten Sozialdemokraten, aufgenommen während einer Redepause vor einer mit fast religiöser Andacht lauschenden Menge. Brandts Gesicht, gezeichnet vom Alter und einem bewegten Leben, spiegelt die Dramatik des Augenblicks wider.

Daß er den Fall der Mauer noch erleben würde, hatte Willy Brandt selbst lange Zeit nicht für möglich gehalten – und daß alles so schnell gehen würde, noch viel weniger. Doch am 9. November 1989 war es soweit. Ein kleiner Satz am Ende einer Pressekonferenz von DDR-Funktionären in Berlin, und die Mauer öffnete sich. Damit wurde der 9. November 1989 zu einem der bedeutendsten Daten der europäischen Nachkriegsgeschichte.

Am Tag danach, am 10. November, kam die Kommission zu einer Sitzung zusammen. Präsident Jacques Delors organisierte regelmäßig interne Seminare zu einem oder mehreren Themen. An diesem Tag fiel es uns schwer, die vereinbarten Inhalte zu bearbeiten – wir waren mit unseren Gedanken in Berlin. Wir wußten, daß sich etwas ungeheuer Wichtiges abspielte, dessen Folgen noch nicht abzusehen waren. Und es gab viele Fragen: Würde die Sowjetunion dies zulassen? Wie würde das Militär darauf reagieren? Beim Betrachten der Fernsehbilder waren mir die Tränen in die Augen gestiegen, und ich hatte Freunde in Deutschland angerufen, um diese besonderen Momente mit ihnen zu teilen. Unsere deutschen Kollegen Martin

Bangemann und Peter Schmidthuber nahmen kaum an der Versammlung teil, sondern verfolgten in ihren Büros die Geschehnisse am Fernsehschirm. Wenn sie von Zeit zu Zeit kurz den Sitzungssaal betraten, wirkten sie sehr bewegt. Natürlich drehten sich unsere Diskussionen auch um diese aktuellen Ereignisse. Uns war nur allzu deutlich bewußt, daß Geschichte geschrieben wurde. Vorsichtig wagten es einige, darunter auch ich, über die möglichen Folgen dieser friedlichen Revolution zu spekulieren. Die Frage der deutschen Wiedervereinigung würde nun womöglich schneller als erwartet auf der Tagesordnung stehen.

Und was wäre, wenn nicht nur die Berliner Mauer fiele, sondern auch der Eiserne Vorhang? Die ganze Situation war undurchsichtig, und es war daher viel zu früh, ernsthaft darüber zu spekulieren. Delors vertrat den Standpunkt, die Kommission müsse die Entwicklungen aufmerksam verfolgen und dabei auch eine aktive und positive Rolle übernehmen. Wieder einmal hatte er früher als die meisten seiner Landsleute, darunter auch Präsident Mitterrand, die Zeichen der Zeit zu deuten gewußt. In diesem historischen Moment durfte die Kommission nicht passiv bleiben.

Die Worte Willy Brandts

In gewisser Weise war Delors bereits auf die Ereignisse vorbereitet. Vor der Umwälzung am 9. November 1989 waren alle, Jacques Delors eingeschlossen, davon überzeugt, die deutsche Wiedervereinigung finde allenfalls in einer sehr fernen Zukunft statt, vielleicht irgendwann im 21. Jahrhundert. Delors hatte seine Meinung nach einer überaus interessanten Konferenz sozialdemokratischer Spitzenpolitiker am 2. und 3. November 1989 in Mailand, also kurz vor dem Fall der Berliner

Mauer, geändert. Wir waren beide zu dieser Konferenz eingeladen, bei der es unter anderem um die Entwicklungen in Mitteleuropa, insbesondere in Polen und Ungarn, ging.

In einer kurzen, aber prägnanten Rede legte Willy Brandt dar, daß Deutschland und ganz Europa an der Schwelle historischer Umwälzungen stünden. Die geopolitische Nachkriegssituation, geprägt vom kalten Krieg, der Berliner Mauer und dem Eisernen Vorhang, werde völlig auf den Kopf gestellt. Er wies auf die immer größeren Löcher hin, die sich seit den Massenfluchten der DDR-Bürger über Ungarn im Eisernen Vorhang auftaten. Dies bleibe nicht ohne Folgen für die DDR. Die Berliner Mauer wackele, und die DDR-Autoritäten müßten sich schon etwas flexibler zeigen, besonders, da sie gegenwärtig nicht mehr vorbehaltlos auf Moskau zählen könnten. Man könne die DDR schließlich nicht zu einer Art überdimensionalem Konzentrationslager machen, während in anderen mittel- und osteuropäischen Ländern ein neuer Wind von Freiheit und Demokratie zu wehen beginne.

Dies bedeute, so Willy Brandt am 2. November 1989, daß wir früher mit der deutschen Wiedervereinigung rechnen müßten, als irgend jemand noch bis vor wenigen Monaten zu hoffen gewagt hätte. Er sagte: »Bis vor kurzem hatte ich mich damit abgefunden, daß ich die deutsche Wiedervereinigung nicht mehr erleben würde. Heute jedoch spüre ich, daß dies nicht mehr ausgeschlossen ist.«

Ich saß neben Delors und merkte, daß er äußerst beeindruckt war, ebenso wie die übrigen Teilnehmer. Eine bisher als sicher geltende Tatsache, nämlich daß die deutsche Einheit eine ferne Zukunftsvision sei, wurde in Mailand in ein völlig neues Licht gerückt.

Delors hatte ganz offensichtlich mit gemischten Gefühlen zu kämpfen. Drohte eine mögliche deutsche Wiedervereinigung nicht, die Basis des europäischen Einigungsprozesses ins

Wanken zu bringen? War doch die Einbettung Deutschlands in ein starkes europäisches Gebäude eine der wichtigsten Triebfedern der westeuropäischen Integration gewesen. Würde ein wiedervereinigtes Deutschland mit über achtzig Millionen Einwohnern bei seinen Nachbarn nicht erneut die Angst vor einer deutschen Vorherrschaft entstehen lassen? Delors machte sich große Sorgen über all diese Dinge. Doch wieder einmal sollte sich erweisen, wie schnell er sich auf eine grundlegend neue Situation einstellen konnte. Anstatt gegen den Strom der Geschichte anzuschwimmen, wie es manche später taten – anfangs auch Präsident Mitterrand –, erkannte er rasch, welche Möglichkeiten diese neue Situation für den europäischen Einigungsprozeß bot. Nach der Konferenz in Mailand und vor allem nach der Öffnung der DDR-Grenzen kam Delors bald zu dem Schluß, daß die Europäische Kommission einer möglichen deutschen Wiedervereinigung nachdrücklich positiv gegenüber stehen müsse. Seine engen Kontakte mit Kanzler Kohl, aber auch mit Felipe González haben ihn darin gewiß noch bestärkt. Allerdings ging Delors davon aus, daß die europäische Unterstützung und Solidarität im Hinblick auf die deutsche Wiedervereinigung zu einem spürbaren Engagement Deutschlands für die europäische Sache führen müßten, mit dem die Nation beweise, daß sie sich unverbrüchlich mit der Europäischen Gemeinschaft verbunden fühle. Dieser Gedanke fand im Slogan: »Ein europäisches Deutschland, kein deutsches Europa« Ausdruck.

Am 14. und 15. November, gleich nach dem Fall der Berliner Mauer, kam Willy Brandt auf meine Initiative zu einem Besuch nach Brüssel. Es handelte sich zwar um einen bereits seit längerer Zeit geplanten Routinebesuch, aber die Ereignisse in der vorangegangenen Woche verliehen ihm nun natürlich einen ganz besonderen Charakter. Der belgische König hatte signalisiert, daß er Willy Brandt in einer Audienz zu empfangen wünsche, und Brandt traf sich auch zu einem langen Gespräch mit Jacques Delors. Später vertraute Willy Brandt mir an, er sei froh, daß Delors Kommissionspräsident sei. Ihm war nur allzu deutlich bewußt, was geschah und wie entscheidend dies für Deutschland und ganz Europa war. Ursprünglich war ein Empfang mit dem SPD-Ortsverein Brüssel geplant, doch daraus wurde eine viel größere Veranstaltung. In einem überfüllten Saal lauschte das Publikum einem großartigen Willy Brandt. Improvisierend in seinem für ihn typischen ruhigen Stil und mit ganz schlichten Worten ließ er uns an seinem Glück teilhaben, nun die Mauer verschwinden zu sehen – er, der als Bürgermeister von Berlin wütend und hilflos ihren Bau hatte hinnehmen müssen.

»Lange haben wir mit dem Unannehmbaren leben müssen. Lange hat es für meine Generation danach ausgesehen, daß wir auch damit sterben müßten. Historische offene Wunden können jetzt endlich geheilt werden. Nun kann wieder zusammenwachsen, was zusammengehört. Warschau, Prag, Budapest, Sofia und Bukarest gehören ebenso zu Europa wie Berlin, Rom, Paris, Madrid oder London. Was jetzt geschieht, eröffnet nicht nur Perspektiven für die Wiedervereinigung Deutschlands, sondern muß auch das Ende für die künstliche Teilung Europas bedeuten.«

Er bat seine Landsleute eindringlich, den europäischen Idealen und Zielsetzungen unter allen Umständen treu zu bleiben. »Deutschland soll identisch sein mit europäischer Treue«, waren seine Worte. Die europäischen Demokratien, Staaten und Völker aus Ost und West unter einem gemeinschaftlichen Dach zu vereinigen, sei und bleibe die einzig wahre Friedenspolitik.

Delors erntete für seine verständnisvolle Haltung gegenüber Deutschland nach dem Fall der Mauer nicht nur Anerkennung. In Paris gab es Stirnrunzeln, und in London schüttelte man ablehnend die Köpfe. Bundeskanzler Kohl dagegen war Delors äußerst dankbar. Während der großen Einheitsfeiern im November 1990 in Berlin gehörte der Kommissionspräsident daher zu den wichtigsten Ehrengästen.

Die Kommission und die neuen Bundesländer

Nach dem Mauerfall überstürzten sich die Ereignisse. Die kommunistischen Regimes verschwanden eines nach dem anderen, der Warschauer Pakt brach zusammen und die Sowjetunion fiel auseinander.

In Brüssel wurde rasch deutlich, daß hinsichtlich der Integration Ostdeutschlands in die Europäische Gemeinschaft nun etwas unternommen werden mußte. Anfangs gab es noch Kontakte mit der DDR-Regierung; ich kann mich an Gespräche in Berlin mit dem DDR-Verkehrsminister erinnern, die in einem der dortigen typischen, grauen und bedrückenden Verwaltungsgebäude stattfanden. Damals wurde mir klar, daß die DDR dem Untergang geweiht war und daß sich die Vereinigung durch die Gründung und Aufnahme von fünf neuen Bundesländern vollziehen würde. Innerhalb der Kommission hatte man viel Verständnis für die damaligen Geschehnisse. Es war der Wunsch Jacques Delors', daß die übrige Gemeinschaft ausdrücklich ihre Solidarität mit den neuen Bundesländern bekunden solle, die von Tag zu Tag deutlicher zeigten, daß sie sich dem Westen anpassen wollten. Der Kommissionspräsident betrachtete es als ganz selbstverständlich, daß Deutschland in dieser Phase auf die Hilfe der anderen Mitgliedstaaten zählen konnte. Doch Helmut Kohl wies diesen Gedanken zurück. Er war überzeugt, daß einige Jahre konstanter Anstrengung der Deutschen genügen würden, um aus den neuen Ländern »blühende Landschaften« zu machen. Davon abgesehen könne man die Mittel der europäischen Strukturfonds in derselben Weise nutzen, wie sie auch für andere struktur- schwache oder in Umstrukturierung befindliche Gebiete ver- wendet wurden.

Die Auffassung, die Integration der neuen Länder sei nur eine Frage weniger Jahre, war damals weit verbreitet. Ich habe noch die Äußerung des SPD-Vorsitzenden Hans-Jochen Vogel im Ohr, der mir sagte:»Wir werden es schnell schaffen. Schließlich sind die Ostdeutschen auch Deutsche.« Anfangs war ich geneigt, diesen Optimismus zu teilen. Doch je intensi- ver ich mich mit den Akten beschäftigte und je klarer mir die ostdeutschen Realitäten bewußt wurden – nicht wettbewerbs- fähige Produktion, äußerst niedrige Produktivität, mangelhaf- te Dienstleistungen, ein quasi nicht existenter Mittelstand, feh- lender Unternehmergeist, eine ganz andere Mentalität –, desto wünschenswerter erschien es mir, bei den neuen Bundeslän- dern mit einer mehr oder weniger langen Übergangsperiode zu arbeiten. Auf dem Gebiet der Verkehrspolitik, für die ich da- mals verantwortlich war, regte ich persönlich meine deutschen Gesprächspartner an, Übergangsmaßnahmen zu verlangen. Auch andere Kollegen waren bereit, sich einer solchen Hal- tung anzuschließen. Doch damals war das Vertrauen der Deut- schen in die schnelle Modernisierung und Integration des Ostens noch ungebrochen, und zu unserer Verwunderung bat die deutsche Regierung daher nur für eine beschränkte Anzahl von Fällen, etwa für die Werften, um eine Ausnahme- regelung.

In Bonn lobte man die Kommission für ihre rasche und effizi- ente Mitarbeit. Auch auf Behördenebene zeigte sich die Kom- mission von ihrer besten Seite. Unter der kompetenten Lei- tung des damaligen stellvertretenden Generalsekretärs der Kommission, Carlo Trojan, überwand eine »Task Force« in Win- deseile sämtliche bürokratischen Hürden.

Als mir Delors Anfang 1993 das begehrte Ressort Wettbewerbspolitik anvertraute, sollte es nicht lange dauern, bis ich
fast täglich mit der Nase auf die ostdeutschen Realitäten gestoßen wurde. Der anfängliche Enthusiasmus war verflogen.
Trotz massiver finanzieller Unterstützung war man von den
blühenden Landschaften weiter entfernt als je zuvor. »Ossis«
und »Wessis« gerieten sich immer mehr in die Haare; die Mauer aus Stein war zwar abgerissen, aber die Mauer in den Köpfen erwies sich als schwer überwindbar. Die Umwandlung einer
kommunistischen Plan- in eine Marktwirtschaft war unendlich
viel schwieriger, als man sich allgemein vorgestellt hatte. Die
großen Kombinate verschwanden. Mit massiver staatlicher
Hilfe versuchte man jeweils, den *core business* sowie einige
tausend Arbeitsplätze zu retten, wo früher vielleicht zwanzig-
tausend Menschen Arbeit gehabt hatten. Die Kosten der Pro-
duktionsfaktoren im Osten stiegen rasch auf das Niveau des
Westens, und zudem war der Handelsverkehr zwischen dem
östlichen Teil Deutschlands und dem früheren Sowjetblock zusammengebrochen.

Das wichtigste Instrument, das von der deutschen Regierung ins Leben gerufen wurde, um diese ungewöhnliche Aufgabe zu einem guten Ende zu bringen, war die Treuhandanstalt (THA). Ihre Gründung erfolgte auf der Basis eines Gesetzes vom 1. Juli 1990, und zu ihren Aufgaben gehörte die
Privatisierung von 8 500 »Volkseigenen Kombinaten«. Diese
Kombinate bestanden in DDR-Zeiten aus Gruppen von Betrieben eines bestimmten Industriezweigs, die neben der Produktion von Gütern auch soziale Aufgaben wie die Kinderbetreu-
ung übernahmen. In den Kombinaten waren etwa 45 000 Betriebe mit circa 4 Millionen Beschäftigten zusammengefaßt.
Der größte Teil der ostdeutschen Bevölkerung arbeitete also
für ein Kombinat, und nun wurden diese Dinosaurier in kleinere Einheiten aufgeteilt. 11 500 Unternehmen wurden quasi

nach Maß zugeschnitten, um sie privat zu verkaufen. 4 000 weitere waren zur Schließung verdammt, da sie auf dem freien Markt nicht hätten überleben können.

Dieses Verfahren stellte die europäische Wettbewerbspolitik vor eine beispiellose Herausforderung. Die Treuhandanstalt, die 1995 von der BvS (Bundesanstalt für vereinigungsbedingte Sonderaufgaben) und der BMGB (Beteiligungs-Management-Gesellschaft Berlin) abgelöst wurde, erhielt ansehnliche Geldmittel, um die Kosten für die Umstrukturierung der ostdeutschen Betriebe zu decken, bevor diese zum Kauf angeboten wurden. Für die Europäische Kommission war dies eine gewaltige Aufgabe, nicht nur wegen der großen Anzahl der Betriebe, die auf ihre Privatisierung warteten, sondern auch, weil die deutsche Regierung das Problem so schnell wie möglich bewältigt sehen wollte. Je mehr Zeit bis zur Privatisierung der Betriebe verstrich, desto schwieriger würde sie werden. Obendrein war es für die Kommission der reinste Eiertanz: Einerseits war ihre Hilfe gefragt, um den Übergang von einer zentralen, staatlich gelenkten Wirtschaft zu einer freien Marktwirtschaft zu erleichtern, andererseits mußte sie auch darauf achten, daß die staatlichen Beihilfen, die zu diesem Zweck gewährt wurden, den offenen Wettbewerb in den übrigen Ländern der Gemeinschaft nicht gefährdeten.

Wieviel staatliche Beihilfe für die neuen Länder?

Der Rahmen, innerhalb dessen sich die staatliche Hilfe für die Privatisierungsoperationen der Treuhandanstalt abzuspielen hatte, war bereits unter meinem Vorgänger, Sir Leon Brittan, abgesteckt worden. Er enthielt eine Reihe von Bestimmungen über den Erlaß von Altschulden, zu Krediten und Bürgschaften, die die Treuhand gewährte, und ähnliches mehr. In groben

Zügen liefen die Regeln darauf hinaus, daß, abweichend von den normalen Wettbewerbsregeln, nur in besonders wichtigen Fällen gemeldet werden mußte, ob staatliche Beihilfe zur Diskussion stand.

Kurz bevor ich die Aufgabe von Leon Brittan übernahm, wurden im November 1992 die Regeln ein wenig verschärft. Man ging davon aus, daß Privatisierungen, die während der ersten Zeit nicht durchgeführt werden konnten, in Zukunft schwieriger sein und höhere staatliche Unterstützung erfordern würden. Staatliche Beihilfen, die dazu dienen sollten, große, noch nicht privatisierte Betriebe bis zum Verkauf am Leben zu erhalten, mußten angemeldet werden, damit die Kommission den Fall überprüfen konnte. Außerdem waren wir zu informieren, wenn bestimmte große Betriebe nicht an den Meistbietenden verkauft wurden.

Diese Regelungen blieben bis Ende 1994 in Kraft, und zahlreiche bedeutende Angelegenheiten wurden auf der Basis dieser Bestimmungen rasch und zufriedenstellend von der Kommission bearbeitet. Doch es blieben noch etwa hundertfünfzig schwierige Fälle übrig. Ich konnte bei meinen Kollegen durchsetzen, daß die Sonderkonditionen um ein Jahr verlängert wurden, wenn dafür die Voraussetzungen für staatliche Beihilfen in den neuen Ländern ein wenig strenger wurden. Ab dem 1. Januar 1996 mußten alle Fälle von staatlicher Beihilfe der Kommission gemeldet werden, wie es auch für die übrigen Länder der Europäischen Gemeinschaft galt.

Natürlich war zu diesem Zeitpunkt nicht alles eitel Sonnenschein in der ehemaligen DDR. Schon bald hatte sich gezeigt, daß zahlreiche privatisierte Betriebe den Überlebenskampf auf dem freien Markt nicht aus eigener Kraft überstehen konnten. In diesem Fall wandten sie sich um zusätzliche Unterstützung erneut an ihre Verkäuferin, die BvS, die Nachfolgerin der Treuhand. Häufig baten sie um eine Neuverhandlung ihres

Verkaufsvertrags. In einer Reihe von Fällen mißlang die Privatisierung völlig, und die Betriebe fielen erneut unter die Zuständigkeit der BvS, um später wieder zum Kauf angeboten zu werden.

An und für sich war diese Entwicklung wenig verwunderlich, wenn man den gewaltigen Ausverkauf von Staatsbetrieben innerhalb einer sehr kurzen Zeit bedenkt. Es drohte jedoch eine Verzerrung des Wettbewerbs, weil anhaltende Subventionen für chronisch unrentable Betriebe möglicherweise gesunde Konkurrenten in Schwierigkeiten brachten. Anfang 1996 gründete ich eine spezielle »Task Force«, um die übriggebliebenen oder neu hinzugekommenen Fälle von staatlicher Beihilfe für ostdeutsche Betriebe so schnell und sachgerecht wie möglich abzuarbeiten. Sie wurden an den EG-Richtlinien für staatliche Unterstützung zur Rettung und Umstrukturierung von in Schwierigkeiten geratenen Betrieben gemessen, wobei wir allerdings flexibel zu Werke gingen: Wenn Betriebe nach mißlungenen Privatisierungen erneut zum Kauf angeboten wurden, betrachteten wir sie nicht als neue Unternehmen, sondern als Betriebe in der Umstrukturierung.

Aus einer zahlenmäßigen Übersicht der staatlichen Beihilfen innerhalb der Europäischen Union geht hervor, daß die Treuhand-Hilfe 1994 ihren Höhepunkt erreichte. Damals betrug sie 26 Prozent (fast 11 Milliarden Euro) aller Beihilfen für Industrien in Schwierigkeiten innerhalb der gesamten EU. 1996, als die Ausnahmeregelung zu Ende gegangen war, betrug dieser Anteil immerhin noch 13 Prozent.

Ab 1995 tauchten immer neue Probleme auf. Trotz der überaus entgegenkommenden Haltung von unserer Seite zeigte sich immer deutlicher, daß eine ganze Reihe von Betrieben künstlich am Leben erhalten wurde, ohne die geringste Chance, jemals rentabel zu arbeiten. Viele Unternehmen fielen unter die sogenannte Gesamtvollstreckung, um danach einen

neuen Anfang machen zu können. Dabei flossen wiederum zusätzliche staatliche Gelder. Doch angesichts der hohen Arbeitslosigkeit neigten vor allem die Regierungen der neuen
Länder dazu, immer wieder Beihilfen zu gewähren. Die Situation spitzte sich weiter zu aufgrund der zahlreichen Beschwerden über Wettbewerbsverzerrungen durch die großzügige
staatliche Unterstützung – Beschwerden, die vor allem aus
dem westlichen Teil Deutschlands kamen.

Daher sahen wir uns von 1996 an gezwungen, in einer zunehmenden Anzahl von Fällen das sogenannte Hauptprü-
fungsverfahren zu eröffnen. Dies bedeutete, daß wir begrün-
dete Zweifel über Nutzen und Zulässigkeit von beabsichtigter
oder bereits gewährter staatlicher Beihilfe hegten und aus
diesem Grund eine gründliche Untersuchung durchführen
mußten. In einer Reihe von Fällen kam die Kommission aufgrund ihrer Untersuchungen tatsächlich zu dem Schluß, daß
entweder zu Unrecht oder, wie im Fall VW Sachsen, in zu
großer Höhe staatliche Gelder geflossen waren, weshalb sie
weitere Beihilfen nicht genehmigen konnte. Allzuoft stellte
sich auch heraus, daß man uns hinters Licht hatte führen wollen, indem Beihilfen gar nicht oder nur zum Teil angemeldet
wurden, obwohl eine vollständige und wahrheitsgetreue Anmeldung zu den vertraglichen Verpflichtungen gehörte.

Häufig wurden auch die staatlichen Beihilfen ausbezahlt,
ohne vorher die Bewilligung der Kommission abzuwarten, wie
es die Regeln vorschreiben. Oft dauerte es lange, bevor uns
die notwendigen Informationen geliefert wurden oder die – inzwischen bereits ausgeführten – Umstrukturierungspläne in
Brüssel ankamen. Als Grund wurde meist auf die noch ungenügend organisierten Verwaltungen der neuen Länder, den Mangel an Kenntnissen und Erfahrung im Umgang mit dem
europäischen Regelwerk oder auch auf die personelle Fluktua-
tion innerhalb der BvS verwiesen. Teilweise stimmte das

sicherlich auch, doch diese Dinge wurden einfach zu häufig als Scheingründe vorgeschoben. Und weil die nötigen Informationen vielfach nur langsam an uns weitergegeben wurden, nahm die Bearbeitung zahlreicher Fälle viel Zeit in Anspruch. Oft baten jedoch auch Bonn oder das betroffene Bundesland selbst um Fristverlängerung, und meistens wurde sie ohne weiteres gewährt. Auf der anderen Seite wurde jedoch das lange Ausbleiben eines Kommissionsbeschlusses, der doch eine Folge dieser Verspätungen war, in der nationalen Politik gerne gegen Brüssel verwendet. Man kann nicht ausschließen, daß es sich dabei in einigen Fällen um böse Absicht handelte.

Dies alles führte zu wachsender Irritation und zunehmenden Konflikten. Trotzdem sind wir nie von einer grundlegend flexiblen und entgegenkommenden Haltung gegenüber den Problemen, die sich in den neuen Bundesländern stellten, abgewichen. Nicht selten wurde mir dies von Kollegen oder Ministern zum Vorwurf gemacht. Doch es handelte sich nun einmal um eine einmalige, absolut außergewöhnliche Situation. Hier waren Verständnis, Sympathie und Augenmaß gefragt. Es wurde mit der Zeit allerdings immer schwieriger, dies an anderer Stelle in der Europäischen Union oder selbst innerhalb der Kommission begreiflich zu machen. Nach der Bremer-Vulkan-Affäre, dem VW-Sachsen-Fall und noch einer Zahl weiterer Fälle, in denen man die Kommission hatte täuschen wollen, haben wir dann natürlich einen strengeren und kritischeren Standpunkt eingenommen.

Prüfsteine

Ein gutes Beispiel für die entgegenkommende Haltung, die die Europäische Kommission bei der industriellen Umstrukturierung der neuen Länder einnahm, ist der Fall der Ekostahl in

Eisenhüttenstadt, einstmals ein Prestigeprojekt der DDR. Es stellte sich dennoch die Frage, ob der Betrieb noch zu retten war. Von den ursprünglich 20 000 Arbeitnehmern waren ein paar Jahre nach der Wiedervereinigung nur noch wenige tausend übriggeblieben. Außerdem besaß der Betrieb keine Breitbandwarmwalzanlage. Man unternahm verschiedene Versuche zur Privatisierung, doch mögliche deutsche Bewerber sprangen rasch wieder ab. Im übrigen hofften die westdeutschen Stahlbetriebe sogar, daß Eisenhüttenstadt verschwinden möge, obwohl es natürlich niemand öffentlich äußerte. In Brüssel wurde dieser Aspekt sehr wohl diskret zur Sprache gebracht. Dabei darf man nicht vergessen, daß sich Europa zu diesem Zeitpunkt wieder einmal mitten in einer ernsten Stahlkrise befand und mit Überkapazitätsproblemen zu kämpfen hatte. In den Plänen Martin Bangemanns, der als Kommissar für die Industriepolitik zuständig war, wurde daher auf eine bedeutende Kapazitätsverminderung an verschiedenen Orten Europas gedrängt.

Nach der Wiedervereinigung war man übereingekommen, daß im Gegenzug für eine Verringerung der totalen Produktionskapazität auf früherem DDR-Gebiet um 462 000 Tonnen pro Jahr den eisen- und stahlproduzierenden Betrieben Investitionsbeihilfen gewährt werden durften. Darauf basierten unsere Überlegungen, als wir für Ekostahl eine Sonderlösung befürworteten, einschließlich des Baus einer Breitbandwarmwalzanlage. Das italienische Stahlunternehmen Riva nahm, im Tausch gegen eine stattliche Summe an staatlichen Beihilfen (406 Millionen Euro), die Herausforderung an, sprang aber schon kurze Zeit später wieder ab. Schließlich kaufte das belgische Unternehmen Cockerill Sambre SA Ekostahl, versuchte aber, die deutsche Regierung und die Kommission unter Druck zu setzen, um eine erheblich höhere Subventionierung zu erreichen. Für Ekostahl war es womöglich die letzte Chance, weshalb die deutsche Regierung tüchtig in die Zange genommen werden konnte, und sie war tatsächlich geneigt, sich etwas freigiebiger zu zeigen. Doch zum Mißfallen des Chefs von Cockerill Sambre, Jean Gandois, kürzte die Kommission den genehmigten Betrag auf 474 Millionen Euro.

Die Tatsache, daß sich die Kommission, ohne auf Drohungen zu reagieren, entschlossen für eine Lösung zugunsten von Ekostahl einsetzte, wurde nicht überall positiv aufgenommen. Vor allem der Entschluß, mit staatlicher Unterstützung eine Breitbandwarmwalzanlage zu installieren, stieß bei manchen Regierungen auf erheblichen Widerstand.

In Stahlangelegenheiten faßt nicht die Kommission allein die Beschlüsse; auch der Ministerrat ist an den Entscheidungen beteiligt. Wir mußten also die übrigen Mitgliedstaaten davon überzeugen, daß es in Eisenhüttenstadt nicht ausreichte, die vorhandene Substanz zu erhalten, sondern daß gründliche Modernisierungen notwendig waren, um den Betrieb rentabel zu machen.

Die Besprechungen im Ministerrat waren streckenweise höchst peinlich. Manche, beispielsweise die französische Regierung, versuchten, von der Situation zu profitieren, und machten ihre Zustimmung von unserem Entgegenkommen in völlig anderen Bereichen abhängig, etwa dem Schiffsbau. Die dänische Delegation wiederum stellte immer neue Forderungen auf, die die zukünftige Rentabilität des Betriebs so gut wie unmöglich machten. Mit großer Bewunderung verfolgte ich die Versuche des damaligen deutschen Wirtschaftsministers Günther Rexrodt, mit Hilfe von Diplomatie und Geduld andere Delegationen zur Vernunft zu bringen. Leider vergebens. Daraufhin beschlossen wir beide, die Angelegenheit zu dramatisieren, da alle vernünftigen Forderungen wie eine jahrelange Kapazitätsbeschränkung bereits bewilligt worden waren. Rexrodt äußerte in einer für ihn ungewöhnlich scharfen Weise, er habe nun genug, und ich polterte, daß ich die Nase mehr als voll habe und daß es keinen Kuhhandel geben werde, egal welcher Art. Die Delegierten waren so perplex, daß sie Ruhe gaben – und damit war die Kuh vom Eis.

Seitdem hat sich Ekostahl relativ erfolgreich entwickeln können. Günther Rexrodt und seinen Mitarbeitern, aber auch der Landesregierung von Brandenburg gebührt für diese Leistung Anerkennung. Ministerpräsident Manfred Stolpe traf immer den richtigen Ton und hatte schlagende Argumente, um die Angelegenheit zu verteidigen. Damit fand er stets Gehör und konnte auf Sympathie rechnen. Ich sollte trotzdem hinzufügen, daß es auch einer engagierten Europäischen Kommission bedurfte, um die Maßnahmen zugunsten von Ekostahl auf europäischer Ebene durchzusetzen.

Schiffsbau in Nöten

Ebenso wie die Stahlindustrie zählte der Schiffsbau überall in Europa zu den Problembranchen. In den neuen Ländern, in denen sowieso eine radikale Umstrukturierung der Wirtschaft notwendig war, hatten es diese Branchen besonders schwer. Eine bevorzugte Behandlung im Vergleich zur Konkurrenz in anderen Gegenden Europas lag daher nahe. 1992 war es meinem Kollegen Leon Brittan gelungen, vom Ministerrat ein Paket staatlicher Beihilfen in Höhe von 4 Milliarden DM für die ostdeutschen Schiffswerften bewilligt zu bekommen. Wie im Stahlsektor mußten bei sämtlichen Fällen staatlicher Unterstützung im Schiffsbau auch die europäischen Industrieminister ihre Zustimmung geben. Es existierte eine spezielle Schiffsbauleitlinie, die vom Ministerrat erlassen worden war, abweichend von den »normalen« Fällen staatlicher Beihilfe, in denen die Kommission autonom urteilt.

Die Bewilligung dieses ansehnlichen Betrages war nicht ohne Schwierigkeiten vonstatten gegangen. Andernorts konnten die Werften schließlich nicht mit einer so großzügigen Unterstützung rechnen. Vor allem die dänischen Werften und die dänische Regierung konnten sich mit dieser Regelung nur schwer abfinden. Die dänische Regierung sollte die Kommission später übrigens – jedoch ohne Erfolg – vor den Europäischen Gerichtshof bringen. Sie war der Meinung, wir verhielten uns den ostdeutschen Werften gegenüber zu nachgiebig.

Dabei war die Bewilligung der 4 Milliarden DM an strenge Bedingungen gekoppelt. Die allgemeine Schiffsbaukapazität in Ostdeutschland mußte um 40 Prozent bis auf ein Maximum von 327 000 Bruttoregistertonnen verringert werden. Dieses Maximum wurde von der deutschen Regierung selbst auf verschiedene Werften aufgeteilt und auf ihr Verlangen hin auch in der europäischen Gesetzgebung festgelegt. Zudem war man im Ministerrat übereingekommen, daß die Kommission die Sache streng im Auge behalten mußte, unter anderem durch Inspektionen vor Ort. Die Kommission sollte insbesondere über die Beachtung der Kapazitätsbeschränkung sowie die schrittweisen Zahlungen öffentlicher Mittel wachen. Natürlich durften die staatlichen Beihilfen nicht für andere Zwecke als die Umstrukturierung der Werften ausgegeben werden.

Dank dieser Unterstützung konnten die meisten Werften Ostdeutschlands relativ schnell privatisiert werden. Man erwartete, daß nun alles in die richtigen Wege geleitet worden war und daß ein Land wie Mecklenburg-Vorpommern mit einer sehr hohen Arbeitslosigkeit und praktisch keiner anderen Industrie einen wettbewerbsfähigen Schiffsbau würde erhalten können.

Zwei der wichtigsten ostdeutschen Werften, die MTW-Schiffswerft in Wismar und die Volkswerft in Stralsund, wurden 1992/93 von der Bremer Vulkan Verbund AG (BVV) übernommen. MTW konnte mit staatlichen Beihilfen in Höhe von 686 Millionen DM rechnen, zusätzlich zu einer Investitionsanleihe von 112 Millionen DM. Die Stralsunder Volkswerft mußte sich mit 585 Millionen DM begnügen. Diese Beträge durften natürlich ausschließlich für die jeweils betroffene Werft verwendet werden.

Die Bremer Vulkan war damals das bei weitem größte deutsche Schiffsbauunternehmen. Sie besaß nicht weniger als acht Werften in Bremen, Mecklenburg-Vorpommern, Schleswig-Holstein und Niedersachsen. Außerdem war die Bremer Vulkan im Bereich der Fertigung schwerer Maschinen und Schiffselektronik aktiv. Insgesamt beschäftigte sie rund 23 000 Arbeitnehmer. Die Leitung des Unternehmens lag in den Händen von Friedrich Hennemann.

Mein Kollege Martin Bangemann besaß, abgesehen von seiner allgemeinen Kompetenz für Industriepolitik, ein ganz besonderes Interesse für alles, was mit Schiffsbau und Schiffahrt zu tun hatte. Er war der Vater des sogenannten Maritimen Forums, in dem die Zukunft des europäischen Schiffsbaus und der maritimen Industrie im Mittelpunkt stand. Eine überaus nützliche Initiative, bei der ich sowohl in meiner Funktion als Verkehrskommissar als auch als Wettbewerbskommissar involviert war. Die Bremer Vulkan wurde dort als Modellunternehmen vorgestellt und Friedrich Hennemann als leuchtendes Beispiel für die gesamte Branche.

Zunächst sah es danach aus, als verliefe die Privatisierung von MTW und Volkswerft erfolgreich. Anfang 1994 erschienen jedoch da und dort in der deutschen Presse Artikel darüber, daß die staatlichen Beihilfen, die für MTW bestimmt waren, von der Bremer Vulkan für andere Zwecke genutzt worden seien. Wenn diese Berichte stimmten, hätte dies einen nicht hinnehmbaren Bruch der eingegangenen Verpflichtungen bedeutet. Ich erteilte den Auftrag, den deutschen Behörden auf den

Zahn zu fühlen. Die Treuhandanstalt informierte uns umgehend darüber, daß die staatlichen Gelder auf einem Sonder-
konto verwaltet würden und für die Kommission – so wörtlich –
»keinerlei Grund zur Besorgnis« bestehe.

Einige Monate später erhielten wir den Bericht der Reviso-
ren, aus dem eindeutig hervorging, daß die beiden Werften als
unabhängige Betriebe geführt wurden und keine Rede davon
sein konnte, daß das Geld an die Mutterfirma Bremer Vulkan
geschleust wurde. Die finanziellen Transaktionen zwischen
den Werften und der Muttergesellschaft vollzogen sich in der
Art ganz normaler Geschäftsbeziehungen. Doch im Herbst
1994 wurde deutlich, daß etwas nicht stimmte. Bedeutende
Beträge, die für MTW und die Volkswerft bestimmt waren, befanden sich auf dem Konto der Bremer Vulkan. Wieder fragten
wir bei den deutschen Behörden nach. Am 1. Januar 1995 erhielten wir die Mitteilung, die finanziellen Mittel beider Werften seien auf ein Konto der Bremer Vulkan transferiert worden, um höhere Zinsen einzubringen. Dabei handele es sich,
so wurde uns erklärt, um ein zentrales »cash management system«, das uns keine Sorgen bereiten solle. Sämtliche Beträge, die für MTW und die Volkswerft bestimmt seien, stünden
den Betrieben jederzeit zur Verfügung.

Der Jahresbericht, der im Frühjahr 1995 von der Bremer
Vulkan veröffentlicht wurde, erwähnte nicht nur die Gewinne,
die 1994 erzielt worden waren, sondern auch eine »very positive liquidity situation«. Kurzum: Alles in bester Ordnung.

Seltsamerweise begann die deutsche Regierung ab Juli
1995, die Kommission recht hektisch dazu zu drängen, die verbleibenden staatlichen Beihilfen so schnell wie möglich freizugeben. Woher diese plötzliche Eile, wo sich die Bremer Vulkan
doch in einer so hervorragenden Liquiditätslage befand?

Wenig später, im September 1995, erschienen in der Presse
erste Artikel über Liquiditätsprobleme bei der Bremer Vulkan.

Wegen eines unerwarteten Verlustes in Höhe von 23 Millionen DM in der ersten Hälfte des Jahres 1995 sei die Commerzbank nicht geneigt, einen kurzfristigen Kredit von 300 Millionen DM zu bewilligen. Hennemann erklärte Journalisten gegenüber, die Liquiditätsprobleme seien von der Kommission verursacht, weil sie zu lange mit der Freigabe der verbleibenden Mittel gezögert habe. Dreist muß man sein. Nachdem er bei der Bremer Vulkan mehrere hundert Millionen Mark verpulvert hatte, die ausschließlich für die beiden »Ostwerften« bestimmt waren, beschuldigte er die Europäische Kommission, um sein eigenes Mißmanagement zu kaschieren – ausgerechnet die Institution, die sich vehement für die Rettung der ostdeutschen Werften eingesetzt hatte. Ehrlichkeit gehörte jedenfalls nicht zu den hervorstechendsten Eigenschaften des Herrn Hennemann.

Dieser bewußte Mißbrauch staatlicher Beihilfen zählte zu den größten Skandalen der deutschen Nachkriegs-Industriegeschichte und stellte einen absoluten moralischen Tiefpunkt dar.

In Bremen hatte man inzwischen sehr wohl begriffen, daß die Wurzel des Übels viel tiefer saß. Im Oktober 1995 wurde Hennemann entlassen und die Konzernführung neu geordnet. Doch die Liquiditätskrise nahm weiter zu. Selbst der Verkauf von Aktiva wie der DSR Senator Linie brachte kaum Besserung. Auf dringende Fragen der Kommission antwortete die deutsche Regierung am 19. Dezember 1995, sie warte auf das Antreten eines neuen Managements bei der Werft und sei deshalb vorerst nicht in der Lage, uns weitere Informationen zur Verfügung zu stellen. Allerdings erfuhr ich später, daß bereits am 14. Dezember bei der deutschen Regierung eine Krisensitzung stattgefunden hatte, die den drohenden Zusammenbruch des früheren Hennemann-Imperiums zum Thema hatte.

Auch Bonn spielte nicht mit offenen Karten. Die Kommission wurde zu spät oder nur unvollständig informiert. Erst im

Januar 1996 erfuhren wir, daß etwa 800 Millionen DM, die für die Werften bestimmt waren, für andere Bremer-Vulkan-Aktivitäten verwendet worden waren und vorerst nicht wiederbeschafft werden konnten. Damit mußten wir uns dann zufriedengeben. Fragen nach näheren Informationen, etwa wohin und zu wessen Gunsten das Geld illegal geflossen war, blieben unbeantwortet.

Am 6. Februar erhielten wir Besuch vom neuen Management der Bremer Vulkan, das aus den Herren Brahms, Wagner und Smidt bestand. Das Gespräch mit ihnen war äußerst unbefriedigend. Sie wollten uns weismachen, daß es lediglich kleinere Fehler im Cashmanagement-System und keinen Mißbrauch der Fonds für die ostdeutschen Werften gegeben habe.

Die Auskünfte blieben vage und, nach allem, was geschehen war, auch völlig unzureichend. In einem Schreiben vom 9. Februar 1996 an Günther Rexrodt hielt ich mit meiner Unzufriedenheit über den Verlauf der ganzen Sache nicht länger hinter dem Berg. Mich wurmte vor allem der Mangel an ernsthafter Kontrolle über die Verwendung der öffentlichen Beihilfen seitens der deutschen Behörden, um so mehr, als mir in den Monaten vorher auf meine Fragen und Zweifel hin immer wieder formell mitgeteilt worden war, wir bräuchten uns keinerlei Sorgen zu machen. Aufgrund der beruhigenden Angaben hatte ich meinerseits ungewollt falsche Informationen weitergegeben, zum Beispiel als Antworten auf Fragen des Europäischen Parlaments oder einiger Minister. Ich drängte bei Rexrodt darauf, die mißbrauchten Mittel mit gebührender Eile wiederzubeschaffen. In einem Telefongespräch mit dem deutschen Wirtschaftsminister ging ich noch sehr viel weiter und verbarg nicht, in welchem Maße sowohl meine Beamten als auch ich persönlich enttäuscht waren und wir uns betrogen fühlten. Aus den zahlreichen Kontakten, die ich in dieser Periode mit Rexrodt hatte, glaubte ich jedoch schließen zu können, daß auch er den Tatsachen hinterherhinkte. So hatte ich mir einen deutschen Wirtschaftsminister nicht vorgestellt.

Am 19. Februar erhielt ich Besuch von einer Delegation, bestehend aus Mitgliedern der deutschen Regierung und der Bremer Vulkan unter der Leitung von Johannes Ludewig. Mit Ludewig hatte ich bereits zahlreiche schwierige und heikle Dossiers behandelt und fast immer zu einem guten Abschluß gebracht. Ich hatte ihn aufgrund seiner pragmatischen Einstellung und seines No-Nonsens-Stils zu schätzen gelernt. Sein grenzenloser und unverdrossener Einsatz für die neuen Bundesländer war beeindruckend und erweckte Sympathie.

Er wußte ebenfalls, daß er auf mich zählen konnte, wenn es darum ging, die außergewöhnliche Situation des Ostens so weit wie möglich zu berücksichtigen. Nun mußte er zugunsten der ostdeutschen Werften jedoch gerade das Unternehmen zu retten versuchen, das den Fonds auf so skandalöse Weise mißbraucht hatte. Doch dies war nicht der Johannes Ludewig, wie ich ihn kannte. Er bemühte sich, ohne besondere Überzeugung und fast lustlos, der Kommission einen Text schmackhaft zu machen, in dem die Bremer Vulkan von der Kommission im Tausch gegen vage Versprechen, die mißbrauchten 850 Millionen DM wiederzubeschaffen, die Zusage forderte, weiterhin von den Finanzierungsgarantien für den Schiffsbau profitieren zu dürfen. Die Quintessenz war folgende: Seid nett zur Bremer Vulkan, schließt die Augen vor dem, was geschehen ist, dann tauchen die Gelder vielleicht irgendwann einmal wieder auf. Ferner erklärte die Delegation, die Bremer Vulkan könne noch gerettet werden, und es wäre nützlich, wenn auch die Kommission ihr Vertrauen in eine mögliche Rettung ausspräche. Natürlich lehnten wir dieses Ansuchen sofort ab. Ich ärgerte mich darüber, daß man es überhaupt wagte, eine solche Bitte zu äußern, nach allem, was passiert war. Es gelang mir aber, mich zu beherrschen, und ich zog es vor, die Sitzung höflich aufzuheben. Zwei Tage später legte die Bremer Vulkan die Bücher offen und ersuchte um die Eröffnung eines Vergleichsverfahrens. Schon Tage vorher war klar gewesen, daß es keine Rettung mehr geben konnte, und trotzdem war noch versucht worden, die Kommission auf ein sinkendes Schiff zu locken. Ich war schlichtweg angewidert.

Durch den Fall Bremer Vulkan erlitt das Vertrauen in die deutsche Regierung einen schweren Schaden. Eine Reihe von Kollegen in der Kommission konnte eine gewisse Schadenfreude kaum verbergen. Nicht ohne Ironie bemerkte mein französischer Kollege Yves-Thibault de Silguy mir gegenüber, nun sei es wohl damit vorbei, daß ständig das Argument vorgebracht werde, auf den Ernst und die Glaubwürdigkeit Bonns könne man vertrauen. Leider sollten auch andere Fälle zeigen, daß die Bremer Vulkan kein Einzelfall war.

MTW und Volkswerft wurden noch von der Bremer Vulkan losgelöst, doch mit dem über hundert Jahre alten Bremer Schiffsbauunternehmen war es im August 1997 endgültig vorbei. Die beiden betrogenen Werften kämpften weiter um ihr Überleben. Es schien so gut wie ausgeschlossen, daß das von Hennemann und seinen Mitwissern mißbrauchte Geld jemals wieder beschafft werden könnte, und ohne öffentliche Mittel war der Kampf der Unternehmen aussichtslos. Streng genommen hatten sie, durch eine an sich schon bevorzugte Behandlung, ihre Chance gehabt. Doch was geschehen war, erschien uns so ungerecht, daß ich unverzüglich meinen Kollegen vorschlug, den Düpierten – allerdings unter strengen Auflagen – eine neue Chance zu gewähren. Die Kollegen machten es mir nicht schwer. Der Ministerrat hingegen, dessen positive Haltung unerläßlich war, bewies wieder einmal seine Neigung zu Kuhhandeln. Die feste Absicht Deutschlands, die neuerliche öffentliche Unterstützung der strengen Aufsicht durch die Kommission zu unterwerfen, unter anderem durch vierteljährliche Berichte, konnte den Rat aber schließlich überzeugen. Als herauskam, daß MTW 1996 das auf 100 000 Tonnen festgelegte Produktionsmaximum leicht überschritten hatte, ergriff die Kommission sofort Maßnahmen, um deutlich zu machen, daß eingegangene Übereinkünfte von den Werften strikt eingehalten werden mußten. Zur Strafe wurde ein Betrag von 720 000 DM von den genehmigten Betriebsbeihilfen abgezogen. Dennoch: Wie man es auch dreht und wendet, es ist letztlich der Kommission zu verdanken, daß MTW und Volkswerft eine neue Chance erhielten.

Der Fall VW Sachsen

»Ich hoffe, daß wir uns noch einmal unter angenehmeren Umständen begegnen«, sagte Ferdinand Piëch, als er mein Büro verließ. »Das hoffe ich ebenfalls«, antwortete ich, »aber diese Art von Gesprächen macht die Sache nur noch schlimmer.« Es war bereits das zweite Gespräch mit dem obersten Chef des Volkswagen-Konzerns über die Sache Volkswagen Sachsen gewesen, und es war wesentlich kühler und weniger höflich verlaufen als das erste. Im Grunde hatte es sich noch nicht einmal um ein richtiges Gespräch gehandelt, sondern eher um eine Art Erpressung: Wenn die Kommission nicht bereit sei, alle staatlichen Beihilfen, die die deutschen Behörden VW versprochen hatten, ohne weiteres zu bewilligen, würde Volkswagen die geplanten Investitionen in Sachsen in Frage stellen.

Ich hatte Piëch bereits im Laufe unseres vorherigen Gesprächs klargemacht, daß das nicht möglich sei. Volkswagen Sachsen erhielt ohnehin einen ordentlichen Batzen an Subventionen, aber Piëch wollte alles. Dies war jedoch unvertretbar. Ich war nicht bereit, auch nicht für VW oder Ministerpräsident Biedenkopf, ein Auge zuzudrücken und die Subventionen problemlos zu genehmigen. Piëch antwortete daraufhin eiskalt, dann würde der Konzern seine Investitionen eben woandershin transferieren müssen.

Es war nicht das erste Mal, daß ich mit so etwas konfrontiert wurde. Wenn es um staatliche Beihilfen geht, treten Unternehmen mitunter besonders dreist auf. Erst setzen sie die nationale oder regionale Regierung unter Druck, um auch noch das Letzte herauszupressen. Dann versuchen sie, der Kommission zu drohen, indem sie ankündigen, außerhalb der EU zu investieren, wenn die Kommission nicht ein Auge zudrücke. Vor allem die Automobilbranche war von dieser Mentalität infiziert. In Großbritannien und Spanien hatte ich bereits mit ähnlichen, wenn auch verdeckteren Methoden zu tun gehabt.

Auch in Spanien war VW involviert. Das spanische Tochterunternehmen Seat machte schwere Zeiten durch, und Volkswagen hatte zu verstehen gegeben, daß alles möglich sei, sogar eine Schließung. Die spanische Regierung ließ daraufhin nichts unversucht, um Piëch zu beschwichtigen, insbesondere, weil Wahlen vor der Tür standen. Die Frage war nun: Was genau hatte die Regierung ihm versprochen? Ein Regierungssprecher hatte wissen lassen, daß Seat dank der zugesagten staatlichen Beihilfen gerettet worden sei. In Brüssel dagegen wurde die Sache ganz anders hingestellt: Der Minister gab sein Ehrenwort, es ginge einzig und allein um einen normalen Kredit unter Marktbedingungen, also nicht um staatliche Unterstützung. Wir fragten an, ob wir denn eine Kopie der Übereinkunft zwischen Volkswagen und der spanischen Regierung bekommen könnten? Nein, das sei nicht möglich, da sie auch Geschäftsgeheimnisse enthalte. Das weckte noch zusätzlich unseren Argwohn, und ich kündigte an, eine gründliche Untersuchung durchführen zu wollen. In dieser Zeit erhielt ich einen Anruf von Gerhard Schröder mit der Bitte, ob er zusammen mit Piëch auf ein Gespräch in Brüssel vorbeikommen könne. Der Volkswagen-Chef wolle mir den Seat-Fall persönlich erklären. Schröder schlug vor, das Ganze bei einem kleinen Diner im bekannten Brüsseler Restaurant »Le Cygne« zu besprechen. Zu solchen Essen ließ ich mich nur in besonderen Ausnahmefällen verleiten. Doch in diesem Fall schien es mir eine hervorragende Gelegenheit, einmal mit Gerhard Schröder, der damals noch nicht Bundeskanzler, sondern Ministerpräsident von Niedersachsen war, über eine ganze Reihe von Dingen zu reden, beispielsweise die Situation der SPD, seine skeptische Haltung gegenüber dem Euro, die Landesbanken...

Es wurde ein entspannter Abend, bei dem es zu einem regen Gedankenaustausch kam. Ich erklärte Schröder, ich sei überzeugt, die SPD hätte 1994 die Wahlen gewonnen, wenn er anstelle Rudolf Scharpings Kanzlerkandidat gewesen wäre. Dieser Gedanke erschien ihm keineswegs abwegig. Der Seat-Fall war jedoch, wie zu erwarten, der zäheste Brocken auf der Speisekarte. Piëch berichtete über die Misere bei Seat und die Notwendigkeit, die Angelegenheiten rasch in Ordnung zu bringen. Wenn nicht, sei es aus. Die spanische Regierung habe ihm versichert, sie handele durch ihr Entgegenkommen den europäischen Spielregeln keineswegs zuwider. Ob eine gründliche Untersuchung wirklich nötig sei? Dies würde Monate in Anspruch nehmen und weitere Unsicherheiten schaffen. Ob wir nicht rasch einen Schlußstrich unter das Ganze ziehen könnten?

Natürlich sei das möglich, antwortete ich, aber nur unter der Bedingung, daß der spanische Minister Eguiagaray uns den Vertrag zeige und bestätige, daß es sich bei der Zahlung um einen ganz normalen Kredit handele. Ob Piëch dem Minister seine ablehnende Haltung nicht ausreden könne? Falls wirklich Geschäftsgeheimnisse im Vertrag stünden, bräuchten wir ja nur in die Abschnitte Einsicht zu erhalten, die auf den

Kredit Bezug nahmen. Ich sei bereit, zu diesem Zweck zwei Beamte nach Madrid zu schicken, um die Texte vor Ort kontrollieren zu lassen. Natürlich hegte ich die Vermutung, daß der Minister Piëch zu mir geschickt hatte. Nun hatte ich den Ball wieder zurückgespielt.

Es verstrich noch geraume Zeit, doch schließlich konnten zwei Beamte des Generaldirektorats Wettbewerb den ominösen Vertrag einsehen. Resultat: Es war zwar die Rede von einem Kredit – doch dieser mußte nicht zurückbezahlt werden! Es handelte sich also ganz eindeutig um staatliche Beihilfen. Als Entschuldigung brachte der Minister später vor, daß ihn Piëch vor die Wahl gestellt habe, entweder staatliche Mittel zu gewähren oder die Schließung der Fabrik hinzunehmen.

Den Fall VW Sachsen hatte ich noch von meinem Vorgänger geerbt. Der Trabant war zwar ein Wahrzeichen Ostdeutschlands gewesen, ihn auf den westlichen Markt zu bringen, hat jedoch nie jemand ernsthaft in Erwägung gezogen. Daher trat Volkswagen, ebenso wie die anderen westdeutschen Automobilkonzerne, in Verhandlung mit der Treuhandanstalt. Man beschloß, die ostdeutschen Automobilfabriken, die noch brauchbar waren, unter der Hand, also ohne öffentliche Ausschreibungen, zu verkaufen. Schon im Oktober 1990 kam es zu einer Grundsatzvereinbarung zwischen Volkswagen und der Treuhand, die darauf hinauslief, daß Volkswagen in Sachsen ein supermodernes Werk für die Produktion des neuen Golf-Modells bauen sollte. Der Bau einer neuen Autofabrik erforderte allerdings Zeit. Man vereinbarte daher, einige der bestehenden Trabant-Produktionsstätten, nämlich die modernsten, umzubauen, so daß Volkswagen dort bis zur Fertigstellung der neuen Fabrik seine Wagen montieren und lackieren konnte. Das neue Werk hätte nach den ursprünglichen Plänen 1994 fertig sein sollen. Dadurch sollten in der Gegend, die von der Autoproduktion lebte, zahlreiche Arbeitsplätze erhalten bleiben. Sowohl für die neuen Fabriken als auch für den Umbau der alten sollte so weit wie möglich auf regionale öffentliche Mittel zurückgegriffen werden.

Volkswagen übernahm also in Sachsen drei Trabant-Werke, eines in Mosel bei Zwickau, wo die Trabis montiert und lackiert worden waren, eines in Chemnitz, wo die Motoren gebaut, und eines in Eisenach, wo Zylinderköpfe gefertigt worden waren. Die alten Fabriken in der Stadt Zwickau selbst erwiesen sich als unbrauchbar; sie waren zu veraltet und zu große Umweltverschmutzer. Bei der Fabrik in Mosel handelte es sich um ein neues Trabant-Werk, das sich noch im Bau befand. Nur die Lackierabteilung war bisher fertiggestellt.

Sachsen besaß eine lange Tradition der Autoherstellung. In den 1920er Jahren existierte dort eins der blühenden Zentren der europäischen Autoindustrie. In DDR-Zeiten wurden die alten Fabriken umgebaut, um dort den Trabant zu fertigen. Praktisch jeder in dieser Gegend lebte vom Trabi. Als sich Volkswagen dort unmittelbar nach der Wende niederließ, waren die Erwartungen entsprechend hochgesteckt, und der Regierung von Sachsen unter der Leitung Kurt Biedenkopfs war alles daran gelegen, die Autoindustrie zu neuer Blüte zu bringen. Für dieses Ansinnen konnte er auf allseitiges Verständnis rechnen, auch auf meines. Leider befand sich die Autoindustrie damals europaweit in großen Schwierigkeiten, und schmerzhafte Strukturveränderungen waren unumgänglich. Die Branche hatte nicht nur mit der japanischen Konkurrenz zu kämpfen, sondern auch mit der weit hinterherhinkenden Produktivität. Zahlreiche Politiker vertraten die Ansicht, daß eine weitere Öffnung des europäischen Marktes den europäischen Autoproduzenten den Todesstoß versetzen würde. Auch Jacques Delors gab sich höchst pessimistisch. Zudem bestand das Problem der Überkapazität und vor allem das der aus dem Ruder gelaufenen Subventionsstreitigkeiten zwischen den verschiedenen Mitgliedstaaten. Aus diesen Gründen flossen viele Milliarden an Steuergeldern in die Autoindustrie.

Um das Ganze in einem vernünftigen Rahmen zu halten, hatte die Kommission eine Regelung für die staatlichen Beihilfen an die Automobilbranche erarbeitet. Im Falle einer Umstrukturierung konnte Unterstützung gewährt werden, falls diese mit Kapazitätsverminderungen einherging. Wir konnten auch die Zustimmung für eine nationale oder regionale Unterstützung der Autoindustrie erteilen, wenn die Förderung auf die Kompensation der Benachteiligung eines bestimmten Standorts im Vergleich zu einem wirtschaftlich attraktiveren Standort beschränkt blieb. Für Investitionen in einer sogenannten *greenfield*-Lage, auf noch unerschlossenem Terrain ohne Industrieansiedlung, konnten mehr öffentliche Mittel bewilligt werden als für die Modernisierung eines bestehenden Geländes, da höhere Investitionskosten nötig waren. All dies mußte von Fall zu Fall entschieden werden.

Angesichts der Tatsache, daß in allen neuen Bundesländern regionale Unterstützung gewährt werden durfte und dort auch zweifellos ernsthafte regionale Nachteile bestanden, lag es auf der Hand, daß Volkswagen mit öffentlichen Mitteln in stattlicher Höhe rechnen konnte. Dies haben wir nie und nimmer in Zweifel gezogen, ganz im Gegenteil. Jedoch mußte überprüft werden, ob die durch die föderalen und sächsischen Behörden zugesagten Beihilfen nicht über dem Maximum des Zulässigen lagen. Trotz der überaus positiven Einstellung der Kommission in bezug auf die neuen Länder verlief die Zusammenarbeit äußerst mühsam. Sowohl die Bundesregierung als auch die Regierung Sachsens begannen, die Kompetenz der Kommission anzuzweifeln. Sie wollten offensichtlich völlig freie Hand haben.

Anfang 1991 erreichte uns die Meldung, für zwei neue Fabriken in Mosel und in Chemnitz sollten Investitionsbeihilfen in

Höhe von 900 Millionen DM gewährt werden. Das Problem an der Sache war, daß durch eine kräftige Investitionshilfe für die Autoindustrie in Sachsen die Kapazität des europäischen Automobilmarktes erheblich gestiegen wäre, obwohl bereits ein ernsthaftes Überkapazitätsproblem bestand. Es hatte sich überdies gezeigt, daß die deutsche Regierung sich keineswegs an die vertragliche Verpflichtung gehalten hatte, keine Mittel auszubezahlen, solange sie noch nicht von der Kommission bewilligt worden waren. Und Volkswagen hatte bereits 370 Millionen DM als Vorauszahlung für Investitionen erhalten, die noch gar nicht erfolgt waren. Dieses Verfahren war für Deutschland äußerst ungewöhnlich; normalerweise muß ein Unternehmen anhand von Rechnungen genau belegen, daß die Investitionen tatsächlich erfolgt sind.

Inzwischen hatte sich die Krise in der europäischen Autoindustrie weiter verschärft. Darum beschloß Volkswagen im Januar 1993, den geplanten Bau der neuen Fabriken in Sachsen vorläufig aufzuschieben. Statt Ende 1994 sollten sie erst Jahre später die Produktion aufnehmen. Der Umbau der alten Trabant-Werke fand hingegen wie vorgesehen statt: Die Investitionen waren bereits in großer Höhe getätigt worden, und die Produktion von Fahrzeugen aus andernorts vorgefertigten Teilen lief auf vollen Touren. Um zu kontrollieren, ob die genehmigten regionalen Beihilfen berechtigt waren, vergewisserten sich im April 1994 Kommissionsbeamte über den Zustand vor Ort. Der Besuch ergab unter anderem, daß die neuen Fabriken noch ferne Zukunftsmusik waren und die Pläne dafür nicht einmal annähernd feststanden. Daher beschloß die Kommission im Juli 1994, nur ein Urteil über die Beihilfen zu fällen, die für den Umbau der bestehenden Fabriken bewilligt worden waren, und sich zunächst nicht über die Investitionen für die neuen Fabriken zu äußern. Die Umstrukturierung der alten Trabantfabriken war in Übereinstimmung mit den ursprünglichen, mit der Treuhandanstalt vereinbarten Plänen erfolgt. Zu diesem Zeitpunkt arbeiteten diese Fabriken noch mit Verlust, was verständlich war, da die Zulieferung und Distribution in der Ex-DDR noch bei weitem nicht nach westlichen Maßstäben funktionierte. Die Deckung der Betriebsverluste sowie die Förderung von Modernisierungsinvestitionen für diese Fabriken konnten von der Kommission bewilligt werden. Dabei ging es für die Fabriken von Mosel und Chemnitz um einen Betrag von insgesamt gut 550 Millionen DM.

Anders verhielt es sich mit dem Bau der neuen Fabriken. Gegen Jahresende verlangten wir Einsicht in die definitiven Pläne, und falls sie uns nicht gewährt würde, sollten die gesamten bisher bereits genehmigten Mittel für die neuen Fabriken zurückgezahlt werden. Ständig wurden die Pläne für die neuen Fabriken geändert, und die Beihilfen, die dafür bereits gezahlt worden waren, fielen viel zu hoch aus im Vergleich zu dem, was letztlich verwirklicht werden sollte. Anfangs ging es um eine Fabrik, in der 7 000 Menschen Arbeit finden sollten, schließlich war nur noch die Rede von 3 000 Arbeitsplätzen. Durch die ursprünglichen, viel zu hoch gesteckten Pläne wurden nicht zuletzt die staatlichen Beihilfen in die größtmögliche Höhe getrieben. Außerdem stellte Volkswagen die Situation so dar, als handele es sich bei den beiden neuen Fabriken in Mosel und Chemnitz um *greenfield*-Investitionen. Das war unserer Meinung nach nicht der Fall, aus dem einfachen Grund, weil sie in der Nähe der alten Fabriken lagen, wo sich auch zahlreiche Zulieferer niedergelassen hatten, wo ein Arbeitnehmerpotential bestand und wo sich, wie notdürftig auch immer, ein Vertriebsnetz zu entwickeln begann. Es handelte sich also um Erweiterungsinvestitionen, für die staatliche Beihilfen nicht ganz so hoch ausfallen durften.

Alle Geldhähne offen

Im Februar 1996 paßte der Freistaat Sachsen seine Förder-
maßnahmen für die neuen Volkswagenfabriken erneut an,
ohne die Einwände der Kommission in Betracht zu ziehen: Es
sollte, verteilt über mehrere Jahre, ein Gesamtbetrag von 780
Millionen DM ausgezahlt werden. Auf unterschiedliche Art
und Weise versuchten wir unsere deutschen Gesprächspartner davon zu überzeugen, daß der Höchstbetrag für eine
zweite Stufe staatlicher Beihilfen, die sich zu dem bereits vor
einigen Jahren bewilligten Betrag von 550 Millionen DM ad-
diere, um die 540 Millionen liegen dürfe, aber gewiß nicht
höher. Dies führte zu Spannungen, zahllosen Telefonge-
sprächen, sanftem und weniger sanftem Druck sowie zu den
bereits erwähnten Besuchen Piëchs. Von anderen Mitgliedstaaten wurde uns wiederum vorgeworfen, wir verhielten uns
gegenüber Deutschland allzu flexibel. Der Fall zog sich endlos
hin, und im Juni 1996 erklärte sich die große Mehrheit der
Kommission schließlich mit meinem Vorschlag einverstanden,
540 Millionen zu bewilligen, den Rest, 240 Millionen, aber
nicht zu genehmigen. Dieser Beschluß führte zu lautstarken
Protesten der Volkswagen AG sowie des Bundeslands Sachsen. VW drohte, sämtliche geplanten Investitionen für die
neuen Fabriken einzufrieren. Politiker aus Sachsen erweckten
nach außen hin den Anschein, als versuchten wir böswillig
den wirtschaftlichen Wiederaufbau der neuen Bundesländer
zu boykottieren. Das war natürlicher völliger Unsinn, stieß
jedoch auf offene Ohren. Was mich noch am meisten verwunderte, war, daß Piëch außer Schußweite blieb. Jedenfalls
erhielt er einen dicken Packen Steuergelder (fast 1,1 Milliarden
DM) und drohte trotzdem, aus Sachsen wegzugehen und anderswo nach Mitteleuropa abzuwandern. Offensichtlich hatte
niemand den Mut, diese Art unmoralischer Erpressung anzu-

prangern. Aber natürlich ist es einfacher, wenn auch feiger, die Kommission anzugreifen.

Es blieb nicht bei Wutausbrüchen. Die sächsische Regierung beachtete unseren Beschluß einfach nicht und machte kaum zwei Wochen nach dem Beschluß vom Juni 1996 ein neues Paket von 140 Millionen DM für Volkswagen locker. 90 Millionen davon wurden vollkommen zu Unrecht ausbezahlt, da sie nicht mit der Rahmenregelung für staatliche Beihilfen an den Automobilsektor übereinstimmten. Das sah ganz nach Provokation aus. Biedenkopf zog seinerseits im Magazin »Spiegel« alle Register gegen die Kommission, und zwar in einem für ihn ganz atypischen populistischen Ton. Er sagte, Sachsen dächte nicht daran, die 90 Millionen von VW zurückzufordern. Ich verfaßte unverzüglich ein Schreiben an die deutschen Behörden, in dem ich ankündigte, daß wir von allen uns zu Verfügung stehenden Rechtsmitteln Gebrauch machen würden, um zu Unrecht ausbezahlte Beihilfen zurückzuerhalten. Schließlich war die Kommission so entgegenkommend wie irgend möglich gewesen und hatte Beihilfen in Höhe von 1,095 Milliarden DM bewilligt.

Die Haltung Biedenkopfs, den ich für einen vernünftigen Mann gehalten und zu dem ich anfangs gute Kontakte gehabt hatte, verwunderte mich sehr. Der Ministerpräsident Sachsens ging eindeutig auf Konfrontationskurs mit der Kommission, offensichtlich weil er nicht nur in diesem Fall, sondern auch in anderen Subventionsfällen in Sachsen freie Hand haben wollte. Letztlich lief seine Haltung darauf hinaus, die Befugnis der Kommission, Beihilfen in den neuen Ländern zu kontrollieren, anzuzweifeln und zu ignorieren, unter anderem, indem man sich auf die »Deutschland-Klausel« berief. Auch der frühere Außenminister Hans-Dietrich Genscher kam Biedenkopf dabei zu Hilfe. Bei der »Deutschland-Klausel« handelt es sich um einen alten Vertragsartikel aus dem Jahr 1958, der im Vertrag von Maastricht wieder aufgegriffen wurde. Er besagt, Unterstützungsmaßnahmen für die Wirtschaft in bestimmten Gebieten Deutschlands, die durch die Teilung Deutschlands benachteiligt sind, seien mit dem Gemeinsamen Markt vereinbar, insofern diese Hilfen notwendig seien, um die durch die Teilung hervorgerufenen Nachteile zu kompensieren. Obwohl sich der Text eindeutig auf die Zeit der Teilung bezieht und zudem das Gebiet der ehemaligen Bundesrepublik meint, wurde er zitiert, um Volkswagen Sachsen ungehindert subventionieren zu können. Dies erschien uns doch sehr an den Haaren herbeigezogen.

Übrigens kann man sich, wenn man mit einer Entscheidung der Kommission nicht einverstanden ist, an das Gericht in Luxemburg wenden. In dieser Sache war das auch geschehen, doch das Bundesland Sachsen hatte es nicht dabei bewenden lassen. Es war nun der Fall eingetreten, daß ein Ministerpräsident das Recht nach Belieben zu seinen Gunsten auslegte, was fatale Folgen für die grundlegenden Regeln der Vergabe von staatlichen Beihilfen zu haben drohte. Denn wenn Biedenkopf so etwas ungestraft tun durfte, warum sollten dann die entsprechenden Stellen in Flandern, Katalonien oder Schottland nicht dasselbe dürfen? Biedenkopfs Verhalten mußte neben allem anderen auch als äußerst kurzsichtig bezeichnet werden, denn ein Wegfall der Regeln für die Vergabe staatlicher Beihilfen würde nichts als Nachteile für ärmere Regionen mit sich bringen – und dazu gehörten mit Sicherheit die neuen Bundesländer. Eine strenge Kontrolle staatlicher Subventionen kann schließlich die reicheren Regionen daran hindern, ihren Industrien mit Hilfe großzügiger Unterstützungen Vorteile zu verschaffen.

Die teilweise ungemein heftigen politischen Reaktionen waren für mich gewiß kein Grund, meine Haltung zu ändern – ganz im Gegenteil. Der ganze Vorfall führte dazu, daß unsere

Entschlossenheit, die zu Unrecht ausbezahlten öffentlichen Mittel zurückzufordern, noch zunahm. Während der gesamten Diskussion wies ich die Regierung in Bonn auf ihre Verantwortung hin, die Regeln für staatliche Beihilfen auch in einzelnen Bundesländern durchzusetzen. Bonn war die ganze Sache äußerst unangenehm. Man gab hinter vorgehaltener Hand zu, die Kommission habe das Recht auf ihrer Seite. Aber man sei politisch nicht in der Lage zu handeln. Gegen Biedenkopf wagte man nicht einzuschreiten, und überdies war das Verhältnis zwischen Biedenkopf und Kohl seit Jahren gespannt. In Bonn versuchte man daher, sich so weit wie möglich herauszuhalten. Einmal mehr mußte der arme Günther Rexrodt versuchen, das zerbrochene Porzellan zu kitten.

Nach vorsichtigen Verhandlungen zwischen Bonn, der Regierung Sachsens, Volkswagen und der Kommission zeichnete sich eine Lösung ab. VW erstattete schließlich 1997 die 90 Millionen Subventionsgelder, die zuviel gezahlt worden waren, zurück. Das Geld wurde auf einem Konto eingefroren, zu dem ausschließlich die deutsche Regierung Zugang hatte. Erst nachdem dies geschehen war, gab die Kommission grünes Licht in einem anderen Fall, in dem Volkswagen ganz regulär das Recht auf 100 Millionen DM an Beihilfen hatte. Dabei ging es um eine VW-Fabrik in Kassel, in der Automatikgetriebe gefertigt wurden. Letzteres Dossier hatten wir blockiert, solange Volkswagen das zu Unrecht in Sachsen erhaltene Geld nicht zurücküberwiesen hatte.

Grundsätzlich gab das Europäische Gericht in Luxemburg der Kommission auf ganzer Linie recht, und die deutsche Presse versäumte es diesmal nicht, »König« Kurt Biedenkopf die Leviten zu lesen und ihn darauf hinzuweisen, daß es ein Fehler gewesen sei, sein Bundesland wie ein souveräner König regieren zu wollen. »Recht und Gesetz«, schrieb die »Stuttgarter Zeitung«, »haben Vorrang vor den Regionalinteressen. [...]

Wer bewußt gegen Entscheidungen der unbestritten zuständigen europäischen Institutionen verstößt, setzt sich damit ins Unrecht.« Bundeskanzler Schröder wurde geraten, nicht dieselben Fehler zu begehen wie Biedenkopf, da in Brüssel noch einige Fälle von staatlicher Hilfe anstehen, von denen die Philipp-Holzmann-Sache nicht die geringste darstellt.

Und der Volkswagen-Konzern? Auch er bleibt nach wie vor ein fester Kunde der Wettbewerbsbehörden. Ende 1999 leitete die Kommission erneut eine Untersuchung wegen staatlicher Beihilfen für den Bau einer neuen Fabrik ein. Einer Fabrik, die geplant ist in – Sachsen!

Kanzler Kohl

Bereits vor der Bremer-Vulkan-Affäre hatte mir Johannes Ludewig wiederholt berichtet, daß Helmut Kohl mich gerne näher kennenlernen würde. Der Bundeskanzler wollte auf diese Weise seine Anerkennung für die entgegenkommende und engagierte Weise ausdrücken, in der wir die heiklen Fälle der neuen Länder behandelten. Ich persönlich galt allgemein als deutschenfreundlich, doch tatsächlich war es die gesamte Kommission, die Verständnis und Offenheit für die besondere Situation im östlichen Teil Deutschlands zeigte. Wie es der Zufall wollte, fand unser Gespräch einige Wochen nach der Bremer-Vulkan-Katastrophe statt. Ich hatte mich in scharfer Weise darüber geäußert und mit meiner Verachtung über den Mißbrauch von Beihilfen nicht hinter dem Berg gehalten. Bei unserem Treffen versicherte mir Kohl unverzüglich, er verstehe meine Enttäuschung über diese Affäre und sei ebenfalls schockiert. Er erkundigte sich, ob den betrogenen Werften erneut geholfen werden könne. Ich erwiderte, das sei eventuell möglich, allerdings unter strengeren Bedingungen. Doch schließlich dürfe man die Opfer nicht für Dinge bestrafen, die andere angerichtet hatten. Daraufhin erzählte mir Kohl ausführlich über sein Leben: seinen Geburtsort, seine Jugend, den Krieg, seine Studienzeit, seine Familie und vor allem sein tief verwurzeltes europäisches Engagement. Er drückte sich auf väterliche Weise und in einfachen Worten aus. Er war ehrlich, direkt und lebenserfahren. Ich war beeindruckt, konnte mich mit vielen seiner Beweggründe identifizieren und dachte mehrmals: Wir können von Glück reden, daß wir Kohl haben. Er weiß, in welche Richtung wir uns in Europa gemeinsam bewegen müssen. Außerdem verfügt er über den Mut und die Ausdauer, allen Widrigkeiten zum Trotz diesen Weg weiter zu beschreiten. Danach berichtete er von seinen Erfahrungen mit seinen Kollegen und lobte Felipe González und Jacques Delors. Er erzählte auch von seinem merkwürdigen Verhältnis zu François Mitterrand. Sie waren zwei ungeheuer verschiedene Persönlichkeiten und Charaktere aus völlig gegensätzlichen Kulturen, und doch sehr eng verbunden in einem gemeinsamen historischen Auftrag: Nie wieder Krieg in Europa. Auf zu einem friedliebenden, blühenden vereinten Europa! Ab und zu wurde Helmut Kohl ein wenig emotional.

Das Gespräch zog sich viel länger hin als die geplanten zwanzig Minuten. Ursprünglich war vorgesehen, daß zeitweise ein Mitarbeiter anwesend sein sollte, doch Kohl hatte kein Bedürfnis danach. Er überflog einen Zettel, auf dem eine Anzahl zu besprechender deutscher Fälle notiert war, doch er pickte nur einen heraus: die Frage der Sparkassen und Landesbanken. Er mahnte mich, vorsichtig zu sein. Hierbei würde ich nicht nur an das Herz des deutschen Bankensystems rühren, sondern auch an die föderale Staatsordnung. Ich beruhigte ihn, was die Sparkassen betraf, wies ihn jedoch darauf hin, daß in puncto Landesbanken sehr wohl eine Lösung gefunden werden müsse. Wenn nicht, sähe sich die Kommission gezwungen, sich damit zu beschäftigen.

Gegen Ende unseres Gesprächs erkundigte sich Kohl einge-
hend nach meiner Familie. Als ich ihm unter anderem berichtete, daß unser Sohn Pilot ist und fließend deutsch spricht, ging
er in sein Sekretariat und holte ein Andenken für ihn. Es war,
als wären wir seit Jahren befreundet. Kohl ließ durchblicken,
daß ich sein Vertrauen genoß.

Leider sollte es nicht lange währen. Als wir später die Ber-
telsmann-Kirch-Fusion im Bereich des digitalen Fernsehens
behandelten, erwartete er, daß ich die Sache ohne weiteres
durchgehen ließe und einfach Ja und Amen sagte, anstatt unsere Aufgabe als Wettbewerbsbehörde ernst zu nehmen. Als
ich dies nicht tat, landete ich nach dem System Kohl sofort im
Lager der Feinde, wo ich einen Platz neben Biedenkopf und
vielen anderen fand.

Das System Kohl ist inzwischen zu Bruch gegangen. Vieles
daran war kritikwürdig und ist auch angeprangert worden.
Dennoch wird niemand die großen historischen Verdienste
Kohls leugnen können, sowohl im Hinblick auf Deutschland als
auch auf Europa. Heutzutage hat der Euro viele Väter, aber
ohne die Standhaftigkeit, die feste Überzeugung und den Mut
Kohls würden wir auf die europäische Einheitswährung jetzt
noch warten.

Gewiß kann man Kohl und Mitterrand vieles in der Art und
Weise, wie sie Politik betrieben, zum Vorwurf machen, und sie
mögen sich sogar zwielichtiger Handlungen schuldig gemacht
haben. Andererseits dürfen sie jedoch das unzweifelhafte Verdienst für sich in Anspruch nehmen, in Zusammenarbeit mit
Delors und anderen Europa sicher ins 21. Jahrhundert geführt
zu haben.

Leuna 2000: eine undurchsichtige Sache

Leuna, in der Nähe von Leipzig gelegen, war ein traditioneller Standort zahlreicher Chemiebetriebe. Nach der Wiedervereinigung stand die Raffinerie in Leuna, ebenso wie die anderen Kombinate der ehemaligen DDR, auf der Angebotsliste der Treuhandanstalt.

Im Juli 1991 wurde die Bank Goldmann Sachs eingeschaltet, um der Treuhandanstalt bei der Suche nach geeigneten Übernahmekandidaten Hilfestellung zu leisten. Von den einunddreißig weltweit kontaktierten Unternehmen zeigten dreizehn Interesse.

Am 5. Dezember 1991 bot die amerikanische Investitionsbank im Namen der Treuhandanstalt den Bewerbern eine Gruppe von fünf Unternehmen an: neben den Leuna-Werken auch die Minol AG, die Hydrierwerke, Addinol Mineralöl und Paraffinwerke Webau.

Drei Konsortien traten gegeneinander an, doch schließlich mußten die von BP geleitete Gruppe, zu der außerdem Agip, Statoil und Total gehörten, sowie die Hauslage-Mannai-Gruppe hinter dem TED-Konsortium, geleitet vom französischen Unternehmen Elf Aquitaine in Kombination mit unter anderem der deutschen Thyssen-Gruppe, zurücktreten. Die Treuhandanstalt betrachtete die TED-Gruppe als beste Bieterin. Der französische Käufer gab das Versprechen, die Raffinerie bis zum Jahr 1996 zur modernsten Europas zu machen, und wollte zu diesem Zweck das Projekt Leuna 2000 ins Leben rufen. Merkwürdigerweise wurde später zwischen TED und der Treuhand eine neue Liste der Aktiva von Leuna und Minol vereinbart, die ziemlich stark von der Buchhaltung der betroffenen Unternehmen abwich. Dies führte wiederum zu einer Anpassung des TED-Gebotes. Erst am 23. Juli 1992 wurde die Privatisierungsübereinkunft endgültig abgeschlossen.

Diese merkwürdige Handlungsweise der Treuhandanstalt brachte einige Konkurrenten dazu, sich bei der Kommission zu beschweren. Sie waren der Meinung, das Angebot des von Elf Aquitaine geleiteten Konsortiums sei nicht das vorteilhafteste gewesen. Um die Operation beurteilen zu können, mußte die Kommission die deutsche Regierung verpflichten, die Sache offiziell anzumelden. Doch Bonn glaubte, sich dieser Verpflichtung entziehen zu können.

Für den Bau einer neuen Raffinerie wurden Elf Aquitaine 1 465,5 Millionen DM an staatlichen Beihilfen zugesagt. Von diesem Betrag sollten 360 Millionen auf der Basis des Investitionszulagegesetzes, das heißt über eine Steuerverminderung, bezahlt werden.

Meine Mitarbeiter, die sich mit den ostdeutschen Privatisierungsfällen beschäftigten, hatten bereits alle Hände voll zu tun mit Angelegenheiten wie Ekostahl, Volkswagen Sachsen und den Werften – nun kam auch noch Leuna hinzu. Trotzdem haben wir die Angelegenheit nach bestem Vermögen untersucht. Ausgangspunkt war, daß das Bietverfahren als offen angesehen werden konnte, da Goldmann Sachs bei der Suche nach den besten Käufern mit einbezogen worden war. Weiterhin kamen meine Dienststellen zu den folgenden Ergebnissen:

»Eine vergleichende Untersuchung der drei Kaufangebote zeigt, daß das Angebot des TED-Konsortiums zu Recht als das beste betrachtet wurde. Das gilt selbst dann, wenn man berücksichtigt, wie das Angebot nach einer eingehenden Untersuchung der Unternehmen, vor allem von Minol, die offenbarte, daß der tatsächliche Wert der Aktiva geringer war als ursprünglich angenommen, geändert wurde. Obwohl die zugrundeliegenden Konzepte des TED-Konsortiums und des von BP geführten Konsortiums sich unterscheiden – Errichtung einer neuen Raffinerie gegenüber einer schrittweisen Erneuerung –, sind beide finanziell und technologisch tragfähig, während die Tragfähigkeit des Hauslage-Mannai-Vorhabens angesichts der geringen vorgesehenen Investitionen bezweifelt werden muß. Das Angebot von TED zeichnet sich jedoch durch den höheren Kaufpreis, die höchste Investitionszusage, den Verzicht auf zusätzliche Finanzierung durch die THA und die Tatsache aus, daß das Minol-Vertriebsnetz erhalten bleibt. Die Tatsache, daß Elf nur die Geschäftsführung der bestehenden Raffinerien in Leuna und Zeitz übernimmt, während die THA für die Verluste einstehen wird, führt nicht zu einer anderen Einschätzung, da das Angebot des von BP geführten Konsortiums ebenfalls eine beachtliche Übernahme von Betriebsverlusten durch die THA vorsah.«

Im nachhinein betrachtet, hätten wir die Sache bereits damals näher in Augenschein nehmen sollen, doch wie es so schön heißt: Hinterher ist man immer klüger. Auf die Informationen bauend, die wir aus Bonn erhielten, schien es jedenfalls, auch in Anbetracht der außergewöhnlichen damaligen Umstände, unnötig, die Sache noch länger hinauszuzögern. Überdies setzten wir damals noch Vertrauen in die Informationen aus Bonn. Mit den Beschlüssen vom 24. Juli 1993 und 5. November 1994 gab die Kommission grünes Licht für die Operation. Der Bau der neuen Raffinerie wurde einem Joint Venture, bestehend aus den Betrieben Thyssen, Lurgi und Technip (TLT), anvertraut.

Fernes Donnergrollen

Schon 1994 zogen sich dunkle Gewitterwolken über Leuna zusammen. Elf Aquitaine drohte, aus dem Projekt auszusteigen, wenn der deutsche Staat bis 1997 nicht 33 Prozent der Leuna-Anteile kaufe. Elf hatte sich in der Tat vertraglich eine Verkaufsoption über ein Drittel der Anteile der fertiggestellten

Raffinerie Leuna 2000 ausbedungen. Ursprünglich war vorgesehen, daß diese 33 Prozent von Buna erworben werden sollten, doch der amerikanische Anteilseigner von Buna, Dow
Chemical, weigerte sich. Und so landete der Schwarze Peter
wieder bei der Regierung. Vor der Durchführung der Operation wollte die BvS, die Bundesanstalt für vereinigungsbedingte
Sonderaufgaben, Nachfolgerin der Treuhand, den genauen
Wert der Mider (Mitteldeutsche Erdölraffinerie GmbH) in Erfahrung bringen, des Tochterunternehmens von Elf Aquitaine,
das den Bau der Raffinerie in Leuna durchführte. Für diese
Schätzung wurde ein externes Büro eingeschaltet, Solomon
Brothers aus London. Aus deren Studie, die im Laufe des Jahres 1995 angefertigt wurde, ging hervor, daß der Baupreis der
Raffinerie in Höhe von 3,3 Milliarden DM, wie er von Elf Aquitaine angegeben worden war, möglicherweise um einiges zu
hoch angesetzt war. Solomon Brothers kamen nur auf Kosten
in Höhe von 2,4 Milliarden DM, ein Ergebnis, das »Der Spiegel«
am 24. April 1996 veröffentlichte. Wirtschaftsminister Rexrodt
machte umgehend bekannt, daß er von Elf eine eindeutige Erklärung fordere. Einiges wies darauf hin, daß die Investitionskosten künstlich aufgeblasen worden waren, um einen höheren Betrag an staatlichen Beihilfen einstreichen zu können.
Die erlaubte maximale Höhe der Beihilfen betrug 35 Prozent,
und offiziell war man bis auf 32 Prozent der angemeldeten Investitionskosten gegangen. Nun sind 32 Prozent von 3,3 Milliarden natürlich wesentlich mehr als 32 Prozent von 2,4 Milliarden. Falls die tatsächlichen Kosten viel niedriger gelegen
hätten, als bei der Kommission angemeldet, wäre die zuge-
standene staatliche Unterstützung zu hoch gewesen und hätte
zurückgezahlt werden müssen.

Meine Behörde trat sofort in Aktion und forderte bereits
Ende April eine Erklärung vom deutschen Staat. Wir verfügten
zudem noch immer nicht über den Solomon-Bericht, den wir

erst am 11. Juli 1997 erhielten, nachdem wir gedroht hatten, das gesamte Untersuchungsverfahren neu zu eröffnen, wenn man uns nicht endlich dieses Dokument zur Verfügung stelle. Mehr als ein Jahr lang versuchten wir, von Bonn die notwendige Mitarbeit und die nötigen Informationen zu erhalten. Doch dies erwies sich als äußerst schwierig, was eindeutig auf vorhandenen Unwillen zurückzuführen war. Irgendwo trat jemand mit beiden Füßen auf die Bremse. Inzwischen war uns zu Ohren gekommen, daß Elf beim Bau der neuen Raffinerie noch nicht einmal die Regeln des freien Wettbewerbs beachtet hatte, sondern den Auftrag stillschweigend Thyssen zugeschoben hatte, der ursprünglichen Partnerin in dem von Elf geführten Bieterkonsortium TED. Thyssen wiederum bezog bei der Realisation über die TLT Lurgi und Technip mit ein.

Im Juli 1997 erhielt ich von meinen Kollegen grünes Licht für eine erneute Untersuchung der ganzen Sache. Diesmal wollten wir von Anfang an einen externen Berater einschalten. Seltsamerweise erwies es sich jedoch als äußerst schwierig, einen Berater zu bekommen, der diese Aufgabe übernehmen wollte. Normalerweise reißen sich die Consultingfirmen darum, einen solchen Auftrag hereinzuholen. Die Tatsache, daß eine Reihe von Unternehmen in diesem Fall dankend ablehnte, schien auf merkwürdige Manöver hinter den Kulissen hinzudeuten. Schließlich fanden wir doch noch eine Beraterfirma, Parpinelli TECNON, allerdings schrieb man inzwischen Ende Januar 1998. Die deutsche Regierung reagierte übrigens zurückhaltend auf die Wahl unserer Berater. Im September 1998 wandte ich mich in einem Schreiben an Günther Rexrodt, um Elf zur besseren Mitarbeit zu bewegen, und wies ihn auf folgendes hin: »Unsere Berater sind auf Probleme beim Zugang zu Informationen gestoßen, die für die Untersuchung sehr wichtig sind. Elf hat unseren Beratern eine Studie zur Verfügung gestellt, die von BEICIP erstellt wurde und als

Grundlage für die Bewertung des TLT-Angebots diente. Auf der Grundlage dieser Studie hat sich Elf letztendlich für die Annahme des Angebots entschieden. Diese Studie analysiert jedoch nur 10 Prozent der Kosten der Raffinerie und zieht Schlußfolgerungen für das gesamte Projekt. Parpinelli TECNON hält es jedoch für unwahrscheinlich und marktunüblich, daß Elf die Entscheidung für ein derart umfangreiches Investitionsprojekt allein auf dieser Basis getroffen hat.«

Parpinelli TECNON erhielt im Grunde eine zweifache Aufgabe: Erstens den wirklichen Wert der Raffinerie zu bestimmen und zweitens nachzuvollziehen, welche Beträge genau für das gesamte Projekt gezahlt worden waren. Grob geschätzt ging es um etwa 4,9 Milliarden DM, worin der Betrag von 3,385 Milliarden DM enthalten war, den das Konsortium Thyssen-Lurgi-Technip für den Bau der Raffinerie erhalten hatte. TLT verweigerte jedoch jegliche Einsicht in die Rechnungen und Dokumente, die wir für die Untersuchung brauchten. Die deutschen Behörden teilten uns überdies mit, daß sie Privatunternehmen nicht dazu verpflichten könnten, die geforderten Akten freizugeben. Das sei Betriebsgeheimnis, verlautete es sowohl aus Bonn als auch seitens der zuständigen Behörden von Sachsen-Anhalt. Meinen Mitarbeitern fiel auf, wie unangenehm ihren deutschen Kollegen die ganze Sache war.

Ich hatte meinen Beamten den Auftrag erteilt, kräftig nachzuhaken, und sie bombardierten Bonn mit sachdienlichen Anfragen. Zudem wurden Besprechungen zu diesem Fall anberaumt. Eines Tages hörte ich im Anschluß an eine solche Besprechung, daß einige deutsche Beamte meine Mitarbeiter diskret hatten wissen lassen, sie könnten keine weiteren Informationen besorgen, da diese nicht mehr auffindbar seien. Damals konnte man dies noch so interpretieren, als ginge es um eine Entschuldigung. Im nachhinein jedoch sollte sich zeigen, wie bedeutungsschwer ihre Beichte wirklich war.

Währenddessen war in Frankreich gegen Elf Aquitaine ein Ermittlungsverfahren wegen Schmiergeldpraktiken und Korruption im früheren Management eingeleitet worden. Der französische Staatsbetrieb hatte in dieser Hinsicht einen äußerst schlechten Ruf. Seine Verstrickungen mit einem Teil der französischen Politik waren ein öffentliches Geheimnis. Elf Aquitaine war immer auf Tuchfühlung mit dem Elysee, dem Amtssitz des französischen Präsidenten. Eingeschaltet wurde die Firma auch bei der französischen Afrikapolitik, auch bei ihren finstersten Seiten. Das französische Ermittlungsverfahren, das zum Fall des früheren französischen Außenministers und Vertrauten von Staatspräsident Mitterrand, Roland Dumas, führte, brachte unter anderem ans Licht, daß im Rahmen der Leuna-Operation von Elf unerklärlich hohe Kommissionszahlungen geleistet worden waren. Der Nebel um Leuna wurde immer dichter ...

Deutsch-französische Freundschaft in Gefahr

Inzwischen hatte sich das Verhältnis zwischen Elf und der deutschen Regierung stark abgekühlt. Die Franzosen fühlten sich doppelt betrogen, zum einen, weil die Deutschen der Verpflichtung, 33 Prozent der Anteile an der Raffinerie zurückzukaufen, nicht nachkamen, und zum anderen wegen der Weigerung Deutschlands, einen erheblichen Teil der zugesagten staatlichen Beihilfen auszuschütten. Es ging um die 360 Millionen DM, die auf der Basis des sogenannten Investitionszulagegesetzes bewilligt worden waren. Dieses Gesetz war jedoch nur bis Ende 1996 in Kraft, und durch Verzögerungen beim Bau der Raffinerie wurde diese erst nach Ablauf der Gültigkeit des Gesetzes fertiggestellt. Eine Verlängerung der Gültigkeit einzig und allein zugunsten Leunas war gegenüber der Kommission nicht zu rechtfertigen. Nur wenn die deutsche Regierung hätte beweisen können, daß die Verzögerungen auf technische Probleme zurückzuführen waren, hätten die 360 Millionen eventuell doch noch genehmigt werden können. Mittlerweile hatte die deutsche Bereitschaft, mit staatlichen Beihilfen großzügig umzugehen, erheblich abgenommen, und von denjenigen, die damals die Versprechungen gemacht hatten, waren die meisten von der Bildfläche verschwunden. Außerdem konnte man sich nun hinter dem Rücken der Kommission verstecken, um die 360 Millionen zu verweigern. Und natürlich ist es nicht Aufgabe der Kommission, eine Regierung zur Vergabe staatlicher Beihilfen anzuspornen, selbst wenn diese bereits zugesagt waren.

Bei Elf war man trotzdem wütend. Neben den beiden bereits angesprochenen Punkten schien es noch weitere Ansprüche zu geben. Nach heftigen Auseinandersetzungen trafen die beiden Parteien eine Vergleichsvereinbarung, bei der Elf Aquitaine auf die gesamten Ansprüche verzichtete und im Ausgleich dafür eine Kompensation von exakt 360 Millionen DM erhielt. Von diesen 360 Millionen sollten 120 Millionen vom Land Sachsen-Anhalt als Zeichen des guten Willens gegenüber dem Konzern bezahlt werden.

Uns kam es allerdings recht merkwürdig vor, daß der Vergleichsbetrag identisch war mit dem verweigerten Teil der staatlichen Beihilfen. Das mußten wir uns näher ansehen. Da außerdem das Verfahren im gesamten Leuna-Fall inzwischen neu eröffnet worden war, mußten wir die Auszahlung der 360 Millionen DM Kompensation bis auf weiteres blockieren.

Daraufhin stattete uns die Elf-Führung unter der Leitung von Philippe Jaffré in Brüssel einen Besuch ab. Selten mußten wir uns eine solche Litanei von Vorwürfen anhören: Die Deutschen hätten ihr Wort gebrochen, Verbindlichkeiten seien nicht erfüllt worden, Undankbarkeit allenthalben, Mangel an Loyalität und so weiter. Jaffré focht natürlich den Solomon-

Bericht an und drängte darauf, die Kommission solle den Kompensationsbetrag von 360 Millionen DM nun rasch bewilligen.

Unsere Antwort war kurz und bündig. Die Schwierigkeiten zwischen der Elf, der BvS und der deutschen Regierung gingen uns nur insofern etwas an, als sie mit der Untersuchung der Rechtmäßigkeit der staatlichen Beihilfen zu tun hatten, und diese Untersuchung war noch in vollem Gange. Ich teilte Jaffré mit, wir seien äußerst unzufrieden, und zwar nicht nur über die mangelnde Zusammenarbeit der deutschen Regierung, sondern auch über die der betroffenen Unternehmen, und solange dies der Fall sei, dächten wir nicht daran, das Verfahren abzuschließen.

»Oskar, in Leuna stinkt etwas«

Kurz nach dem Regierungswechsel in Bonn im September 1998 stattete mir Oskar Lafontaine einen Besuch ab. Die Anzahl der deutschen Problemfälle war ebenso beeindruckend wie ärgerlich, und nun kam auch noch die Ökosteuersache hinzu. Es gab also genügend Gründe, in einem direkten Gespräch gewisse Dinge zu klären. Hinsichtlich der Ökosteuer fiel uns sofort auf, daß Oskar Lafontaine und Gerhard Schröder nicht auf derselben Wellenlänge funkten. Andererseits zeigte Oskar Lafontaine große Bereitschaft, der Kommission in Zukunft rascher Informationen zu verschaffen und die Zusammenarbeit wieder zu verbessern. Nachdem wir etwa zehn heiße Eisen behandelt hatten, war es offensichtlich, daß Leuna nicht auf Lafontaines Liste stand. Im Vorfeld war vereinbart worden, daß wir uns nach den offiziellen Gesprächen noch unter vier Augen treffen würden. »Oskar, es wundert mich sehr, daß du mir nichts über Leuna erzählt hast«, bemerkte ich bei dieser Gelegenheit. Er war verwundert, denn offensichtlich hatte man ihn darüber nicht gebrieft. Daraufhin erklärte ich ihm in groben Zügen, worum es in diesem Fall ging, und schloß mit den Worten:»Oskar, in Leuna stinkt etwas.« Ich wies ihn auf die äußerst weitreichenden Folgen hin, falls die Kommission in Ermangelung ausreichender Informationen keine Genehmigung erteilen könne. Danach redeten wir noch ein wenig über die Situation innerhalb der Regierung und der SPD, unsere beiderseitigen guten Beziehungen zu Strauss-Kahn sowie über den zukünftigen neuen Kommissionspräsidenten. In Deutschland spekulierte man nämlich über Lafontaines eventuelle Bereitschaft, nach Brüssel zu gehen, und es gab bis dahin noch kein offizielles Dementi. Oskar Lafontaines Antwort auf diese Frage lautete, die Angelegenheit würde zur rechten Zeit zwischen ihm und Gerhard Schröder geklärt.»Also kein klares Nein«, stellte ich fest.

In einem letzten Versuch, noch an weitere Informationen zu gelangen, übersandten wir am 17. Februar 1999 der deutschen Regierung eine »Injonction«, eine Art Zwangsmaßnahme, um sie dazu zu bringen, uns innerhalb eines Monats genaue Daten mitzuteilen. Diese betrafen unter anderem die Angebote gegenüber TLT, Rechnungen, die an Unternehmer ausbezahlt worden waren und eine detaillierte Kostenübersicht. Wir versuchten also, über Bonn endlich Einsicht in die Bücher von TLT zu erhalten. Erst Ende April kam die Nachricht, TLT sei bereit, die geforderten Informationen zu liefern. Ende Mai 1999 erhielten meine Mitarbeiter dann Einsicht, aber nur in einen Teil der geforderten Dokumente: in die finanziellen Abschlußberichte beispielsweise nicht.

Dies brachte noch immer nicht die nötige Aufklärung. Einerseits hatte sich inzwischen herausgestellt, daß Elf tatsächlich die vollständige Rechnung bezahlt hatte, davon 3,385 Milliarden DM an TLT. Die Frage blieb aber, ob zuviel bezahlt worden war, und wenn ja, an wen und auf welche Weise. Im Januar 1999 bestätigten unsere Berater nochmals den Solomon-Bericht. Nach Einsicht in die TLT-Dokumente waren sie der Meinung, ein Teil der Unstimmigkeiten könne eventuell durch Mehrkosten erklärt werden. Doch es sei schwierig, sich darüber ein deutliches Bild zu verschaffen, da es an Informationen über die betreffenden Verhandlungen mangele, die damals mit den Subunternehmern, Lieferanten sowie den örtlichen, regionalen und nationalen Behörden stattgefunden hatten. Außerdem wurde angedeutet, daß nur eine wesentlich detailliertere Untersuchung beweisen könne, ob alle Zahlungsaufträge wirklich reell waren und ob die Beträge stimmten.

Allen Zweifeln zum Trotz sahen wir uns mit der Schwierigkeit konfrontiert, einen Beweis für den Verdacht auf künstlich aufgeblasene Kosten zu liefern. Dieser hätte in der Tat eine äußerst umfangreiche Untersuchung erfordert, die nur die Justiz hätte durchführen können. Die Kommission besitzt dafür weder die Kompetenzen noch die Mittel, noch das Personal. In meiner Behörde gewann daher die Meinung an Boden, wir sollten den Fall besser abschließen, und auch aus Paris und Bonn wurden wir dringend ersucht, dies zu tun.

»Laßt uns lieber noch abwarten«, lautete meine Antwort. Die gerichtliche Untersuchung sei noch in vollem Gange, und vielleicht kämen dabei Dinge ans Licht, die auch für die Kommission von Bedeutung seien. Ich informierte meinen Nachfolger über den Fall und riet ihm, noch mindestens ein halbes Jahr abzuwarten.

Einige Monate später brach die CDU-Parteienfinanzierungsaffäre los, und dabei kamen auch die enormen Schmiergeldbeträge rund um Leuna heraus. Wir konnten von Glück sagen, daß wir den Fall noch nicht abgeschlossen hatten. In dieser Sache droht dennoch vieles im Dunkel der Vergangenheit verborgen zu bleiben – einer Vergangenheit, die in der Tat zum Himmel stinkt.

KAPITEL 11

TAUZIEHEN ZWISCHEN EUROPA UND DEN USA

»Ihr Sohn fliegt eine ausgezeichnete Maschine«, bemerkte Boeing-Chef Phil Condit, als ich ihn im März 1997 nach einem Besuch im Breydelgebäude, dem Hauptsitz der Europäischen Kommission, verabschiedete. Condit war offensichtlich von Boeing-PR-Leuten in Brüssel ausgezeichnet gebrieft worden, denn es stimmte tatsächlich, daß mein Sohn als Pilot bei der belgischen Fluggesellschaft Sabena damals eine Boeing 737 flog. Doch natürlich hatte mir Condit keinen Besuch abgestattet, um mit mir über die Pilotenkarriere meines Sohnes zu plaudern.

Am 15. Dezember 1996 war offiziell bekanntgegeben worden, daß Boeing den Flugzeughersteller McDonnell Douglas übernehmen würde. Der Firma ging es im Bereich des zivilen Flugzeugbaus schon eine Zeitlang nicht mehr besonders gut. In den siebziger Jahren war das Unternehmen noch marktführend gewesen, doch seither waren die Aufträge drastisch zurückgegangen. Nun lebte die McDonnell Douglas Corporation hauptsächlich von der Ersatzteilproduktion für die riesige DC-Flotte, die noch in der Luft war. Boeing dagegen florierte und hatte erst kürzlich langfristige Verträge mit großen amerikanischen Fluggesellschaften abgeschlossen. Letzteres sollte sich in der späteren Diskussion um die Unternehmensfusion als besonders problematisch erweisen.

Seit den fünfziger Jahren hatte sich die amerikanische Flugzeugindustrie in einem steilen Aufschwung befunden. Die einzige Konkurrenz, die die Amerikaner auf globaler Ebene noch zu befürchten hatten, war das Airbus-Konsortium, das aus französischen, deutschen, britischen und spanischen Partnern besteht. Dazu muß man wissen, daß es in der Flugzeugbranche nicht nur um Marktanteile, sondern auch um die technologische Vorherrschaft auf dem Markt geht. Die Amerikaner besitzen den großen Vorteil, daß sie sich hierbei die technischen Errungenschaften ihrer Raumfahrt- und Rüstungsindustrie in der zivilen Luftfahrt zunutze machen können.

Am 18. Februar 1997 traf die offizielle Anmeldung der Fusion zwischen Boeing und der McDonnell Douglas Corporation bei der Kommission ein. Und schon standen wir vor dem ersten Problem, denn von verschiedenen Seiten wurde die Frage gestellt, woher die Europäische Kommission überhaupt das Recht nehme, sich mit der Großfusion zweier amerikanischer Konzerne wie Boeing und MDD zu beschäftigen. Sei dies denn nicht ausschließlich eine inneramerikanische Angelegenheit? War der Grund vielleicht der Größenwahn eines europäischen Wettbewerbskommissars, der hoch hinauswollte?

Juristisch gesehen konnten nicht die geringsten Zweifel bestehen, daß die Angelegenheit der Kommission vorgelegt werden mußte, und zwar aufgrund der sogenannten Fusionskontrollverordnung, die 1990 in Kraft getreten war. Diese Verordnung schreibt vor, daß Fusionen von Unternehmen, die gemeinsam einen Gesamtumsatz von mehr als 5 Milliarden Euro weltweit erzielen, unter die Zuständigkeit der Europäischen Wettbewerbsbehörde fallen. Jedenfalls gilt dies für den Fall, daß mindestens zwei der betreffenden Unternehmen auf dem europäischen Markt einen Umsatz von jeweils über 250 Millionen Euro pro Jahr und Unternehmen aufweisen.

Mit einem damaligen Gesamtumsatz von jeweils 17 beziehungsweise 11 Milliarden Euro lagen Boeing und MDD weit über dieser Grenze.

Mit der Fusionskontrollverordnung wurden der Kommission äußerst delikate, aber auch höchst wichtige Befugnisse in die Hand gegeben. Ziel dieser Verordnung ist es, zu vermeiden, daß Unternehmen innerhalb des europäischen Marktes beziehungsweise in wichtigen Teilen davon zu mächtig werden, wo-

durch das normale Funktionieren des Marktes tiefgreifend gestört wird oder sogar neue Monopol- oder Quasi-Monopolver-
hältnisse entstehen. Daher dürfen Unternehmen durch Kon-
zentrationstransaktionen innerhalb eines bestimmten Marktes
keine dominante Position erwerben, beziehungsweise dürfen,
wenn sie sie bereits innehaben, diese keinesfalls verstärken.
Die Herkunft der Unternehmen, die an den Zusammenschlüssen beteiligt sind, spielt dabei keine Rolle. Was zählt, ist der Effekt, den die Fusion auf den europäischen Markt hat. Wenn
also der Zusammenschluß zweier großer amerikanischer Unternehmen in Europa Wettbewerbsprobleme nach sich zu ziehen droht, muß die Angelegenheit ebenso untersucht werden,
wie wenn es sich um zwei europäische oder ein europäisches
und ein nicht-europäisches Unternehmen handelt.

Die USA verfügen bereits seit Jahrzehnten über eine derartige Wettbewerbspolitik, und als die amerikanischen Behörden
die Fusion europäischer Unternehmen wie Grandmet und
Guinness oder eine Operation wie die von Novartis einer
gründlichen Untersuchung unterzogen, wurde dies wie selbstverständlich akzeptiert. Doch als die Europäische Kommission
nun die Fusion zweier amerikanischer Unternehmen prüfen
wollte, rief dies Verwunderung, ja sogar Hohn hervor, und zwar
auch in Europa. Vielleicht ein weiteres Zeichen für den europäischen Minderwertigkeitskomplex gegenüber den USA.

Die Unternehmen Boeing und MDD selbst bestritten zu keinem Zeitpunkt die juristische Notwendigkeit, ihre geplante Fusion bei den europäischen Wettbewerbshütern anzumelden.
Allerdings gingen sie davon aus, die Kommission würde »di-
plomatisch« vorgehen und rasch ihre Genehmigung erteilen,
nicht zuletzt, weil es bereits so gut wie sicher schien, daß die
amerikanischen Wettbewerbsbehörden ohne weiteres ja und
amen sagen würden. Natürlich war uns klar, daß diese Angelegenheit in den USA eine ausgesprochen wichtige politische

und militärische Bedeutung besaß und die Unternehmen mit der vollen Unterstützung der Clinton-Administration rechnen konnten. Zudem wollte man um jeden Preis vermeiden, daß Teile der in Schwierigkeiten geratenen Firma MDD, etwa der Bereich Flugzeugherstellung, in nicht-amerikanische Hände fielen. Vor allem eventuelle asiatische Bewerber wollte man unbedingt von vornherein ausschließen. Die amerikanischen Behörden waren der Überzeugung, es bliebe daher gar keine andere Möglichkeit, als die Fusion zwischen Boeing und Mc-Donnell Douglas zu genehmigen.

Nach der offiziellen und vollständigen Anmeldung einer Vereinbarung zwischen Unternehmen hat die Kommission einen Monat Zeit, um zu prüfen, ob es Probleme gibt und eventuell eine gründlichere Überprüfung angebracht erscheint. Wenn ja, erhält die Kommission eine Frist von vier weiteren Monaten, um sich mit der Angelegenheit näher zu beschäftigen. Dies ist die von den Unternehmen gefürchtete »zweite Phase« der Untersuchung.

In der Boeing-MDD-Sache stellte sich schon bald heraus, daß eine solche zweite Phase absolut notwendig war. Boeing besaß schließlich bereits vor der geplanten Fusion mit einem Marktanteil von 64 Prozent eine dominante Position auf dem Weltmarkt im Bereich kommerzieller Düsenflugzeuge mit über hundert Sitzplätzen. Auch auf dem europäischen Markt war das Unternehmen deutlich führend. Außerdem handelte es sich bei Boeing um den einzigen Produzenten, der eine vollständige Produktpalette derartiger Flugzeuge anbieten konnte. Der einzige noch existierende Konkurrent Airbus war dazu, was die größten Typen betraf – wie zum Beispiel die Boeing 747 –, nämlich nicht in der Lage. Durch den Kauf von MDD würde Boeing seinen Marktanteil mit einem Schlag von 64 auf 70 Prozent erhöhen. Außerdem wurde bei McDonnell Douglas gerade ein neues, sogenanntes *narrow-body*-Flugzeug ent-

wickelt – die MD-95 –, das die Angebotspalette von Boeing weiter vervollständigen würde. Überdies bedeuteten die ernsthaften Schwierigkeiten, in denen die Verkehrsflugzeugabteilung
von MDD steckte, noch lange nicht, daß das Unternehmen vollkommen ins Abseits geraten war. Neben einem gewissen
Marktanteil und einem neu hinzukommenden Flugzeugtyp
verfügte MDD über einen Kundenstamm, der damals noch
größer war als der von Airbus. Zum Zeitpunkt unserer Untersuchung waren in Europa mehr MDD- als Airbus-Flugzeuge in
der Luft. So bestand ein großer Teil der Flotte von SAS, Alitalia
und Swiss-Air aus Flugzeugen aus MDD-Produktion. Diese und
viele andere Fluggesellschaften würden also noch viele Jahre
lang für Serviceleistungen und Ersatzteile auf McDonnell
Douglas zurückgreifen müssen. Durch eine Übernahme von
MDD würde die Firma Boeing ihren Kundenstamm weltweit auf
84 Prozent erhöhen. Allerdings war zu befürchten, daß Boeing
die Kunden, die von MDD abhängig waren, unter Druck setzen
würde, damit sie fortan bei Boeing kauften.

Doch das war noch nicht alles. Boeing hatte mit drei der
größten amerikanischen Fluggesellschaften – American Airlines, Delta und Continental Airlines – langfristige Verträge abgeschlossen. Im Austausch gegen Sonderkonditionen beim
Kauf verpflichteten sich diese Fluggesellschaften, zwanzig
Jahre lang ausschließlich Boeing-Maschinen zu erwerben. Da
möglicherweise noch andere Fluggesellschaften diesem Beispiel folgen würden, war Boeing als marktbeherrschender Pro-
duzent also dabei, einen erheblichen Teil des amerikanischen
Marktes für den einzigen noch bestehenden Konkurrenten Airbus abzuriegeln. Zudem beabsichtigte Boeing offensichtlich,
nicht nur in den USA, sondern auch in anderen Teilen der Welt
Fluggesellschaften mit ihrem Angebot zu locken.

Schließlich konnte man auch nicht die Augen davor verschließen, daß Boeing, indem sie sich MDD einverleibte, zu ei-

nem unglaublich mächtigen Unternehmen werden würde, bei dem der Bau von Verkehrsflugzeugen in Zukunft nur einen Teil der geschäftlichen Aktivitäten ausmachen würde. Vor der Fusion betrug der Anteil des Flugzeugbaus 70 bis 80 Prozent; der Rest verteilte sich auf Rüstung und Raumfahrt. Bei MDD verhielt es sich genau umgekehrt: Rund 70 Prozent der geschäftlichen Aktivitäten lagen in der Rüstung – unter anderem dem militärischen Flugzeugbau – und der Raumfahrt. Durch die Fusion verdreifachte Boeing seine Rüstungs- und Raumfahrtaktivitäten. Die Frage war, wie sich dies auf die Produktion von Flugzeugen für die zivile Luftfahrt auswirken würde. Angesichts der hohen staatlichen Subventionen für Rüstung und Raumfahrt, unter anderem im Bereich Forschung und Entwicklung, würde es zweifellos ein erhebliches sogenanntes *spill-over* zugunsten des Verkehrsflugzeugbaus, der Verstärkung der Position im Hinblick auf die Zulieferer, und eine mögliche Kopplung des Verkaufs von Militär- und Verkehrsflugzeugen geben.

Ein gesundes Mißtrauen, ob dies alles im Hinblick auf die Wettbewerbsregeln rechtmäßig war, war daher angebracht. Von manchen Seiten blieben jedoch weiterhin Zweifel bestehen: Mußte die Kommission alldem wirklich so große Bedeutung beimessen? In den Vereinigten Staaten glaubte man zunächst an einen Aprilscherz, und so ergriff ich die nächstbeste Gelegenheit beim Schopf, um auf der anderen Seite des Atlantiks eine Erklärung abzugeben. Am 18. April 1997 hatte ich in Washington eine Unterredung mit dem Vorsitzenden der Federal Trade Commission (FTC), Bob Pitofski, der in den USA die Boeing-Sache vom Wettbewerbsstandpunkt aus prüfte. In den USA gibt es auf föderaler Ebene zwei Wettbewerbsbehörden: das Justizministerium und die Federal Trade Commission. Bob Pitofski und ich waren uns bereits mehrmals begegnet, und wir unterhielten sowohl auf persönlicher wie auch auf beruflicher Ebene ausgezeichnete Beziehungen. Dasselbe galt für Joël Klein, den Chef für Wettbewerbsangelegenheiten im Justizministerium. Es wurde eine seltsame Unterredung. Bob Pitofski gab mir zu verstehen – wie uns auch die Anwälte von Boeing bereits versichert hatten –, in den Vereinigten Staaten gebe es keine ernsthaften Bedenken. Trotzdem konnte ich mich des Eindrucks nicht erwehren, daß er persönlich der Fusion etwas kritischer gegenüberstand als die Federal Trade Commission in ihrer Rolle als Institution.

Als ich das Gespräch auf das Thema der langfristigen Exklusivverträge brachte, war Pitofski dies offensichtlich unangenehm. Ich glaube wirklich, daß er großes Verständnis für unsere Einwände aufbrachte. Meinerseits ließ ich nicht die geringsten Zweifel darüber bestehen, daß der Zusammenschluß in der geplanten Weise für uns inakzeptabel war. Zum ersten Mal seit dem Beginn der neunziger Jahre, als zwischen den amerikanischen und den europäischen Wettbewerbsbehörden eine enge Zusammenarbeit entstanden war, drohten ernsthafte Meinungsverschiedenheiten.

»Kümmern Sie sich um Ihre eigenen Angelegenheiten!«

Am folgenden Tag, dem 19. April 1997, mußte ich in Washington eine Rede halten. Meinen vorbereiteten Text ließ ich beiseite und ging statt dessen ausführlich auf unsere Bedenken gegenüber der Fusion zwischen Boeing und McDonnell Douglas ein. Ich erklärte in deutlichen Worten, daß wir, falls unsere Untersuchungen diese Bedenken bestätigen sollten, den Zusammenschluß keinesfalls ohne weiteres genehmigen könnten, mit allen Konsequenzen, die diese Entscheidung mit sich brächte. Dieses gewagte Auftreten eines europäischen Wettbewerbskommissars, der damals in den USA so gut wie unbekannt war, erweckte an einigen Stellen deutlichen Unmut. Was hatten denn die Europäer mit der Fusion zweier amerikanischer Unternehmen zu tun, selbst wenn es sich um Riesenkonzerne handelte? Wie kamen wir dazu, uns einzumischen?

Die Prüfung der Boeing-MDD-Fusion sorgte für kritische Presseartikel, aus denen große Empörung sprach, und sogar ein Teil der europäischen Presse begann, die Argumente der Amerikaner zu übernehmen, darunter auch die renommierte »Financial Times«. Unter anderem machte man mir den Vorwurf, ich besäße kein Gefühl für Diplomatie. Die Amerikaner seien nun einmal unsere Verbündeten. Wozu also eine Sache aufbauschen, in der die Kommission nur verlieren könne? Doch diese ersten Wellen der Aufregung gaben nur einen Vorgeschmack auf das, was noch folgen sollte.

Nach der Eröffnung der Untersuchung am 19. März 1997 hatten wir vier Monate Zeit, um eine definitive Entscheidung zu treffen. Das bedeutete, daß am 30. Juli eine Mehrheit innerhalb der Kommission, also mindestens elf Kommissare, ihre Hand heben mußten, um die Fusion abzulehnen oder zu genehmigen. Doch bis es soweit war, konnte auch nach Lösungen gesucht werden. Während der ersten drei Monate der Frist haben die Fusionspartner die Möglichkeit, ihre Pläne unseren Einwänden gemäß zu ändern. Zuerst mußten wir jedoch in einer sogenannten Beschwerdeschrift unsere Einwände gegen die Fusion bis in die kleinsten Details darlegen. Da dies so schnell wie möglich zu geschehen hatte, war ein Teil meines Mitarbeiterstabes gezwungen, viele Abende und Wochenenden zu opfern, um diese Aufgabe zu bewältigen. Ende Mai schickten wir unser einige Zentimeter dickes Dossier mit sämtlichen Be- und Anmerkungen nach Seattle sowie je eine Kopie davon an die fünfzehn EU-Mitgliedstaaten, die bei Fusionsfällen ein Mitspracherecht besitzen. Die Kommission trifft die Entscheidung, doch die Mitgliedstaaten haben das Recht zur Einsicht in das gesamte Verfahren. Am Ende geben auch sie ein Gutachten ab, und die Kommission entscheidet praktisch nie gegen den Willen der Mitgliedstaaten.

Nachdem Boeing unsere Akte mit den genauen Einwänden erhalten hatte, mußten wir auf Gegenvorschläge warten. Doch in Seattle hatte man offenbar nicht vor, den Fusionsvertrag auch nur um einen Deut zu ändern. Allerdings machten sich die Lobbyisten mit voller Kraft an die Arbeit, und zwar sowohl an der politischen Heimatfront als auch bei ihren Geschäftspartnern im Ausland.

Ohne besondere Sachkenntnis zu besitzen, erklärten etliche amerikanische Senatoren, ich wolle ausschließlich aufgrund politischer Motive die Fusion verbieten. Ich betreibe nichts als Protektionismus, hieß es in den USA, um die eigene, hochsubventionierte Firma Airbus vor der leistungsstarken Konkurrenz der dynamischen Amerikaner zu beschützen. Daß auch der amerikanische Staat über Fonds für Rüstungsforschung hohe Summen an Steuergeldern in die Luftfahrtindustrie pumpt, blieb dabei der Einfachheit halber unerwähnt. Das Tamtam in den Vereinigten Staaten nahm solche Formen an, daß ich mich gezwungen sah, darauf hinzuweisen, wir täten schließlich nur unsere Pflicht, indem wir die Fusion zwischen Boeing und MDD an der europäischen Fusionskontrollverordnung maßen. Doch dieses Argument machte in den USA nur wenig Eindruck. Ich mobilisierte die Presse, um ganz deutlich klarzustellen, daß es sich hier um eine Wettbewerbsangelegenheit handelte und nicht um eine politisch motivierte Untersuchung.

Doch ich erhielt dabei nicht nur Unterstützung. Edith Cresson ließ beispielsweise keine Gelegenheit aus, lauthals zu verkünden, die Fusion zwischen Boeing und MDD dürfe unter keinen Umständen genehmigt werden, da Airbus geschützt werden müsse. Vor allem französischen Politikern fällt es gelegentlich schwer, zu akzeptieren, daß wir solche Fälle nicht als Druckmittel in einer Art anti-amerikanischem Machtpoker gebrauchen können, und Aussprüche wie die Edith Cressons waren natürlich Wasser auf die Mühlen der Amerikaner.

In Europa selbst startete Boeing eine Anbiederungskampagne bei den europäischen Fluggesellschaften, die Kunde bei Boeing oder MDD waren und zu denen sie gute Beziehungen unterhielten. Die Gesellschaften wurden dazu aufgerufen, Schreiben an die Kommission zu senden mit dem Inhalt, die Fusion würde überhaupt keine Probleme mit sich bringen und Boeing sei eine ordentliche Firma, mit der sie keinerlei Schwierigkeiten hätten. Den meisten Fluggesellschaften war diese Kampagne äußerst unangenehm, und sie informierten uns über die Lobbyaktivitäten von Boeing. Sie wollten lieber vermeiden, darauf zu reagieren, und einige ließen uns außerdem wissen, sie wären nicht im geringsten begeistert, wenn nach der Fusion statt drei nur noch zwei Flugzeughersteller übrigblieben. Schließlich erhielten wir lediglich von SAS, der skandinavischen Fluggesellschaft, ein »Empfehlungsschreiben« zugunsten von Boeing, wobei es ein wenig merkwürdig war, daß sich einzig SAS in dieser Weise vor den Karren von Boeing spannen ließ.

Boeing versäumte auch nicht, in Pressekampagnen darauf hinzuweisen, daß das Unternehmen über Subunternehmer und Zulieferbetriebe in Europa für zahlreiche Arbeitsplätze sorge, was natürlich richtig ist. Aber einerseits war dies überhaupt nicht Gegenstand der Untersuchung, und andererseits sorgt auch Airbus in den USA für viele Arbeitsplätze.

Drohungen Präsident Clintons

Die Zeit verstrich, und von den Fusionspartnern kamen keinerlei Anzeichen dafür, daß sie Änderungen vorschlagen würden. Zugleich wurden die Lobbyaktivitäten verstärkt. Vizepräsident

Al Gore wurde mit nicht gerade freundlichen Erklärungen zur Europäischen Kommission in der Presse zitiert. Allmählich drohte man aus den USA auch mit Gegenmaßnahmen. Man versuchte, den Anschein zu erwecken, als ginge es um einen Handelskonflikt, obwohl es sich eindeutig um eine lupenreine Wettbewerbsangelegenheit drehte. Daß soviel Aufhebens um die Sache gemacht wurde, zeigte wieder einmal, in welchem Maße in den USA Privat- und Staatsinteressen miteinander verquickt sind. Häufig wird behauptet, geschäftliche Aktivitäten seien dort völlig unabhängig von staatlicher Einmischung, doch wenn es um die Interessen großer amerikanischer Betriebe geht, kann davon keine Rede sein. In diesem Fall setzte sich sogar Präsident Clinton persönlich mit seinem gesamten politischen Gewicht für die Boeing-MDD-Interessen ein, und er drohte sogar mit Handelssanktionen. Dies geschah einige Tage, bevor die endgültige Entscheidung fallen sollte. Clinton kündigte an, die USA würden ihrerseits Maßnahmen ergreifen, wenn es Europa tatsächlich einfiele, bei diesem Zusammenschluß einzugreifen.

Bei Drohungen aus dem Weißen Haus ließ Clinton es nicht bewenden; er schaltete auch andere einflußreiche Staats- und Regierungschefs ein. So erhielt der damalige italienische Premierminister und heutige Kommissionspräsident Romano Prodi einen persönlichen Anruf vom amerikanischen Präsidenten, und auch Madeleine Albright kontaktierte ihre europäischen Kollegen, um deutlich zu machen, daß eine Behinderung der Fusion negative Folgen nach sich ziehen könne. Die ganze Sache wurde gern so dargestellt, als lege ich mich aus persönlichen Gründen mit den USA an.

In der italienischen Presse erschienen Berichte, die andeuteten, Prodi befürworte die Fusion ohne Vorbehalte und fände die Kommissionsuntersuchung vollkommen unpassend. Ich habe nie herausgefunden, inwieweit diese Artikel darauf zurückzuführen waren, daß die Lobbyisten ihr Gift ausgestreut hatten, oder ob Prodi tatsächlich diese Meinung vertrat. Allerdings teilte er mir in einem Telefongespräch mit, daß Clinton ihm gegenüber ernsthafte Besorgnis geäußert habe. Ich nutzte die Gelegenheit für eine deutliche Botschaft an die andere Seite: Wenn man in Washington nur wolle, könne ein Verbot der Fusion durch die Kommission vermieden werden, indem man Boeing klarmache, daß nur ernsthafte und weitreichende Konzessionen die Sache retten könnten. Solange Washington Boeing jedoch in ihrer kompromißlosen Haltung bestärke, steuerten wir geradewegs auf eine Konfrontation zu.

Unterdessen wurde der Druck auf die amerikanischen Medien noch verstärkt. Die Story von den europäischen Bürokraten, die sich in rein amerikanische Angelegenheiten einmischten, kam gut an. Die Bürokratie, unter dessen Joch der alte Kontinent gebückt ging, bedrohte nun auch die Neue Welt! Bezeichnend für die aufgeheizte Atmosphäre sind die Schlagzeilen und Ausschnitte von Kommentaren aus jener Zeit: »Storm over the Atlantic«, schrieb die »Financial Times«, und: »Cruising at dizzy heights«. Das niederländische »NRC Handelsblad« titelte: »Nervenkrieg zwischen Brüssel und den USA nähert sich dem Höhepunkt«. Einen Ausschnitt aus einem Kommentar in der »Chicago Tribune« möchte ich in diesem Zusammenhang nicht vorenthalten: »Die Tatsache, daß eine ausländische Organisation – eine Organisation, der übrigens einzig und allein am Schutz ihrer eigenen Industrie gelegen ist – mit Sanktionen gegen amerikanische Unternehmen droht, stellt eine ökonomische Kriegserklärung dar. Was die Europäische Union betreibt, ist reine Erpressung eines großen Betriebs, der – mit vollem Einverständnis der amerikanischen Regierung – absolut legale Geschäftsaktivitäten durchführt. Das riecht nach Protektionismus alter Schule, und es läuft auf die Bestrafung eines Unternehmens und eines Landes hinaus, ein-

zig und allein um die industriellen Interessen Europas zu verteidigen. Ich hoffe, daß die Politiker in Washington die Herausforderung annehmen. Wir werden ja sehen, wer hier die wirtschaftliche Macht repräsentiert und wer zuerst nachgibt.«

Großes Theater in Brüssel

In unsere Richtung herrschte jedoch vom Hauptsitz in Seattle
aus weiterhin Funkstille. Nach einer Phase, die die Fusionspartner brauchten, um das Dossier zu studieren, luden wir
sämtliche Parteien zu einer mündlichen Konfrontation nach
Brüssel ein. Dies ist Teil der üblichen Verfahrensweise in Kar-
tell- und Fusionsangelegenheiten. Bei dem Treffen in Brüssel
fuhren die Amerikaner schweres Geschütz auf. Auffällig war
übrigens, daß die Amerikaner derartige Anhörungen in Wettbewerbsangelegenheiten viel ernster nahmen als die europäischen Unternehmen und gern die Gelegenheit nutzten, dabei
eine regelrechte Multimediashow aufzuführen – egal, ob es um
Coca-Cola, GTE, MCI Worldcom, AT&T oder die großen Hollywoodstudios ging. Regelmäßig rückten sie mit Delegationen
von Wirtschaftsprofessoren, Aufsichtsratsvorsitzenden, aus-
gebufften Verkaufsstrategen, Marktanalysten und sogar mit
oskarprämierten Regisseuren an, um uns zu demonstrieren,
daß wir noch viel zu lernen hätten. Mit Boeing war es nicht anders: Mit ihrer Armee von Anwälten im Schlepptau führten sie
das bei weitem spektakulärste audiovisuelle Schauspiel auf,
das ich in meiner gesamten Amtszeit erlebt habe.

An den Anhörungen nahm ich nicht persönlich teil, ließ mich
aber selbstverständlich ausführlich darüber unterrichten. Eines Tages, an einem Juniabend, saß ich mit einigen meiner besten Mitarbeiter in meinem Büro beisammen, um die Argumente der Amerikaner haarklein auseinanderzunehmen. Ein

Argument stach dabei besonders hervor, und zwar die Behauptung von Boeing, McDonnell Douglas würde ohne ihren uneigennützigen Rettungsplan unwiderruflich in Konkurs gehen. Man mußte ja auch reichlich naiv sein, um zu glauben, daß ein Marktanteil von 6 Prozent, den McDonnell Douglas bei Verkehrsflugzeugen noch besaß, ausreichend war, um auf Dauer zu überleben. Man führte an, außer Boeing sei kein anderes Unternehmen an der MDD Corporation interessiert, die in einer tödlichen Spirale ihrem Untergang entgegentrudele. Dieses *failing-company*-Argument wurde immer wieder, und zwar erfolgreich, ins Spiel gebracht.

Ich wußte, daß die USA nicht das geringste Risiko eingehen würden, daß aus Asien ein eventueller Übernahmeinteressent für die Verkehrsflugzeugproduktion der MDD auftauchte. Doch was wäre, wenn Airbus Interesse zeigte? Es war die Mühe wert, diese Frage zu stellen. Airbus mischte sich natürlich aktiv in die Untersuchung ein, wies andauernd auf die potentielle Bedrohung durch ein mächtiges Boeing-Imperium hin und übte zu Recht scharfe Kritik an den langfristigen Exklusivverträgen. Durch den bei einer Fusion entstehenden riesigen Kundenstamm befürchtete Airbus, als Konkurrent gegen Boeing den kürzeren zu ziehen. Warum, so fragten wir nach, habe Airbus sich eigentlich nicht als Übernahmeinteressent für die Verkehrsflugzeugproduktion von MDD gemeldet? Darauf folgten umfangreiche Erklärungen: Die Amerikaner würden prinzipiell einer solchen Initiative überaus ablehnend gegenüberstehen, man würde bei MDD harte und unpopuläre Sanierungsmaßnahmen ergreifen müssen, und es gebe zu wenig Übereinstimmungen zwischen den beiden Unternehmen. Daraus sprach ganz deutlich, daß Airbus nicht an einer Übernahme interessiert war.

Diese Feststellung hatte Folgen. Ein prinzipielles Verbot der Fusion wurde durch die Haltung von Airbus erschwert. Andererseits war jedoch ebenfalls ausgeschlossen, daß die Operation ohne weitgehendes Entgegenkommen von Boeing von der Kommission genehmigt werden konnte. Nach und nach spitzte sich der Konflikt auf die Frage zu, ob Boeing substantielle Zugeständnisse machen würde oder nicht. Vorerst war davon allerdings nichts zu bemerken. Nach den Anhörungen, an denen unter anderem Repräsentanten der nationalen Kartellbehörden der EU-Mitgliedstaaten teilgenommen hatten, fing Boeing an, die Mitgliedstaaten zu bearbeiten. Man glaubte wohl, wenn die Kommission nicht zu erweichen sei, würde es vielleicht auf dem Umweg über die Mitgliedstaaten klappen. Und wie Boeing ganz richtig bemerkt hatte, hätte es durchaus möglich sein können, daß einige Mitgliedstaaten ein offenes Ohr für ihre Argumente besaßen. Schließlich ging es hierbei um lebenswichtige amerikanische Interessen, und dafür konnten die Mitgliedstaaten doch gewiß Verständnis aufbringen?

Im Anschluß an die Anhörung begab sich die Boeing-Delegation auf Tournee durch die europäischen Hauptstädte, um zu versuchen, die Politiker auf ihre Seite zu bringen. Dabei schreckten sie vor nichts zurück, nicht einmal vor der Drohung, die Zahl der Beschäftigten sowie der Subunternehmen von Boeing in Europa abzubauen.

Pokerspiel

Am 31. Juli 1997 lief der dreimonatige Termin ab, innerhalb dessen Änderungsvorschläge im Fusionsplan gemacht werden konnten. Uns blieben also noch 30 Tage bis zur endgültigen Entscheidung. Die Taktik von Boeing war eindeutig: keine nennenswerten Zugeständnisse machen, den Termin verstreichen lassen, währenddessen über Lobbyarbeit den Druck auf die Kommission und die Regierungen verstärken, das Ganze in der

Hoffnung, daß wir in Zeitnot geraten würden und daraufhin verpflichtet wären, die Transaktion ohne Änderungen zu genehmigen.

Das Ende der Frist rückte tatsächlich bedrohlich schnell näher, und ich spürte, wie die Nervosität in der Kommission selbst und in unserer Umgebung von Tag zu Tag zunahm. Auf vielen Gesichtern waren deutliche Zweifel abzulesen, ob wir es wirklich noch schaffen würden. An einigen Stellen wurde es als sicher angesehen, daß der Wettbewerbskommissar diesmal eine heftige Bruchlandung erleiden würde. Vor allem in Brüsseler Anwaltskanzleien harrte noch eine Menge aufgestauter Groll seiner Entladung.

Erst in einer solchen Feuerprobe lernt man seine Mitarbeiter wirklich gründlich kennen. Der Leiter der Merger Task Force (MTF), Götz Drauz, sowie die Mitglieder des Case-Teams bewiesen nicht nur, daß sie, wenn es sein mußte, Tag und Nacht arbeiten konnten – das wußte ich bereits –, sondern auch, daß sie selbst gegen den stärksten Druck und die ausgebufftesten Manöver gefeit waren.

Als mir der allseits geschätzte frühere Leiter des MTF, der Brite Philip Low, von Neil Kinnock, der ihn als Chef seines Kabinetts haben wollte, weggeschnappt worden war, zögerte ich keinen Augenblick, Götz Drauz als seinen Nachfolger zu nominieren. Wie Generaldirektor Alex Schaub war Drauz Deutscher, und an und für sich ist es gegen die Gepflogenheiten im Hause, das höchst wichtige Amt des MTF-Leiters an jemanden mit derselben Nationalität wie die des Generaldirektors zu vergeben. Doch bei allem Verständnis für Ausgewogenheit fand ich, daß hier im Interesse der Behörde entschieden werden mußte, und daher wurde Götz Drauz ernannt, der Mann, den sowohl ich als auch Alex Schaub für am besten geeignet hielten. Diese Vorgehensweise habe ich gelegentlich – ohne irgendwelche Diskriminierung – auch in bezug auf andere Nationalitäten befolgt. Drauz erwies sich als gute Wahl, und es gelang ihm, mit zu wenigen Leuten und unter großem Zeitdruck ohne Katastrophen die stark zugenommene Zahl der Fusionsdossiers effizient und professionell abzuarbeiten. 1993 handelte es sich noch um 50 bis 60 Fälle pro Jahr, 1999 waren es bereits um die 300. Während der Boeing-Sache stellte Drauz mit seinem Case-Team einen Fels in der Brandung dar, während Alex Schaub mit seiner internationalen Erfahrung die externe Seite der Angelegenheit im Auge behielt.

Innerhalb meines Kabinetts koordinierte Claude Chêne fachmännisch den äußerst komplexen internationalen Aspekt und wurde dabei hervorragend von einem jungen französischen Mitarbeiter unterstützt, Olivier Guersant, der sich vorher seine Sporen bei der MTF verdient hatte. Eine weitere wichtige Person war mein damaliger Sprecher, Willy Hélin, den die internationale Presse in Brüssel als einen der besten von allen anerkannte. Man schätzte seine flotte, fast jungenhafte, aber professionell glaubwürdige Art zu arbeiten. Wir mußten uns gegen eine teilweise feindlich gesinnte angelsächsische Presse wappnen sowie gegen das Gift, das täglich ausgestreut wurde. Ein Wort zuviel oder zu wenig hätte eine Katastrophe heraufbeschwören können. Sensibilität und Fingerspitzengefühl in der Berichterstattung waren von essentieller Bedeutung. Ich hatte wirklich großes Glück, auf ein solches Team zählen zu können.

Als uns das Wasser allmählich bis zum Hals stand, rief ich dieses Grüppchen zu mir, um zu beratschlagen, wie wir am besten auf die Taktik von Boeing reagieren sollten. Ich machte von Anfang an klar, daß wir uns ihnen nicht beugen würden. Wenn sich Boeing weiterhin unnachgiebig zeige, sei ein Verbot der Fusion unumgänglich. Ich war sicher, daß wir dafür in der Kommission eine solide Mehrheit würden finden können. Ich hatte meine Kollegen systematisch von Woche zu Woche über die Vorgänge auf dem laufenden gehalten, und sie hatten mich voll unterstützt.

Wir einigten uns rasch darauf, daß wir zwei relativ ungewöhnliche Aktionen durchführen mußten, um der Taktik von Boeing zu begegnen. Als erstes mußten wir selbst die Zugeständnisse bestimmen – und öffentlich bekanntgeben –, die wir von Boeing auf jeden Fall erwarteten, um ein Verbot der Fusion vermeiden zu können. Eigentlich ist es nicht üblich, daß die Kommission Änderungsvorschläge zu einer zwischen Unternehmen geschlossenen Fusionsvereinbarung vorbringt. Normalerweise müssen dies die Unternehmen selbst tun. Aufgabe der Kommission ist es, zu untersuchen, ob diese den Einwänden gegen den Zusammenschluß ausreichend entgegenkommen. Falls derartige Konzessionen rechtzeitig angeboten werden, hat die Kommission genügend Zeit, das Verfahren korrekt abzuschließen. Da Boeing dies jedoch nicht tat, versuchten wir, das Unternehmen in die Enge zu treiben. Dadurch waren wieder sie am Zuge. Außerdem unterstrichen wir mit unserer Verlautbarung, daß uns keinesfalls an einem Verbot der Fusion gelegen war, sondern an ausreichenden Änderungen, um unseren Bedenken auf dem Wettbewerbsgebiet entgegenzukommen. Schließlich legten wir fünf Punkte fest, die unserer Ansicht nach unbedingt geändert werden mußten.

An erster Stelle forderten wir, daß der zur MDD gehörige Bereich Verkehrsflugzeugbau juristisch vollständig getrennt von der Boeing-eigenen Fertigung betrieben werden sollte. So sollte vermieden werden, daß der Kundenstamm der MDD einfach dem der Boeing hinzugefügt würde. Zweitens sollten sämtliche Patente, die aus der hochsubventionierten Rüstungsforschung bei MDD hervorgingen und die Boeing nutzen wollte, in ziviler Form auch Konkurrenten zur Verfügung gestellt werden, natürlich gegen angemessene Bezahlung. Drittens sollten die langfristigen Verträge, die bereits mit verschiedenen Flug-

gesellschaften abgeschlossen worden waren, rückgängig gemacht werden, und es sollten auch keine neuen abgeschlossen
werden dürfen. Viertens sollte Boeing seine vorherrschende
Marktposition auch auf dem Markt der Zulieferer nicht zum
Nachteil der Konkurrenz mißbrauchen dürfen, und fünftens
sollte die Kommission für die nächsten zehn Jahre über ein
Kontrollrecht verfügen, um die Erfüllung dieser Verpflichtungen überwachen zu können.

Eine weitere unkonventionelle Maßnahme bestand darin,
daß ich mit meinen Behörden vereinbarte, absolut vertraulich
einen zweiten Entscheidungsentwurf vorzubereiten, und zwar
in der Form, als habe Boeing unsere Bedingungen bereits erfüllt. Ein solches Schriftstück würde es uns ermöglichen, wenn
nötig im allerletzten Moment und noch vor dem fatalen Frist-
ende einen juristisch korrekten Genehmigungsbeschluß zu
fassen, falls Boeing um fünf vor zwölf noch nachgebe. Im
Grunde wollten wir Boeing mit ihrer eigenen Taktik schlagen,
nämlich dem Jonglieren mit der Zeit. Nach außen hin würden
wir die Sache dagegen ganz anders darstellen: Wenn Boeing
nicht alsbald das nötige Entgegenkommen zeige, wäre die
Kommission juristisch dazu verpflichtet, die Fusion zu untersagen. Unseren Worten ließen wir sofort Taten folgen: Ein Entwurf einer Verbotsentscheidung wurde dem Beratungsgremi-
um zugestellt, und innerhalb kürzester Zeit wußte auch Boeing
darüber Bescheid, da für die nötigen undichten Stellen bei der
Presse gesorgt wurde.

Durch unsere Taktik schien endlich einige Bewegung in die
Sache zu kommen. Doch Boeing blieb ein zäher Kunde und
versuchte mit allen Mitteln, das Paket der Bedingungen aus-
einanderzureißen, indem hier und dort ein paar Zugeständnisse gemacht wurden. Offenbar dachte man sich in Seattle, damit würde die Kommission schon zufrieden sein. So ließ
Boeing verlauten, sie würden in Zukunft keine langfristigen

Exklusivverträge mehr abschließen, die drei bereits abgeschlossenen sollten jedoch bestehen bleiben. Als das nicht zog, wollte der Betrieb über die Dauer der Exklusivität feilschen: erst fünfzehn Jahre statt zwanzig, dann zehn, dann sieben Jahre. Langsam sah das Ganze nach einem Kuhhandel aus, was auch für andere Punkte galt. Von der letzten Forderung nach einem zehnjährigen Kontrollrecht für die Kommission wollte man überhaupt nichts wissen, da man damit der Kommission für lange Zeit ein erhebliches Druckmittel in die Hand gegeben hätte.

Trotz des wachsenden Drucks und der Drohungen aus Washington, einschließlich der Ankündigung von Handelsrepressalien, wurde hinter den Kulissen durchaus versucht, in der Sache zu einer gütlichen Einigung zu gelangen. Dabei spielte der amerikanische Handelsstaatssekretär im State Department, Stuart Eizenstat, eine entscheidende und positive Rolle. Zwischen uns gab es regelmäßig telefonische Kontakte. Wir kannten uns gut aus seiner Zeit als US-Botschafter bei der Europäischen Union, und ich empfand große Achtung vor ihm. Stuart Eizenstat, ebenso wie unser früherer EU-Botschafter in den USA, Hugo Paemen, gehört zum erlesenen Kreis absoluter Topdiplomaten, die gründliche Aktenkenntnis, außergewöhnliche Erfahrung, Glaubwürdigkeit und angenehmen menschlichen Umgang miteinander zu kombinieren verstehen. Durch seine ausgezeichnete Kenntnis der Funktionsweise der Europäischen Kommission, insbesondere der Wettbewerbspolitik, konnte Eizenstat die Debatte in Washington ein wenig »objektivieren«, unter anderem, indem er darauf hinwies, daß es sich bei unserer Untersuchung nicht um eine gegen die USA gerichtete Aktion handele, sondern um eine ganz normale Anwendung der europäischen Fusionsgesetzgebung. Während eines unserer Telefongespräche berichtete er mir, wie er gegenüber einigen seiner hitzköpfigen Landsleute immer wieder, bis zum Überdruß, wiederholen mußte, es gebe kein einziges Beispiel dafür, daß ich jemals ein amerikanisches Unternehmen diskriminiert hätte. Bei den Sitzungen, die im Weißen Haus zum Fall Boeing stattfanden, plädierte er für Zugeständnisse und gegen eine Konfrontation.

Natürlich versuchte auch Eizenstat, unsere fünf Bedingungen abzuschwächen. Immer wieder brachte er Kompromißvorschläge vor, und jedesmal versuchte ich ihn erneut davon zu überzeugen, daß unsere Bedingungen angenommen werden mußten, damit wir zu einer Lösung kämen.

Von seiten der Mitgliedstaaten erhielten wir positive Signale, unter anderem aus Frankreich, dem Land, das am heftigsten auf ein Verbot der Fusion gedrängt hatte. Von dort ließ man uns wissen, man könne der Fusion zustimmen, wenn die fünf Bedingungen, die wir gestellt hatten, unverändert akzeptiert würden. Andere Länder schlossen sich diesem Urteil an, und auch innerhalb der Kommission waren sich alle Kollegen darüber einig, daß die Fusion zwischen Boeing und MDD nur genehmigt werden könne, wenn die fünf Bedingungen uneingeschränkt hingenommen würden.

Doch in den Vereinigten Staaten sprangen wieder andere für Boeing in die Bresche, etwa Bob Crandall, der Chef von American Airlines. Er erklärte in markigen Worten, er ließe sich von niemandem vorschreiben, von wem er seine Flugzeuge zu kaufen habe, und schon gar nicht von einem Haufen europäischer Bürokraten. Mit oder ohne Exklusivvertrag: Er würde auf jeden Fall weiterhin Boeing-Maschinen kaufen. Daraufhin ließ ich meinen Sprecher spitzfindig bemerken, Bob Crandall bliebe ja wahrscheinlich keine zwanzig Jahre mehr Chef von American Airlines, und wenigstens seine Nachfolger hätten doch dann freie Hand, selbst zu bestimmen, welche Flugzeuge sie kaufen wollten. Im übrigen sei es doch eine merkwürdige Politik, die ein Unternehmen für zwanzig Jahre

mit Händen und Füßen an einen Lieferanten fessele – ein rei-
zendes Beispiel für freie Markwirtschaft!

Auch der damalige US-Botschafter bei der Europäischen
Union, Vernon Weaver, gab mir mehrmals zu verstehen, daß er
persönlich nicht so recht mit der harten Haltung Washingtons
einverstanden sei. Ihm waren Monsterfirmenfusionen wie die
von Boeing und McDonnell Douglas selbst nicht ganz geheuer,
und er zeigte mir deutlich, daß er sehr wohl Verständnis dafür
hatte, daß die Kommission hier auftreten mußte.

In der Zwischenzeit hatte es auch weitere Versuche von Phil
Condit selbst gegeben. Er rief mich ein paar Tage vor der
endgültigen Entscheidung in Straßburg an, um zu hören, ob
wir unsere Forderungen nicht abmildern wollten. Doch dies
war nicht der Fall. Ich konnte ihm lediglich melden, daß meine
Kollegen in dieser Sache geschlossen hinter mir standen.
Während der Sitzung in Straßburg hatten sie nämlich auf die
Initiative Leon Brittans hin eine Erklärung aufgesetzt, in der
sie deutlich formulierten, daß die fünf Bedingungen entweder
angenommen werden müßten oder keine Genehmigung erfolgen könne. Diese Erklärung war auch veröffentlicht worden.
Es war ermutigend, festzustellen, wie eine Kommission zusammenhalten kann und wie in schwierigen Augenblicken Kollegen, mit denen man zu anderen Zeitpunkten vielleicht nicht
immer einer Meinung ist, einen dann durch dick und dünn unterstützen. Ich habe diese Haltung damals sehr hoch eingeschätzt, und sie spielte bei dem Ausgang der Sache gewiß eine
beachtliche Rolle. Denn sobald Außenstehende bemerken, daß
die Kommission entzweit ist, wird dadurch unsere Position erheblich geschwächt.

Boeing zeigte sich weiterhin nicht entgegenkommend genug. Durch meinen Sprecher teilte ich mit, daß die Entscheidung der Kommission bei der Sitzung am 23. Juli gefällt werden solle. Schließlich konnten wir nicht das juristische Risiko

eingehen, am Tage des Fristablaufs selbst, eine Woche später, noch auf einer nicht abgeschlossenen Akte zu sitzen. Nur wenn Boeing spätestens am 22. Juli die fünf Bedingungen akzeptierte, könnten wir ein Verbot der Fusion noch in letzter Minute verhindern. Damals sah es allerdings stark danach aus, daß Boeing nicht nachgeben würde. Meine Mitarbeiter hatten gehört, die Boeing-Unterhändler seien bereits nach Seattle zurückgekehrt, was darauf hindeutete, daß keine weiteren Konzessionen mehr zu erwarten waren. Drauz und seinem Team, unterstützt von Olivier Guersant, blieb daher nichts anderes übrig, als in der Nacht vom 21. auf den 22. Juli letzte Hand an den Verbotsbeschluß zu legen.

Wie es der Zufall wollte, fand gerade an diesem Tag eine Sitzung des Außenministerrats statt. Die eifrige Lobbyarbeit der Amerikaner hatte die Aufmerksamkeit der Minister geweckt, und sie waren ein wenig beunruhigt. Jacques Santer, der als Kommissionspräsident den Sitzungen des Außenministerrats beiwohnte, wurde über die genauen Umstände der Angelegenheit befragt, und ob ein derart drastisches Auftreten wirklich nötig sei. Santer antwortete, ich sei derjenige, der die ganze Sache am besten erklären könne, und daher wurde ich umgehend herbeizitiert, um die Boeing-Affäre während des Mittag-essens zu erläutern. Ich erwartete erhebliche Widerstände von den Ministern, denen der Fall nicht unbedingt genau genug bekannt war und die die Fusion womöglich nicht als Wettbewerbsangelegenheit betrachteten, sondern eher als einen Fall, der die europäisch-amerikanischen Beziehungen gründlich trübte, ganz gewiß nach den Interventionen auf höchster Ebene von seiten Clintons, Gores und Albrights.

Als ich mich gerade zur Außenministerratssitzung auf den Weg machen wollte, kamen Claude Chêne und Olivier Guersant triumphierend mit dem Fax herein, in dem Boeing unsere gesamten Forderungen akzeptierte. Ich konnte es kaum glau-

ben! Selbst als ich den Inhalt der Faxseiten mit allen Zuge-
ständnissen las, fragte ich meine Mitarbeiter nochmals, ob sie
auch ganz sicher seien, daß es sich dabei nicht um einen
Scherz handele. Nein, es sei kein Scherz, da die Anwälte von
Boeing die Sache auch telefonisch bestätigt hätten, und
außerdem seien die Unterhändler des Unternehmens wieder
in Brüssel aufgetaucht. Wie, die seien nicht in Seattle? Nein,
sie seien einfach in London geblieben. Sie hätten uns etwas
vorgemacht, um uns zum Nachgeben zu bewegen.

Das Treffen mit den Außenministern verlief daraufhin recht
merkwürdig. Gewiß zu ihrer großen Erleichterung konnte ich
ihnen mitteilen, daß alles unter Dach und Fach war. Die Sitzung
endete in einer fast euphorischen Stimmung, und die Minister
beglückwünschten mich nachdrücklich. Es herrschte deutliche
Erleichterung – unsere Anstrengungen hatten sich endlich bezahlt gemacht.

Wir mußten dann doch noch bis spät in die Nacht durchar-
beiten, um die Texte für die Kommissionssitzung am 23. Juli
fertigzustellen. Die prinzipielle Genehmigung war allerdings
nur noch eine Formalität. Nur eine schlug wieder quer: Edith
Cresson, die zuvor nicht den Mut gehabt hatte, gegen die Entscheidung zu stimmen, rief nach der Sitzung die französische
Presse zusammen, um zu verkünden, ich habe den Amerikanern gegenüber nachgegeben. Diese Version der Geschehnisse fand dann auch tatsächlich den Weg in einen Teil der französischen Zeitungen, wo die Sache als Handelskonflikt, ja, als
Prestigekonflikt zwischen Europa und den USA dargestellt
wurde. Genau das hatten auch die Amerikaner vorgebracht,
und wir hatten ihnen immer widersprochen. Verschiedene
französische Minister hingegen riefen mich an, um mir ihre
große Zufriedenheit über das Ergebnis auszudrücken und zu
betonen, daß sie nicht einer Meinung mit denjenigen gewesen
seien, die eine Konfrontation angestrebt hatten. In »Le Mon-

de« wiederum erschien der Beitrag eines Experten, der unsere Entscheidung als fatal bezeichnete, weil sie in Zukunft Airbus daran hindere, langfristige Exklusivverträge abzuschließen. In der Tat – was für Boeing galt, galt natürlich auch für Airbus, im Interesse eines ehrlichen Wettbewerbs.

Transatlantische Zusammenarbeit

Durch das außerordentliche Echo auf den Fall Boeing wurde man sich zum ersten Mal in den USA auch außerhalb einer kleinen Gruppe von Insidern bewußt, daß die EU inzwischen eine voll funktionsfähige Wettbewerbspolitik entwickelt hatte, die dem Vergleich mit der der Vereinigten Staaten durchaus standhielt. Ja, es gab in den USA sogar Äußerungen, die europäische Politik sei konsequenter als die amerikanische. Jedenfalls wußten fortan auch die mächtigsten amerikanischen Unternehmen, daß die Europäische Kommission als Wettbewerbsbehörde nicht zu unterschätzen war. Der Effekt machte sich rasch bemerkbar. Die Unternehmen gingen deutlich respektvoller und dialogbereiter mit meinen Behörden um, und falls es ausnahmsweise doch noch einmal Versuche gab – etwa 1999 von Coca-Cola –, der Jurisdiktion der Kommission zu entgehen, mußten sie sich rasch eines Besseren belehren lassen.

Auch innerhalb der EU machte sich der Effekt bemerkbar. Schon allein die Tatsache, daß die Kommission eine äußerst wichtige und politisch bedeutsame Fusion zwischen zwei großen amerikanischen Unternehmen effizient hatte behandeln können, hatte sowohl Erstaunen als auch das Bewußtsein geweckt, daß solche Fälle nur auf europäischer Ebene gelöst werden können. Kein einziger Mitgliedstaat war zu etwas Vergleichbarem imstande, nicht einmal Deutschland. Obwohl die Boeing-Sache natürlich nur eine von vielen war, diente sie

doch als Beweis für eine voll entwickelte europäische Wettbewerbspolitik.

Es wäre völlig verkehrt, aus dem Fall Boeing abzuleiten, die
europäischen und amerikanischen Wettbewerbsbehörden hätten ein gespanntes Verhältnis zueinander. Genau das Gegenteil ist der Fall. Bei den Wettbewerbsfällen, die wegen ihres
transatlantischen Charakters von beiden Seiten behandelt
werden mußten, war die Boeing-Affäre die einzige, in der unsere Meinungen auseinandergingen. In allen anderen Fällen –
und es waren viele Dutzend – war unsere Arbeit perfekt aufeinander abgestimmt. Wenn Unternehmen, wie es in der
Worldcom/MCI-Sache der Fall war, versuchten, die eine Behörde gegen die andere auszuspielen, liefen sie ins Leere. Zum einen bestand ein ausgezeichnetes Verhältnis auf höchster Ebene zwischen Bob Pitofski von der Federal Trade Commission
und Joël Klein vom Department of Justice auf der einen Seite
und Alex Schaub und mir auf der anderen, und zum anderen
lernten auch unsere Mitarbeiter tagein, tagaus vertrauensvoll
und professionell miteinander umzugehen.

Diese enge Zusammenarbeit findet im Rahmen eines Ko-
operationsabkommens statt, das bereits 1991 vom meinem
Vorgänger Leon Brittan geschlossen wurde. Ich weitete diese
Zusammenarbeit aus, indem ich 1998 gemeinsam mit der
amerikanischen Justizministerin Janet Reno ein zusätzliches
Abkommen unterzeichnete. Eine gleichartige Übereinkunft besteht mittlerweile auch mit Kanada. Gerne hätte ich auch mit
Japan ein Kooperationsabkommen erzielt, aber dafür reichte
leider die Zeit nicht, weil die Kommission Santer frühzeitig
zurücktreten mußte.

Im September 1999, als ich die Kommission bereits verlassen hatte, wurde ich von Alex Schaub, seinen engsten Mitarbeitern und den nationalen Wettbewerbsbehörden zu einem
kleinen Diner eingeladen. Das fand ich besonderes aufmerk-

sam von ihnen – es war fast wie ein Familientreffen. Ich war zutiefst gerührt und fühlte mich geehrt, daß sie alle noch einmal gekommen waren.

Was mir zudem noch eine ganz besondere Freude bereitete, war die Anwesenheit meiner beiden amerikanischen Kollegen. Durch unsere hervorragende Zusammenarbeit war nicht nur gegenseitiger Respekt, sondern auch ein freundschaftliches Verhältnis zwischen uns entstanden.

KAPITEL 12

BALZTANZ DER MEDIENGIGANTEN

Früher einmal stand zweifelsfrei fest, daß die Ausstrahlung von Radio- und Fernsehsendungen eine Aufgabe sei, die dem Staat obliege – eine öffentliche Dienstleistung also. Doch bereits in den 1960er Jahren begannen die staatlichen Sendemonopole zu bröckeln. Piratensender, illegale Sender, die nonstop Popmusik von Schiffen in der Nordsee aus sendeten, machten auf einmal den öffentlich-rechtlichen Stationen Konkurrenz. Da sie ganz und gar auf die Jugendkultur der sechziger Jahre eingingen, mußten die offiziellen Radiostationen ihre Programme anpassen, um ihr jugendliches Publikum nicht zu verlieren. Später entstanden freie, lokale Radiostationen, und ab Mitte der siebziger Jahre traten zum ersten Mal private Fernsehsender in Erscheinung. Dadurch gerieten öffentlich-rechtliche Sender in direkte Konkurrenz mit Privatsendern – eine Situation, an die sich so mancher erst gewöhnen mußte. Doch die Entwicklung war nicht mehr aufzuhalten.

In den neunziger Jahren reichten Privatsender bei der Europäischen Kommission insgesamt vierzehn Beschwerden ein, die sich gegen die Art und Weise richteten, in der die öffentlich-rechtlichen Anstalten finanziert wurden. In der Hauptsache stammten die Beschwerden von kommerziellen Sendern, die der Meinung waren, daß diese Finanzierung der Öffentlich-Rechtlichen zu unfairem Wettbewerb führe. Der spanische Privatsender Tele 5 war einer der ersten, der die Situation anprangerte und sich gegen den öffentlich-rechtlichen Sender RTVE wandte. Kurze Zeit später reichte auch der französische Sender TF1, der einige Jahre zuvor privatisiert worden war, Klage gegen die beiden französischen öffentlichen Sendeanstalten ein. Danach folgten Klagen von Berlusconi gegen RAI, von den

deutschen Privatsendern gegen die Einrichtung des Kinderkanals und des Senders Phoenix mit öffentlichen Mitteln und
schließlich noch von Rupert Murdoch gegen BBC News 24.

Die Kompetenzen in Sachen Medienpolitik liegen normalerweise bei den nationalen und/oder den regionalen Behörden,
und diese reagieren sehr zurückhaltend oder schlichtweg
feindselig, wenn europäische Behörden sich in ihre Angelegenheiten einmischen wollen. Medienpolitik ist überdies untrennbar mit Sprache und Kultur verbunden und stellt ein
Kernelement von Demokratie und Pluralismus dar. Dem
gegenüber stehen allerdings die Logik des europäischen Ein-
heitsmarktes, die rasend schnelle technologische Entwicklung
sowie die Notwendigkeit, zwischen öffentlich-rechtlichen und
privaten Sendern korrekte Konkurrenzverhältnisse zu schaffen. Das Verschwinden der europäischen Staatsgrenzen führte zur Entstehung von Medienkonzernen, die sich die Möglichkeiten zunutze machten, die ihnen durch die europäische
Richtlinie »Fernsehen ohne Grenzen« geboten wurden. So
kam es, daß mit der Zeit multinationale Mediengesellschaften
begannen, verschiedene nationale Teilmärkte mit unterschiedlichen Sprachen und Kulturen zu bedienen – denn nationale
und regionale Unterschiede bleiben natürlich auch in einem
Europa ohne Grenzen von großer Bedeutung.

Daher sah sich die Kommission allmählich dazu verpflichtet,
in Erscheinung zu treten, nicht nur auf dem Gebiet der Finanzierung von öffentlichen Sendern, sondern auch bei Fusionen
von Mediengruppen, die, sei es national oder grenzüberschreitend, begannen zusammenzuarbeiten. Auf diesen Punkt werden wir an anderer Stelle noch näher eingehen, insbesondere
auf den Fall Kirch-Bertelsmann-Deutsche Telekom. Wie wir mit
den Beschwerden in bezug auf die Finanzierung der öffentlichen Sender umgehen sollten, wußten wir anfangs nicht so
recht. Abgesehen von der politischen Problematik mußte da-

bei auch noch die äußerst verschiedenartige und oft undurch-sichtige Art der Finanzierung beachtet werden.

Im Prinzip waren die öffentlich-rechtlichen Sender dazu verpflichtet, sich mit staatlichen Dotationen zu begnügen, während die Privatsender von ihren Werbeeinkünften lebten. Doch es waren allerlei Mischformen entstanden: In manchen Ländern, zum Beispiel in den Niederlanden, durften die öffent-lichen Sender schon Werbung ausstrahlen, bevor private Fern-sehanstalten überhaupt zur Debatte standen, während in an-deren Ländern die Öffentlich-Rechtlichen erst später das Recht erhielten, Werbung zu senden. In wieder anderen Län-dern arbeiteten die öffentlichen Sendeanstalten weiterhin ausschließlich mit öffentlichen Geldern. Kurzum, von Einheit-lichkeit konnte keine Rede sein.

Gründe genug, vorsichtig zu Werke zu gehen. Wir mußten für eine kohärente Behandlung der verschiedenen Fälle sor-gen. Bevor wir konkrete Fälle in Angriff nahmen, mußte der gesamte Bereich erst gründlich analysiert werden und die zu-ständigen Mitarbeiter mußten genügend Zeit zur Verfügung haben, um sich sehr intensiv einzuarbeiten.

Die Rolle der Kommission beschränkt sich im übrigen darauf festzustellen, ob die öffentliche Finanzierung transparent ge-nug geschieht und nicht zu übertriebenen Vorteilen führt, durch die den Privatsendern das Leben schwergemacht wird. Dies ist beispielsweise der Fall, wenn ein öffentlich-rechtlicher Sender durch Dumpingpreise für Werbesendungen die Le-bensfähigkeit eines Privatsenders in Gefahr bringt. Oder auch, wenn mit staatlichen Geldern rein kommerzielle Kanäle aufge-zogen werden, die die Kanäle der Privatsender vom Markt drängen. Hierbei muß von Fall zu Fall entschieden werden, ob die Aktivitäten der öffentlichen Sender sich innerhalb des Rahmens abspielen, der von den nationalen oder regionalen Behörden für die öffentlichen Dienstleistungen festgelegt wurde. Die Behörden sind verpflichtet, über die Einhaltung der Vorschriften zu wachen.

Die erste Entscheidung, die die Kommission fällte, betraf die Klage portugiesischer Privatsender gegen den öffentlich-rechtlichen portugiesischen Sender RTP. Die Kommission urteilte, daß die Finanzierung der öffentlichen Fernsehanstalt korrekt war, und daß sie für die Aufgaben, die sie von staatlicher Seite erfüllen mußte, nicht überkompensiert wurde. Von Wettbewerbsverzerrung konnte daher keine Rede sein. Die deutschen Privatsender, die 1997 Klage gegen die ARD und das ZDF wegen des Starts des »Kinderkanals« einreichten, argumentierten, hierbei handele es sich um Wettbewerbsverzerrung zum Nachteil der Privatsender. Wir wiesen die Klage ab, da der Kinderkanal der öffentlich-rechtlichen Sendeanstalten Kinderprogramme ohne Gewalt und Werbung und mit vielen für Kinder geeigneten Informationen anbot. Mit dem Kinderkanal wurden also gesellschaftlich wertvolle Ziele verfolgt, die mit Hilfe öffentlicher Gelder den Zuschauern dargeboten wurden. Eine zweite Klage betraf den »Ereignis- und Dokumentationskanal Phoenix«, einen Sender, der auf politische Erklärungen und parlamentarische Debatten spezialisiert ist und dazu noch weitere Hintergrundprogramme ausstrahlt. Nach Meinung der Kommission trägt ein solcher Sender zur gesellschaftlichen Diskussion und zur Demokratie bei und darf daher durchaus mit staatlichen Geldern finanziert werden. Ferner waren wir der Meinung, daß die finanziellen Mittel, die diese Sender über die Rundfunkgebühren erhielten, die tatsächlichen Betriebskosten nicht überschritten.

Die Klage Murdochs gegen die BBC betraf den Nachrichtensender BBC News 24. Dieser Kanal ist werbefrei und wird Kabel- und Satellitenbetreibern kostenlos angeboten. Der Sender wird über einen Teil der Rundfunk- und Fernsehgebühren subventioniert. Die BBC bestritt, daß man hier von staatlicher Unterstützung sprechen könne; die Kommission hingegen urteilte, dies sei durchaus eine Form der öffentlichen Förderung. Doch diese war auch im vorliegenden Fall gerechtfertigt, da der Nachrichtensender den Zielen der öffentlichen Sendeanstalt BBC entsprach, wie sie vom britischen Staat festgelegt worden waren. Wichtige Argumente waren der Erhalt des Pluralismus und ein sehr hohes Qualitätsniveau.

In der Angelegenheit der European Broadcasting Union (EBU)/Eurovision akzeptierte die Kommission, daß die Mitglieder dieser europäischen Senderorganisation kollektiv – also als eine Art Einkaufskartell – Sport- sowie andere Veranstaltungssenderechte kaufen. Allerdings wurde daran eine Reihe von Bedingungen hinsichtlich des Weiterverkaufs und dergleichen gekoppelt.

Diese Regelung erlaubt nicht nur, daß öffentlich-rechtliche Sender es mit den großen und kapitalstarken Privatsendern aufnehmen können, sondern auch, daß die öffentlichen Sender in kleinen Ländern oder einzelnen Regionen eine Chance erhalten. Leider wurde die Entscheidung der Kommission von den Richtern in Luxemburg rückgängig gemacht, da die Mitgliedschaft bei der EBU zu vage umschrieben war. In seiner Substanz kann der Beschluß jedoch bestehen bleiben.

Vor diesem Hintergrund konnte niemand ernsthaft behaupten, geschweige denn beweisen, die Kommission habe eine Politik gegen die öffentlich-rechtlichen Sender betrieben. Zwar mag der ein oder andere Kollege gelegentlich anderslautende Ansichten verkündet haben. Nach Meinung Martin Bangemanns zum Beispiel sollten öffentlich-rechtliche Sendeanstalten nur Programme ausstrahlen dürfen, die die Privatsender nicht bringen wollten. Dabei handelte es sich jedoch um einen isolierten Minderheitenstandpunkt.

Trotzdem blieb hier und da der Eindruck bestehen, die Kommission neige zu einer Bevorzugung der Privatsender. Andererseits herrschte die Befürchtung, eine folgende Kommission könne unsere ausgewogene Politik aufgeben. Vor diesem Hintergrund setzten sich einige Mitgliedstaaten, darunter Deutschland und Belgien, während der Verhandlungen zum Vertrag von Amsterdam für eine Vertragsänderung ein, um die öffentlich-rechtlichen Sendeanstalten zu schützen und zugleich auch ihre eigenen Kompetenzen zu untermauern. Manche wollten sogar erreichen, daß sich die Europäische Kommission, insbesondere der Wettbewerbskommissar, mit Medienfragen überhaupt nicht befasse. So weit ist es jedoch nicht gekommen. Letztlich wurde ein neues Protokoll angefertigt, das an den neuen Vertrag angehängt wurde und im wesentlichen die ausgewogene Politik der Kommission bestätigte. Einige deutsche Bundesländer interpretierten dieses Protokoll sehr einseitig – und mutwillig – in einer Weise, als müsse sich die Kommission fortan aus Medienangelegenheiten heraushalten. Auf der anderen Seite verurteilten uns die Richter in Luxemburg wegen »Inaktivität«, weil wir einige Beschwerden, etwa die des spanischen Privatsenders Tele 5, zu lange vor uns her geschoben hätten. Damit hatten die Richter objektiv gesehen recht, und es veranlaßte uns zu einer näheren Betrachtung der Finanzierungssysteme in Frankreich, Italien und Spanien. In beiden letztgenannten Mitgliedstaaten bemühten sich die Regierungen von sich aus, ihr Finanzierungssystem anzupassen und transparent zu gestalten, um weitere Schwierigkeiten zu vermeiden.

Um einen einheitlichen Rahmen für die Behandlung der anstehenden und zukünftigen Beschwerden zu schaffen, arbeiteten wir ein Papier mit einer Reihe von Kriterien aus, die die Beurteilung transparenter gestalten könnten. Es handelte sich um nichts weiter als eine Arbeitsgrundlage, weshalb das Dokument auch nicht von der Kommission als Ganzes abgesegnet wurde. Doch der Text, der Abgeordneten der Mitgliedstaaten

zur Diskussion vorgelegt worden war, verursachte so viel Ärger, vor allem in Deutschland, daß er abgelehnt wurde. Einige
Leute befürchteten offenbar – zu Unrecht –, die Kommission
hege die Auffassung, die öffentlich-rechtlichen Sender sollten
nur eingeschränkte Aufgaben übernehmen. Daraufhin ließ ich
den Text einziehen. Einige Wochen später hatten sich die meisten öffentlich-rechtlichen Sender besonnen und baten nun
selbst um einen allgemeinen Verhandlungsrahmen. Meine
Antwort lautete, ich änderte meine Meinung nicht alle vierzehn Tage, und die Folgen ihrer übereifrigen Lobbyaktivitäten
müßten sie nun selbst tragen.

Digitales Fingerhakeln

Es überraschte mich nicht wirklich, die Herren Leo Kirch – ein
sehr guter Freund Helmut Kohls, wie es hieß – sowie Michael
Dornemann, Vorstandsmitglied für Neue Medien bei Bertelsmann und »Medienmann des Jahres« 1997, eines schönen Ju-
litages 1997 in meinem Büro in Brüssel zu sehen. Schon meine
erste Verbotsentscheidung als Kommissar für Wettbewerb
1994 hatte nämlich die Zusammenarbeit von Leo Kirch, Bertelsmann und der Deutschen Telekom betroffen. Damals ging
es um die Media Service GmbH, kurz MSG, ein Gemeinschaftsunternehmen, das Verwaltungs- und technische Dienstleistungen für Pay-TV-Betreiber und andere audiovisuelle Medien erbringen sollte. Wir stellten damals auf drei Produktmärkten in
Deutschland Probleme fest. Zum einen ging es um das Bereit-
stellen von Decodern sowie um die Entwicklung eines Systems
der Zugangskontrolle und die Abonnentenverwaltung. Bei diesen Dienstleistungen, die sich im Gefolge der Einführung des
digitalen Fernsehens voraussichtlich rasch entwickeln würden,
wäre die MSG dauerhaft marktbeherrschend geworden. Auf-

grund der Machtstellung der Telekom als Kabelnetzbetreiber sowie der umfangreichen Programmressourcen (Kinofilme, Unterhaltungsprogramme und Sportrechte) Kirchs und Bertelsmanns hätte die MSG den Marktzugang von Konkurrenten begrenzt oder ganz verhindert. Zum zweiten hätte die Stellung der MSG im Bereich der Technik es den Mutterfirmen ermöglicht, den Zugang ihrer Konkurrenten zum entstehenden Pay-TV-Markt zu kontrollieren und damit auch diesen Zukunftsmarkt dauerhaft zu beherrschen. Zum dritten schließlich hätte die Telekom, an deren Kabelnetz mit 14 Millionen angeschlossenen Haushalten kein Weg vorbeiführte, ihre Stellung auf dem Markt für die Kabelfernsehübertragung ausgebaut. Diesen handfesten Wettbewerbsproblemen hatten die drei Partner lediglich Versprechen künftigen Wohlverhaltens entgegenzusetzen. Solche Zusagen ermöglichen es der Kommission jedoch nicht, unbefristete wettbewerbsbeschränkende Strukturen zu genehmigen. Das Verbot war deshalb 1994 unumgänglich gewesen.

Nun, drei Jahre später, war ein Unterschied besonders auffällig: Seinerzeit war der energischste Gegner der Fusion die luxemburgisch-belgische CLT gewesen. Ich hatte die Ehre gehabt, Gaston Thorn zu empfangen, der nach seiner Amtszeit als EU-Kommissionspräsident in den CLT-Vorstand gewechselt hatte und sich bitter über den Versuch beklagte, CLT vom Markt zu drängen. Er war überzeugt, daß die MSG den Markt abschotten würde. Weil wir nach gründlicher Prüfung zu demselben Ergebnis gelangt waren, hatten wir das Vorhaben untersagt. Damals war erstaunlich wenig Wirbel um die Sache entstanden, denn es war für jedermann offensichtlich, daß die Übung nur bezweckte, andere Konkurrenten vom entsprechenden Markt auszuschließen. Jetzt aber war CLT mit von der Partie, und zwar als Verbündete Bertelsmanns im Gemeinschaftsunternehmen CLT-UfA.

Der zweite Grund für mich, nicht überrascht zu sein, war wirtschaftlicher Art. Schon 1994 hatte ich gehört, einzig und allein MSG sei wirtschaftlich stark genug, um den Sprung ins digitale Zeitalter wagen zu können. Drei Jahre sind in der Medienwelt eine lange Zeit. Zwar konkurrierten inzwischen der Marktführer Premiere (Bertelsmann) sowie mehrere Digitalsender Leo Kirchs um die Gunst des deutschsprachigen Zuschauers, doch die Anlaufverluste solcher Unternehmen sind allein schon wegen der erforderlichen Infrastruktur gigantisch. Es war daher nach wie vor keineswegs abwegig, von der Überlebensfähigkeit nur eines digitalen Anbieters pro Sprachraum auszugehen. Zudem schienen die Aussichten für das Pay-TV in Deutschland erheblich weniger glänzend, als man sie noch vor nicht allzu langer Zeit eingeschätzt hatte. Diese Geburtswehen erklärten die Suche nach Allianzen und Partnerschaften. Dagegen ist ja grundsätzlich auch gar nichts einzuwenden, wäre nicht das Ziel immer wieder – in Deutschland und anderswo, ausgenommen Großbritannien – nicht nur die Errichtung nationaler Monopole, sondern auch die völlige Abschottung der nationalen Märkte gewesen.

Und damit sind wir auch beim dritten Grund. Dieser zweite deutsche Vorstoß war nämlich beileibe kein Einzelfall. Auch andere Mitgliedstaaten schmiedeten eifrig nationale Pläne. Statt offene länderübergreifende Unternehmensverbände zu bilden, war in allen Fällen der treibende Gedanke, in den großen Mitgliedstaaten Dritte vom Markt auszuschließen. So hatten wir nach MSG gleich einen ähnlichen Vorstoß stoppen müssen, der mit energischster Unterstützung der Regierung González sowie der Hilfe von Canal+ die Abschottung des spanischen Marktes betrieb. Jener Fall weist eine geradezu verblüffende Ähnlichkeit mit dem auf, was uns mit dem Fall Kirch/Bertelsmann ins Haus stand.

Ebenso wie die deutschen Partner schon lange vor ihrem Besuch an der Neuauflage ihrer Allianz gearbeitet hatten – was ich damals allerdings noch nicht wußte –, hatte die spanische Regierung Anfang 1996 beschlossen, dem ihr in vierzehn Regierungsjahren überaus freundlich gesinnten Medienkonzern Promotora de Informaciones S.A. (PRISA) etwas Gutes zu tun. Eine Allianz mit dem damals noch staatlich kontrollierten Telefonmonopolisten Telefónica sollte der PRISA, die zudem bereits die größte Zeitung und die größte Hörfunksenderkette Spaniens ihr eigen nannte, langfristig die Vormachtstellung im Bereich Pay-TV sichern. Den Vertrieb sollte Telefónica über ein Kabelnetz sicherstellen, das zu einem guten Teil erst noch errichtet und ihr unter wettbewerbsrechtlich bedenklichen Umständen zugeschanzt werden sollte. Zwecks Vermeidung kritischer Fragen erklärte man diese Allianz, »Cablevisión«, zu einer rein nationalen Sache, für die Brüssel mangels europäischer Dimension nicht zuständig sei. Das sahen wir allerdings anders, nicht zuletzt weil es sich bei dem Partner der PRISA, Canal+, dem damals einzigen Pay-TV-Sender des Landes, um keinen anderen als den gleichnamigen französischen Fernsehriesen handelte. Aber meine Mahnungen blieben fruchtlos, und so sah ich mich schließlich gezwungen, ein Prüfverfahren von Amts wegen einzuleiten – ein Novum in einem Bereich, in dem die vorherige Anmeldung durch die Parteien gesetzlich vorgeschrieben ist und eine Mißachtung dieser Pflicht empfindliche Bußgelder nach sich ziehen kann. Auf diesen massiven Druck hin meldeten PRISA und Telefónica ihr Vorhaben schließlich am 31. Mai an. Gleichzeitig begannen sie aber, erste Schritte zur Umsetzung ihrer Vereinbarung einzuleiten, was einen noch gröberen Rechtsverstoß darstellt als die verspätete Anmeldung. Denn Fusionsverträge dürfen nicht in die Tat umgesetzt werden, bevor die Kommission ausdrücklich zugestimmt hat.

Aus unserer Prüfung ergaben sich eine ganze Reihe schwerer Bedenken. Cablevisión drohte von Anbeginn und auf Dauer marktbeherrschend für technische Dienstleistungen für Kabelnetzbetreiber zu werden, die marktbeherrschende Stellung der Telefónica auf den Märkten für Kabelinfrastrukturen und Telekommunikationsdienste zu verstärken und schließlich die PRISA-Pay-TV-Tochter für Konkurrenten unangreifbar zu machen. Außerdem sah es aus, als ließe sich die verfrühte Umsetzung der Vereinbarungen nur durch Verhängung eines massiven Bußgeldes von bis zu 10 Prozent des Umsatzes aller Beteiligten wirksam stoppen. Damals versuchte die spanische Regierung, mich umzustimmen. Bei aller Freundschaft mit Ministerpräsident González erklärte ich den beiden Ministern Solbes Mira und Solana, die mich aufsuchten, in aller Deutlichkeit, die Sache sei unakzeptabel.

Partner und Regierung blieben allerdings bei ihrer Strategie, die Prüfungszuständigkeit der Kommission zu umgehen, und behaupteten bis zuletzt, Canal+ Frankreich habe keinerlei Einfluß auf Canal+ Spanien – bis González seine vierte Wahl als Ministerpräsident verlor. Zwar genehmigte seine Regierung noch auf der letzten Kabinettssitzung vor der Amtsübergabe die Allianz, als gebe es keine Kommission in Brüssel, doch González' Nachfolger Aznar ließ Cablevisión umgehend platzen – wenn auch kaum zu meinem Gefallen, so doch zu meiner großen Erleichterung. Nach jener unerfreulichen Episode sind die spanischen Versuche, nationale Monopole zu errichten, trotzdem auch unter Aznar nie völlig zum Erliegen gekommen.

In Italien kam immer wieder einmal die Idee einer »italienischen Lösung« aufs Tapet. Auch hier stand die Regierung dahinter, und zwar mit der immer gleichen Begründung: Sie müßte ihren heimischen Unternehmen den Rücken stärken und ihnen mittels einer nationalen Lösung ermöglichen, im Wett-

bewerb zu bestehen. Selbst in Frankreich, wo echter Wettbewerb herrschte, der nicht nur den Verbrauchern zugute kam,
sondern auch den Markt erweitert hatte, hörte man immer
wieder, es gelte, eine nationale Lösung zu finden, um die ausländische Konkurrenz auszuschalten. Fazit: Zu jener Zeit bestand eine klare Tendenz, insbesondere in den großen Mitgliedstaaten, Monopole im Bereich des Pay-TV (neu) zu errichten. Man fühlte sich als Beobachter geradezu in die Zeit der
alten Industriepolitik zugunsten der »national champions«
zurückversetzt.

Die am häufigsten genannte Rechtfertigung war die »kultur-
imperialistische Bedrohung« durch Amerika. Man sollte in dieser Hinsicht allerdings nicht naiv sein: Wer die Macht der amerikanischen Unterhaltungsindustrie anerkennt, braucht deshalb noch lange nicht sein Heil in der Errichtung von
Monopolen und der Abschottung nationaler Märkte gegen europäische Wettbewerber zu suchen. Selbst wenn tatsächlich
wirtschaftliche Gründe dafür sprechen sollten, einzelne Monopole vorübergehend zu dulden, wäre es doch gewiß nicht zuviel verlangt, daß in diesem Fall die Kartellbehörden eine möglichst geringe Beeinträchtigung des Marktes gewährleisteten.
Aber es stellt sich doch die Frage, warum man sich nicht stärker um europaweite Lösungen bemüht, die die Märkte nicht
versperren und damit freien Wettbewerb und Zugang zur notwendigen Technik ermöglichen. Wäre das nicht der bessere
Weg?
Immer wieder wurde auch Rupert Murdoch verteufelt, dem
unbedingt Einhalt zu gebieten sei und dem man am liebsten
das Übersetzen auf das europäische Festland verwehrt hätte.
Lassen Sie mich eines klarstellen: Ich hege nicht die geringste
Sympathie für diesen Menschen und verabscheue seine »gut-
ter press« zutiefst. Doch es konnte nicht angehen, den Kinder-
schreck Murdoch zu beschwören, damit die Kommission Mo-

BALZTANZ DER MEDIENGIGANTEN 331

nopole der alten Schule absegnete. Zudem zeugte dieses »Argument« von einer unendlichen Heuchelei, da die europäischen Medienriesen sämtlich zumindest versucht hatten, zarte Bande zu dem ach so schrecklichen Australier zu knüpfen. Überhaupt lehrt die Erfahrung, daß es die Medienkonzerne gerne mit Adenauer halten, der mit den Worten zitiert wurde: »Was kümmert mich mein Geschwätz von gestern!«

Vollendete Tatsachen

Das Treffen im Juli 1997 verlief trotz allem in einer höflichen und entspannten Atmosphäre. Kirch stellte seinen Partner mit den humorvollen Worten vor: »Das ist mein Freund Michael. Er hat mich gerettet, aber er hat mich enteignet.« Die beiden Partner nannten Gründe für ihren Schulterschluß und umrissen die Operation in groben Zügen. Sie beabsichtigten, ihre Aktivitäten im Bereich des digitalen Fernsehens in dem bestehenden Sender Premiere zusammenzuschließen. Zudem sollten Bertelsmann und die Deutsche Telekom in Kirchs Decodertechnikfirma Beta Research einsteigen und den bereits existierenden Decoder, die *d-box*, gemeinsam nutzen. Im Gegenzug sollte die Telekom dem neuen digitalen Einheitssender ein technisches System (»Plattform«) für den Vertrieb über ihr Kabelnetz zur Verfügung stellen. Jedenfalls versprachen meine Besucher beim Abschied, uns alsbald mit allen notwendigen Unterlagen zu versorgen.

Doch nach jener ersten Unterredung erhielten wir lange Zeit überhaupt keine Nachricht. Anscheinend gestaltete sich die Feinabstimmung der Verträge schwieriger als ursprünglich angenommen. Statt einer förmlichen Anmeldung erreichte mich das Gerücht, Kirch und Bertelsmann planten bereits zum Einstieg in das Vorweihnachtsgeschäft einen gemeinsamen

Verkauf der *d-box* und ihrer Programmpakete. Das war äußerst bedenklich, denn die EU-Fusionskontrollverordnung schreibt eindeutig vor, daß Zusammenschlüsse erst nach der Genehmigung durch die Kommission in die Tat umgesetzt werden dürfen. Mit gutem Grund. Denn ließe man riesige Investitionen ohne weiteres zu, würden Tatsachen geschaffen, die später nur schwer wieder rückgängig zu machen wären. Also begannen meine Mitarbeiter und ich, auf allen Ebenen der drei beteiligten Unternehmensgruppen freundlich, aber bestimmt darauf hinzuweisen, daß wir keinerlei Umsetzungsschritte im Vorfeld der Anmeldung dulden würden. Leider schienen diese freundlichen Hinweise keinerlei Wirkung zu haben, denn die Zeichen mehrten sich, daß die Partner immer eifriger bei der Sache waren und bereits mit der Öffentlichkeitsarbeit begonnen hatten.

Zudem sprachen besorgte deutsche Unternehmen, insbesondere öffentlich-rechtliche Fernsehanstalten und Kabelnetzbetreiber, bei uns vor. In der Anlage zu einem Schreiben fand ich ganzseitige Anzeigen aus Zeitungen und Magazinen, die mit der Einigung von Premiere, DF1 und der Telekom auf einen digitalen Decoder warben. »Wir haben uns geeinigt«, hieß es da, »Ein Decoder für Deutschland« oder »*d-box* digitaler Decoder-Standard«. Bertelsmann und Kirch hatten also tatsächlich unsere Hinweise ignoriert und seelenruhig begonnen, die *d-box* als endgültige digitale Norm gemeinsam zu vermarkten. Diese höchst seltene Dreistigkeit wertete ich als Ausdruck größter Selbstsicherheit der Partner. Sie ließ mich Schlimmes befürchten. Noch vor der förmlichen Anmeldung der Fusion war jedenfalls klar, daß wir uns in diesem Fall schnurstracks auf eine schwere Auseinandersetzung zu bewegten.

Zunächst aber galt es, umgehend zu reagieren. Ich mußte ein deutliches Zeichen setzen, daß wir keineswegs gewillt waren, uns an der Nase herumführen zu lassen oder zu erlauben, daß die Glaubwürdigkeit der europäischen Kartellbehörden in Frage gestellt werde. Für den 4. November hatten Herr Kirch, sein Geschäftsführer Hahn sowie Dornemann um eine Besprechung in meinem Büro gebeten, um über den Fortgang der Verhandlungen zu berichten. Eine Anmeldung lag immer noch nicht vor. Ich nutzte diese Gelegenheit, um an einen der wichtigsten Grundsätze der EU-Fusionskontrolle zu erinnern. Ich verlieh deutlich meinem Mißfallen darüber Ausdruck, daß ein Teil des Zusammenschlusses offenbar bereits vor unserem formellen Einverständnis vollzogen worden war, und teilte den Herren mit, daß meine Mitarbeiter eine umfassende Prüfung dieser Angelegenheit einleiten würden.

Ich brauche wohl nicht zu erwähnen, daß ich erheblich gemütlichere Sitzungen erlebt habe. Zudem kündigte ich an, die Öffentlichkeit umgehend von unserem Gespräch in Kenntnis zu setzen, um jeglichen Mißverständnissen vorzubeugen. Meine Pressemitteilung ließ an Klarheit nichts zu wünschen übrig: »Sollte sich herausstellen, daß meine Befürchtungen begründet sind, so sind die Parteien gut beraten, eine solche Gesetzesübertretung umgehend einzustellen. Anderenfalls könnte die Kommission Geldbußen bis zu einem Wert von 10 Prozent des Gesamtumsatzes der Parteien verhängen.« Derart deutliche Worte sind in Kartellverfahren eher eine Seltenheit. Ihnen folgten auch Taten, denn nur zwei Tage später, am 6. November, verschickten wir umfangreiche Auskunftsersuchen an die drei Unternehmen. Dennoch gingen diese, so empört sie sich auch über meine öffentliche Stellungnahme äußerten, offenbar noch immer davon aus, ihr Spiel unbehelligt weitertreiben zu können. Nicht nur das: Es gab auch Angriffe in der Presse, in denen ich beschuldigt wurde, den Durchbruch des digitalen Fernsehens in Deutschland behindern zu wollen. Flankiert wurde diese Kampagne von einer politischen Offensive.

Der Bundeskanzler schreitet ein

Ich empfand diese Angriffe damals als besonders unfair, als
heuchlerisch und hinterhältig. In jenen Tagen fühlten sich die
Politiker reihenweise berufen, für das gemeinsame Vorhaben
der drei deutschen Unternehmen ein gutes Wort einzulegen.
Ich habe die Telefonanrufe nicht gezählt, weiß aber noch, daß
ich gegen Ende des Monats eine höchst beeindruckende
Sammlung von Persönlichkeiten aus der deutschen Politik am
Apparat gehabt hatte, darunter den Bertelsmann-Autor Hans-
Dietrich Genscher. Bundeskanzler Kohl, wie damals gemunkelt
wurde, jedoch nicht. Dieser feuerte eine Breitseite nach der
anderen auf Kommissionspräsident Santer ab. Kohl wollte erreichen, daß die Kommission die Augen schlösse und »Amen«
sagte, ohne vorher eine Anmeldung abzuwarten. Er scherte
sich nicht um das Vollzugsverbot und forderte die Kommission
damit im Grunde auf, das von den Mitgliedstaaten selbst vereinbarte EU-Recht zu ignorieren.

Kohl also rief den Kommissionspräsidenten an, während das
Bundeskanzleramt dessen Kabinettschef Jim Cloos traktierte.
Beide hielten mich auf dem laufenden. Die subtile deutsche
Strategie gipfelte darin, daß Kanzler Kohl Präsident Santer
während einer Tagung des Europäischen Rats in Luxemburg
die Beharrlichkeit der Kommission in diesem Fall zum Vorwurf
machte und dem völlig verdutzten Santer den denkwürdigen
Satz an den Kopf warf: »Das bedeutet Krieg.« Lassen Sie mich
an dieser Stelle aber betonen, daß Präsident Santer zu keinem
Zeitpunkt, weder vor diesem Ratstreffen noch danach, meine
Arbeit behindert hat.

Am 27. November 1997 forderte ich schriftlich, die weitere
Vermarktung von Kirchs *d-box* durch das Bertelsmann-Unternehmen Premiere unverzüglich einzustellen. Am 1. Dezember
erhielten wir endlich die Anmeldung, aber es fehlte weiterhin

jedes Zeichen eines Einstellens der gemeinsamen Vermarktung. Im Gegenteil: Nicht nur die deutsche Öffentlichkeit, sondern auch der Handel, der möglichst große Mengen der *d-box* ordern sollte, wurde über die Schwere des anhaltenden Rechtsverstoßes im unklaren gelassen. Ich wandte mich also wohl oder übel wieder an die Presse. Ich erklärte unmißverständlich, die gemeinsame Verwendung und Vermarktung von Kirchs *d-box* verstoße gegen das Vollzugsverbot der europäischen Fusionskontrolle, und forderte Bertelsmann und Kirch ein letztes Mal auf, ihre Unternehmungen unverzüglich einzustellen, da andernfalls schwere Geldbußen drohten. Ferner forderte ich sie auf, den durch ihre Werbung beim Verbraucher erweckten Eindruck zu korrigieren, die *d-box* stelle bereits den definitiven digitalen Standard für den deutschen Markt dar.

Hätte die Vermarktung angedauert, so hätten bei einer möglichen Dauer des Fusionskontrollverfahrens von fünf Monaten eine große Zahl von *d-box*-Decodern bis zu unserer endgültigen Entscheidung installiert werden können. In diesem Fall wäre die Festlegung auf die *d-box* als faktische digitale Norm für den deutschen Markt nur noch schwer rückgängig zu machen gewesen. Um den Verleumdungen in den deutschen Medien zu begegnen, wurde ich sehr deutlich:»Diese Maßnahme bedeutet in keiner Weise eine Vorwegnahme der Entscheidung über den beabsichtigten Zusammenschluß im Verfahren der Fusionskontrolle. Sie bedeutet auch nicht, daß die Kommission grundsätzlich Vorbehalte gegen einen einheitlichen digitalen Standard hat oder gar die Einführung des digitalen Fernsehens in Deutschland behindern will. Die Kommission sieht im digitalen Fernsehen einen wichtigen Zukunftsmarkt, der erhebliches Wachstumspotential aufweist. Dieses Potential kann allerdings nur voll ausgeschöpft werden, wenn der Markt offengehalten wird und sich der Wettbewerb voll entfalten kann.« Ich wies außerdem ausdrücklich darauf hin, daß nicht die generelle Festlegung auf einen einzigen Decoder ein Wettbewerbsproblem darstelle, sondern die Kommission genau prüfen müsse, ob ein offener und diskriminierungsfreier Zugang zu dem Decoder tatsächlich gewährleistet sei.

Man sollte meinen, diese massive Bußgeldandrohung sei eine Art Elchtest für die Allianz geworden. Durchaus nicht. In einem zähen Ringen verbrachten wir die ersten beiden Wochen der Prüfungsfrist weiter damit, die gemeinsamen Verkäufe der *d-box* zu stoppen. Erst am 15. Dezember sahen die Parteien ein, daß sie sich vergaloppiert hatten, weil selbst mit Schützenhilfe des Bundeskanzlers keine Möglichkeit bestand, uns von unserem Standpunkt abzubringen, das heißt, der Prüfung ihrer Anmeldung vorzugreifen. Und so erklärten nach fast zweimonatigen Umgehungsversuchen Bertelsmann und Kirch schließlich doch verbindlich, ab sofort sämtliche Marketingmaßnahmen für das Programm Premiere Digital und den Absatz der *d-box* sowie deren Auslieferung an den Handel einzustellen. Sie würden insbesondere jegliche Form des Direktvertriebs unverzüglich abbrechen, darauf zurückgehende Abonnementanträge nicht mehr entgegennehmen und bearbeiten, mit Inhabern einer DF1-*d-box* kein Premiere-Digitalabonnement mehr abschließen, diese Abonnenten nicht freischalten und schließlich sämtliche bereits eingeleiteten Werbemaßnahmen für Premiere Digital stoppen. Obwohl in der Zwischenzeit immerhin etwa 90 000 *d-boxen* mit Premiere-Digitalabonnements verkauft und freigeschaltet worden waren, entfiel der überwiegende Teil davon auf Abonnenten von Premieres analogem Pay-TV, denen Premiere ihr digitales Programm zusammen mit der *d-box* zu einem relativ geringen Aufpreis angeboten hatte, sowie auf solche Premiere-Abonnenten, deren digitale Media-Box man gegen eine *d-box* ausgetauscht hatte.

Angesichts dieses späten Einlenkens entschlossen wir uns, den Parteien zu ermöglichen, ihr Gesicht zu wahren, eine Geste, die uns auch in diesem Verfahren nicht gedankt werden sollte. Jedenfalls begrüßte ich öffentlich die Bereitschaft von Bertelsmann und Kirch, das Vollzugsverbot künftig zu beachten. Damit sei nicht mehr zu befürchten, daß sich die *d-box* vor Abschluß des Prüfungsverfahrens als faktischer digitaler Standard für den deutschen Markt etabliere. Die Kommission beabsichtige nicht, Fernsehteilnehmern die Möglichkeit zum Empfang des von ihnen abonnierten digitalen Programms zu nehmen, und werde deshalb für die Dauer des Verfahrens tolerieren, daß Premiere sein digitales Programm unter Verwendung der *d-box* an die seit Anfang November geworbenen Abonnenten ausstrahle. Darüber hinaus dürfe Premiere für Premiere Digital bestimmte *d-boxen*, die zur Zeit noch im Handel vorrätig oder bereits verkauft, aber noch nicht freigeschaltet seien, freischalten.

Ringen um den deutschen Fernsehzuschauer

Nach dieser schweren Schlacht konnten sich meine Mitarbeiter endlich dem widmen, was normalerweise den ersten Verfahrensschritt darstellt: die eigentliche Prüfung zweier formal getrennter, jedoch in engem Sachzusammenhang stehender Zusammenschlüsse. Zum einen wollten die zur Bertelsmann-Gruppe gehörige CLT-UfA und die Kirch-Gruppe ihr jeweiliges Digitalfernsehgeschäft zusammenlegen. Kirch, Deutschlands führender Anbieter von Kinofilmen und Fernsehunterhaltung, war damals, zusammen mit dem französischen Digitalpionier Canal+, bereits an dem CLT-UfA-Sender Premiere beteiligt. Jetzt sollte zunächst Canal+ aussteigen, dann Kirch seinen DF1-Sender einstellen und seinen Sportkanal DSF sowie seine Pay-TV-Ausstrahlungsrechte in den Sender Premiere einbringen. Schließlich sollte Premiere auf Grundlage von Kirchs

Beta-Zugangstechnologie und seines *d-box*-Decoders senden. Zum anderen wollte die Deutsche Telekom, trotz ewiger Verkaufsankündigungen bis heute Deutschlands größter Kabelnetzbetreiber, bei einer Kirch-Tochter einsteigen, die Zugangs- und Decodertechnik für digitalen Rundfunk bereitstellt, und damit eine exklusive technische Plattform für die digitale Verbreitung von Pay-TV-Übertragungen über ihr Kabelnetz schaffen.

Das Ganze wurde in der zu erwartenden Weise garniert: An allererster Stelle kam das bereits erwähnte Schreckgespenst, denn die amerikanischen Großproduzenten seichter und kulturloser Fernsehunterhaltung würden jeden Einzelanbieter unweigerlich überrollen. Deswegen sei ein großer europäischer Gegenpol für die Kultur des Abendlandes lebensnotwendig. Aus Paris ließ Monsieur Thévenet, Vorstand der Compagnie Générale des Eaux (Canal+), ungefragt verlauten, ein europäisches Gegengewicht sei unbedingt nötig, denn er wolle nicht, daß seine Kinder mit amerikanischem Schund aufwüchsen. Klar, daß nicht etwa das gelegentliche Ausschalten des Fernsehers, sondern nur ein langfristiges Monopol Sicherheit gegen derartige Gefahren bietet. Zum Schluß wurde dann noch die Behauptung aufgeführt, ohne die Fusion sei das Schicksal beider Partner, zumindest aber das des kleineren der beiden, besiegelt – ein offenbar bei allen Kartellanwälten fest gespeicherter Textbaustein.

So weit, so gut. Jedes Unternehmen hat das Recht, uns die Folgen seiner Fusion mit einem Konkurrenten so rosig und die ihres Scheiterns so pechschwarz zu malen wie nur irgend möglich. Dennoch war das Ergebnis unserer Prüfung nicht gerade überraschend. Schließlich hatten wir es bei dieser Digitalfernsehfusion mit den einzigen Wettbewerbern zu tun. Der Zusammenschluß verschaffte Premiere eine Vormachtstellung auf dem deutschen Markt für Pay-TV, die aufgrund der Pay-TV-

Rechte von CLT-UfA und Kirch für Wettbewerber unerreichbar geblieben wäre. Premiere würde auf Dauer die einzige Pay-TV-Programm- und Vermarktungsplattform in Deutschland und könne damit die Marktbedingungen im gesamten deutschsprachigen Raum diktieren. Auch auf dem Markt für technische Dienstleistungen für Pay-TV drohte ein Langzeitmonopol: Alle aktuellen Anbieter digitalen Pay-TVs über Satellit sowie die Telekom im Kabelbereich hatten sich schon damals auf die Beta-Zugangstechnologie und den *d-box*-Decoder von Kirch festgelegt. Da eine Alternative unwahrscheinlich war (und ist), wären etwaige Konkurrenten hilflos den Partnern ausgeliefert gewesen. Ausländische Digitalfernsehanbieter hätten es auch nicht gerade leichter gehabt, ihre Programme im deutschsprachigen Raum abzusetzen. Zu guter Letzt stand zu befürchten, daß die Digitalpartner im Falle einer Fusion auch gleich den Wettbewerb auf dem deutschen Markt für »normales Fernsehen« (Free TV) weniger streng nehmen würden.

Wie schon im Fall Boeing mußten wir also am 22. Januar 1998 zur zweiten Phase schreiten, der vertieften Prüfung, für die wir vier Monate Frist hatten und die auf der Kommissionssitzung am 27. Mai entschieden werden mußte. Als Reaktion wurde um so heftiger die Werbetrommel gerührt. Zu diesem Zweck begannen die Partner jetzt, fragwürdige »technische Briefings« zu verteilen, und dabei kam ihnen eine blitzgescheite Schwäbin sehr recht, die lange zum engsten Mitarbeiterkreis Martin Bangemanns gehört und wenige Monate vor der Fusionsanmeldung zu Kirch gewechselt hatte. Sie ging nun abends durch die Gänge der Kommissionszentrale und verteilte ihre Unterlagen direkt in den Büros ihrer früheren Kollegen in den Kabinetten. Sie grüßte auch meine Mitarbeiter freundlich, wenn sie ihnen über den Weg lief, bedachte sie aber nie mit Unterlagen. Die mußten wir uns über den kurzen Dienstweg bei Kollegen besorgen.

Nach den Erfahrungen mit Boeing arbeiteten meine Mitarbeiter mit voller Kraft an einer vollständigen Liste unserer Bedenken. Die Komplexität schwer zu bewertender Zukunftsmärkte erforderte auch zahlreiche Auskünfte von Konkurrenten, Zulieferern und Großkunden der Fusionspartner. Trotz der ungeheuren Papiermenge, die es zu verarbeiten galt, konnte ich unsere erschöpfenden »Beschwerdepunkte« noch im März 1998, an einem symbolträchtigen Freitag, den 13., den beiden Fusionspartnern schicken. Ausführlich gingen wir auf die Gefahr für das herkömmliche, frei empfangbare Fernsehen ein. Da Kirch und Bertelsmann mit ihren Sendern das deutschsprachige Privatfernsehen fast vollständig beherrschten, hätte die Werbewirtschaft keine Ausweichmöglichkeiten, denn die öffentlich-rechtlichen Anstalten dürfen bekanntlich an Werktagen nur zwanzig Minuten ausstrahlen. Interessanterweise hatte der für gewöhnlich gut informierte »Spiegel« schon am 23. Februar über Unterlagen des Bertelsmann-Vorstands zu eben dieser Strategie berichtet. Unter anderem habe es dort angeblich geheißen, man solle in der Öffentlichkeit »das Wort Monopol vermeiden«.

Eine unbekannte Größe

Die Parallelen zu Boeing mehrten sich täglich. Die Partner weigerten sich, von unseren Beanstandungen Notiz zu nehmen, obwohl sie uns mit langen Sitzungen beschäftigt hielten. Zugleich begannen sie zielstrebig, bei meinen neunzehn Kollegen um Unterstützung zu werben. Ich blieb indessen bei symbolischen Daten und setzte die mündliche Anhörung, bei der Bertelsmann und Kirch auf unsere Bedenken in aller Ausführlichkeit erwidern konnten, auf den 1. April an. Diese Anhörung zeichnete sich durch ein gereiztes Gesprächsklima aus. Die Vertreter der beiden Konzerne setzten voll und ganz auf die Karte des unausweichlichen Untergangs von Kirchs DF1-Sender. Sollte die Kommission die Fusion verbieten, so werde das Bertelsmann-Unternehmen Premiere ohnehin sowohl die gigantischen *d-box*-Bestände als auch das Programmangebot Kirchs übernehmen. Von den Decodern hatte Kirch immerhin 1 000 000 Stück bei dem finnischen Hersteller Nokia fest bestellt – ein nicht unerheblicher Bilanzposten. Zur Vermeidung eines Verbotes werde man jedoch keine »faulen Kompromisse« schließen, meinte der Talkshowroutinier Dornemann. Und er wiederholte stur die Mär von der bevorstehenden amerikanischen Invasion: »Die Kommission hat noch immer nicht verstanden, daß wir erst das nötige Gegengewicht gegenüber den amerikanischen Entertainment-Konzernen schaffen müssen, um den europäischen Konkurrenten den Wettbewerb zu ermöglichen.« Mit Hilfe eines Monopols?

Mich beschlich jedoch in zunehmendem Maße das Gefühl, daß irgend etwas nicht stimmte. In Leo Kirch fand ich einen der seltenen Gesprächspartner, die trotz deutlich gegensätzlicher Zielsetzungen ein offenes Ohr für unsere Bedenken hatten. Ich hatte den Eindruck, er sei bereit, uns soweit wie möglich entgegenzukommen. Sicher spielten dabei die Million georderter Decoder, teure Filmkäufe und Verluste eine gewisse Rolle. Doch es steckte auch ein ehrlicher Ansatz »ohne Tricks« dahinter, selbst wenn er durchaus kämpferisch die gemeinsame Linie vertrat, wettbewerbsrechtliche Probleme gar nicht erst anzuerkennen. Allerdings schien es mir ganz so, als sei dies eine einseitige Haltung Kirchs. Denn ich stellte mir die Frage, welche Haltung der Partner von Bertelsmann im Gemeinschaftsunternehmen CLT-UfA wohl einnahm. Im Rahmen der Vereinbarung mußte CLT-UfA der Kirch-Gruppe nämlich eine hohe Geldsumme zahlen, zu der neben Bertelsmann natürlich auch CLT ihren Teil beizutragen hatte. Mit CLT wiederum – wozu auch RTL gehört – ist untrennbar der Name Albert Frères verbunden, eines belgischen Selfmademans und Finanziers mit ganz außergewöhnlichem Geschäftssinn.

In jenen Tagen besuchte ich eine René-Magritte-Ausstellung in Brüssel. Während ich ein Gemälde des großen Surrealisten bewunderte, fragte plötzlich hinter mir jemand:»Gefällt es Ihnen?« Ich erkannte die Stimme, sie gehörte Albert Frère.»Ja, mir gefällt das Bild sogar sehr«, sagte ich. –»Es gehört mir«, antwortete er, worauf ich mit einem lakonischen»Herzlichen Glückwunsch« reagierte.»Hier hängen noch weitere drei Bilder aus meiner Sammlung«, fuhr er fort. –»Ja, dann dreimal herzlichen Glückwunsch«, spielte ich das Spiel weiter. –»Und zu Hause hängen noch welche!« sagte er darauf. Albert Frère brachte es vom Eisenwarenhändler zum Stahlbaron und er hat mittlerweile viele Eisen im Feuer, nur im Stahlsektor nicht mehr. Natürlich hatte er nicht vor, mit mir über seine Gemäldesammlung zu sprechen.»Apropos«, fuhr er fort,»ich weiß, daß Sie sich zur Zeit intensiv mit unserer Sache beschäftigen. Ich möchte Sie nur darauf hinweisen, daß ich, falls sie schiefläuft, darüber bestimmt nicht den Schlaf verlieren werde...« Damit wußte ich, was Sache war. Die Äußerung bestätigte unseren Eindruck, daß, ganz abgesehen von Meinungsverschiedenheiten innerhalb des Bertelsmann-Konzerns, die Begeisterung ihres wichtigsten Partners äußerst gering war. Noch deutlicher sollte sich das in der Schlußphase der Verhandlungen erweisen, als CLT kräftig auf die Bremse trat, statt die Allianz mit Kirch zu retten.

Am 27. April 1998 lief die amtliche Frist für Änderungen aus. Hätte ich noch lange gewartet, hätte uns der gleiche»Rückstoß« des Fristendrucks wie bei Boeing gedroht. Es galt also, den Rubicon baldmöglichst zu überschreiten. Ich ließ deshalb schon am 23. April den Entwurf einer Verbotsentscheidung an die fünfzehn Mitgliedstaaten schicken und setzte dessen Besprechung mit den Mitgliedstaaten für den 6. Mai an, drei

Wochen vor dem Entscheidungsdatum. Zwar wußte jedermann, und am allerbesten die Fusionspartner, daß damit noch nicht die endgültige Entscheidung gefallen war. Doch siehe da: Es zeigte sich, daß mein Eindruck in den letzten Wochen nicht getrogen hatte. Leo Kirch begann nun tatsächlich, verschiedene Optionen zu diskutieren, um bestimmten Bedenken Rechnung zu tragen. Sobald ein Weg praktikabel erschien, präsentierte seine rechte Hand Dieter Hahn binnen kürzester Frist einen ausgearbeiteten Vorschlag. Ganz anders die Leute von Bertelsmann: Nicht nur Michael Dornemann gefiel sich in coolen Sprüchen, auch seine Mitarbeiter waren nicht nur wenig kreativ, sondern sogar eher widerwillig, Lösungen für konkrete Probleme zu erörtern. Außerdem war jetzt ständig jemand von CLT mit von der Partie, offenbar mit der Aufgabe, Dornemann zu überwachen. Trotzdem lag schon am 28. April eine Liste mit ausgearbeiteten Zusagen auf dem Tisch.

Die Zusagen betrafen die drei Aspekte der Fusion, die Probleme aufwarfen, nämlich Digitaltechnik, Programmrechte und Kabelnetzvertrieb. Erstens sagten die Fusionspartner Dritten Lizenzen für die Verschlüsselungstechnik und für die Herstellung der *d-box* sowie Zugang zu den technischen Diensten Kirchs zu. Streitfälle sollten die jeweilige Vereinbarung nicht verzögern und von einer Schiedsinstanz beigelegt werden. Zweitens würden die Fusionspartner 25 Prozent ihrer Rechte an künftigen Filmen der großen Hollywood-Produktionsfirmen, die Kirch im Rahmen sogenannter »Output deals« erworben hatte, Dritten überlassen, ihre eigenen Film- und Spartenkanäle auch ohne ein Abonnement ihres Grundprogrammpakets anbieten und keinerlei Rechte für unverschlüsselte Sendungen erwerben. Drittens boten die Fusionspartner auch anderen Kabelnetzbetreibern als der Partnerin Telekom Zusammenarbeit beim Vertrieb an, nicht jedoch die Ent- oder Neubündelung von Premiere-Programmen.

So weit die Angebote, gemessen am Ausgangspunkt, auch gehen mochten – es reichte beim besten Willen nicht. 25 Prozent der neuen US-Großproduktionen waren nicht akzeptabel, schon gar nicht, wenn Dritte sie mit Premiere teilen müßten. Ferner besaßen Leo Kirch und Bertelsmann zusammen die attraktivsten Sportrechte, zu deren Teilung sie jedoch nicht bereit waren. Wem sollte es unter diesen Voraussetzungen gelingen, ein konkurrenzfähiges Programmpaket zusammenzustellen? Es blieben außerdem alle Wettbewerber von Digitaltechnik-Lizenzen einer hundertprozentigen Premieretochter abhängig. Kabelnetzbetreiber schließlich würden zu reinen Verkaufsgehilfen ohne eigene Möglichkeiten der Programmgestaltung und sollten sogar ihre Kundendateien an Premiere weitergeben!

Doch Kirch und Bertelsmann gelang es, sehr geschickt das Bild des an die Grenzen des wirtschaftlich Vertretbaren Gehenden zu verkaufen. Ich geriet unweigerlich in die Rolle des detailversessenen Wettbewerbshüters, der aufgrund von Lappalien den digitalen Durchbruch in Europa verhindert. Zu allem Überfluß spürte ich starken Widerstand von Kollegen, die mit ihrer Sympathie für die Allianz trotz der Lehren aus dem Boeing-Fall durchaus nicht hinter dem Berg hielten. Neben der üblichen Quertreiberin auf ihrem Kreuzzug gegen die »teuflischen Amerikaner«, Edith Cresson, sprach sich auch Martin Bangemann sehr deutlich für die Allianz aus. Und Marcelino Oreja, der mich in den Tagen des Cablevisión-Projekts, als es darum ging, der sozialistischen Regierung Spaniens Steine in den Weg zu legen, lautstark unterstützt hatte, befürwortete nun ein vergleichbares Vorhaben. Da es seinen politischen Freunden zusagte, die inzwischen an die Regierung gekommen waren, fand er plötzlich nichts mehr daran auszusetzen.

Noch vertraute ich auf die allgemeine Bereitschaft, sich mit den messerscharfen Analysen meiner Mitarbeiter auseinanderzusetzen. Den Anfang machte ich mit den nationalen Kartellrechtsexperten, denen ich alle technischen Details bis ins kleinste erläutern ließ. Die absolute Transparenz hatte Erfolg: Eine große Mehrheit der Kartellrechtsexperten bat uns am 6. Mai, die Fusion auch unter Berücksichtigung der bereits vorliegenden Zusagen nicht zu genehmigen.

Leo Kirch gibt nach

Neue Sitzungen folgten auf der technischen Ebene. Am 11. Mai kamen die Parteien erneut bei mir zusammen. Wieder war es Leo Kirch, der meine Sorgen über eine Monopolstellung seiner Beta-Technik als berechtigt anerkannte und zusagte, 25 Prozent des Kapitals der Betriebsgesellschaft Beta-Research anderen Mediengesellschaften anzubieten. Doch davon abgesehen wurde der Druck über die Medien noch verstärkt, und man tat weiterhin so, als treibe ich es zu weit. Sachverhalte einer bestimmten Komplexität sind einfach nicht mehr beziehungsweise nicht mehr so einfach zu vermitteln. Angesichts der zwangsläufig unvollkommenen Detailkenntnis der meisten meiner Kollegen wollte ich deshalb unbedingt eine Entscheidung in allerletzter Minute wie im Juli zuvor im Boeing-Fall vermeiden. Die Spannung mußte sich schnellstmöglich entladen. Gute zwei Wochen vor dem Entscheidungsdatum ließ ich daher meinen Sprecher verkünden, ohne weitere klar bezeichnete Zugeständnisse sei ein Verbot schon zum jetzigen Zeitpunkt unvermeidlich.

Die Erklärung löste einen beträchtlichen Aufruhr aus. Sie zeigte aber auch, daß neue Kabelanbieter tatsächlich an einem Erfolg der *d-box* und nicht am Scheitern der Fusion interessiert waren – so unterbreitete uns beispielsweise o.tel.o, heute Teil der Vodafone-Gruppe, am 18. Mai eine sehr detail-

lierte »Skizze eines alternativen Marktmodells«, mit dynami-
schem Wettbewerb auf allen Stufen. Trotzdem gelang es mir
nicht, den Durchbruch zu erzielen. Es war ein Novum, daß zwei
teilweise mitverantwortliche Kollegen mir öffentlich wider-
sprachen. Zudem wußten die Fusionspartner, daß der Bundeskanzler hinter ihnen stand. Das schürte ihre Hoffnung, daß sie
bei der Kommission eine Chance hätten.

Das endlose und ergebnislose Tauziehen ging also weiter,
während die Entscheidung immer näher rückte. Ich setzte eine
letzte Frist für Änderungen auf den 23. Mai um sechs Uhr
abends fest. Die Krise entlud sich am 24., einem Sonntag. Bertelsmann setzte alles auf eine Karte und erklärte, jedes weitere Zugeständnis sei wirtschaftlicher Selbstmord – ich hätte die
Wahl zwischen digitaler Zukunft und einem Scherbenhaufen.
Ich erwiderte, damit sei das Ende der Fahnenstange erreicht.
Dies wiederum nahm tags darauf bei der täglichen Pressekonferenz in Brüssel die Sprecherin Santers zum Anlaß für ihre
Lieblingsbeschäftigung, nämlich auf einem der Kommissare
herumzuhacken. Mit sicherem Blick für die Erfordernisse der
laufenden Verhandlung erklärte sie vor laufenden Kameras,
ich sei nur einer von zwanzig Kommissaren, und sie halte es
für mehr als fraglich, ob meine verstiegene Position zwei Tage
später eine Mehrheit finden würde. In ihrem Büro verbrachte
sie danach den Nachmittag damit, weiter zu meinem Bild als
größenwahnsinniger Eigenbrötler beizutragen.

Mein Vorgänger und damaliger Außenhandelskommissar
Sir Leon Brittan sollte in der Kommissionssitzung zwei Tage
später sagen, eine Person, die derart dummdreist die Stärke
der Kommission, nämlich ihr kollektives Auftreten, untergrabe,
sei als Sprecherin eine krasse Fehlbesetzung. Leider setzte
sich diese Erkenntnis damals noch nicht durch. Aber zurück zu
Bertelsmann: Die Erklärungen der Kommissionssprecherin
wirkten sich destabilisierend aus. Die Stimmung unter meinen

Kollegen schwankte bedenklich. Es schien, als würden politischer Druck, schamlose Lobbying, die Verbundenheit manch eines Kommissionskollegen mit nationalen Interessen und die giftigen Pressekampagnen diesmal ihren Tribut fordern. Es blieben gerade einmal zwei Tage, um die Sache ins Lot zu bringen. Einmal mehr rief ich meine Getreuen zum Kriegsrat in mein Büro: den Generaldirektor für Wettbewerb, Alex Schaub, den Leiter der Fusionsdirektion, Götz Drauz, das Case Team, Nicole Hacker und Dietrich Kleeman (von der »Zeit« einst »das Hirn« getauft), meinen Kabinettschef Claude Chêne, einen engen Mitarbeiter, Olivier Guersant, sowie meinen Pressesprecher Stefan Rating.

Wir waren uns schnell darüber einig, was es zu tun galt. Wie schon im Boeing-Fall mußten wir die Parteien unmißverständlich vor die Wahl stellen, entweder ihre Zugeständnisse erheblich zu erweitern oder eine Verbotsentscheidung zu bekommen. Ganz konkret brauchten wir zu folgenden drei Bereichen eindeutige Zusagen: Erstens mußten Kabelnetzbetreiber sogenannte Premiumprogramme, also Zuschauermagneten, von Premiere zukaufen können, um mit eigenen Programmen konkurrierende Pay-per-view-Pakete schnüren zu können. Diese Art Wettbewerb war schlicht unerläßlich. Zweitens kam es nicht in Frage, daß die Kabelnetzbetreiber gegenüber Premiere ihre Kundenlisten offenlegen mußten. Ließen wir diese Klausel durchgehen, könnte Premiere jederzeit durch gezielte Aktionen diese Kunden abwerben. Drittens brauchten wir klare Konditionen für die Lizenzverträge zwischen Premiere und anderen Anbietern von Programmpaketen sowie die Verpflichtung, alle Streitfälle einer neutralen Schiedsinstanz vorzulegen.

Gegen die ersten beiden Bedingungen hatten sich die Parteien bislang mit Händen und Füßen gewehrt. Dornemann sprach, frei nach Lenin, vom Zwang zur Übergabe der Pistole, mit der ihn die Wettbewerber erschießen würden. Da es da-

mals wie heute keine Wettbewerber gab und ohne die geforderten Zusagen auch nicht geben konnte, beschloß ich, eine
Billigkeitsklausel einzubauen: Sollte sich in einem Markt mit
Wettbewerbern zu irgendeinem Zeitpunkt erweisen, daß die
Bedingungen die Konkurrenzfähigkeit Premieres untergrüben,
so würde die Kommission ihre Bedingungen erneut überprüfen. Zunächst aber sollten diese drei Bedingungen dafür
sorgen, daß der Zugang zum deutschsprachigen Digitalfern-
sehmarkt überhaupt möglich war, selbst wenn die Fusion fürs
erste zu einem Monopol führte. Schon deshalb war dieses Mindestangebot nicht mehr verhandelbar; die Partner mußten annehmen oder es bleibenlassen. Noch am selben Abend wurde
Bertelsmann und Kirch dieses Konditionenpaket zugeleitet.
Für den Fall der Annahme verpflichtete ich mich, meinen Kollegen die Genehmigung der Fusion vorzuschlagen.

Unser abschließender Dreipunkteplan zeigte offensichtlich
sofortige Wirkung. Tags darauf, also am Vortag der entscheidenden Kommissionssitzung, rief mich frühmorgens Leo Kirch
an, um zu fragen, ob er noch im Laufe des gleichen Tages zu
einem Gespräch kommen dürfe. Der Kirch-Jet stehe bereit,
und er werde mit Michael Dornemann, aber ohne Mitarbeiter
oder Anwälte kommen. Ob das möglich sei? Selbstverständlich war das möglich. Ich machte mich auf ein hartes Gespräch
gefaßt, rechnete ich doch damit, daß die beiden Partner versuchen würden, das Dreipunktepaket auseinanderzunehmen.

Kaum saßen wir zu dritt in meinem Büro – denn auch ich
hatte auf die Anwesenheit jeglicher Mitarbeiter verzichtet –,
da ergriff Leo Kirch das Wort und erklärte zu meiner großen
Erleichterung kurzerhand, daß er die drei Punkte vorbehaltlos
akzeptiere, sofern ich mich verpflichtete, in diesem Fall die Fusion zu befürworten. Meine Antwort war kurz: »Leo, ich bin
vom Lande, wo das einmal gegebene Wort heilig ist. Ist auch
Herr Dornemann einverstanden, lege ich den Kollegen morgen

eine Genehmigungsentscheidung vor.« Dann ergriff Michael Dornemann das Wort und erklärte, daß Bertelsmann keine einzige der drei Bedingungen akzeptieren könne. Dies kam wie ein Blitz aus heiterem Himmel. Völliges Entsetzen, ungläubiges Staunen, schließlich Panik bei Kirch. Offensichtlich hatte er das nicht erwartet. Sehr merkwürdig – hatten die beiden während ihres gemeinsamen Fluges nach Brüssel etwa überhaupt nicht miteinander gesprochen?

Kirch begann jetzt, auf Dornemann einzureden. Er drängte ihn, doch mit Gütersloh Kontakt aufzunehmen, beschwor ihn, in dieser Situation müsse man zusammenhalten. Er ging sogar dazu über, unseren Vorschlag zu verteidigen, den er »streng, aber nicht unredlich« nannte. Auch ich versuchte jetzt, Dornemann zu überzeugen. Aber nicht nur rückte dieser keinen Zentimeter von seiner Aussage ab, sondern er warf seinerseits Kirch vor, den gemeinsamen Standpunkt verraten zu haben. Bewegt, aber höchst interessiert verfolgte ich das Geschehen. Ich ertappte mich sogar dabei, Mitleid und starke Sympathien für Kirch zu empfinden. Dieser fragte mich, ob er Dornemann unter vier Augen sprechen könne. »Mein Büro steht zu Ihrer Verfügung, solange Sie es brauchen«, antwortete ich. Ich nahm mir ein paar Zeitungen, bestellte Kaffee für meine beiden Gäste und ließ sie alleine.

Nach einer Viertelstunde war die Unterhaltung vorbei. Dornemann blieb bei seinem deutlichen »njet«. So konnte ich meinen beiden Gästen mitteilen, daß damit nichts anderes mehr übrigbleibe, als am folgenden Tag eine Verbotsentscheidung auf die Tagesordnung zu setzen. Kirch, noch immer sehr mitgenommen und tief enttäuscht, dankte mir und fragte, ob er mich später am Tage noch telefonisch erreichen könne. Er gab sich noch immer nicht geschlagen. Abends erhielt ich tatsächlich einen Anruf von ihm mit der Frage, ob mein Angebot noch stets gültig sei. »Ja«, sagte ich, »vorausgesetzt, unsere drei

Bedingungen werden in ihrer Gesamtheit erfüllt, wie wir heute morgen zu dritt besprochen haben.« – »Kriege ich noch ein bißchen Zeit bis morgen früh?«, fragte Kirch. – »Auf jeden Fall«, erwiderte ich, »sofern ich spätestens bei Beginn der Kommissionssitzung eine förmliche, vollständige und unwiderrufliche Verpflichtungserklärung beider Unternehmen in der Hand halte.«

Anscheinend wurde im Verlauf jener letzten Nacht noch viel diskutiert. Viel Hoffnung, eine einvernehmliche Lösung herbeizuführen, hatte ich jedoch nicht mehr, und so bereitete ich mich auf eine schwierige, möglicherweise entscheidende Kommissionssitzung vor. Bei der Vorbereitungssitzung am Vortag hatte mein Kabinettschef elf Stimmen für meine Position gezählt, das absolute Minimum. Allerdings würde Franz Fischler an der Sitzung nicht teilnehmen können, womit ich möglicherweise die Abstimmung verloren hätte. Nach unserem zwischenzeitlichen Mindestangebot erachtete ich die Chance einer Niederlage eher für gering. Dennoch dachte ich in der Nacht lange darüber nach, was zu tun wäre, sollte sich tags darauf keine Mehrheit für meinen Vorschlag finden. Ohne mit irgend jemandem darüber zu sprechen, stand mein Entschluß fest: Sollten politischer Druck und sachfremder Lobbyismus tatsächlich die Oberhand über die seriöse und professionelle Bearbeitung von Kartellproblemen behalten, dann würde ich am besten meinen Hut nehmen. Ich wollte zwar nicht offen mit Rücktritt drohen, jedoch die nötigen Konsequenzen ziehen.

Die Fusion platzt

Am Tag der Entscheidung erschienen zahlreiche Presseartikel. Die Zentrale der Kommission, das stattliche Breydel-Gebäude am Brüsseler Jubiläumspark, war in heller Aufregung. In den

Gängen hallten die Gerüchte wider. In den neunzehn Büros meiner Kommissionskollegen hatten sich die Lobbyisten die Klinke in die Hand gegeben. Die Medien suchten nach weiteren Kommissaren, die bereit waren, ihr Abstimmungsverhalten am folgenden Tag bekanntzugeben. Der zweitwichtigste Mann von Canal+, Marc-André Feffer, berichtete im »Figaro« jedem, der es hören wollte, ich betreibe eine rein »politische« Entscheidung. Die Zusagen der Fusionspartner seien ohnehin schon erstaunlich weitgehend. Van Miert drohe, das Boot zu überladen und damit die Fernsehprogrammanbieter überhaupt zu gefährden! An anderer Stelle las ich gar, ich sei befangen.

Überraschenderweise verlief die Sitzung dann völlig glatt. Im Kreise meiner Kollegen konnte sich niemand der Einsicht verschließen, daß unsere drei Punkte tatsächlich ein redliches Angebot darstellten. Trotzdem versuchte Jacques Santer, mich zu einer Verschiebung der Entscheidung zu bewegen. Marcelino Oreja stellte sofort einen entsprechenden förmlichen Antrag. In diesem Moment jedoch, um halb elf, traf ein Fax aus Gütersloh ein, in dem Bertelsmann endgültig und unwiderruflich jede weitere Zusage ablehnte. Gegen alle Prognosen erhielt ich somit schließlich ein einstimmiges Votum gegen die Allianz. Unsere Pressemitteilung hätte nicht deutlicher sein können: »Die Kommission hätte es begrüßt, wenn eine den wettbewerblichen Erfordernissen genügende Einigung zustande gekommen wäre. Sie sieht im digitalen Fernsehen einen wichtigen Zukunftsmarkt, der erhebliche Wachstumspotentiale aufweist. Diese Potentiale können allerdings nur dann voll ausgeschöpft werden, wenn der Markt offengehalten wird und sich durch den Wettbewerb voll entfalten kann.«

Kirch rief mich später noch einmal an, um mir mitzuteilen, daß seine Anstrengungen zwar mißglückt seien, er aber noch nicht alle Hoffnung aufgegeben habe. Er fragte erneut, ob er für den Fall, daß es ihm in der näheren Zukunft doch noch gelingen sollte, Bertelsmann zu überzeugen, weiter auf mein Wort vertrauen könne. Meine Antwort war, daß er dies selbstverständlich könne. Er lud mich auch nach München ein, um seinen Filmbetrieb zu besuchen, was ich allerdings erst einige Monate später tat. Vorher kam er noch einmal nach Brüssel, um mich über seine neuen Projekte zu informieren. Bei dieser Gelegenheit sprach er von seiner Abscheu vor dem Verhalten von Bertelsmann und stärker noch von CLT und vertraute mir an, daß er inzwischen ihr Spiel durchschaut zu haben glaubte: Er war zu dem Schluß gelangt, beide »Partner« hätten auf sein wirtschaftliches Ende spekuliert.

Welche Folgen hatte unsere Entscheidung? Nach einigen juristischen Scharmützeln, darunter einer Klage Kirchs gegen unsere Entscheidung wegen angeblicher Ungleichbehandlung, wurde DF1 keineswegs eingestellt. Vielmehr kaufte Kirch den Anteil von Bertelsmann an Premiere. Dies gab vielen ein Rätsel auf: Woher hat Kirch das Geld, und warum schweigt die Kommission? Die erste Frage vermag nicht ich, vielleicht aber Herr Berlusconi oder Herr Murdoch zu beantworten. Zur zweiten Frage ist zu sagen, daß die neue Lösung ja gerade keine Koordinierung zwischen den beiden mit Abstand mächtigsten Fernsehunternehmen im deutschsprachigen Raum bewirkte. Vielmehr blieb Bertelsmann ein Konkurrent im Bereich Free-TV und war auch weiterhin in der Lage, nach Art mancher Langstreckenläufer wieder anzugreifen, sobald Leo Kirch dem Digitalbereich aus eigener Kraft zum Durchbruch verholfen haben würde. Und Monsieur Thévenet, der um die Fernsehkultur seiner Kinder bangte? Seine nächsten öffentlichen Äußerungen betrafen die Verhandlungen zwischen seinem Unternehmen und – Rupert Murdoch. Es hieß nun, man müsse sich eben alle Wege offenhalten ...

KAPITEL 13

DAS VORZEITIGE ENDE DER KOMMISSION SANTER

Die Beziehung der Kommission Santer zum Europäischen Parlament stand von Anfang an unter keinem guten Stern. Trotz bester Absichten und ständiger Bemühungen gelang es Jacques Santer nicht, sich dasselbe Maß an parlamentarischem Respekt zu verschaffen, das Delors wie selbstverständlich genoß.

Der Vertrag von Maastricht gab dem Parlament neben der bereits bestehenden Haushaltsbefugnis auch eine weitreichende direkte gesetzgebende Macht durch die Entscheidungsbefugnis im Rahmen des Mitentscheidungsverfahrens. Das Selbstbewußtsein des Parlaments wuchs dadurch sichtlich.

Klaus Hänsch, der ehemalige, allseits geschätzte Vorsitzende des Europäischen Parlaments, hegte bereits seit längerer Zeit den Plan, die Europäische Kommission durch ein Mißtrauensvotum zum Rücktritt zu zwingen. Auf diese Weise sollte sich das Parlament endlich als vollwertiges demokratisches Kontrollorgan profilieren. Inzwischen hatten eine ganze Reihe von Parlamentsmitgliedern, wie es auf nationaler Ebene auch geschieht, den Publicitywert parlamentarischer Untersuchungsausschüsse und Kontrollaktivitäten entdeckt. Im Prinzip kann man ihnen solche Aktionen nicht übelnehmen, da sie einen wichtigen Bestandteil ihres parlamentarischen Auftrags ausmachen. Doch leider kommt es gelegentlich vor, daß der Drang nach Publicity die ernsthafte inhaltliche Arbeit gefährdet. Wahrscheinlich ein unvermeidlicher Nebeneffekt.

Manche Kollegen aus der Kommission hatten ganz offensichtlich große Mühe, sich der »Sturm und Drang«-Phase des Europäischen Parlaments anzupassen. Auch ist der Respekt vor der parlamentarischen Arbeit im Süden der Europäischen Union möglicherweise etwas weniger stark ausgeprägt als in den skandinavischen Ländern, Großbritannien oder den Niederlanden. Dies führte zu unnötig gereizten und teilweise sogar herablassenden Reaktionen einiger Kommissionsmitglieder. Kurzum, es herrschte eine ganz andere Atmosphäre als zehn Jahre zuvor, als Parlament und Kommission einander noch höflich und nett wie Verbündete behandelten.

Im Ausschuß für Haushaltskontrolle des Europäischen Parlaments, kurz COCOBU, kam es nach und nach zu immer schärferen Konflikten. Die Haushaltskontrolle war ohnehin ein schwacher Punkt der Europäischen Kommission. Immer nachdrücklicher wurde Kollegen auf den Zahn gefühlt. Die Vorsitzende des COCOBU, Diemut Theato, eine äußerst selbstbewußte und unbeugsame Abgeordnete der deutschen CDU, sowie der eifrige und beharrliche österreichische SPÖ-Abgeordnete Bösch ergriffen die Initiative und machten der Kommission die Hölle heiß.

Als in der Verwaltung der Kommission eine Anzahl von Vorgängen ans Licht kam, die auf Schlamperei, Korruption und Nepotismus hindeuteten, gab es kein Halten mehr. Die Angelegenheit erreichte ihren Höhepunkt, als sich das Europäische Parlament am 17. Dezember 1998 weigerte, Entlastung für den Haushalt von 1996 zu erteilen.

Nach Meinung des Parlaments hatte die Kommission bei der Verwaltung der Haushaltsmittel ihre Hausaufgaben nicht gemacht. Im Juni 1999 standen Wahlen vor der Tür, und das Parlament reagierte nervöser und schärfer als gewöhnlich. Das Parlament war selbst wegen üppiger Aufwandsentschädigungen und des Mißbrauchs, den einige Mitglieder damit betrieben, unter Beschuß geraten und wollte nun in die Gegenoffensive gehen. Zu allem Überfluß waren in der Presse einige Fakten aufgetaucht und als Skandale breitgetreten worden. Zwei Kommissare wurden aufs Korn genommen: Manuel »Manolo« Marín, der spanische Kommissar, der in der früheren Kommission Delors unter anderem für humanitäre Hilfe zuständig war, und Emma Bonino, die temperamentvolle Italienerin, die das Amt für humanitäre Hilfe von Marín übernommen hatte. Beiden wurde vorgeworfen, es sei bei Verträgen im Zusammenhang mit humanitärer Hilfe geschummelt worden. Daß in ihren Dienststellen etwas schiefgelaufen war, bestritten sie gar nicht. Doch sie blieben dabei, daß die Tatsachen weniger schwerwiegend waren, als in der Presse und im Europäischen Parlament behauptet wurde. Zu diesem Zeitpunkt war Edith Cresson noch nicht ins Licht des Interesses geraten; die Mißbräuche, die ihr vorgeworfen wurden, waren auch ungleich ernster.

Zum Abschuß freigegeben

Möglicherweise war Manuel Marín ein Dickschädel, und er hatte sich bei einigen Parlamentariern bald den Ruf eingehandelt, arrogant zu sein. Aber korrupt war er ganz sicher nicht; höchstens ein wenig ungeschickt oder eigensinnig im Umgang mit seiner Verwaltung. Er war überaus stolz, aber auch sehr empfindlich, was ihn nicht gerade zu einem einfachen Kollegen machte. Er hatte einen scharfen analytischen Verstand und vertrat mutig und rundheraus seine Meinung, was nicht immer dankbar aufgenommen wurde. Diplomatie war nicht seine starke Seite. Delors schätzte den eigensinnigen Marín nur mäßig, worunter der stolze Spanier litt.

Ich persönlich kam gut mit ihm aus. In der Kommission Santer saßen wir am großen runden Sitzungstisch meist nebeneinander. Ich habe schon erzählt, daß ich ihn damals, als ich noch im Kabinett von Henri Simonet tätig war, als Praktikant bei der Kommission unterbrachte, und einige Jahre später trafen wir uns dann in Brüssel wieder. Zu der Zeit war er eines der jüngsten Parlamentsmitglieder der spanischen Sozialisten.

Als Staatssekretär für Europäische Angelegenheiten spielte er eine entscheidende Rolle bei den Beitrittsverhandlungen zwischen Spanien und der Europäischen Gemeinschaft. Zusammen mit Abel Matutes wurde er 1986, nach dem Beitritt Spaniens, zum Kommissionsmitglied ernannt.

Als die Schwierigkeiten in der Kommission Santer begannen, war Marín davon überzeugt, man habe es auf ihn abgesehen. Vor allem die deutsche CDU verdächtigte er, ihm ans Leder zu wollen. Die CDU war in Deutschland in die Opposition geraten und nahm dadurch auch im Europäischen Parlament gegenüber der Kommission eine viel härtere Haltung ein, und die SPD im Europäischen Parlament tat es der CDU nach. Wir hatten es also, bis auf wenige Ausnahmen, mit einem durch und durch negativ eingestellten deutschen Block zu tun.

Marín meinte oft, es seien finstere Machenschaften im Gange. Seiner Meinung nach wollte ein Teil der Presse und des Parlaments nicht nur seinen Kopf und den Emma Boninos, sondern war darauf aus, die gesamte Kommission zu Fall zu bringen. Vielleicht hatte Marín ein feineres Gespür für manche Dinge als andere. Er hatte das Franco-Regime noch am eigenen Leibe miterlebt und besaß dadurch möglicherweise einen besonderen Sinn für finstere Mächte, die am Werk waren. Ich persönlich habe nie daran geglaubt, sondern lediglich an ein unglückliches Zusammentreffen gewisser Umstände sowie an den Instinkt der Meute, die Blut riecht.

Emma Bonino war aus anderem Holz geschnitzt. Sie war äußerst beredt und konnte sich gut verteidigen. Doch auch sie wurde hart angegriffen. Sie fühlte sich von UCLAF, der damaligen Kommissionsstelle für die Koordinierung der Betrugsbekämpfung, höchst ungerecht behandelt. Und manchmal geschahen tatsächlich seltsame Dinge. So berichtete die »Financial Times« eines Tages, Bonino sei von einigen ihrer Kollegen schwer beschuldigt worden, was überhaupt nicht der Fall war.

Im Gegenteil: Wir hatten ihr unsere ausdrückliche Hilfe zugesichert. Besonders befremdlich war, daß ausgerechnet eine Zeitung mit einer ansonsten makellosen Reputation sich einen derartigen Lapsus erlaubte. Offensichtlich hatte die »Financial Times« zuviel Vertrauen in die Worte eines Informanten aus Insiderkreisen gesetzt. Auch ich wurde irgendwann aufs Korn genommen.

Eine Dame aus der SPD-Fraktion des Europäischen Parlaments posaunte heraus, in meiner Dienststelle gäbe es etwa hundert »Geisterbeamte«, also Beamte, die nur auf dem Papier existierten, allerdings bezahlt würden. Das war kompletter Unsinn und leicht zu widerlegen. Doch es war bezeichnend für die damals herrschende Atmosphäre.

Jacques Santer war nicht der richtige Mann, um eine Wende herbeizuführen. Er besaß nicht die kommunikativen Fähigkeiten eines Jacques Delors. Die Zeiten, in denen er für sein geflügeltes Wort: »Wir arbeiten weniger, aber dafür besser« Applaus erntete, waren vorbei. Was immer Santer unternahm, wurde ein glatter Mißerfolg. Jede Pressekonferenz machte es nur noch schlimmer. Bei der Presse stieß er kaum noch auf Wohlwollen, und jede öffentliche Erklärung schien eine zuviel. Er floß über vor guten Vorsätzen, die Kommission zu reformieren, doch es gelang ihm nicht, diese glaubwürdig zu vermitteln. Schließlich wurde auch er in der Presse angegriffen, was ihn noch stärker aus dem Kurs brachte.

Innerhalb der Kommission fanden intensive Diskussionen über die Offenlegung interner Dokumente vor der Parlamentskommission statt. Der Juristische Dienst drängte darauf, die Namen in den Dokumenten unlesbar zu machen. Sollte sich nämlich später herausstellen, daß die betreffenden Personen zu Unrecht beschuldigt worden waren, könnten sie ihrerseits die Kommission vor Gericht bringen. Die Kommission war gespalten. Erkki Liikanen wollte bei der Freigabe von Informationen sehr weit gehen, während andere zurückhaltender waren. Es war ein ständiges Lavieren zwischen dem, was wir politisch wollten, und dem, was juristisch machbar war. Einige von uns wollten dem Parlament mit offenem Visier gegenübertreten, weil sie fanden, daß das Europäische Parlament genauso ernst genommen werden müsse wie ein nationales Parlament; andere vertraten die Meinung, das Parlament überschreite seine Kompetenzen. Zwar hatte die Kommission, was die Weiterleitung von Akten an das Parlament betraf, deutlich Position bezogen. Wenn sich bei einer internen Untersuchung oder einer UCLAF-Enquête herausstellte, daß möglicherweise eine Strafsache vorlag, mußte das Gericht umgehend informiert werden. Aber innerhalb der Kommission war die Atmosphäre mittlerweile ganz und gar vergiftet. Manuel Marín und Emma Bonino verdächtigten unsere schwedische Kollegin Anita Gradin, eine Reihe vertraulicher Dokumente an Frau Theato weitergegeben zu haben und mit der Vorsitzenden des Ausschusses für Haushaltskontrolle unter einer Decke zu stecken. Es kam deswegen wiederholt zu harten Zusammenstößen, was die Atmosphäre nicht verbesserte.

»Santer ist selbst schuld« – so lautete das weitverbreitete Urteil, als sich das Parlament im Dezember 1998 weigerte, Entlastung für den Haushalt 1996 zu erteilen. In einem Brief an das Parlament am Abend vor der Abstimmung in Straßburg hatte Jacques Santer seinen Wunsch nach Klarheit ausgedrückt: Die Verweigerung der Entlastung würde er als Ausdruck des Mißtrauens interpretieren, und die Kommission müsse zwangsläufig die entsprechenden Schlußfolgerungen daraus ziehen. Dies geschah ausgerechnet in einem Moment, als es galt, wichtige Dinge umzusetzen: die Einführung des Euro und die Agenda 2000 mit den Reformen der Regionalpolitik und der Landwirtschaftspolitik. »Unterstützt uns oder entlaßt uns«, »back us or sack us«, so wurde Santers Haltung treffend auf den Punkt gebracht. Ich fand es richtig, daß Santer rasch klare Verhältnisse in der Frage schaffen wollte, ob die Kommission noch das Vertrauen des Parlaments besaß. Sich weiter so zu plagen wie bisher, hatte keinen Sinn. Andererseits war die Frage, auf welche Weise diese Klarheit geschaffen werden sollte.

Nicht jeder in der Kommission war mit der atypisch offensiven Haltung Santers einverstanden. Martin Bangemann und Leon Brittan warnten ihn, daß er damit eventuell den entgegengesetzten Effekt erreichen könne, was sich im nachhinein auch als richtig herausstellte. Doch Santer war nicht von seinem Vorhaben abzubringen, weil er die anhaltende Kritik satt hatte.

Im Rückblick kann man sich fragen, ob Santer nicht zu hoch pokerte. Vielleicht hatte er damit gerechnet, daß dies seine eigene politische Fraktion, die EVP, wieder zu einer etwas positiveren Haltung bewegen würde. Doch das Gegenteil war der Fall. Die EVP-Fraktion wollte nur mit größerer Eile Köpfe rollen sehen. Es wäre vielleicht besser gewesen, den Dialog mit dem Parlament weiterzuführen, um auf diese Weise die nötigen Reformen durchführen zu können.

Der Fall Cresson

Inzwischen hatte sich die Aufmerksamkeit von Manuel Marín und Emma Bonino zu Edith Cresson verlagert. Die Vorfälle um die Berufung ihres Zahnarztes George Berthelot als Aidsspezialisten sowie weitere mögliche Fälle von Veruntreuung in ihren Dienststellen waren vom Kommissionsbeamten Paul van Buitenen nach außen getragen und daraufhin in der Presse breit ausgewalzt worden. Dies hatte zur Folge, daß immer mehr Mitglieder des Parlaments ihren Kopf wollten. Sie reagierte darauf äußerst ungeschickt und arrogant, was die Sache nur noch schlimmer machte.

Cresson war die einzige unter den Mitgliedern der Kommission, mit der ich nicht zurechtkam oder, besser gesagt, nicht mehr zurechtkam. Wir hatten uns nach den direkten Wahlen 1979 im Europäischen Parlament kennengelernt. Damals waren wir beide Hinterbänkler in der sozialistischen Gruppe. Wir saßen nicht weit voneinander entfernt im Halbrund und unterhielten rege kollegiale Verbindungen. Als 1981 in Frankreich die Sozialisten an die Macht kamen, wurde Edith Cresson Landwirtschaftsministerin. Bis dahin war mir nicht aufgefallen, daß sie besonders viel von Landwirtschaft verstand. Ich war gespannt, wie sie, immer in modischer Kleidung und mit ihrer Neigung zu Distanziertheit und Arroganz, mit den französischen Bauern auskommen würde. Sie besitzt Mut, das muß man ihr lassen, allerdings auch die »Gabe«, ungeschickte Erklärungen abzugeben, die die Betroffenen auf die Palme bringen. Dies sollte sich besonders während ihres kurzen Mandats als französische Premierministerin zeigen.

Vorher war sie geraume Zeit Ministerin für Europäische Angelegenheiten gewesen. Die meisten, die damals mit ihr zusammenarbeiteten, haben an diese Zeit gute Erinnerungen zurückbehalten, so auch ich. Vor allem während des französischen Vorsitzes brachte sie zahlreiche schwierige Fälle, die sich teils schon jahrelang hinzogen, zu einem guten Ende, unter anderem die Fusionskontrollverordnung.

Als Edith Cresson zum Kommissionsmitglied ernannt wurde, war nicht abzusehen, daß wir so häufig Ärger miteinander bekommen würden. Sie hätte gern ein bedeutenderes Ressort gehabt als Wissenschaft, Forschung und Entwicklung, die Gemeinsame Forschungsstelle humane Ressourcen sowie berufliche Bildung und Jugend. Doch damals waren die Sozialisten in Frankreich in der Opposition, und daher ging das wichtigere Ressort für Wirtschaft und Finanzen an Yves-Thibault de Silguy, der der französischen Rechten angehört. Er wurde zum Mister

Euro der Kommission und erwies sich im übrigen als einer der besten Kommissare überhaupt. Für die frühere französische Premierministerin war dies eine herbe Enttäuschung. Auch einen der beiden Posten als Vize-Vorsitzende, den sie gern gehabt hätte, bekam sie nicht. Sie hatte also alles andere als einen Blitzstart. Außerdem war sie als Bürgermeisterin von Châtellerault ziemlich häufig abwesend. Sie ergriff auf ihrem Gebiet eine Reihe interessanter Initiativen, deren Weiterführung und Durchsetzung jedoch häufig zu wünschen übrigließen.

In ihrer Behörde herrschte keine allzu fröhliche Atmosphäre. Schon bald hörte man, sie trete ihrer Verwaltung gegenüber recht autoritär auf. Sie setzte willkürlich Beschlüsse durch, ohne sich zu fragen, ob sie dabei vielleicht die Spielregeln verletzte – übrigens ein verbreitetes Phänomen in Ländern mit politisierter Beamtenschaft und Bürokratie.

Während der Kommissionssitzungen fiel mir immer stärker auf, daß Edith Cresson vor allem ausgesprochen französische Standpunkte vertrat. Sie las dabei meistens von Spickzetteln ab, die offensichtlich in enger Zusammenarbeit zwischen Paris und ihrem Kabinett ausgearbeitet worden waren – und das in aller Öffentlichkeit.

Kommissare dürfen durchaus besonders empfänglich für Angelegenheiten sein, die ihr eigenes Land betreffen, und es gehört dazu, daß man versucht, die Aufmerksamkeit der Kollegen auf heikle Dinge oder besondere Umstände zu lenken. Auch ich habe so gehandelt. Doch bei ihrem Amtsantritt müssen alle Kommissare vor der höchsten richterlichen Macht der Europäischen Union unter Eid schwören, keine Instruktionen von wem auch immer entgegenzunehmen und ihr Amt absolut unabhängig auszuüben.

Einer der heftigsten Konflikte mit Edith Cresson entstand aufgrund der sogenannten SGS-Thomson-Akte. Dabei ging es um ein französisch-italienisches Unternehmen, das elektronische Bauteile herstellte, wofür Cresson ein besonderes Interesse hegte. Der Betrieb hatte bei den italienischen Behörden ein Dossier mit dem Antrag auf staatliche Beihilfen für ein Forschungs- und Entwicklungsprogramm eingereicht. Bereits einen Tag nach Eingabe des Gesuchs wurde das Programm gestartet, doch erst Monate später sollten die italienischen Behörden mit der Untersuchung des Falls beginnen. Knapp zweieinhalb Jahre nach dem Start des Programms erklärte sich die Regierung schließlich bereit, das Programm zu fördern, und danach sollte es noch über ein Jahr dauern, bis die Kommission eine vollständige Anmeldung erhielt. Außerdem waren inzwischen bereits Forschungsergebnisse auf dem Markt.

Laufende, für die Firma erfolgreiche Forschungen bedurften laut den entsprechenden europäischen Regeln keiner Beihilfen. Auch nach Meinung meiner Mitarbeiter handelte es sich bei dem betreffenden Betrieb um ein florierendes und erfolgreiches Unternehmen. Ich schlug daher meinen Kollegen vor, die Beihilfen für SGS-Thomson nicht zu genehmigen. Bei Edith Cresson stieß mein Vorschlag jedoch auf heftigen Widerstand. Zunächst stand sie mit ihrer Meinung allein da, doch schließlich gelang es ihr, Martin Bangemann umzustimmen, der mich zunächst hatte wissen lassen, er sei mit meinem Vorhaben einverstanden. Trotzdem blieb ich bei meiner Überzeugung. Während der wöchentlichen Kommissionssitzung kam es darüber zu einer ernsthaften Auseinandersetzung. Edith Cresson stimmte eine Tirade an, die USA gäben wesentlich mehr Geld für Forschung und Entwicklung aus als Europa, wir als Kommission sollten doch gerade der Forschung und Entwicklung mehr Geld zukommen lassen, und daher müßten wir auch die Beihilfen für SGS-Thomson anerkennen. Währenddessen hatte die italienisch-französische Lobbymaschinerie nicht stillgestanden. Vor allem auf die italienischen Kollegen wurde heftiger Druck ausgeübt. Bei der Abstimmung waren zahlreiche

Kollegen nicht anwesend, und es fehlte eine Stimme für die Annahme meines Vorschlags. Was übrigens keine weiteren Folgen hatte, denn es gab auch keine genügend große Mehrheit für die Bewilligung der Beihilfen. So konnten wir also doch unseren Willen durchsetzen. SGS-Thomson zog übrigens daraufhin sein Beihilfegesuch zurück.

Von diesem Tag an fühlte sich Edith Cresson mehr denn je dazu berufen, gegen mich und meine Dienststellen einen Kreuzzug zu führen. Während der Sitzungen der Ministerräte, die sich mit Forschung und Entwicklung beschäftigten, griff sie mich hart an. Sie stempelte mich zum Totengräber von Forschung und Entwicklung, was völliger Unsinn war. Wir haben Forschung und Entwicklung immer äußerst positiv gegenübergestanden – echten Projekten, wohlgemerkt, denn Etikettenschwindel duldeten wir nicht. Schließlich war es wirklich notwendig, den Vorsprung der Vereinigten Staaten in diesem Bereich aufzuholen.

Leider geschieht es nur allzuoft, daß Betriebe wie SGS-Thomson versuchen, Subventionen für Forschung und Entwicklung zu erhalten, obwohl es sich gar nicht wirklich um Forschung und Entwicklung handelt, oder für Projekte, die der Betrieb auch ohne staatliche Beihilfen durchführen würde. Nationale und regionale Behörden lassen sich nur zu gerne darauf ein. Auf diese Weise waren in der Kontrolle der Beihilfemaßnahmen große Lücken entstanden. Daher begannen wir in der Folge allmählich, gegen unter anderem Hoffman La Roche, Olivetti und bei einer Anzahl von Fällen in den Niederlanden strenger aufzutreten.

Wieder einmal hatten sich beim Fall SGS-Thomson die Unabhängigkeit und der Mut Mario Montis gezeigt, während die Haltung mancher Kollegen ärgerlich war. Er hatte sich dem starken Druck nicht gebeugt, und schon damals dachte ich, daß er einen ausgezeichneten Wettbewerbskommissar abgeben würde.

Ein weiterer gravierender Vorfall spielte sich auf einer ganz anderen Ebene ab. Im Herbst 1997 berief Edith Cresson einen neuen Kabinettschef. Dov Zerah war nach dem Wahlsieg Lionel Jospins als Kabinettschef eines gaullistischen Ministers ausgeschieden, und nun tauchte er als rechte Hand Edith Cressons in Brüssel auf. Schon nach kurzer Zeit begann er – aus seiner Position als Kabinettschef heraus, aber zweifellos auch im Einvernehmen mit Edith Cresson –, französische Kommissionsbeamte unter Druck zu setzen. Fortan mußten sie zuerst dem Kabinett Cresson gegenüber Rechenschaft ablegen und ihm Informationen verschaffen, und danach erst dem eigentlich zuständigen Kommissar oder ihren Vorgesetzten.

Damals beschäftigten wir uns mit einer ganzen Reihe schwieriger französischer Angelegenheiten. Wir hatten gerade die Boeing-Sache hinter uns gebracht, das wichtige Problem der staatlichen Beihilfen für Crédit Lyonnais war aktuell, der äußerst problematische französische Textilplan lag auf dem Tisch, und die französische Regierung forderte die Bewilligung höherer staatlicher Beihilfen für den Schiffsbau: Kurzum, wir behandelten zahlreiche für Frankreich sensible Dinge.

Als mein Kabinettschef fungierte zu jener Zeit der Franzose Claude Chêne, ein Mitarbeiter der ersten Stunde. Als ich den Bereich Verkehr übernommen hatte, suchte ich einen erfahrenen Ratgeber, da, ehrlich gesagt, meine Kenntnisse der Verkehrsproblematik recht unterentwickelt waren und dringend verbessert werden mußten. Claude Chêne wurde mir von meinem damaligen Kabinettschef Michel Vanden Abeele empfohlen, und ich traf mit ihm eine äußerst glückliche Wahl. Chêne ist ein loyaler Mann mit umfassender und gründlicher Aktenkenntnis, der jedoch auch nicht davor zurückschreckt, unverblümt seine Meinung zu äußern. Seine gute Laune und Kameradschaftlichkeit sind legendär. Ich konnte mich unter allen Umständen felsenfest auf mein Kabinett verlassen. Claude und ich teilten außerdem die Leidenschaft für Gartenarbeit. Er gab mir Tips zu neuen Samen oder alten Sorten, und ich konnte ihm etwas über Obstbäume beibringen.

Für Claude Chêne hatten die allgemeinen Interessen der Europäischen Union Vorrang und nicht einzelne oder strikt nationale Belange. Von dieser Überzeugung wich er keinen Fingerbreit ab, selbst wenn es um heikle französische Akten ging. Damit erweckte er die Wut von Dov Zerah, der begann, meinem Kabinettschef zu drohen. Wenn er sich nicht stärker für die französischen Interessen einsetze, würde man im Elysee und in Matignon (der Amtswohnung des französischen Premierministers) das Nötige unternehmen, um seine Karriere definitiv zu beenden.

Dieses eine Mal war mein Kabinettschef fassungslos. Als ich davon hörte, wandte ich mich sofort an Präsident Santer. Ich verlangte, der Mann müsse unverzüglich zur Ordnung gerufen werden, sonst würde ich eine Pressekonferenz einberufen und die Sache an die große Glocke hängen. Es handle sich hierbei um eine völlige Mißachtung unserer Funktion sowie der Würde und Professionalität unserer Beamten.

Es stellte sich heraus, daß Zerah auch bereits französische Beamte des Generaldirektorats Wettbewerb kontaktiert und von ihnen Gehorsam verlangt hatte. Ich ordnete daraufhin an, daß man mich unverzüglich informierte, falls dieser Mann jemals wieder anrufen sollte. In diesem Fall müsse er seinen Hut nehmen. Ich schrieb sofort einen geharnischten Brief an meine französische Kollegin, in dem ich zum Ausdruck brachte, daß ich das, was hier mit einem loyalen und professionellen Mitarbeiter geschehen war, schlichtweg widerlich fand. Die Drohungen, die ihm gegenüber geäußert worden waren, seien absolut inakzeptabel. Außerdem wies ich darauf hin, daß die Europäische Behörde ihre Akten auf unabhängige und professionelle Weise bearbeiten müsse und daß Einmischungen von außen, die einzig und allein zum Ziel hätten, nationale Interessen zu verteidigen, nicht statthaft seien. Ich schloß »mit freundlichen Grüßen«.

In ihrer Antwort, die über einen Monat später eintraf, leugnete Edith Cresson die Fakten. Sie schrieb, es sei von ihrem Kabinett »niemals Druck auf Deine Dienststellen ausgeübt worden«, und fügte hinzu: »Auf diese Weise können wir nicht weiter zusammenarbeiten.« Doch ihr Kabinettschef hatte inzwischen wohl eingesehen, daß er zu weit gegangen war, und er entschuldigte sich bei Claude Chêne.

»Mourir pour Edith«

Dann kam die turbulente Januarsitzung des Europäischen Parlaments. Nach der Verschiebung der Abstimmung über die Entlastung für den Haushalt 1996 im Dezember 1998 hatte Pauline Green, Fraktionsführerin der Sozialisten, auf die offensive Haltung Santers reagiert. Sie reichte einen Mißtrauensantrag ein, um ein Mißtrauensvotum gegen die Kommission zu erreichen. Für ein Mißtrauensvotum ist eine Zweidrittelmehrheit nötig, und so forderte Pauline Green die zweitgrößte Fraktion, die christdemokratische EVP, dazu auf, ihren Antrag zu unterstützen, also mit anderen Worten gegen die Kommission zu stimmen. Dazu muß man wissen, daß das Parlament keine einzelnen Kommissionsmitglieder entlassen kann; sonst wäre das Schicksal von Edith Cresson und vielleicht auch das von Manuel Marín besiegelt gewesen.

Die Abstimmung war auf Donnerstag, den 14. Januar 1999 festgesetzt worden; die Tage davor verliefen hektisch. Um zu vermeiden, daß über den Rücktritt der gesamten Kommission abgestimmt werden mußte, forderte die EVP weiterhin die Entlassung Edith Cressons sowie Manuel Maríns, und die sozialistische Fraktion verlangte, daß auch Santer zurücktreten solle.

Manuel Marín hatte zu diesem Zeitpunkt allmählich genug von der ganzen Angelegenheit und dachte an einen freiwilligen Rücktritt. Die Sache fing an, ihn bis in sein Privatleben hinein zu verfolgen: Seine Kinder bekamen Probleme in der Schule, und darunter litt er besonders. Neil Kinnock und ich versuchten, ihn umzustimmen. Wir rieten ihm dringend von einem Rücktritt ab, da er auf diese Weise den Eindruck erweckt hätte, vor der Kampagne, die gegen ihn geführt wurde, in die Knie zu gehen. Wir erinnerten ihn daran, daß er stets dabei geblieben war; er habe sich nichts vorzuwerfen, wovon wir überzeugt seien. Daher gebe es keinen Grund für einen Rücktritt.

Am Mittwoch vor der Abstimmung suchten mich nach und nach praktisch alle meine Kollegen auf; ich gehörte wohl allmählich zu den Altgedienten. Nur Edith Cresson ließ sich verständlicherweise nicht blicken. Aus den Gesprächen mit meinen Kollegen ging deutlich hervor, daß die meisten nur eine Lösung sahen: Präsident Santer mußte mit Zustimmung des Kollegiums Edith Cresson ihrer Befugnisse entheben und vorläufig ihr Ressort selbst betreuen, bis eine Untersuchung ergab, in welchem Maße sie sich der ihr zur Last gelegten Vergehen schuldig gemacht hatte. Sie zum Rücktritt zu zwingen war nach den Statuten nicht möglich, und sie selbst dachte nicht daran, aus eigenem Antrieb ihr Amt niederzulegen. Fortwährend brüstete sie sich mit der Unterstützung, die sie bei Jacques Chirac und Lionel Jospin genoß.

Eine ganze Reihe von Kollegen bat mich, Santer diesen Vorschlag zu unterbreiten, denn es war Sache des Kommissionspräsidenten, so etwas beim Kollegium zu beantragen. Yves-Thibault de Silguy bemerkte dazu: »Ce serait quand-même bête de mourir pour Edith ...« – Es wäre doch dumm, für Edith zu sterben.

Am frühen Mittwochnachmittag brachte ich den Vorschlag gegenüber Santer zur Sprache. Ich wies darauf hin, daß Manuel Marín mit einer Anfang der Woche vor dem Parlament abgegebenen Erklärung eine gute Figur gemacht habe und sämtliche Kollegen mit ihm solidarisch blieben. Mit Edith Cresson hingegen werde es immer schlimmer. Es sei besser, zum jetzigen Zeitpunkt einzugreifen, um danach mit vollem Elan an den Reformen weiterarbeiten zu können. Doch Santer ging nicht darauf ein. Er deutete jedoch an, seine Kontakte mit der EVP-Fraktion hätten ergeben, daß sich vielleicht noch ein anderer Ausweg böte, etwa in Richtung einer Einsetzung eines Ausschusses unabhängiger Experten. Natürlich ging er damals davon aus, daß ein solcher Ausschuß unabhängiger Experten ausreichend Argumente gegen Edith Cresson zu Tage fördern würde, wodurch ihm die unangenehme Aufgabe erspart bliebe, selbst die lästige Cresson-Frage lösen zu müssen.

Edith Cresson verhielt sich ihrerseits während der ganzen Angelegenheit so, als sei alles in bester Ordnung und als handele es sich bei alldem lediglich um eine gegen sie gerichtete Kampagne der Presse und der Kommission. Ich hielt mich nach außen hin bedeckt.

Das Werk des Expertenausschusses

Schließlich einigte sich eine deutliche Mehrheit des Parlaments über einen Text, in dem unter anderem die Einsetzung eines Expertenausschusses beschlossen wurde, der ganz und gar unabhängig die Beschuldigungen gegen eine Reihe von Kollegen untersuchen sollte. Auch den Fehlfunktionen und Mängeln in den Kommissionsdienststellen sollte ohne Pardon auf den Grund gegangen werden. An sich war dies ein vernünftiger Versuch, sich endlich aus dem Teufelskreis von Behauptungen und Verdächtigungen zu befreien. An den Stellen, wo Fehler, Mißbrauch, Korruption oder Vetternwirtschaft aufgedeckt wurden, mußte gnadenlos aufgeräumt werden. Trotzdem hatte diese Episode einen bitteren Nachgeschmack. Fast alle deutschen Mitglieder des Europäischen Parlaments hatten gegen den Beschluß gestimmt; sie und viele andere waren nicht mit dem Verlauf der ganzen Angelegenheit einverstanden und würden die nächstbeste Gelegenheit zur Revanche nutzen.

Ich persönlich pflegte gute Beziehungen zu zahlreichen deutschen Parlamentsmitgliedern aller politischen Richtungen. Außerdem hielt ich in regelmäßigen Abständen Reden in Deutschland, darunter auch auf Tagungen unterschiedlicher politischer Parteien. Ohne die Bedeutung einer Reihe von Entgleisungen bei der Kommission auch nur im mindesten herunterspielen zu wollen, fragte ich einige Deutsche, ob nicht möglicherweise die Neigung bestehe, die Zustände viel schwärzer darzustellen, als sie tatsächlich waren. So bemerkte ich zu Gerd Pöttering, damals Fraktionsführer der EVP: Es sei nun einmal eine bedauernswerte Tatsache, daß bei der Kommission inakzeptable und tadelnswerte Dinge vorgefallen seien. Ich vertrete jedoch die Überzeugung, daß schon allein das, was in Leuna geschehen sei, hundertmal mehr stinke als alles, was bei der Kommission schiefgelaufen sei. Ähnlich äußerte ich mich auch gegenüber einigen meiner sozialdemokratischen Freunde wie Erika Mann und Klaus Hänsch.

Laut Übereinkunft sollte der Expertenausschuß in gemeinsamer Überlegung zusammengestellt werden, doch das Parlament riß sämtliche Vorgänge an sich. Die Kommission mußte allerdings trotzdem für die Hälfte der Unkosten aufkommen. In der folgenden Zeit sprang man mit der Kommission überhaupt auf überaus ungerechte Weise um. Selbstverständlich mußte rasch geklärt werden, was schiefgelaufen war, und zweifellos mußten viele Dinge richtiggestellt werden. Allerdings war das noch lange kein Grund, uns wie eine Klasse von Schulkindern zu behandeln.

Leon Brittan hatte sich, was den Expertenausschuß betraf, zum Sprecher der Kommission gemacht, da auch Präsident Santer inzwischen – übrigens zu Unrecht – ins Gerede gekommen war. Die Experten erhielten zwei Monate Zeit, ihren Bericht auszuarbeiten. Die Hälfte der Kollegen wurde durchleuchtet, während die andere Hälfte, darunter ich, vom Ausschuß nie ein einziges Lebenszeichen erhielt. Der Bericht sollte am Montag, den 15. März, vorgelegt werden. Am Sonntag davor bot der Expertenausschuß den Kommissaren, die »untersucht« worden waren, die Möglichkeit, den jeweils sie betreffenden Teil des Berichts einzusehen, bevor er im ganzen veröffentlicht wurde. Meine Kollegen kamen recht erleichtert von diesem Treffen zurück. Bei dem Bericht schien es sich auf den ersten Blick um einen sachlichen, nüchtern abgefaßten Rapport zu handeln, der zahlreiche Vorwürfe und Behauptungen entkräftete. Am Sonntagabend erhielt ich mehrere Telefonanrufe von Kollegen, in denen sie mir mitteilten, es sei offensichtlich alles halb so wild. Wir konnten also den Ereignissen des 15. März relativ beruhigt ins Auge blicken.

Ein fataler Bericht

Am Montag, den 15. März 1999, um fünf Uhr nachmittags wurde Präsident Santer im Europäischen Parlament erwartet. Er mußte zunächst durch einen Wald von Kamerateams Spießruten laufen, bevor er den Sitzungssaal im sechsten Stock des »Caprice des Dieux« genannten neuen Parlamentsgebäudes in Brüssel betreten konnte. Dort erwartete ihn der Ausschuß unabhängiger Experten mit der endgültigen Version seines Berichts.

Bei den Experten selbst hieß die Devise: »Kein Kommentar«. Wir hielten uns in unseren Büros im Breydelgebäude bereit, das nur einen Steinwurf vom Parlamentsgebäude entfernt liegt. Dort wurde jedem von uns ein Exemplar des Berichts ausgehändigt. Es handelte sich um ein in vieler Hinsicht merkwürdiges Schriftstück. Die Dinge, die eigentlich die größte Aufmerksamkeit verdient hätten, wurden praktisch nur beiläufig vermerkt, insbesondere die Tatsache, daß der Ausschuß keinen einzigen Fall hatte feststellen können, in dem einer der befragten Kommissare direkt in betrügerische Praktiken verwickelt war oder sich persönlich bereichert hatte. Dies galt selbst für Edith Cresson. Damit wurde den wild ins Kraut geschossenen Gerüchten, den Verdächtigungen und Beschuldigungen, unter denen manche Kollegen wochenlang gelitten hatten, entschieden widersprochen.

Aller Logik nach hätte man erwarten können, daß diese Feststellung für die Kommission eine große Erleichterung bedeutet hätte. Doch im nachhinein schien sie niemanden mehr auch nur zu interessieren. Denn auf der anderen Seite stellte sich natürlich die Frage nach der politischen Verantwortung für das, was es unbestreitbar innerhalb einiger Abteilungen an Verfehlungen gegeben hatte. Einige der befragten Kollegen hatten angeführt, sie hätten von gewissen Unregelmäßigkeiten oder Fällen von Betrug in ihren Dienststellen nichts gewußt. Daraufhin warf der Ausschuß zu Recht die Frage auf, ob sie die Kontrolle über ihre Verwaltung überhaupt korrekt ausübten oder womöglich gar keinen Einfluß darauf hatten. Es wäre sicher nützlich gewesen, darüber eine Debatte mit dem Europäischen Parlament zu führen, da die Frage der Verantwortung und Überwachung einen zentralen Punkt in der Rolle des Parlaments darstellt. Hingegen war es wesentlich weniger selbstverständlich, daß der Ausschuß unabhängiger Experten selbst vor dem Parlament sprach. Es schlug jedoch dem Faß den Boden aus, daß ganz am Ende der Schlußfolgerungen noch folgender Satz hinzugefügt worden war, der sich später als fatal erweisen sollte: »Es war schwer, bei der Kommission überhaupt jemanden zu finden, der auch nur einen Funken Verantwortungsgefühl besitzt.«

Was sollte das denn heißen? Hatte die große Mehrheit der Kollegen denn nicht tagein, tagaus ihre Verantwortung übernommen, und zwar sowohl nach innen als auch nach außen? Man mußte doch nur Zeitung lesen, um sich zu vergewissern, daß die meisten von ihnen ihre schwierigen und politisch oft schwerwiegenden Fälle entschlossen angegangen waren und keineswegs die Verantwortung dafür scheuten. Und verrichtete nicht auch die überwiegende Mehrheit der Beamten engagiert und professionell ihre Arbeit? Wie kamen die Experten überhaupt zu dieser Schlußfolgerung? Mit der Hälfte der Kommissionsmitglieder, einschließlich mir selbst, hatten sie nie auch nur den geringsten Kontakt gehabt, geschweige denn mit unseren Dienststellen. Ich hätte ihnen mit Sicherheit die Schwächen, Unvollkommenheiten und Entgleisungen bestimmter Kommissionsdienststellen näher erläutern können. Ich hätte ihnen auch erklären können, daß ein Teil der Probleme nicht nur mit dem Mangel an Mitarbeitern, sondern auch mit dem ständigen Druck und den Eingriffen nationaler Behörden zusammenhingen, denen es noch immer schwerfällt, die Unabhängigkeit der Europäischen Behörde zu respektieren. Dabei hätte ich keineswegs verhehlt, daß einige Kollegen zu lax aufgetreten waren oder schlechte Angewohnheiten aus ihrem Herkunftsland beibehalten hatten. Ich hätte ihnen aber auch überzeugend bewiesen, daß trotz allem die meisten Kommissionsmitglieder und ihre Dienststellen mehr als ordentlich, ja sogar ausgezeichnet funktionierten.

Doch die Experten scherten alles über einen Kamm wie ein x-beliebiges Boulevardblatt. Ich kochte vor Wut, wenn ich an meine eigene Behörde dachte, in der sich die meisten Mitarbeiter mangels genügend Personal halbtot schufteten, und wo sie Tag für Tag ihre Verantwortlichkeiten übernahmen, um überaus heikle Fusions-, Kartell- oder Behördenfälle so professionell wie möglich zu bearbeiten, trotz des Arbeitsdrucks, zunehmendem Lobbying und dem Tanz der Milliarden. Es grenzte an ein Wunder, daß man mit so wenigen Leuten so viel schaffen konnte, ohne daß unter Tausenden von Fällen auch nur einer wirklich danebenging – und dies wird bis weit über die Grenzen Europas hinaus anerkannt. Nur die Experten schienen nichts davon zu wissen. Ich habe mir den betreffenden Satz noch ein paarmal durchgelesen: Hier wurde der großen Mehrheit der Kommissionsbeamten und den meisten meiner Kollegen grobes Unrecht angetan.

Später gab das französische Mitglied des Ausschusses in einem Interview zu, daß der Satz für die Presse verfaßt worden war. Das gibt wirklich zu denken, denn offensichtlich war dies in der Absicht geschehen, die gesamte Kommission zu Fall zu bringen. Man hätte doch eigentlich davon ausgehen müssen, daß die Experten die Tragweite ihrer eigenen Worte erfassen würden. Es war seltsam, daß das französische Mitglied sich so offen darüber äußerte. Aus Paris war der deutliche Hinweis gekommen, es müsse um jeden Preis vermieden werden, daß Edith Cresson als einzige gehen müsse. Dann lieber das gesamte Team. Und die anderen sogenannten Weisen haben das naiv geschluckt.

Nachdem ich den besagten Satz gelesen hatte, war mir sofort klar, daß dies das Ende der Kommission Santer bedeutete. Ich rief meinen engsten Mitarbeiter zu mir und erklärte ihm, nun sei alles vorbei. Ich empfände das Geschehene als eine ungeheure Ungerechtigkeit in Anbetracht dessen, was wir jahrelang gemeinsam geleistet hätten, aber wir müßten trotz allem lernen, damit zu leben.

Um acht Uhr abends erhielt ich einen Anruf von Jacques Santer, der mich bat, sofort zu ihm zu kommen. Eine Stunde später war eine außerordentliche Kommissionssitzung anberaumt worden, in der Schlüsse aus dem Bericht des Expertenausschusses gezogen werden sollten. Als die Sitzung einige Tage vorher geplant worden war, hatten nur wenige geahnt, daß es die Sitzung des kollektiven Rücktritts werden sollte. Wir waren zwar davon ausgegangen, daß Edith Cresson Schwierigkeiten bekommen würde, und dazu vielleicht noch höchstens ein oder zwei weitere Kollegen. Aber uns hatte vor allem die Frage beschäftigt, wie wir Cresson zum Rücktritt bewegen konnten, da sie nicht die geringsten Anstalten dazu unternahm. Mit einigen Kollegen und Präsident Santer hatte ich beratschlagt, wie wir mit der Situation umgehen sollten, falls Cresson im Bericht schlecht wegkäme. Santer hatte erklärt, er sei diesmal dazu bereit, Cresson zum Rücktritt zu bewegen oder ihr notfalls das Ressort zu entziehen. Auf diesen Schritt sollte ein ehrgeiziges Reformprogramm innerhalb der Kommission folgen, mit dem wir im übrigen bereits begonnen hatten.

Unser sichtlich angeschlagener Präsident hatte bereits mit einigen anderen Kollegen gesprochen und fragte nun mich, wie ich über die Angelegenheit denke. Ohne Umschweife antwortete ich, daß ich für den kollektiven Rücktritt sei. Ich empfände das, was derzeit geschehe, im Hinblick auf die meisten von uns als eine große Ungerechtigkeit, aber es gebe Augenblicke, in denen dies alles nicht mehr zähle. Auch in der Politik müsse man wissen, wann man sich mit dem Unvermeidlichen abzufinden habe. Der Kabinettschef Santers, Jim Cloos, stimmte mir zu. Auch der Präsident und er persönlich seien der Überzeugung, daß ein kollektiver Rücktritt der einzige Weg sei, mit Würde aus der Sache herauszukommen. Einige andere Kollegen dächten ähnlich, da sich die Kommission bei der Einsetzung des Expertenausschusses dazu verpflichtet hatte, die Ergebnisse seines Berichts zu akzeptieren, wie immer sie auch ausfallen mochten.

Hinter den Kulissen wurde jedoch von denjenigen, die nicht ohne weiteres zum Abtreten bereit waren, eifrige Lobbyarbeit betrieben. Santer regte sich sehr über das Verhalten seines Vizepräsidenten Leon Brittan auf, der eine Reihe von Kollegen bearbeitete. Sir Leon war der Meinung, die Kommission könne gerettet werden, wenn neben Edith Cresson auch Präsident Santer zurücktrete. Er plante ganz offensichtlich, in einer etwaigen Übergangskommission die Nachfolge Santers anzutreten. Der zweite Vizepräsident Manuel Marín kam dafür seiner Ansicht nach nicht in Frage, weil er selbst zu stark ins Gerede gekommen sei. Santer fand die Reaktion Brittans unerhört.

Brittan hatte sich auch an mich gewandt, doch ich hatte ihm unumwunden zu verstehen gegeben, daß Sühneopfer zu diesem Zeitpunkt nichts mehr nützen würden. Inzwischen hatte ich außerdem vom damaligen Parlamentsmitglied Freddy Willocks erfahren, daß zwischen den beiden großen Fraktionen – der EVP, den Christdemokraten im Europäischen Parlament, sowie der SPE, den Sozialisten – ein regelrechter Wettlauf darum entstanden war, als erste den kollektiven Rücktritt der Kommission zu fordern. Dasselbe berichtete Nell Kinnock nach einem Gespräch mit Pauline Green.

Es herrschte große Niedergeschlagenheit. Jacques Santer und ich sprachen darüber, wie absurd es doch war, daß niemand mehr ein gutes Wort verlor über unsere Leistungen im Hinblick auf die Einführung des Euro, den Binnenmarkt, die Agenda 2000, die Liberalisierung der Telekommunikation und der Energiesektoren, die Wettbewerbspolitik. Auch von Worten der Anerkennung für die große Mehrheit der Beamten, die ausgezeichnete Arbeit geleistet hatten, konnte keine Rede mehr sein.

Nach dem kollektiven Rücktritt

Um etwa Viertel nach zehn an jenem Montagabend kam die Kommission in einer kurzfristig einberufenen Sitzung zusammen. Viele Worte wurden nicht mehr gemacht: Die große Mehrheit war der Meinung, daß uns nur der Rücktritt bleibe. Die meisten von uns, so auch ich, bestanden weiterhin darauf, daß diese Maßnahme, was uns betraf, zu Unrecht ergriffen wurde, es aber wohl keinen anderen Ausweg gebe und wir nun gut daran täten, unsere eigene Ehre zu retten. Es fanden noch heftige Diskussionen darüber statt, ob wir nicht besser warten sollten, bis das Parlament wieder zusammentrat, doch dieser Vorschlag wurde rasch abgewiesen. Schon am nächsten Tag würde die Presse damit beginnen, die Kommission niederzumachen und ihren kollektiven Rücktritt zu fordern. Noch bestanden gewisse Unsicherheiten darüber, wie der kollektive Rücktritt nun genau vonstatten zu gehen habe. Es stellte sich heraus, daß jeder einzelne von uns seinen eigenen, individuellen Rücktritt würde erklären und unterzeichnen müssen. Edith Cresson tat weiterhin so, als sei alles in bester Ordnung; sie kam lediglich noch einmal auf ihre Komplott-Theorie zurück.

Die Sitzung endete gegen halb ein Uhr nachts. Der erste, der hinausging und der Presse seinen Rücktritt bekanntgab, war Franz Fischler. Präsident Santer betrat gegen Viertel vor eins den brechend vollen Pressesaal. Ich gab auf ausdrückliches Drängen noch eine Pressekonferenz für belgische Journalisten in meinem Büro im Breydelgebäude und ging dann nach Hause. In dieser Nacht hatte ich keine Mühe einzuschlafen.

Der Tag danach, Dienstag, der 16. März, sollte überaus hektisch werden. Ich war offensichtlich einer der wenigen Kommissare, die bereit waren, der Presse Rede und Antwort zu stehen, und wurde mit Anfragen nach einem Interview geradezu überhäuft. Prinzipiell war ich der Meinung, daß wir nicht schweigen durften. Im Gegenteil: Wir mußten erklären, warum wir geschlossen zurückgetreten waren, und dabei zugleich auf eine Reihe von Ungereimtheiten im Bericht des Ausschusses unabhängiger Experten hinweisen. Bis auf Edith Cresson kamen nämlich alle untersuchten Mitglieder recht gut darin weg. Niemand wurde der Korruption beschuldigt, noch nicht einmal Edith Cresson. Doch anstatt solche positiven Tatsachen zu melden, bauschte die Presse negative Dinge unnötig auf. Da ich der Meinung war, wir dürften uns das nicht gefallen lassen, gab ich an jenem Tag etwa zwanzig Radio-, Fernseh- und Zeitungsinterviews.

Am selben Tag erhielt ich außerdem eine große Anzahl Anrufe von Personen, die mir gleichsam ihr Mitleid bekunden wollten. Zu den ersten Anrufern gehörte Jean-Luc Dehaene, der belgische Premierminister. Er äußerte die Meinung, wenn man mit nationalen Regierungen so umspränge wie mit uns, müßten viele von ihnen wieder und wieder zurücktreten. Dehaene sicherte mir außerdem die neuerliche Unterstützung der belgischen Regierung für einen Sitz in einer eventuellen Übergangskommission zu, wie im übrigen schon bald bekanntgegeben würde. Ich dankte ihm für seine Hilfe.

Auch Carlo Ciampi, der damalige italienische Finanzminister und heutige Präsident von Italien, erklärte mir, wie sehr er den Rücktritt bedauere, und dankte mir für die Jahre der engen und erfolgreichen Zusammenarbeit. Nicht zuletzt durch die Tätigkeit der Kommission, insbesondere im Hinblick auf die Anwendung der Wettbewerbsregeln in seinem Land, sei Italien, so Ciampi, nun endlich auf dem richtigen Weg. Ich erwiderte ihm, die Kommission habe gewiß dabei geholfen, doch die wahren Wohltäter Italiens hießen unter anderem Ciampi und Amato. Vom portugiesischen Präsidenten Jorge Sampao erhielt ich ebenfalls einen aufmunternden Anruf, und ich muß sagen, daß mir dies in unserer damaligen Situation gut tat.

Rasch wieder an die Arbeit

Am Mittwoch, den 17. März, kam die zurückgetretene Kommission zu ihrer üblichen Mittwochssitzung zusammen. Die erste Frage, die sich stellte, war, was wir nun eigentlich noch tun konnten und durften. Die Meinungen darüber waren geteilt. Der Vertrag besagt jedoch eindeutig, daß die Kommission ihre Funktionen beibehält, solange sie nicht ersetzt worden ist. Daher blieb mehr zu tun, als lediglich laufende Angelegenheiten zu Ende zu bringen. Nun hatte allerdings eine Reihe von Kollegen die ganze Sache so satt, daß sie sogar an eine Art Streik dachten: Sie beabsichtigten, nur noch das absolute Minimum zu erledigen. Von allen Seiten des Versammlungstischs hörte man Bemerkungen wie: »Die wollten uns loswerden, jetzt sollen sie sehen, wie sie allein zurechtkommen.« Ich vertrat allerdings die Meinung, wir sollten mit vollem Engagement wieder an die Arbeit gehen. Wir durften jetzt nicht den Eindruck erwecken, in der Ecke zu sitzen und zu schmollen. Wir mußten weiterhin unser Amt ausüben, natürlich mit der Einschränkung, daß wir keine politischen Initiativen mehr ergreifen konnten.

Wie es der Zufall wollte, stand gerade in dieser Woche das Weißbuch über die Reform der Europäischen Wettbewerbspolitik auf dem Programm. An diesem Tag wurde das Weißbuch zunächst von der Kommission nicht verabschiedet, da es um eine wichtige politische Neuorientierung ging. Einige Wochen später, als sich die Atmosphäre wieder ein wenig beruhigt hatte, kamen wir jedoch darauf zurück, und das Weißbuch wurde kurz vor Toresschluß doch noch genehmigt. Ich machte auf dieser ersten Sitzung nach dem Rücktritt meinen Kollegen klar, daß in der Wettbewerbspolitik und auch auf anderen Gebieten unbedingt Beschlüsse gefaßt werden müßten. Schließlich gab es Termine, die einzuhalten waren; Fusionen von Unternehmen können nicht einfach warten.

Ich wollte auch keine Vorwürfe hören, die Kommission erledige ihre Arbeit nicht ordentlich oder handele verantwortungslos. Weitere dringende Fälle warteten darauf, bearbeitet zu werden. In der folgenden Woche sollte der Berliner Gipfel stattfinden, bei dem die Probleme der Agenda 2000 gelöst sowie die Reform der Europäischen Strukturfonds, die Anpassung der Wirtschaftspolitik und die Finanzierung des Etats befriedigend geklärt werden sollten. Die Mehrheit der Kommissionsmitglieder war dann auch der Meinung, die Kommission müsse gemeinsam mit den anderen Institutionen die Europäische Beschlußfassung weiterhin aufrechterhalten.

An jenem Tag war auch – Ironie der Geschichte – der geänderte Antrag der Kommission zu einem neuen europäischen Amt für Betrugsbekämpfung, OLAF, ein Punkt der Tagesordnung. Trotz der noch immer herrschenden Krisenatmosphäre wurde er wegen seiner großen Dringlichkeit angenommen. Dies verkündete ich wie gewohnt im Pressesaal. Was mich anging, war das *business as usual*.

Da ich jedoch der erste Kommissar war, der nach den nächtlichen Geschehnissen vom Montag im Pressesaal erschien, wurden mir auch Fragen zum Rücktritt und seinen Folgen gestellt. Meiner Meinung nach gab es zwei Möglichkeiten: Entweder müsse bis Ende des Jahres eine Übergangskommission ernannt werden, oder wir machten mit einer alten »Patchwork«-Kommission, aus der die am meisten belasteten Personen entfernt werden könnten, bis zum Ende weiter. Die restliche Amtsperiode betrug sowieso nur noch neun Monate, und eine ganz neue Kommission in den Sattel zu heben, konnte angesichts der langwierigen und schwerfälligen Prozedur durchaus ein halbes Jahr in Anspruch nehmen. Bis zu ihrer Einsetzung müßte man sich mit der dezimierten *lame-duck*-Kommission begnügen. Am nächsten Tag erschien auf der Titelseite der flämischen Zeitung »De Standaard« ein großes Foto von mir.

»Van Miert gestern in seiner Glanzrolle«, schrieb die Zeitung. »Van Miert kam so gut an, daß er, ehe er sich versah, vom Pressesaal schon spontan zum Interimspräsidenten der Kommission ernannt wurde.« Auch in verschiedenen europäischen Hauptstädten kamen die Spekulationen über die Nachfolge Santers rasch in Gang. In der folgenden Woche fand der Gipfel in Berlin statt, und Bundeskanzler Gerhard Schröder beeilte sich, über die Nachfolge mit seinen Kollegen zu beratschlagen.

Inzwischen hatte Leon Brittan seine Lobbymaschinerie wieder in Gang gesetzt. Vom Kabinettschef Santers, Jim Cloos, erhielt ich einen Anruf mit der Mitteilung, Santer sei zum Rückzug bereit, falls ich seine Nachfolge antrete, keinesfalls jedoch, wenn Leon Brittan sein Amtsnachfolger werde. Falls keine Übergangskommission ins Leben gerufen würde, wolle Santer bleiben bis nach den Europawahlen, bei denen er für die luxemburgischen Christdemokraten kandidierte.

Die kleine Welt der belgischen Politik war mittlerweile wachgerüttelt worden, und ich spürte deutlich die Zeichen der Unruhe. Es schien ganz so, als würde ich in einer Übergangsfunktion als Kommissionspräsident eine Reihe von belgischen Politszenarien durcheinanderbringen. Die französischsprachigen Sozialisten lagen schon wegen meiner Nachfolge auf der Lauer. Auch Philippe Maystadt, der frühere Finanzminister, fühlte sich dazu berufen, und vielleicht hatte auch Dehaene selbst die Hoffnung noch nicht ganz aufgegeben. Man befürchtete, ich würde meine Sache als Übergangsvorsitzender möglicherweise gut machen, und dies würde verschiedene Berechnungen über den Haufen werfen. Wie doch ein Zeitungsartikel für Panik sorgen kann!

Die belgische Regierung hatte inzwischen ihren Kurs geändert und vertrat nun einen neuen Standpunkt: Statt eine Übergangskommission einzusetzen, solle eine ganz neue Kommission gebildet werden. Diesen Standpunkt, der seiner früheren

Erklärung diametral widersprach, vertrat der Premierminister auch auf dem Gipfel in Berlin. Außenminister Eric Derycke wurde die unangenehme Aufgabe zugeschoben, diese Ungereimtheit dem Parlament zu erklären. Anscheinend hielt es jedoch niemand für nötig, auch mich über den veränderten Regierungskurs zu informieren.

Auf dem Gipfel in Berlin am 25. März 1999 entschieden sich die Staats- und Regierungschefs für eine neue Kommission und deuteten Romano Prodi als möglichen neuen Präsidenten an. Aus dieser Lösung konnte auch der Europäische Rat politischen Nutzen ziehen, weil er kompetentes Krisenmanagement durch rasches Eingreifen in einer Notsituation bewies. Es sollte jedoch noch bis zum 17. September dauern, bevor die neue Kommission Prodi antreten konnte.

Mir wurde noch ein letzter Auftrag erteilt, und zwar ausgerechnet auf dem heiklen Terrain der europäischen Betrugsbekämpfung. Schon seit vielen Jahren wird die Europäische Union von einer Vielzahl von Betrugsfällen heimgesucht. Vor allem die ungemein komplizierte Organisation der Gemeinsamen Landwirtschaftspolitik war und ist prädestiniert für die unterschiedlichsten betrügerischen Machenschaften. Die den Mitgliedstaaten obliegende Kontrolle war oft mangelhaft oder so gut wie nicht existent, oder auch politisch problematisch, wie etwa auf Korsika und Sizilien. Man versuche einmal, die Anzahl der Kühe auf Korsika zu zählen, ganz zu schweigen vom wie geölt laufenden Betrug bei der subventionierten Olivenproduktion.

Nach und nach wurde jedoch der Kampf gegen den Betrug verstärkt. Zu diesem Zweck gründete man 1988 die Kommissionsstelle für die Koordinierung der Betrugsbekämpfung (UCLAF) als internen Dienst, mit dessen Hilfe die Koordination mit den nationalen Antibetrugsbehörden verbessert werden konnte. Nicht ohne einen gewissen Erfolg, obwohl UCLAF, wie viele andere Kommissionsdienste, an chronischem Mangel an gut ausgebildetem Personal litt. Die Aufgaben der Kommissionsstelle wurden immer stärker ausgeweitet, unter anderem auch im Hinblick auf mögliche Betrugsfälle oder Unregelmäßigkeiten innerhalb der Kommissionsdienststellen selbst. Als interner Dienst der Kommission fiel UCLAF unter die Befugnis eines Kommissars; unter Santer hatte die schwedische Kommissarin Anita Gradin die Leitung. UCLAF führte eine Reihe von Untersuchungen in Kommissionsdienststellen und folglich auch hinsichtlich der möglichen Verwicklung gewisser Kollegen oder ihrer Umgebung durch. Dies sorgte natürlich für Verärgerung, um so mehr, weil das Vorgehen des Amtes ohne klare Regeln und die nötige Transparenz erfolgte.

Im Europäischen Parlament bestand ein lebhaftes Interesse an der Betrugsbekämpfung, und die Bereitschaft war vorhanden, UCLAF umfangreichere Mittel zur Verfügung zu stellen. Doch andererseits begegnete man der Kommissionsstelle auch mit Kritik und Mißtrauen. Man fragte sich, ob UCLAF in der Lage sei, ausreichend unabhängig innerhalb der Strukturen der Kommission zu operieren, falls intern Dinge schiefliefen. Derartige Fragen wurden drängender und das Mißtrauen größer, als tatsächlich – eben durch ein aktiveres Auftreten von UCLAF – eine Reihe von Verfehlungen ans Licht kamen. Dies hatte zur Folge, daß der österreichische Abgeordnete Bösch im Namen des Parlaments einen sorgfältig ausgearbeiteten Bericht vorlegte, in dem die Einrichtung einer neuen Antibetrugsbehörde, OLAF genannt, beantragt wurde.

Die Kommission Santer reagierte entsprechend darauf und reichte rasch einen förmlichen Antrag ein. Angesichts der Tatsache, daß gegenüber der Kommission so großes Mißtrauen entstanden war, wurde für eine Radikallösung optiert: ein absolut unabhängiger Dienst außerhalb der Kommissionsorganisation. Ein solcher Dienst hätte die Aufgabe gehabt, nicht nur die Kommission, sondern auch die übrigen europäischen Institutionen zu kontrollieren.

Zu meiner Verwunderung und auch der meiner Kollegen wurde dieser Vorschlag der Kommission vom Parlament nicht mit besonderer Begeisterung aufgenommen. Die Einrichtung eines neuen Dienstes außerhalb der Kommission hätte umfangreiche gesetzgebende Arbeit verlangt, was sich zu einem überaus langwierigen Prozeß hätte ausweiten können. Das Parlament verlangte jedoch ein schnelles Resultat, da die Europawahlen näher rückten. Auch der deutsche EU-Vorsitz wollte so rasch wie möglich eine neue Antibetrugsbehörde präsentieren, um damit sein energisches Vorgehen demonstrieren zu können. Unser Antrag wurde also abgewiesen, und wir sollten einen neuen Vorschlag ausarbeiten. Dies sorgte innerhalb der Kommission für einigen Ärger. Wir wollten eine wirklich unabhängige Antibetrugsbehörde ins Leben rufen, und nun war man damit auch wieder nicht zufrieden. Wir weigerten uns, einen neuerlichen Antrag einzureichen, was zu einem weiteren Konflikt mit dem Parlament führte. Nicht alle Kommissionsmitglieder hatten die Absicht, diesen Konflikt eskalieren zu lassen, und schließlich vertraute Präsident Santer die Bearbeitung des OLAF-Dossiers meinem Kollegen Mario Monti und mir an, da Anita Gradin offensichtlich keine Kontrolle mehr über die Dinge besaß. Wir informierten das Parlament und den Rat darüber, daß wir an möglichst schnellen Resultaten interessiert seien. Der neue Antibetrugsausschuß sollte administrativ weiterhin von der Kommission abhängig sein, um eine rasche Gründung zu ermöglichen, sonst aber völlig unabhängig funktionieren. Dieser Dienst, der weitgehende Befugnisse besäße, müßte allerdings seinerseits wiederum von einem unabhängigen Kontrollorgan beaufsichtigt werden. So lautete eine unserer Forderungen, da weitgehende Untersuchungsbefugnisse ihrerseits effektiv kontrolliert werden müssen. Schließlich wurde an einem Sonntagabend in der Ständigen Vertretung Deutschlands in Brüssel das Europäische Amt für Betrugs- bekämpfung aus der Taufe gehoben. Vorsitzender war Staats- sekretär Flaschbeck in Vertretung von Oskar Lafontaine, der gerade seinen Rücktritt erklärt hatte. Als die Würfel gefallen waren und OLAF auf den Beinen stand, erhielten wir viel Lob für die gute Zusammenarbeit, die zwischen Kommission, Rat und Parlament geherrscht hatte.

Einige Kollegen in der Kommission sahen jedoch die neue Antibetrugsbehörde nach wie vor sehr kritisch, wegen der schlechten Erfahrungen, die sie mit UCLAF gemacht hatten. Es entbehrt nicht einer gewissen Ironie, daß es später auch im Parlament noch einigen Widerstand gegen OLAF gab, da das Amt auch innerhalb des Parlaments gewisse Untersuchungs- aufgaben wahrnehmen sollte. Auch andere Institutionen wie die Europäische Investitionsbank und die Europäische Zentral- bank wehrten sich. Doch die Kommission Prodi ist sich einig darüber, daß sich auch die übrigen europäischen Institutionen einer strengen Kontrolle unterwerfen müssen. Momentan liegt die Sache beim Gerichtshof. OLAF sollte mein letzter Auftrag als EU-Kommissar sein.

Während sich Jacques Santer auf eine neue Aufgabe als Mitglied des Europäischen Parlaments vorbereitete, begann sein designierter Nachfolger mit diskreten Kontakten hinsicht- lich der Zusammenstellung der neuen Kommission sowie der Verteilung der Ressorts. Die Mehrheit der ausscheidenden Kommissionsmitglieder wurde zu einem Gespräch eingeladen. Prodi erklärte mir, er bedaure es, daß ich nicht im Generaldi- rektorat Wettbewerb bleiben könne. Ich nehme an, dies war in erster Linie eine Höflichkeitsfloskel. Es hatte nämlich diverse Auseinandersetzungen zwischen uns gegeben, als er noch Vorsitzender der bekannten italienischen Staatsholding IRI war, und auch später, während seiner Zeit als Premierminister, als es zu zahllosen Konfliktfällen mit Italien kam, vor allem wegen des erwähnten Andreatta-Van Miert-Abkommens und der Privatisierung italienischer Staatsbetriebe. Wir hatten sogar ein Verfahren gegen das »Legge Prodi« eingeleitet, ein Gesetz, das auf eine Art Freibrief hinauslief, auf dessen Grundlage gefährdete Betriebe jahrelang mit staatlichen Beihilfen am Leben erhalten werden konnten. Trotz der vielen kontroversen und heiklen Fälle war unser Umgang miteinander jedoch stets korrekt, ja sogar herzlich geblieben. Prodi fragte mich, wen ich mir als meinen möglichen Nachfolger vorstellen könne, und ich nannte ihm ohne Zögern an erster Stelle Mario Monti. Ich fügte jedoch hinzu, daß diese Empfehlung wahrscheinlich politisch heikel sei, da damit sowohl die Präsidentschaft als auch zwei bis drei weitere Hauptressorts einem Italiener zufielen. Damals schien er mir beizupflichten. Er fühlte bei mir auch wegen möglicher belgischer Kandidaten vor und rechnete offensichtlich damit, daß der Name des früheren Finanzministers Philippe Maystadt fallen würde. Als dessen Kandidatur nach den belgischen Parlamentswahlen unmöglich wurde, unternahm Prodi alles mögliche, um den scheidenden Premierminister Jean-Luc Dehaene auf die Vorschlagsliste zu bekommen. Er wollte ihm die Vizepräsidentschaft sowie das Ressort für die Koordinierung der Außenbeziehungen anbieten. Doch wie in den meisten anderen Mitgliedstaaten wollten es die internen politischen Umstände anders. Was das betraf, hatte sich also seit meiner Zeit noch nicht viel geändert.

Bei meiner Ankunft in Rom am 9. Juli 1999 auf dem Weg zu einer Sitzung von »Notre Europe«, einer Stiftung, die Jacques Delors nach seinem Abschied von Brüssel ins Leben gerufen hatte, erfuhr ich von Neil Kinnock, wie die Ressortverteilung in der neuen Kommission aussah. Kinnock war glücklich mit seinem Amt als Vizepräsident sowie angesichts der großen Herausforderung, die Dienste der Kommission zu reformieren.

Es war deutlich spürbar, mit welcher Freude Neil diese überaus schwierige Aufgabe in Angriff nahm, um diejenigen, die in der britischen Presse von Zeit zu Zeit seine Führungsqualitäten in Zweifel zogen, endgültig zum Schweigen zu bringen. Ich wünsche meinem guten und immer loyalen Freund von Herzen, daß ihm dies gelingen möge. Als Helfer wählte er meinen früheren Kabinettschef Claude Chêne und ernannte ihn zum Chef einer speziellen Task Force.

Während ich an jenem 9. Juli über die sonnenbeschienene Piazza della Minerva spazierte, erhielt ich auch einen Anruf von einem glücklichen Mario Monti. Ich fand es überaus aufmerksam von ihm, daß er sich bei mir meldete, und freute mich sehr darüber. Es war ein beruhigendes Gefühl, die Wettbewerbspolitik, für die ich mich gemeinsam mit dem gesamten Mitarbeiterstab des Generaldirektorats IV so stark engagiert hatte, in sicheren und sachkundigen Händen zu wissen, denen eines besonders integeren Mannes mit einem starken Rückgrat. Monti ist ausgezeichnet in der Lage, Druck von außen standzuhalten, wie er in der Sache des zollfreien Einkaufs zur Empörung der meisten Regierungschefs bewiesen hatte. Nicht zuletzt freute ich mich auch für meine Mitarbeiter. Sie konnten nun sicher sein, daß sie unter der Führung Mario Montis weiterhin ihre Arbeit mit der gewohnten Sorgfalt würden erledigen können. Am Ende des Telefongesprächs sagte ich im Scherz zu Mario: »Nun mußt du dich daran gewöhnen, gelegentlich als der mächtigste Mann Europas bezeichnet zu werden.« Worauf er erwiderte: »Aber wir beide wissen ja, was wir davon zu halten haben!«

KAPITEL 14

RÜCKBLICK UND BLICK NACH VORN

Trotz der Art und Weise, in der die Kommission Santer endete, verließ ich die europäische Politikszene mit einem Gefühl großer Dankbarkeit und dem Bewußtsein, ein besonderes Privileg genossen zu haben. Ich war dankbar, daß ich fast elf Jahre lang direkt an der phänomenalen Entwicklung der europäischen Integration beteiligt sein durfte, insbesondere an der Verwirklichung des Europäischen Binnenmarktes und an der Entwicklung der Europäischen Wirtschafts- und Währungsunion sowie den zahlreichen begleitenden Maßnahmen. Dies alles stellte menschlich eine außerordentliche Herausforderung dar und war politisch überaus fesselnd. Nicht zuletzt war ich auch dankbar dafür, daß mir in dieser Zeit wichtige Aufträge erteilt wurden, für die ich mich mit ganzer Kraft einsetzen konnte. Mit der Wettbewerbspolitik fiel mir eine einzigartige Verantwortung zu, die ich ungewöhnlich lange ausüben durfte.

Wenn man die wettbewerbspolitischen Aktivitäten der Europäischen Kommission heute mit der Situation von vor zehn Jahren vergleicht, fällt besonders ihre rasche und starke Entwicklung ins Auge. Sie umfassen inzwischen nun praktisch das gesamte Wirtschaftsleben. Scherzhaft habe ich gelegentlich bemerkt, es gäbe eigentlich nur noch drei Bereiche, mit denen sich die Wettbewerbspolitik nur eingeschränkt oder überhaupt nicht befasse, und das seien die Landwirtschaft, das Militär und die Kirche. Doch selbst diese Säulen geraten ins Wanken. Mein geschätzter österreichischer Kollege Franz Fischler brachte bereits mehrfach die Überlegung ins Gespräch, daß es möglicherweise von Nutzen sei, die Wettbewerbsregeln auch in stärkerem Maße als bisher auf die Landwirtschaft und verwandte Bereiche anzuwenden. Der ehemalige italienische Premierminister und Verteidigungsminister

Andreotti berichtete mir seinerseits, die Kosten für den Ankauf von militärischem Material würden um durchschnittlich 30 Prozent geringer ausfallen, wenn er dem Wettbewerb freies Spiel lassen könnte.

Es ist vielfach der Eindruck entstanden, die Europäische Kommission sei als Wettbewerbsbehörde übereifrig und geradezu krankhaft einmischungssüchtig, dabei versucht sie lediglich, die vereinbarten Spielregeln nach bestem Vermögen durchzusetzen. Die Gründe für die phänomenale Entwicklung der Wettbewerbspolitik müssen anderswo gesucht werden. An erster Stelle steht natürlich die Verwirklichung des Europäischen Binnenmarktes. Wer einem Europäischen Binnenmarkt zustimmt, akzeptiert damit automatisch auch grenzüberschreitenden Wettbewerb, und daraus ergibt sich wiederum die dringende Notwendigkeit, dafür zu sorgen, daß der Marktmechanismus in Europa so gerecht wie möglich funktioniert – und genau darüber muß die Europäische Kommission wachen. Im übrigen wurde die europäische Wettbewerbspolitik von Anfang an als ein Instrument zur Förderung der wirtschaftlichen Integration betrachtet.

In diesem Sinne hat auch die Liberalisierung ehemals monopolistisch organisierter Wirtschaftszweige in sehr hohem Maße dazu beigetragen, das Anwendungsgebiet des Wettbewerbsrechts bedeutend zu erweitern. Schließlich muß Liberalisierungspolitik mit besonderer Aufmerksamkeit für fairen Wettbewerb einhergehen. Ferner müssen die Wettbewerbsbehörden dafür sorgen, daß öffentliche Unternehmen, die auf dem Markt mit Privatunternehmen konkurrieren, dies unter gleichen Voraussetzungen tun und nicht etwa auf der Basis von Vorrechten und Vorteilen. In den Medien und auf dem Bankensektor stellt dies in einigen Ländern ein akutes Problem dar. Andererseits muß die Wettbewerbspolitik auch den Universal- beziehungsweise öffentlichen Diensten ihre volle Aufmerksamkeit widmen.

Ein weiterer Grund für die rasche Entwicklung der Wettbewerbspolitik liegt in der Hyperkommerzialisierung des Profisports. Sport ist heutzutage *big business*, und dadurch ent-
steht eine immer größere Zahl von Interessenkonflikten, die
auf nationaler Ebene nicht mehr gelöst werden können. Ich
persönlich war sehr überrascht über die große Anzahl von
Sportproblemen, mit denen ich konfrontiert wurde – Probleme, die fast immer auf der Grundlage von Beschwerden von
Betroffenen selbst zu uns gelangten.

Zudem steht außer Frage, daß die rasend schnelle Entwicklung der modernen Technologien die wirtschaftlichen Strukturen tiefgreifend ändert und folglich ebenfalls neue Herausforderungen für die Wettbewerbspolitik mit sich bringt. Die Evo-
lution der Informationsgesellschaft wirft ständig neue Fragen
auf hinsichtlich der Garantien für ehrlichen Wettbewerb im
elektronischen Handel und hinsichtlich der Art und Weise, wie
man bei den zuständigen Institutionen mit Problemen im Zusammenhang mit dem Internet umgehen sollte.

Der technische Fortschritt als eine der Triebfedern der Globalisierung trägt nicht zuletzt dazu bei, auch die geographi-
schen Grenzen der Wettbewerbspolitik zu verlagern. Er führt
zu einer zunehmenden Anzahl transatlantischer und sogar
weltweiter Fusionen und Allianzen.

Schließlich darf man auch die immer wichtiger werdende
Rolle der Konsumenten nicht vergessen. Die Bürger und Bür-
gerinnen haben sich daran gewöhnt, wählen zu können, und
möchten den freien Wettbewerb zu ihren Gunsten ausnutzen.
Bei dieser Entwicklung stehen wir übrigens durch die Einführung des Euro sowie die Entwicklung des elektronischen
Handels vor einer ganz neuen Phase. Die Zeit der abgeschot-
teten Märkte geht zu Ende.

Zweifellos wird heute weithin anerkannt, daß die Wettbewerbspolitik eine Schlüsselrolle beim Funktionieren der moder-

nen Wirtschaft einnimmt. Dies erklärt die wachsende Aufmerksamkeit, die ihr von Politik und Medien entgegengebracht wird.

Trotzdem habe ich mich immer wieder wegen meines leiden-
schaftlichen Einsatzes als europäischer Wettbewerbskommissar rechtfertigen müssen. Was denn so wichtig daran sei, wurde ich oft gefragt, und von welchem Interesse dies überhaupt
alles für die normalen Bürger sei? Schließlich ginge es doch
ausschließlich um *big business*. Was ich als Sozialdemokrat in
dieser Welt verloren habe? Dazu läßt sich einiges sagen.

Wettbewerbspolitik ist eben nicht nur Sache großer Unternehmen, sondern hat mit dem Wesen der Marktwirtschaft zu
tun. Wer an eine Marktwirtschaft glaubt, muß auch dafür sorgen, daß der Markt so gut wie möglich funktionieren kann.
Dies ist an sich schon eine wichtige und schwierige Aufgabe.
Doch dort, wo ein grenzüberschreitender Einheitsmarkt noch
im Aufbau begriffen ist, stellt die Wettbewerbspolitik ein her-
vorragendes Instrument dar, um zu einer so weit wie möglich
dynamischen und grenzüberschreitenden Marktwirkung zu
gelangen. Das beste Beispiel dafür bilden die Erfahrungen des
vergangenen Jahrzehnts. Wenn man die heutige Situation mit
der von vor zehn bis fünfzehn Jahren vergleicht, fällt auf, wie
grundlegend sich unsere wirtschaftlichen Strukturen bereits
gewandelt haben. Telekommunikation, Energie und Luftverkehr befanden sich – mit Ausnahme weniger Mitgliedstaaten –
1990 noch fest in der Hand schwerfälliger und wenig effizienter Monopole oder staatlicher Unternehmen. Italien stöhnte
unter der Last politisch-industrieller Holdings wie IRI und EFIM
sowie unter einem völlig undurchsichtigen Bankensystem. In
Frankreich wurde das wirtschaftliche und sogar das politische
Leben tief geprägt von einer ganzen Reihe staatlicher Unternehmen auf der einen Seite sowie Beamten und Managern, die
Eliteschulen wie die ENA absolviert hatten, auf der anderen
Seite. Deutschland seinerseits wies, trotz seines ausdrückli-

chen Bekenntnisses zur sozialen Marktwirtschaft, häufig stärkere Parallelen zu Japan auf, als man auf den ersten Blick vermutet hätte, denn der Glaube an die Marktwirkung stand nicht immer im Einklang mit der Realität. Aber auch Staaten wie die Niederlande und Belgien konnten sich nur mühsam aus dem Griff ihrer Kartellvergangenheit befreien.

Das Binnenmarktprojekt, geleitet von Jacques Delors, wurde daher zu einer großen Abrißaktion: Nicht nur die Nationalgrenzen und zahllose Handelsbeschränkungen, sondern auch wirtschaftliche Antimarktstrukturen mußten fallen. Vielleicht war letzteres ursprünglich nicht von jedem beabsichtigt gewesen, doch die Dynamik des internen Marktprozesses zwang zu äußerst weitreichenden Veränderungen der traditionellen nationalen, häufig stark eingerosteten Wirtschaftsstrukturen.

Diese Entwicklung wurde durch die Einführung des Euro und die Schaffung der Wirtschafts- und Währungsunion zusätzlich stark beschleunigt. Unter dem Druck der sogenannten Maastrichtkriterien – niedrige Inflation, Verminderung von Haushaltsdefiziten und staatlicher Verschuldung, stabile Währung – sahen sich die meisten Mitgliedstaaten dazu verpflichtet, in ihrer makro-ökonomischen Politik Ordnung zu schaffen, was sie zu schmerzhaften Eingriffen wie Sparmaßnahmen, aber auch zu mehr Marktwirtschaft zwang. Zahlreiche Staatsbetriebe wurden ganz oder teilweise privatisiert, und der Staat selbst lernte, den Wettbewerb spielen zu lassen: Kostendämpfung, Produktivität, Modernisierung wurden zu gängigen Begriffen.

In diesem Kontext konnte sich die Europäische Wettbewerbspolitik voll entfalten. Was der grenzüberschreitenden wirtschaftlichen Integration und Marktwirtschaft im Wege stand, mußte nach und nach abgeschafft werden; wer sich der Marktwirkung durch Kartelle oder Absprachen entziehen wollte,

mußte bekämpft werden; wettbewerbswidrige staatliche Förderung durfte jetzt noch weniger geduldet werden als vorher;
aber auch dem Mißbrauch von Marktmacht sowie ihrer Schaffung oder Verstärkung durch mangelnden Wettbewerb mußte
energisch ein Riegel vorgeschoben werden.

Selbst wenn noch sehr viel zu tun bleibt, zum Beispiel bei der
Liberalisierung der Postdienste, der Modernisierung des Schienenverkehrs, den grenzüberschreitenden finanziellen Dienstleistungen, der Flexibilität des Arbeitsmarktes oder modernen
Formen der Ausbildung, kann man nicht leugnen, daß Europa
eine tiefgreifende Entwicklung durchgemacht hat. Vor allem die
durch den Euro entstandene grenzüberschreitende Transparenz in Kombination mit dem Internet, dem E-Commerce sowie
dem rasanten technischen Fortschritt (zum Beispiel die Konver-
genz von Mobiltelefonen, Internet und Sprachtelefondienst)
heizt die Marktwirkung auch weiterhin kräftig an. Die Anzahl
der grenzüberschreitenden Dienstleistungen wächst, und die
Börsenwelt beginnt, sich an die neuen Euro-Realitäten anzupassen, während die Kultur der Anteilseignerschaft, die *corporate
governance* sowie die sogenannte »neue Wirtschaft« sich in Europa rasch einen Weg bahnen.

Das alles veränderte auch die Rolle des Staates: Früher
Mammutunternehmer und, über die sogenannte Industriepolitik, Herr der wirtschaftlichen Entwicklung, liegt der Akzent
heute hauptsächlich auf der Schaffung eines Rahmens, der
eine dynamische Wirtschaft, also maximale Marktwirkung, mit
diversen wertvollen und notwendigen gesellschaftlichen Aufgaben kombiniert.

Unter diesem Aspekt muß man auch die heutige Rolle der
Wettbewerbsbehörden betrachten. Obwohl sie eine entscheidende Rolle bei der Entwicklung einer modernen Wirtschaft
spielen, muß ihre Bedeutung sachlich beurteilt und mit Ein-
schränkungen gesehen werden. Eine einseitige, ideologische

Betrachtung darf es nicht geben. Es geht hierbei um ein Instrument, das für eine gut funktionierende Marktwirtschaft äußerst wichtig ist und das daher zwar mit Bestimmtheit, aber andererseits auch mit Sinn für Pragmatismus und Augenmaß angewandt werden muß. Diejenigen, deren Aufgabe es ist, der Wettbewerbspolitik Gestalt zu verleihen, dürfen nie vergessen, daß es eine ganze Reihe von gesellschaftlichen Imperativen gibt, die respektiert werden sollten.

Es ist ganz klar, daß gesundheitspolitische Forderungen oder Umweltschutzaspekte der Wettbewerbspolitik Grenzen setzen. Sie darf auch einer ausgewogenen Regionalpolitik oder Maßnahmen zugunsten strukturschwacher Gebiete nicht im Wege stehen, und ebensowenig darf sie die notwendige Solidarität und den sozialen Zusammenhalt innerhalb der Gesellschaft in Gefahr bringen.

Es wurde gelegentlich die Frage aufgeworfen, ob man eine Wettbewerbspolitik von Staats wegen denn wirklich brauche. Die berüchtigte, extrem liberale Chicagoer Schule predigte ja, man müsse die Regelung dem Markt selbst überlassen. Die Parole hieß: »Trust markets, not governments.« Als sei der Markt eine Schöpfung Gottes! Als lehre nicht die Wirtschaftsgeschichte, daß sich marktführende Unternehmen immer wieder dazu verleiten lassen, ihre Machtposition zu mißbrauchen. Als beweise die Erfahrung nicht tagein, tagaus, daß wettbewerbsverzerrende Praktiken gang und gäbe sind. Als würde sich der Staat selbst nicht ständig in das Wirtschaftsgeschehen einmischen, wodurch ebenfalls permanent Wettbewerbsverzerrungen geschaffen werden.

Um es mit Ralf Dahrendorf zu sagen, der kürzlich in einer Rede folgendes bemerkte: »Marktkräfte müssen nicht nur liberalisiert, sondern sie müssen auch von allgemein akzeptierten, nachdrücklich durchgesetzten Spielregeln unter Kontrolle gehalten werden. Die unsichtbare Hand ist nicht genug. Wie

ein Fußballspiel braucht auch der Markt Spielregeln und einen
Schiedsrichter. Der Markt ist kein Chaos, sondern ein raffinier-
tes Konstrukt menschlicher Genialität.«

Im übrigen hat mich die Erfahrung gelehrt, daß es einen engen Zusammenhang zwischen Freiheit und Spielregeln gibt.
Mit anderen Worten: Je größer die wirtschaftliche Freiheit, desto größer ist das Bedürfnis nach klaren gemeinschaftlichen
Spielregeln und einer effizienten Behörde, um sie durchzusetzen. Ich möchte dies gern als Thatcher's Paradox bezeichnen.
Die Tatsache, daß mittlerweile die Marktwirkung stärker über-
wiegt, soll nicht heißen, daß der Staat keine wesentliche Rolle
mehr in Unterricht, Gesundheitswesen, Solidarität, Sicherheit,
Rechtsprechung, Umwelt, Infrastruktur und dergleichen zu
spielen bräuchte.

Quo vadis, Europa?

Historisch gesehen hat der europäische Integrationsprozeß
erst zu dem Zeitpunkt entscheidende Fortschritte gemacht,
als folgende vier Bedingungen zutrafen.

Voraussetzung war das Gefühl einer dringenden Notwendigkeit. So bildeten die Bedrohung durch den Sowjetblock sowie
die Aufgabe, Nachkriegsdeutschland in ein größeres europäisches Ganzes zu integrieren, den Nährboden, der eine erste
Gruppe westeuropäischer Länder mit Unterstützung der Amerikaner dazu veranlaßte, den Weg der europäischen Integration einzuschlagen.

Die zweite Bedingung besteht in der Existenz eines gleich-
zeitig glaubwürdigen, mobilisierenden und pragmatischen
Vorhabens, das es erlaubt, das gesteckte Ziel zu erreichen.
Dies trifft auf den Binnenmarkt und auf die Wirtschafts- und
Währungsunion zu.

Die dritte Bedingung sind gut funktionierende Institutionen, denen geeignete Instrumente zur Verfügung stehen, um die vereinbarten Ziele zu erreichen. In diesem Zusammenhang ist es angebracht, an die Notwendigkeit einer unabhängigen und starken Kommission sowie die Möglichkeit von Abstimmungen mit qualifizierter Mehrheit zu erinnern. Ohne dies wäre das Projekt des einheitlichen Binnenmarktes nie verwirklicht worden. Die vierte Bedingung ist das Vorhandensein einer starken und mutigen politischen Führung. Ohne die Hartnäckigkeit von François Mitterrand, Helmut Kohl, Theo Waigel und Jacques Delors gäbe es weder Wirtschafts- und Währungsunion noch Euro, so wie wir ohne die Weitsicht Jean Monnets, Adenauers, Spaaks und anderer heute keine Europäische Union hätten, denn es wäre dann weder zur Montanunion noch zu den Römischen Verträgen gekommen. Um es mit Johannes Rau zu sagen : »Wie wäre unsere Geschichte verlaufen, wenn Politiker immer gefragt hätten, wieviel Zustimmung sie bereits besitzen, statt sich abzurackern, um neue Zustimmung zu gewinnen?«

Mehr und mehr wird man eine fünfte Bedingung berücksichtigen müssen, nämlich die einer hinreichenden Beachtung der öffentlichen Meinung. Lange Zeit haben sich die Dinge gewissermaßen über den Köpfen der europäischen Bürger abgespielt. In Anbetracht des zunehmenden Einflusses der Gemeinschaftspolitik (Binnenmarkt, Euro, Wettbewerbspolitik) wird es jedoch immer klarer, daß von nun an jede Politik so konzipiert sein muß, daß sie das demokratische Element der Akzeptanz der öffentlichen Meinung mit einbezieht.

Dies ist nicht nur eine Frage des Demokratiedefizits. Dem Europäischen Parlament mehr Macht geben, die Institutionen verantwortlicher machen, für mehr Transparenz sorgen, die Regionen weiter einbeziehen, all dies ist notwendig, aber sicher unzureichend. Man muß daher unaufhörlich erklären, wieder erklären und noch einmal erklären, warum die Europäi-

sche Union heute noch genauso notwendig ist wie nach dem
Zweiten Weltkrieg. Man muß, wie es der ehemalige Bundeskanzler Helmut Schmidt tut, unaufhörlich wiederholen, daß,
wenn sich Europa nicht einigt, wir im Laufe des nächsten Jahrhunderts immer mehr Gefahr laufen, gegenüber den großen
Machtblöcken wie China, dem indischen Subkontinent und
Nordamerika an Boden zu verlieren. Nur wenn wir uns entschlossen als starke wirtschaftliche Einheit der Globalisie-
rungsbewegung verschreiben, uns auf die Entwicklungen der
Spitzentechnologien stützen und ein angemessenes Gleichgewicht zwischen wirtschaftlicher Flexibilität und sozialer Solidarität beibehalten, werden wir in der Lage sein, auch unseren
Kindern und Kindeskindern ein anständiges Leben in einem
friedlichen Europa zu sichern.

Die Öffentlichkeit von der Notwendigkeit dieser Aufgabe zu
überzeugen, heißt auch, die Geister der Vergangenheit zu
bekämpfen. Auch wird man die Gefahr der Kleinstaaterei im
Auge behalten müssen. Jetzt, da keiner unserer Mitgliedstaaten für sich allein in der Lage ist, den Herausforderungen der
modernen Welt zu begegnen, ist es illusorisch und gefährlich,
den Menschen den Glauben zu vermitteln, die Souveränität ihrer Region könne ihre Probleme lösen. In acht nehmen sollte
man sich auch vor einem billigen Populismus und davor, die
Europäische Union oder »Brüssel«, wie es gerne getan wird,
für alle Sünden dieser Welt verantwortlich zu machen.

Am schlimmsten wäre jedoch ein Mangel an Ambitionen –
wenn unser alter Kontinent nicht mehr wüßte, in welche Richtung er sich bewegen soll. Denn die Arbeit ist noch lange nicht
getan, und auch das schon Erreichte kann jederzeit wieder in
Gefahr geraten. Das vereinigte Europa bleibt, wie Jacques
Delors es gerne formuliert, »unsere historische Aufgabe«.

Selbstzufriedenheit und Gleichgültigkeit sind ebenso fatal
wie ausgesprochene Feindseligkeit. Wie jeder Gärtner weiß,

kann man nur dann ernten, wenn man rasch wucherndes Unkraut ständig entfernt. Fremdenangst und extremer Nationalismus sind wie Dornenranken und Disteln: Wenn es ihnen gelingt, Europa erneut zu überwuchern, werden wir in die Perspektivlosigkeit und Barbarei der Vergangenheit zurückfallen. Das Bild meiner ratlosen, weinenden Großmutter am Ende des Krieges hat mich stets angetrieben und motiviert. Nur ein friedliches, vereinigtes Europa, in dem in Eintracht Völker, Sprachen, Kulturen sowie regionale und nationale Eigenheiten respektiert werden und wo gegensätzliche Interessen innerhalb gemeinschaftlicher Institutionen mit Ehrfurcht vor Recht, Freiheit und Menschenrechten geregelt werden, wird diese Bilder definitiv verbannen können.

Möge dieses Buch, trotz des Realismus seines Inhalts, junge Leute dazu inspirieren, mit Hingabe den großen europäischen Garten zu bestellen.

1517 schrieb Erasmus an einen Freund: »Ich bin führwahr nicht mehr so begierig nach dem Leben, sei es, weil ich meiner Meinung nach schon beinahe genug gelebt habe – ich habe ja mein einundfünfzigstes Jahr schon begonnen [...]. Dennoch könnte es mich zur Zeit fast gelüsten, noch eine kleine Weile wieder jung zu werden, nur weil ich in der nächsten Zukunft gleichsam ein goldenes Zeitalter aufziehen sehe.«

Warum sollten wir nicht den Ehrgeiz haben, das 21. Jahrhundert für Europa wieder zu einem »goldenen Zeitalter« werden zu lassen?

DANK

Ohne die Hartnäckigkeit von Jürgen Horbach, dem Vorsitzenden der Geschäftsführung der Deutschen Verlags-Anstalt, wäre dieses Buch nie zustande gekommen. Er verfolgte mich so lange mit seinem ansteckenden Enthusiasmus, bis ich schließlich dachte:»Warum eigentlich nicht?« Schließlich war ich über zehn Jahre lang direkt an einer spannenden Phase des europäischen Einigungsprozesses beteiligt. Gleich in meinem ersten Jahr als EU-Kommissar, 1989, fiel die Berliner Mauer, die Ost- und Westeuropa jahrzehntelang voneinander trennte – symbolischer ging es nicht. Ich stand am Ruder der Wettbewerbsbehörde und erlebte die Geburt des Euro mit. Durch das vorzeitige Ende der Kommission Santer wuchs nach und nach in mir das Bedürfnis, so manches in die richtige Perspektive zu rücken.

Doch allein war dies nicht zu schaffen. Auch nach meiner Zeit in der Kommission blieb mein Terminkalender übervoll. Nur dank der umfangreichen und äußerst wertvollen Mitarbeit von Guy Janssens und Stefan Rating konnte dieses Buch zustande kommen. Durch seine jahrelange Erfahrung als Europa-Korrespondent des flämischen öffentlichen Rundfunks stellte Guy einen idealen Sparringspartner dar. Daß dieses Buch trotz der überaus komplizierten Fälle, die darin vorkommen, auch für Nicht-Fachleute lesbar ist, habe ich hauptsächlich ihm zu verdanken.

Stefan Rating, der sechs Sprachen beherrscht, war seit 1997 in seiner Funktion als mein persönlicher Sprecher einer meiner engsten Mitarbeiter und wurde auch von der europäischen Presse in Brüssel sehr geschätzt. Stefan half mir intensiv bei den Abschnitten, die die Kirch-Bertelsmann-Fusion, die Buchpreisbindung und die Boeing-MDD-Fusion betreffen.

Guy und Stefan dürfen dieses Buch daher auch als ihr Kind betrachten.

Ferner konnte ich, trotz ihrer hohen Arbeitsbelastung, stets auf die Unterstützung meiner früheren Mitarbeiter zählen. Ich denke hierbei insbesondere an Generaldirektor Dr. Alex Schaub, meinen früheren Kabinettschef Claude Chêne sowie seinen Stellvertreter Mark Van Hoof, weiter auch an Gustaaf Dierckx, Olivier Guersant, Pascale Wolfcarius, Kristin Schreiber, Youri Devuyst, Olivier Dandoy und Nadine Timmermans. Mein besonderer Dank gilt dem stellvertretenden Generaldirektor des juristischen Dienstes der Kommission, Christiaan Timmermans, für seine wertvollen Ratschläge.

Ganz besonders möchte ich auch Julia Hoffmann für ihre geschätzten Ratschläge und ihre Mitarbeit danken. Ein herzliches Kompliment möchte ich gern Stefanie Schäfer aussprechen, die keine Mühen scheute, um das niederländische Manuskript perfekt ins Deutsche zu übersetzen. Aufrechten Dank auch an Huguette Van der Wildt, die mit Engelsgeduld meine oft fast unleserliche Handschrift zu entziffern verstand.

Schließlich möchte ich mich ganz besonders bei meiner lieben Familie für ihr Verständnis und ihre Geduld bedanken. Monatelang habe ich mich in meiner knappen Freizeit diesem Buch gewidmet. Ich weiß, was ich wiedergutzumachen habe. Auch an meinem Garten.

Brüssel, im Juli 2000   Karel Van Miert